D1755447

Gloria Kaiser

Die Amazone von Rom

Gloria Kaiser

Die Amazone von Rom

Das abenteuerliche Leben
der Christina von Schweden
1626–1689

Seifert Verlag

Mein Dank gilt im Besonderen:
Archivio Segreto Vaticano
Biblioteca Apostolica Vaticana
Königliche Bibliothek von Schweden, Stockholm
Library of Congress, Washington DC
Indiana University, Lilly Library, Bloomington
Academia de Letras, Salvador
Instituto Geográfico e Historico da Salvador
Stadtarchiv Innsbruck
Diözesanarchiv Brixen
Biblioteca Público, Evora, Portugal

Umwelthinweis:

Dieses Buch und der Schutzumschlag wurden auf chlorfrei gebleichtem Papier gedruckt. Die Einschrumpffolie – zum Schutz vor Verschmutzung – ist aus umweltverträglichem und recyclingfähigem PE-Material.

1. Auflage
Copyright © 2005 by Seifert Verlag GmbH, Wien

Der Druck dieses Buches wurde gefördert durch das Bundesministerium für Bildung, Wissenschaft und Kultur
BUNDESKANZLERAMT ▪ KUNST

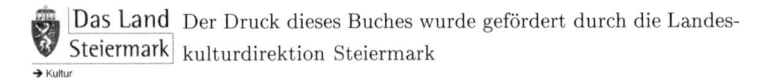

Das Land Steiermark Der Druck dieses Buches wurde gefördert durch die Landeskulturdirektion Steiermark
→ Kultur

Umschlaggestaltung: Rubik Creative Supervision
Logo © Padhi Frieberger
Coverfoto: Nationalmuseum Stockholm
Druck und Bindung: biro m, d.o.o., 1000 Ljubljana, Šmartinska 130
ISBN: 3-902406-18-6
Printed in Slovenia

I. Kapitel

Den Morgen erwarten, das Heraufziehen des Morgenlichtes, und davon keinen Moment versäumen. Jupiter zieht seine Schirmherrschaft zurück, er hat die Stadt im Dunkel bewacht, hat über Straßen, Häuser und Menschen seine Fülle gestreift, hat Wohlwollen in ihre Träume und Umarmungen gesenkt. Manchmal gibt Jupiter zu viel davon, manchmal verliert er das Maß und wirft die Stadt, die Menschen in Ekstase. Doch die Macht über Rom ist klug geteilt; mit der Morgendämmerung tritt Minerva in ihre Spur, streift Strenge über die Erwachenden, und sie lacht auch das Weiche einer Jupiternacht weg; ihr Geist, ihre Jugendlichkeit sind unverbraucht, sind nicht niederzuringen – ein Tag beginnt, ein Tag, der voll Kraft und Mut zu nützen ist.

Christina schüttelt die Schafwolldecke von den Schultern; sie friert nicht. Christina freut sich auf den Morgen, auf einen weiteren Tag im Monat April des Jahres 1689. „Das wird ein gutes Jahr; genau zur ersten Stunde ist Schnee auf den Petersdom gefallen." Theresa kann es nicht lassen, jedem Wetter eine große Aussage anzudichten. Vor Jahren, als sie noch auf der Straße lebte, hat sie ihre Kunden nach dem Wetter eingeteilt. „Es gibt Regentage, die nur beschmutzen, die Bäume, die Straßen und die Menschen. An solchen Tagen pfeifen nur Hässliche nach einer Lustbaren. Aber was soll man tun? Wenn der Magen leer ist, kann man nicht warten auf den warmen Regen, der einem schöne Befehler in den Weg stellt oder gar die Fahrt in einer Kutsche bringt, in einen Palazzo, wo es warm ist, ein Federbett bereit steht und mit dem Wein nicht gespart wird." Theresa hat gelernt Befehle entgegenzunehmen, die ausgesprochenen und die unausgesprochenen. Sie wird die Schafwolldecke ohne weitere Fragen in die Truhe geben – „wird nicht gewünscht". Sie bewacht die Glutstücke in den Eisenpfannen, schiebt das Abwasserschaff vor die Türe und verschwindet sofort wieder hinter ihrem Paravent.

Als eine weitere Wasserträgerin hatte Christina sie in ihr Haus geholt, und bald waren ihr die Stimme, das Gehen, vor allem der offene Blick von Theresa so angenehm, dass Christina sie über die anderen Dienstboten stellte. Theresa konnte sie ertragen. Die anderen Diener, Mägde und Knechte, die meisten von ihnen, jagten mit ihrem Gehabe der eingezogenen Schultern und gesenkten Häupter in kürzester Zeit das Gemüt Christinas zu Wutausbrüchen hoch. Sie fühlte die Falschheit und wollte oft mit der Peitsche auf sie einschlagen. Wie damals, vor über fünfzig Jahren im Pferdestall von Schloss Stegeborg, als sie die beiden Knechte ertappte, wie sie ihrem Pferd Schnaps einflößten: „Jetzt wird der Hengst mit ihr über das Eis tanzen, dass sie in weitem Bogen durch die Luft fliegt und ins Geröll fällt."

Auf Stegeborg werden sie jetzt die Winterkerzen in Kisten verstauen. Im April ist der Winter, der dunkle, lange Schwedenwinter beinahe überstanden, und die Tagstunden unterscheiden sich schon deutlich von den Nachtstunden. Dann werden die rot schimmernden Kerzen und Fackeln für den Tag, die blau schimmernden für die Nacht nicht mehr gebraucht.

Schloss Stegeborg, dort wurde sie geboren, dort kennt sie sich aus, und trotzdem sehnt sie sich nicht dorthin. Es ist in ihrer Erinnerung nur ein Gemäuer geblieben; ein Gemäuer mit Zimmerfluchten, riesig und immer kalt, mit weit verzweigten Gängen, Nischen und Stiegen. In diesem Gemäuer hatte Vater gelebt, und Mutter, Tante Katharina und Ebba, ihre geliebte Freundin Belle.

Christina schaut aus ihrem Lieblingsfenster; Riario ist ein gutes Heim geworden, Palazzo Riario; sie sieht zum Petersdom und in die andere Richtung zum Gianicolo. „Dieser Stadt fehlt das mittlere Maß, rasch wird man hier bejubelt und rasch wird man hier verdammt", hatte sie vor über zwanzig Jahren an António Vieira geschrieben, und er antwortete knapp: „Mag sein, Christina, dass Sie Rom verlassen, doch niemals mehr wird Rom Sie verlassen." Jetzt, um diese Morgenstunde ist alles vom Glitzern des Lichtes, der Nachtfeuchtigkeit überzogen, die Kuppel, die Schirmpinien, sogar die verdorrten Zuckerrohrstangen. Zuckerrohr gedeiht nur in den Tropen, will man sie jedes Jahr belehren. Sie weiß das, und lässt trotzdem immer wieder ein paar Pflänzchen setzen. In ihrem Garten wachsen auch Bananenbäume und es blühen Paradiesblumen. „Tropenpflanzen", wunderte sich Papst Innozenz, und als sie lächelte, fragte er noch: „Eine Erinnerung, hat Vieira sie mitgebracht, aus Brasilien?"

Für den heutigen Tag hat Christina sich in große Robe gehüllt; das weißsilberne Kleid war eigentlich für den Neujahrsempfang beim Papst gedacht gewesen. Doch an diesem Tag hatten ihre verschwollenen Glieder so sehr geschmerzt, dass sie im Bett bleiben musste, und seit Anfang Januar stand das Kleid nun, auf die Holzpuppe drapiert, in ihrem Schlafzimmer und starrte sie an.

Man hatte ihr beigebracht, vor Jahrzehnten, dass sie sich für einen solchen Anlass besonders zu kleiden hat; und ein besonderer Anlass ist es heute. Wie oft hat Christina schon begonnen, ihr Leben, die Ereignisse, niederzuschreiben, und immer ist sie von schönen Worten, von verschnörkelten Ausdrücken abgelenkt worden, abgelenkt vom Wahren, vom Einzigen, das sie ausbreiten wollte. „Worte müssen sein wie Sterne, klar und verständlich für jedermann." Diesen Vieira-Grundsatz hatte ihr Meister Sven ab ihrem siebenten Lebensjahr eingebleut. Niemand in Stockholm wusste damals, dass diese Worte von einem Jesuiten stammen.

Christina hat noch nie gebeichtet, die Ohrenbeichte hat sie immer abgelehnt. Doch heute, am 18. April, will sie es versuchen, und sie will den Ritus genau einhalten.

„Meine letzte Beichte war – es hat noch keine stattgefunden."

Als Nächstes hat sie ihren Stand zu nennen: „Ledig, nein, unverheiratet"; dann die Art ihrer Gewissenserforschung und weiter, das Bekennen ihrer Schuld.

„Christina, man wird Ihnen Ihre Schuld vergeben, später, in Jahrzehnten, wenn die Geschichtsschreiber Ihren Entschluss deuten und zum Besten für Sie und für Schweden auszulegen versuchen", hatte Oxenstierna, Graf Axel, gesagt, als sie sich von ihm verabschiedete, vor fünfunddreißig Jahren.

„Schuld?" Christina schüttelte den Kopf. „Welche Schuld habe ich auf mich geladen? Graf Axel, es ist alles wohl geordnet; Sie wissen, ich habe jahrelang auf diesen Tag hin gelebt. Mach ich mich schuldig, weil ich meinen eigenen Weg gehe; dann schütze mich der Himmel vor aller Unschuld, denn wir Schuldigen wissen wenigstens, was wir tun."

Christina wird die Ereignisse nicht wenden, nicht das Wenn und Wäre in ihnen suchen; sie wird auch nicht niederknien; der Himmel hat ihr nichts zu vergeben; sie ist jenen Weg gegangen, der ihr vorgezeichnet wurde. Wenn sie an sich hinunterschaut, soll das weißsilberne Kleid sie daran erinnern, keine Ausflüchte zu suchen.

„Welche Farbe hat die Wahrheit?", hatte Christina als Siebenjährige Eweret, ihren Religionslehrer, gefragt.

„Die Wahrheit hat keine Farbe", versuchte Eweret zu erklären. Doch Christina beharrte: Alles hat eine Farbe, jede Stimme, jeder Geruch, auch Freude und Furcht haben eine Farbe."

„Christina, du denkst an den Regenbogen, den wir gestern gesehen haben; aber die Wahrheit hat keine Farbe."

„Im Regenbogen sind alle Schattierungen enthalten, das Goldgelb der Stimme von Papa und das Grün der Stimme von Mutter. Sie zieht eine Schleppe von Grün hinter sich her, wenn sie ins Kontor von Vater stürzt. Ist er im Zimmer, oder ist er weggegangen ohne Abschied, ohne ein Wort an sie? Das fürchtet Mutter am meisten – dass Vater das Haus verlässt, ohne ein Wort an sie zu richten. Das Kontor von Vater wird grün und dunkelt bis ins Schwarze, wenn Mutter in diesem Raum hin und her läuft. Welche Farbe hat die Wahrheit?"

„Die Wahrheit hat keine Farbe, sie liegt über dem Schimmer des Regenbogens."

„Sie ist also weiß."

„Vielleicht."

„Doch in diesem Weiß sehe ich auch Grau, ein helles, ein dunkles, es schimmert silbern, ist nur das Weiß darin die Wahrheit oder das silbern Leuchtende?"

Meister Eweret dachte lange nach, schaute in seinen Weinbecher und murmelte: „Es gibt keinen vollkommen reinen Wein, also gibt es auch keine vollkommen reine Wahrheit."

Christina hat auch gefastet für dieses erste Beichtgespräch.

Je länger Magen und Gedärm leer sind, desto weiter öffnen sich alle Kammern im Kopf – ihre Erinnerung beginnt mit dem Sommer 1630. August, beinahe Mitternacht, und die Sonne leuchtete; Christina fühlte Wasser, Moos, Gras, alles schmiegte sich lauwarm an ihren Kinderkörper; es war angenehm, darin zu versinken. Als sie die Arme hob, damit die warme Feuchtigkeit höher kriechen konnte, wurde sie hochgerissen. Sie schrie und schlug um sich, doch mit festen Griffen wickelte man sie in Decken. „Hab keine Angst, Christina, wir lassen dich keine Minute mehr allein! Deine Mutter wollte dich ertränken."

Christina wurde, gerechnet nach julianischem Kalender, am achten Dezember 1626 geboren, das ist im Taufbuch nachzulesen, und im königlichen Tagebuch: „Nach den zwei tragischen Fehlgeburten schenkte Ihre königliche Hoheit, Maria Eleonora von Brandenburg, gestern mit der Geburt eines starken und kräftigen Kindes dem Wasa-Haus das Wichtigste: den Fortbestand des edlen Hauses. Es ist zu vermerken, dass es sich bei diesem Thronerben um eine Tochter handelt, welche sofort nach der Geburt auf den Namen Christina getauft wurde und welche man im Selbstverständnis unseres edlen Fürsten Gustav Adolf im lutherischen Glauben erziehen wird. Alle ausschweifenden Feiern wurden striktest untersagt, sondern wird das Volk angewiesen, zur Stunde des blauen Nachtkerzenscheines in der Kirche zum Gebet zu erscheinen ..."

Über ihre Zeit von der Geburt bis zu jener sonnendurchleuchteten Augustnacht, dreieinhalb Jahre später, weiß Christina von Selma, ihrer Amme, ihrer Vorbeterin, ihrer ersten Vertrauten.

Christina sollte erst zwei Wochen später zur Welt kommen, denn Eleonora hatte den 21. März 1626 als Tag der Zeugung bestimmt. Um einen Sohn zu bekommen, hatte sie von Neujahr weg nur noch Fisch gegessen, das Wasser der gekochten Fische getrunken, und zwei Monate lang ließ sie Gustav Adolf nicht an ihren Körper. „Nur lang zurückgehaltener Samen schleudert stark genug für einen Sohn", hatte eine Wahrsagerin ihr geraten. Doch Gustav Adolf hielt sich nicht an die Vereinbarung; er mied das Bett seiner Ehefrau und ging zu Heike, der jungen Witwe eines Offiziers. Und er verbrachte auch Nächte im Haus von Ines, einer aus dem Kloster entflohenen Jungfrau, und er wärmte seinen Körper bei Elke, einer älteren, beinahe schon ausgetrockneten Frau, die ihn mit Worten und Salben erhitzte. Zwei Wochen vor Christinas Geburt brachten Heike und Ines Söhne zur Welt, Bastarde zwar, doch gesunde Söhne, die Gustav Adolf Heiko und Ino nennen ließ. Im Freudentaumel ritt er durch die Stadt und warf den Fischern, den Köhlern, den Bäckern und Wamsschneidern Münzen zu. Sofort hatte der Notar die Schriftstücke aufzusetzen, Heiko und Ino bekamen jeder ein Lehen von mehreren Gutsgrößen zugeschrieben, der eine Richtung Ostsee, der andere Richtung Malärsee.

Eleonora wand sich in den letzten Novembertagen des Jahres 1626 in Verzweiflung und Vorfreude. Hatte also ihr Gustav Adolf wie ein Hengst die Stuten besämt, denn nach Haiko und Ino würden weitere Bastarde kommen; doch auch in ihrem Leib trat und wuchs ein Sohn. Gleichzeitig war es unvorstellbar für sie, dass eine andere Frau alle Wohligkeit des Ausgefülltseins spürte, die nur Gustav Adolf geben konnte, dieses wollüstige Ausgefülltsein, sein Keuchen, Zustoßen und Wegschieben. Als am Morgen des siebenten Dezember bei Eleonora die Wehen einsetzten, verfiel sie in Schreikrämpfe. Zwei Wochen zu früh, das durfte nicht sein, Söhne drängen nie vor ihrer Zeit aus dem Mutterleib. Sie ließ sich siedend heißen Wein einträufeln, ihren Unterleib mit Schnee und Eis massieren, und als die Nachtstunden kamen und die Wehen nicht aufhörten und die Geburtshelferinnen schon um heißes Wasser riefen, denn die Geburt schien nahe, da bäumte sich Eleonora auf: „Weg mit den blau leuchtenden Nachtkerzen, es darf nicht der achte Dezember werden, acht, die Chronoszahl, nein!" Und die Mägde ließen die rot leuchtenden Tagkerzen stehen, die ganze Nacht bis zum ersten Schrei von Christina in den frühen Morgenstunden des achten Dezember.

Niemand hatte den Mut, Eleonora die Wahrheit über das Geschlecht des Kindes zu sagen. „Christian", hauchte sie erschöpft, als man ihr das gebadete und gewickelte Kind zeigte.

Gustav Adolf wollte das Neugeborene sehen, ganz und nackt; er hatte die Nacht zuvor mit Generälen und Offizieren verbracht, in Siegeseuphorie. Die schwedischen Truppen waren bis Pommern vorgerückt; Schweden hatte Mecklenburg vom Katholizismus befreit und dem Luthertum einverleibt! Nun würde er den Truppen ein paar Monate Erholung gewähren, und dann würden sie weiter in den Süden Europas ziehen. Bayern war das nächste Ziel, und möglichst nahe an das Habsburgerreich, nahe an den Vatikan sollte Schweden sich ausdehnen. Bald würde Gustav Adolf sich selber an die Spitze der Truppen stellen, um mit dem Banner Luthers, mit der Fahne Schwedens in Europa neue Grenzen zu markieren.

Gustav Adolf war trunken von Alkohol und Siegesgeschwätz, als ihm die Hofmeisterin das Neugeborene in die Arme legte. Das Kind war kräftig, die Haut glatt, der Kopf mit honigblondem Haarschopf, und – Gustav Adolf hatte sofort die Decke vom Unterleib des Kindes gezogen – es war ein Mädchen, eine Tochter mit einer beinahe prallen Scham. Gustav Adolf hatte in den Wochen zuvor zweimal Neugeborene in den Armen gehalten, seine Kinder, seine Söhne. Doch jedes Mal waren sie ihm im Dunkeln, im Verborgenen gezeigt worden: „Hier, unser Kind!" Und kaum hatte er die feine Haut seiner Kinder unter seinen Fingern gespürt, hatte man ihm die Kinder wieder weggezogen: „Gehen Sie, Hoheit, es ist nicht gut, wenn man sieht, dass Sie sich freuen."

Als er seine Tochter in den Armen hielt, konnte er endlich sein Gesicht auf den kleinen Körper, auf die Haut seines Kindes legen. Alle zurückgehaltene Freude konnte er endlich diesem Säugling zuflüstern: „Das ist Christina, du bist Christina, meine Tochter, mein Nachfolger und Erbe", rief Gustav Adolf.

Die Hofmeisterin konnte es kaum fassen: „Er hat ihr verziehen, dass sie eine Tochter ist", mit dieser Nachricht lief sie durch das ganze Schloss.

Schon Stunden später verkündete Gustav Adolf im Staatsrat: „Heute wurde mein rechtmäßiger Erbe geboren, meine Tochter Christina!" Die Diplomaten, Minister und Sekretäre überschlugen sich in Beglückwünschungen, und jeder eilte zur Korrespondenzmappe, um die längst vorbereiteten Briefe zu ergänzen.

Einzig Kanzler Graf Axel Oxenstierna blieb zurückhaltend mit seinem Glückwunsch: „Möge diese Tochter Ihrem edlen Haus wie unserem Land alle Ehre bereiten und später, durch günstige Heirat, Macht und Ansehen Schwedens noch vergrößern." Axel Oxenstierna war in allem ein zögernder, aber auch weit blickender Mann gewesen; eine Tochter, das brachte für Schweden Probleme, welches Adelshaus käme als Heiratsallianz in Frage?

Außerdem hatte er die Radixzeichnung und die Erläuterungen dazu im Ärmel. Der Hofastrologe hatte es ihm genau erklärt: „Venus, Merkur und Mars stehen nächst dem Regulus! Wer mit den Kräften des Fixsternes Regulus in die Welt gestellt wird, lebt nicht unbemerkt. Regulus zieht zu höchsten Höhen, treibt den Menschen über das mittlere Maß hinaus, zu Neuem, zu noch nicht Dagewesenem, und Regulus gibt auch die Kühnheit zum Umsturz. Es bedarf aller Sorgfalt der Erzieher, um diesen Kräften eine Richtung zu geben, die den Menschen im Guten über die anderen, die durchschnittlichen erhebt. Merkur im Regulus gibt Christina einen Verstand, der vor keinem Gedanken zurückschreckt; Mars entzündet in ihr einen Willen, der jedes Vorhaben bis zum Letzten ausführen lässt; und in ihrer Weiblichkeit hat sich Venus mit männlichen Sonnenkräften vereint."

Im gleichen Maß, in dem Gustav Adolf über die Geburt der Tochter erfreut war, bedeutete Christina für ihre Mutter Schock und Enttäuschung.

Eleonora bekam einen Erstickungsanfall, wenn man ihr das Kind brachte, sie übergab sich, wenn man ihr das Kind an die Brust legte, und sie sprang aus dem Bett und schüttete den Inhalt ihres Leibstuhles nach den beiden Gesundbeterinnen.

„Gesundbeterinnen, damit diese in Eleonora die Mutterliebe anfachen? In den Schriften von Luther steht kein Wort von Gesundbetern, diesen Humbug betreiben die Katholiken." Ivar

Möller, der Hofarzt, war ratlos. Auch wusste er nicht, wie er die beiden von Gustav Adolf aus Uppsala herbeigerufenen Frauen im Reichstag erklären sollte. Alle paar Tage kam eine der beiden zu ihm mit Forderungen, nach mehr Geld, nach größerer Wohnung, nach besser ausgestattetem Schlitten.

Es half alles nichts, Eleonora mochte das Kind nicht; es schrie zu laut, zu kräftig; es war zu stark, es biss, es hatte eine Ausdünstung, die ihr rote Pusteln aus der Haut trieb. Eleonora schlich in der Nacht ins Zimmer und löste mit ein paar Handgriffen die Wickelung des Säuglings, dass der kleine Körper unbedeckt lag. Sie scheuchte die Nachtmägde hinaus: „Ich will mein Kind ein paar Minuten für mich allein haben!", und sie schnitt mit den Diamanten ihres Brustkreuzes die Glasscheibe aus dem Rahmen. Stundenlang wirbelten Schneeflocken ins Zimmer und der Februarnordwind wehte in den letzten Winkel des Säuglingskorbes. Gespannt verharrte Eleonora in ihrem Bett; als das Schreien Christinas aufhörte und sie das Laufen und Rufen der Dienstboten, Kammerfrauen und Ammen hörte, wimmerte sie: „Ist es tot?"

Doch Christina überstand alles; sie bekam vom Eiswind keinen Husten, sie gewöhnte sich rasch an Ammenbrüste, und als diese zu wenig Milch hatten, saugte sie aus dem Ledereuter die frische Elchmilch.

Eleonora beobachtete weiter voll Missgunst das Wachsen von Christina; wurde dieses Kind nicht mit jedem Strecken, jedem Gähnen größer und stärker? In der sechsten Woche wusste der Säugling bereits zu unterscheiden, wer ihm entgegenschaute. Christina schrie, wenn Eleonora nach ihr griff, und sie lächelte und schmatzte, wenn ihr Vater sie aus dem Korb hob. In Eleonora begann es zu wüten, hatte dieses Kind sie endgültig von Gustav Adolf weggedrängt, von dem Mann, dem sie in keinem Lebensbereich genügte. Wenn sie mit ihm ausritt, preschte er nicht dem Moor zu, sondern ritt bequeme Pfade und beobachtete mit Eleonora gelangweilt ein Rudel Wölfe. Nie unterhielt er sich mit ihr in gleicher geistiger Augenhöhe; wenn sie mit ihm redete, hörte er höflich zu: „Es ist bewundernswert, Eleonora, wie umsichtig du den Haushalt führen lässt." Auch als sie ihm erzählte, was ihre Schwester aus Berlin schrieb, schaute er kaum auf. „Elisabeth warnt vor Wallenstein, er sei ein Besessener, ein Emporkömmling, und keiner könne ihn aufhalten. Er zieht von Ort zu Ort, von Landstrich zu Landstrich, und keiner wagt es, ihm zuwiderzuhandeln. Höre, was Elisabeth schreibt: seine Soldaten sind in Scheunen gepfercht, und er selber lässt sich im geräumigsten Haus jeder Stadt nieder. Frauen mit blondem Haar verstecken sich vor ihm, manche flechten sich Perücken aus schwarzem Rosshaar, um ihm zu entkommen. Aber seine Leute lauern den Blondhaarigen überall auf, und er braucht viele für sein Bett, um einen Sieg zu feiern oder um seine Wut über Widerstand zu besänftigen. Gustav, lass die anderen gegen diesen Wallenstein kämpfen, irgendeiner wird ihn besiegen und endlich töten, aber schlag dir aus dem Kopf, gegen diesen Wallenstein anzutreten!" Eleonora redete auf Gustav Adolf ein, hielt ihm die Briefbogen hin. Er reagierte nicht, beschäftigte sich weiter mit dem Versiegeln einer Depesche. „Du solltest das Bett nicht verlassen, Eleonora, unser guter Leibarzt Möller hat dir Bettruhe verordnet", sagte er sanft, und er lächelte. Er hörte nicht auf zu lächeln, Eleonora anzulächeln, ohne sie wirklich anzusehen, denn er griff schon nach dem nächsten Schriftstück.

Eleonora wollte auf ihn zuspringen, doch ihre Füße waren so durchfroren, dass sie sie nicht bewegen konnte; Februar. Dieser eiskalte, dunkle, lichtlose Schwedenwinter, wie sie diese Monate hasste, wie unerträglich ihr der Gestank war, den die Decken ausströmten, in die jeder Mensch, jedes Tier gehüllt und gepackt war. Wenn neben einer Feuerstelle Schnee und Eis aus diesen Decken, aus der Schafwolle schmolz, dann dampften die Umhänge den Geruch der Tiere, der Menschen, des Stalles, der Scheune, des Dunghauses aus, und Eleonora musste oft das Gebetbuch vor ihr Gesicht halten, um nicht auszuspeien. Wie anders, wie gut und durchwärmt hatte sie in Berlin gelebt; war Berlin nicht schon ein Teil vom südlichen, vom heiteren Europa.

Das alles war ihr wahrscheinlich durch den Kopf geschossen; denn plötzlich riss sie ihre Betthaube vom Kopf, löste ihr Haar aus den Bändern: „Du redest nach, was Ivar Möller sagt, du hast dich früher nicht um die Weisungen des Leibarztes gekümmert, Gustav Adolf, du meidest mein Bett! Ich will, dass du mir einen Sohn zeugst, und ich will nicht länger warten. Ratschläge von Medizinern und Badern haben nie für dich gegolten. Hast du mir nicht im Gasthof, wo ich von meinem Vater dir übergeben wurde, bei unserem ersten Zusammentreffen zwei Monate vor der Hochzeit, schon die erste Lektion darin gegeben, was der Ehestand für mich bringen würde, dass ich mich einzuüben habe, dich, deinen Körper voll Lust zu erwarten, lange vor der Trauungszeremonie. Und jetzt willst du dich mir verweigern, jetzt, wo es deine Pflicht ist dem Haus Wasa gegenüber."

Eleonora war so verzweifelt, dass Gustav Adolf nach den Wächtern rief; sie sollten „die Arme, die von ihren Nerven Gequälte" zurück in ihr Zimmer bringen. Doch Eleonora entwand sich den Männern, sie schlüpfte an ihnen vorbei ins Kinderzimmer, wo Christina am Tisch lag, nackt, man wollte den Säugling säubern und mit Lavendelöl massieren. Mit einem Sprung war Eleonora beim Tisch und wischte das Kind, das verhasste, auf den Boden.

Eleonora lag längst wieder in ihrem Bett, als sie das Schreien von Christina hörte, zuerst das Schreien und bald das Weinen vor Schmerz, dann das Rufen der Kinderfrauen. „Die Schulter, der Arm, die Finger, alles leblos, Arzt, heißes Wasser, den Rosenkranz auflegen, eine Kerze, ein Gebet zur heiligen Rita, nur sie kann helfen."

Christina behielt eine schiefe Schulter. Die Schneider vertuschten diesen Makel mit Kissen aus Schafwolle; sonst blieb nichts von diesem Ereignis, nichts an ihrem Körper.

Selma hatte ihr nicht nur diese Version erzählt, es gab noch eine andere: Eleonora hätte sich liebevoll über das kleine Mädchen gebeugt, Lavendelöl auf die Haut ihrer Tochter geträufelt; doch bei der ersten Berührung hätte Christina gegen Eleonora getreten und das Gesicht von der Mutter abgewandt, dass Eleonora alle zurückgehaltene Wut mit einem Schlag gegen das Kind entlud. Andere erzählten, dass eine der Kinderfrauen Christina vom Tisch geworfen hätte, als sie beim Einölen die ausgeprägte, schon leicht behaarte Scham des Säuglings Christina sah: „Was ist das für ein Kind, ein Mädchen, ein Junge, wer steckt in diesem kleinen Menschen, dieses Kind bringt Unglück."

„Dieses Kind bringt Unglück! Welche Last wurde dem Haus Wasa mit diesem Kind auferlegt." Ab August 1630, ab der Zeit, da sie als Dreieinhalbjährige begonnen hatte, die Ereignisse, das Geredete, das Gehörte in ihrem Kopf zu speichern, zu sammeln, hatte sie solche Sätze wieder und wieder gehört. Sie verstand damals nicht die Schwere dieser Klagen, sondern plapperte die Sätze nach, die ihre Lehrer ihr eindrillten. „... und immer werde ich meine Mutter lieben." Diesen Satz sagte sie in Französisch, in Florentinisch, in Deutsch, in Englisch. Sie beendete jedes Gebet, jede Andacht damit.

Die Mutter, das war die Frau im anderen Stockwerk, jene Frau, mit der man sie nie allein ließ: „Niemand weiß, was sie dem

Kind wieder antut." Es war Christina ausdrücklich verboten, ihre Mutter allein zu besuchen; sie tat es trotzdem. Sie schlich durch die nur schwach fackelbeleuchteten Gänge und Windungen hinauf in die Zimmer von Eleonora. Dick vermummt, in Decken und Felle gehüllt, schaute Eleonora an Christina vorbei zu den glosenden Holzstücken in der Feuerpfanne. Sofort stand eine der Kammerfrauen auf, die hinter Eleonora Wache hielten, und wollte Christina aus dem Raum schieben.

„Mutter", sagte sie, und als Eleonora nicht reagierte, rief sie: „Mama!" Doch Eleonora löste sich nicht aus ihrer Erstarrtheit.

Christina wollte mit ihr reden, ihre Stimme hören, und wie fühlte sich Mutter an? Sie griff nach ihren Knien; und als Eleonora sie ansah, endlich ihren Blick von ganz weit weg auf die kleine Christina senkte, da schielte Eleonora. Dieses Schielen entstellte ihr Gesicht so fürchterlich, dass Christina zurückwich und wegrannte.

Als Kind hat Christina ihre Mutter nie anders als mit abwesendem oder schielendem Blick gesehen, und sie konnte keine Verbindung herstellen zu jenem Portrait von Eleonora, das im Salon hing: „Königin Maria Eleonora in Erwartung." Es war zwei Monate vor Christinas Geburt gemalt worden.

„Eleonora war eine Schönheit, und voll Sanftmut. Sie hatte Bewerber aus allen Adelshäusern Europas, sie konnte wählen; und sie entschied sich für unseren König Gustav II. Adolf."

Doch später, nach der Geburt von Christina – „es gibt Enttäuschungen, die den Menschen zerstören", seufzte Graf Axel Oxenstierna, als Eleonora Jahre später nach Gripsholm gebracht werden musste.

Sie gingen einander aus dem Weg, Mutter und Tochter, alle Jahre, bis Christina in ihrem achtundzwanzigsten Jahr Schweden verließ.

Christina haderte nicht mit dem Himmel, sie hatte sich schon als Kind die Erklärung zurechtgelegt, dass für sie diese Frau als Mutter vorgesehen war und sie gleichzeitig einem Vater anvertraut worden war, der aus jeder Geste, aus jedem Wort Liebe und Geborgenheit strömen ließ. Vom Vater kam alles gleichzeitig, Zuwendung und Liebesentzug, zärtliche Berührung und unnachgiebige Härte. Doch es geschah alles in Balance, Christina fand sich darin zurecht, und es gab für sie kein größeres Glücksmoment, als die Erwartungen des Vaters zu erfüllen, sich ein Staunen, ein Lob von ihm zu verdienen.

Wenn Vater anwesend war, nahmen sie gemeinsam die Frühmahlzeit ein: dunkle, heiße Gerstensuppe und Brot, dick mit Honig bestrichen. Vater schluckte schnell, schob Stück um Stück vom Brot, Löffel um Löffel der beinahe noch siedenden Suppe in seinen Mund. Christina beeilte sich, sie musste schnell alles in sich hineinschieben, denn sie durfte keinen Moment länger bei Tisch sitzen als Vater, und sie hatte Hunger, ihr Bauch schmerzte vor Leere, und nach der Frühmahlzeit bekam sie erst zur Mittagsstunde das nächste Essen. Nur den Magen füllen; siedend heiß rann die Flüssigkeit durch ihre Kehle, vom Brot schluckte sie ganze Stücke; sich nur nicht mit dem Kauen aufhalten. Ihr Hals, ihr Bauch, alles brannte und schmerzte – nein, das durfte nicht sein, denn Vater verlangte: „Meine Minerva wird doch nicht über ein kleines Brennen die Miene verziehen." Niemals! Sie wusste doch: „Es gibt keinen Schmerz des Fleisches, das sehen wir bei den Tieren. Schau dir ein Pferd an, es liegt still, wenn ihm nach einem Sturz die Eingeweide aus dem Bauch quellen, es jammert nicht und wimmert nicht."

Mit voll gefülltem, brennendem Bauch ging Christina ins Studierzimmer. Als Erstes das Lateinische: „longe a salúte mea verba delictórium meórum" – „die Worte meiner Klage verhallen ohne Hilfe". Dann die englische Literatur, das Florentinische und das Griechische.

Als Nächstes trieb Meister Sven sie durch die Lektion über die Strategie der Schweden, die Strategie ihres Vaters:

„Vater, König Gustav Adolf wird noch einige tausend Soldaten in den Süden schicken."

„Nein, er wird sie nicht schicken – "

„Ich entschuldige mich für die nachlässige Formulierung – es werden noch einige tausend Soldaten meinem Vater freudigst folgen."

„Richtig! Weiter!"

„Um unser lutherisches Glaubensbekenntnis in den Süden von Europa zu bringen – "

„Weiter, Christina, weiter!"

„Damit wird Schweden in Kürze neben Frankreich die größte Macht Europas sein."

„Ja, und, weiter, Christina, schneller!"

„Wenn die Menschen durch die großen Siege meines Vaters vom Römischen, vom Katholischen und von allem Abergläubischen befreit sind, werden sie in neuer Ordnung ein besseres Leben haben."

„Weil – Christina! Du hast es gestern zügiger gesagt – die Menschen werden ein besseres Leben haben, weil ...",

„... weil die Mitglieder all unserer tüchtigen Zünfte ihre Waren dann ohne Grenzmaut in alle neuen schwedischen Regionen verkaufen können, weil die Bauern sich in die neuen Ländereien ausbreiten werden, wo die Ernten üppiger sind, und die Menschen hier im Stammland mehr Nahrungsmittel, mehr Korn, Rüben und Schlachttiere bekommen. Auch wird in die Staatskasse mehr Geld aus den Steuern der Zünfte fließen, und Gustav Adolf, das Haus Wasa, wird Wissenschafter und Künstler aus England und Frankreich einladen, die in Uppsala und in Stockholm lehren werden und das Reich Schweden zum geistigen Zentrum Europas formen."

„Gut, Christina, weiter!"

„Wallenstein", kam sie ihrem Lehrer zuvor. Denn gab sie endlich auch diese Antwort, sagte sie diesen Text, dann bekam sie eine oder zwei von den Dörrpflaumen, welche die Magd auf den Tisch gestellt hatte. Auf dem Holzteller die gefrorene Milch, darüber rinnt der Honig und darin stecken die köstlichen Dörrpflaumen, sie waren vorher in heißem Wasser gewesen, denn sie dampften und dufteten – „Wallenstein, Albrecht Wenzel von Wallenstein wurde von den Jüngern Ignazio Loyolas, von den spanischen Jesuiten, ausgebildet. Durch die Heirat mit der alten Lukrezia wurde er reich und konnte ein Heer ausstatten, mit dem er jetzt die Reformation vernichten will."

„Wie nennt er sich jetzt, Christina, und hat unser König Gustav Adolf, dein verehrter Herr Vater, Wallenstein zu fürchten?"

„Niemals hat mein Vater Wallenstein, Graf Harrach, wie er sich jetzt nennt, zu fürchten, denn mein Vater kämpft für die Befreiung der Menschen vom Römischen, vom Katholischen, vom Abergläubischen, und Wallenstein wirft jedes Dorf, das er besiegt hat, in die Abhängigkeit von Zehent und Ablass zurück."

Meister Sven griff bereits nach der Schüssel mit den Dörrpflaumen. „Und wie weit sind die Soldaten unseres Königs schon gezogen?"

„Bis nach Brandenburg, und wenn Vater sich im nächsten Jahr, im Jahr 1632, seinen Soldaten als oberster Feldherr anschließt, werde ich hier als sein rechtmäßiger Erbe voll Zuversicht seine Rückkehr erwarten und mich in jeder Stunde mit der Fortführung meiner Studien beschäftigen."

Endlich hielt Sven ihr den Teller mit den honigtriefenden Dörrpflaumen hin.

„Danke!" Christina stopfte zwei in den Mund, nahm noch eine dritte vom Teller. Der Honig tropfte auf den Boden; sie presste alles Süße und Fleischige aus den Dörrpflaumen, schluckte sie unzerkaut, dann war ihre Mundhöhle frei, um eine nächste Frucht auszusaugen.

Sven beobachtete sie, wie sie die dritte Pflaume in den Mund schob. „Komm, Christina, zum Schachtisch. Du ziehst mit Weiß und spielst ohne Dame."

Christina nickte, saugte weiter an der Dörrpflaume. Erster Zug mit dem Königsbauern, dann den Springer eingesetzt, und schon beim dritten Zug hatte sie den Läufer von Meister Sven übersehen.

„Christina, du kannst nicht denken, wenn du gleichzeitig isst."

„Sie schmecken so gut", rutschte es ihr heraus, und Sven blitzte sie aus seinen blauen Augen an.

„Bringe den Korb mit den Dörrpflaumen", befahl er und zog Christina zur Glutpfanne. Darin brannten Holzstücke, verströmten angenehme Wärme. „Schau, Christina", Sven redete ganz sanft, „das Einzige, was wir brauchen, ist die Wärme, sie ist für uns eine Wohltat, und es ist egal, wodurch sie entsteht. Jetzt kommt sie vom Holz, und nun", damit schüttete er den Korb Dörrpflaumen ins Feuer, „nun kommt die Wärme von den süßen Pflaumen. Es ist für uns dasselbe, sie geben Wärme. So ist es mit jedem Nahrungsmittel; es kräftigt uns, es hält uns aufrecht, es macht uns stark, damit wir unserem Geist befehlen können, und es ist egal, ob wir unsere Kraft aus Gerstensuppe oder aus Honigdörrpflaumen beziehen."

Um Christina drehte sich alles. Fest die Augen schließen, befahl sie sich, nur keine Träne, kein Schluchzen nach außen dringen lassen. Sven hatte die süßen Dörrpflaumen in das Feuer geschüttet; ein Schluchzen würgte sie. Christina starrte auf die Früchte, wie sie in der Hitze aufplatzten und das Fruchtfleisch honigzäh in den Flammenzungen verschmorte. Sie durfte nicht weinen, sie musste stillhalten, sonst würde sich Sven eine nächste, vielleicht noch härtere Strafe ausdenken. In diesen bläulichen Flammen, die jetzt um die Dörrpflaumen züngelten, konnte jedes Tier liegen, auch jeder Mensch konnte in diesen Flammen liegen, Meister Sven oder Mutter. Sie schlug die Hände vors Gesicht und ließ sich von Sven zurück zum Stehpult ziehen. „Hier, lies das, Christina, es wird dich ablenken."

Der Geruch, der aus den Buchseiten strömte, beruhigte sie, drängte ihre Tränen zurück, sie las: „... denn er hat für uns an den ewigen Vater Adams Schuld bezahlt und den Schuldbrief der alten Sünden mit seinem Opferblut gelöscht ..."

Sie hörte, wie Meister Sven dem Schreiber diktierte, „... sodass ich dringend rate, diese überhitzte Lust an süßen Speisen durch regelmäßiges Fasten einzudämmen. Wir können nicht früh genug damit beginnen, der Kronprinzessin zu exerzieren, dass sie jede Form von Lust durch Befehl und Beherrschung der Gedanken in Zaum halten kann und damit jede Regung des Gefühles nur seinem eigentlichen Zwecke zugeleitet wird ..."

Nach dem Vorfall mit den Dörrpflaumen war Christina zwei Tage und zwei Nächte in das Gewölbe gesperrt worden. Ein stockdunkles Verließ, überall lag der Kot der Stallknechte, die man dort einsperrte, wenn sie sich zu sehr betranken. Ratten zogen am Boden hin und her, Würmer schlängelten sich im Lehm. Christina setzte sich auf einen trockenen Platz – würde sie jetzt hier sterben, vor Angst, vor Ekel, vor Wut. Sie zog ihre Beine an, verkroch sich in ihr Filzkleid, dass ihr ganzer Körper bedeckt war, nur mehr der Kopf war ungeschützt, und in diesem Kopf hatte sie Bilder, Träume, die sie wärmten, Bilder in hellsten Farben – Vater würde sie aus dem Gewölbe holen, sie in ihr Zimmer tragen.

Doch der Vater kam nicht. Christina spürte Kälte, mehr und mehr, allmählich wandelte sich die Kälte in Wärme und vor ihren Augen tanzten die bläulichen, die roten Flammen, in denen die Pflaumen schmorten, in denen sich der Körper von Sven aufbäumte, in denen ihre Mutter lag, in denen das Haar ihrer Mutter zischte.

Drei Tage später fragte Meister Sven sie:
„Hattest du Angst, Christina?"
„Nein."
„Und wenn du wieder ins Gewölbe müsstest?"
„Wann soll ich es tun? Jetzt, sofort?"

Sie war nicht voll Trotz, sie bäumte sich nicht mehr auf. Mit sieben Jahren war die Erziehung abgeschlossen, sagten die Jesuiten. Dann war man bei Christina eben früher fertig gewesen, mit fünfeinhalb. Denn sie war in diesen zwei Tagen und zwei Nächten im Gewölbe aus einer Haut geschlüpft, aus jener Haut, die sie bis dahin geschützt hatte. „Niemals wird man mich hungern lassen, Vater liebt mich; niemals wird er zulassen, dass mir ein Schmerz zugefügt wird; deshalb wird er mich auch nie in eisiger Finsternis meinen Träumen, meinen Ängsten überlassen." Darauf hatte Christina vertraut. Sie konnte es sich nicht vorstellen, dass Lieben auch Quälen bedeutet, dass Lieben auch Schmerz Zufügen bedeutet, dass zumindest für sie, nach den Grundsätzen, die ihr Vater, die ihre Lehrer für sie aufgeschrieben hatten, diese Form von Liebe, von schmerzhafter Liebe, vorgesehen war. Stück um Stück war ihr in den Stunden der Finsternis und Kälte die wärmende Haut des Vertrauens abgefallen. Sie war allein, sie hatte zu gehorchen, sie hatte Erwartungen zu erfüllen, „stark und kräftig, mutig und angstlos".

„Was werden sie mir als Nächstes befehlen?"

Hungern, ihren Körper aushungern, bis sie sich nicht mehr erheben kann; und weiter, ihre Bitte um den Becher mit dem Wasser ablehnen, so lange, bis ihre Lippen aufspringen; und weiter, ihr die Erlaubnis verweigern, vom Stehpult zum Stuhl zu gehen, um sich zu setzen, nur zehn Atemzüge lang; und weiter, sie hat ohne Fackel und ohne Wärter zu den Pferdeställen zu gehen. „Christina, du kennst den Weg, die Gänge, die Stufen, die Türen und Tore, den Pfad am Weiher entlang, wo du schon die Pferde riechst, und hinter dem Verschlag wirst du nach Lars rufen, und er wird dich zu deinem Pferd, zu Minom bringen. Geh, Christina!"

Und die Wölfe, ist nicht eine Fackel das einzige Mittel, dass sie einen nicht anfallen, und hat nicht erst gestern Uwe, der Koch, davon geredet, dass zwei Bären bis zum Küchenhaus gekommen sind: „Wir müssen die Essensvorräte auf den Hahnenbalken hängen, dann sind sie vor den Bären sicher."

Doch Christina hatte keine Angst mehr vor Befehlen, sie konnten alles von ihr verlangen, alles, bis zum Sterben, auch das war zu erfüllen wie jeder andere Befehl. Sie würde nicht mehr aufbocken, nicht in ihrem tiefsten Inneren sich dagegenstemmen. Sie wusste, sie würden ihr nichts ersparen, nie; ihre Angst war weg und ihre Abhängigkeit. Sie gierte nicht mehr nach jedem Wort, das Meister Sven ihrem Vater mitteilte. Christina stand als kleiner Kindmensch mit der schiefen, verwachsenen Schulter neben der Anrichte, die heiße Milch dampfte, und das süße Brot duftete nach Kümmel und Ahornsirup.

„Du kannst schon mit dem Essen beginnen", Meister Sven lächelte.

„Danke, später", antwortete sie. „Darf ich Sie um das Buch von Dante ersuchen, darin möchte ich lesen, vor allem will ich das Buch riechen, die Seiten dieses Buches riechen am besten."

Sven gab ihr das Buch, und er diktierte in den Bericht: „Zu unser aller Beruhigung hat Kronprinzessin Christina mit dem Bestehen dieser Prüfung, dem Durchhalten im Gewölbe, den Beweis erbracht, dass sie in ihren Reaktionen vollkommen mannsgleich ist. Selbstverständlich müssen wir beharrlich bleiben in der Erziehung, damit endgültig an die Stelle von Angst, Furcht und kleinlichen Vorlieben für Süßes die Eigenschaften des edlen Hauses Wasa treten, welche sind: Mut und Kühnheit ..."

Ein paar Wochen liefen für Christina im üblichen Tagesprogramm – um fünf Uhr aufstehen, die Gerstensuppe, lesen, der Unterricht in Mathematik, Geographie und Sternenkunde, der Ausritt zu Mittag und nach dem Mittagessen die Nachmittagsstunden mit dem Rhetorikunterricht.
„Es ist ein Gedicht, und du sprichst es wie einen Befehl."
„Ich werde mich bemühen, da ich weiß, dass die Rhetorik die wichtigste Lektion ist, denn es ist der Unterschied zu erlernen, welche Rede wie ein Gemälde und welche wie eine Skulptur gesprochen werden muss."
Nach den Abendkartoffeln schrieb sie vier Zeilen ins Tagebuch: „... habe ich große Freude am Violinspiel wie überhaupt an jeder Form von Musik, sie tröstet, wie dies keine andere Sprache vermag". Dann wurde sie von Editha ausgekleidet, sie kniete nieder zum Gebet und kroch ins Bett zu den warmen Ziegelsteinen. Editha ließ den Bettvorhang niederrauschen, und Christina war für einige Stunden in ihrer Bettkammer vollkommen sich selbst überlassen. Sie wärmte ihre klammen Finger an einem der Ziegelsteine, sie fühlte, wie ihre Haut unter dem Hemd weich wurde. Ihre Wächter saßen und dösten weit außerhalb ihrer Welt, vor der Türe, und Christina ließ ihre Gedanken laufen. Bald würden die Wochen und Monate kommen, die Licht und Wärme verströmten; Wochen und Monate, in denen die Erde alle Finsternis und Kälte ausdampfte. Den Geruch von frühlingsweicher Erde holte sich Christina in ihr Bett, in ihre Gedanken, darin spazierte sie und war bis zum Hineingleiten in den Schlaf unerreichbar für ihre Befehler.
Die Weinkrämpfe von Eleonora, die sie bis in ihre Bettkammer hörte, galten der Welt außerhalb ihres Bettvorhanges, sie hatten nichts mit Christina zu tun.
Eleonora war seit Tagen nicht zu beruhigen; Ärzte und Seelsorger, auch Kräuterhexen rannten durch die Gänge und murmelten einander zu: „König Gustav Adolf ist zu seinen Soldaten

gezogen, und Königin Eleonoras Geist ist aus Schmerz über die Abwesenheit des Gatten beinahe verwirrt."

Der Vater war abgereist, ohne ein Wort, ohne einen Brief für Christina. Das tat weh, sehr weh. Christina konnte sich diese Herzlosigkeit, diese Härte ihres Vaters nicht erklären. Sie wollte ihrem Vater einen Brief schreiben, und um die Erlaubnis dafür zu erhalten, verzichtete sie sieben Tage auf Ahornsirup, folgte sie sieben Tage stehend dem Unterricht. Dann, endlich, durfte sie ihm schreiben: „Gnädigster herzlieber Vater, weil ich das Glück nicht habe, jetzt bei Ihnen zu sein, so schicke ich mein Konterfei. Bitte wollen Sie beim Betrachten meiner gedenken. Ihre gehorsame Tochter Christina."

Der Vater blieb lange weg, länger als bei jeder Jagd; die Wochen des Jahres 1632 liefen vom März in den April, in den Mai, es begannen die taghellen Nächte, und in einer dieser Juninächte wachte Christina auf, denn es war vollkommen still.

Editha lag wie immer in ihrer Ecke, am Boden eingerollt in die Filzdecke; und auf den Gängen rannten nicht wie sonst, wie jede Nacht, die Knechte und Mägde, die Kämmerer die Stiegen hinauf und hinunter, um Wasser zu holen, um die Teekannen zu füllen, um den Abwasserbottich wegzutragen, um nach heißer Milch zu laufen, einander zurufend: „Heute ist sie überhaupt nicht zu beruhigen." Schlief Eleonora so tief? Hatten sie ihr endlich eine Kanne heißen Wein eingeflößt, den sie sonst verweigerte, ausspuckte. „Teufelsgetränk!"

Nein, die Mutter war abgereist, dem Vater nachgereist, ins Lager zu den Soldaten. Nach tagelangen Vorbereitungen, dem Füllen der Kisten und Körbe mit Büchern, Kleidungsstücken und getrockneten Pflanzen, hatte Eleonora innerhalb weniger Stunden Stegeborg verlassen.

Im Schloss war es still geworden. Doch dauerte diese Stille, diese Ruhe nur einige Tage, dann begannen die Lehrer den Stundenplan von Christina zu überarbeiten. Viel zu viele Stunden waren noch ungenützt; in den disziplinären Übungen waren ihre Erzieher längst noch nicht bis an die Grenze gegangen, und zur Verbesserung ihrer Deutschkenntnisse kam ein Professor aus Frankfurt.

„Lies, Christina, und erzähle mit deinen eigenen Worten", forderte Rudolf Weiher sie auf.

„Wie spät ist es?" Christina kannte sich nicht aus. Sie stand, aufgeschreckt im Nachthemd, das Haar noch unter die weiße Haube gewunden. „Wie spät ist es?"

„Zwei Stunden nach Mitternacht. Lies!"

Christina begann stockend: „Und er sagte: Setzt eure Kräfte ein, bringt euer ganzes Tagewerk ein, dass sich alle Menschen als Brüder und Schwestern lieben ..."

Sie schwankte, ihre Zunge gehorchte nicht der Aussprache dieser fremden Worte.

„Christina, du musst besser Deutsch sprechen, die deutsche Sprache wird für Schweden bald eine wichtige Sprache sein."

„Latein und Französisch sind mir wichtig", widersprach sie.

„Und Deutsch", beharrte Professor Weiher. „Dein Vater ist mit seinen Soldaten schon in Köln, und er wird weiter Richtung Süden ziehen. Schweden wird ein riesiges Reich in Europa werden, und hat sich Schweden erst bis Bayern ausgedehnt, wird die schwedische Fahne bald auch in Prag wehen."

Wochenlang vor ihrem sechsten Geburtstag bereitete man sie auf den großen Sieg vor. „Wir werden der Welt beweisen, dass wir die besten Könige haben. Gustav Adolf erobert uns den Süden Europas, und unsere Königin Christina wird die Enzyclopädien der Welt erobern." Mit solchen Sätzen wurde sie durch die Unterrichtsstunden gezogen. Vom Fechtunterricht zum Schachspiel und weiter zum Violinspiel. „Meine Finger sind klamm, ich erreiche diesen Ton nicht."

„Christina! Die Finger gehorchen dir, wenn du ihnen befiehlst, doch du gibst einem kleinen Schmerz nach; versuche es noch einmal, und noch einmal."

Beim Nachtgebet war sie müde, so müde, dass sie keine Gebetszeile mehr in ihrem Kopf fand, sondern es einfach aus sich reden ließ: „Der Himmel vergebe mir meine Nachlässigkeiten welche heute waren – ich weiß sie nicht mehr, ich flehe aber, lass Vater bald zurückkommen, lass ihn vor allem allein zurückkommen, behalte Mutter, nimm sie zu dir, lasse sie versinken."

In ihrem nächsten Brief an den Vater berichtete sie: „Weiß ich, dass ich bis zu meinem sechsten Geburtstag die wichtigsten Fächer, vor allem die Rhetorik, zu beherrschen habe, gelte ich doch ab meinem sechsten Geburtstag so gut wie erwachsen und habe dann jeden Tag, zwei Unterrichtsstunden lang, im Reichstag zu sitzen, was mir leicht fallen soll. Ich tue das alles mit der größten Liebe, mit der ich Sie, geliebter Vater, erwarte."

Ihr sechster Geburtstag war als großes Fest vorbereitet worden; Christina sollte zum ersten Mal im Thronsaal die Diplomaten und kirchlichen Würdenträger empfangen; in den blaugelben Schwedenfarben gekleidet, würde sie allein neben dem Thron ihres abwesenden Vaters stehen und die Glückwünsche und Handküsse entgegennehmen. Sie hatte alles einstudiert, geübt. Damit sie sich an das Gewicht des Brokatkleides gewöhnte, beschwerten die Zofen ihre Schultern schon tagelang vorher mit Rentierfellen; um ihre Frisur aufzutürmen, steckten sie ihr ein Weidengeflecht auf den Kopf, darüber wurde ihr Haar gewunden und die Bernsteinkämme hineingesteckt, so kunstvoll, dass sie als Krone glitzerten. Anfang Dezember kamen die Kutschen ins königliche Schloss; in allen Trakten und Nebengebäuden wurden die Gäste untergebracht, die Adeligen aus Uppsala und ihre Sekretäre und Schreiber, die Diplomaten und ihre Kammerherren und Hofmeister; in den Badehäusern neben der Palastkapelle waren die Kurtisanen und Hofmeisterinnen einquartiert. Das ganze Schloss war derart im Siegestaumel, dass sogar diese beiden verfeindeten Frauengruppen nebeneinander leben konnten, ohne dass eine der anderen das Abwasser vor die Tür schüttete oder dass eine sich mit einer anderen um einen Platz im Bett eines Diplomaten schlug. In den Küchenhäusern wurden ständig neue Gehilfen gebraucht, denn Tag und Nacht wurden Trinkgelage gefeiert, und die Essensträger eilten mit den Körben und Schüsseln voll dampfender Speisen über die Innenhöfe. Christina hielt sich die Ohren zu, das Gegröle und der Gesang waren bis zum Pferdestall zu hören: „So wollen wir neuerlich auf die immerwährende Gesundheit unseres edlen Königs Gustav II. Adolf trinken – mit dem Sieg über Graf Tilly hat er die katholische Liga gebrochen, alles für Schweden, alles für uns, für die größte Macht Europas – so wollen wir ihm neuerlich unsere Treue schwören."

Dann wurde ihr Geburtstagsfest verschoben, eine Woche, eine weitere Woche; schließlich kam Graf Axel Oxenstierna in das Studierzimmer und flüsterte: „Die Zeremonie wird am Weihnachtsabend stattfinden."

Meister Sven stotterte: „Ja, sehr wohl; aber wäre es jetzt nicht an der Zeit, Christina mitzuteilen …"

Oxenstierna schnitt ihm das Wort ab: „Die Zeremonie findet am Weihnachtsabend statt", und er verließ den Raum.

Christina hatte bereits die Veränderungen wahrgenommen: Die Gäste waren zum Teil wieder abgereist, aus den Badehäusern war Weinen und Flennen zu hören; es war auch wieder ruhig in den Innenhöfen. Die Schreiber, die Kuriere redeten zwar noch vom „Sieg über Tilly", und „endlich wurde auch dieser Wallenstein geschlagen", doch sie seufzten und bekreuzigten sich dabei. Keiner der Männer, keine der Frauen, von denen Christina tagtäglich und stündlich umgeben war, hatte den Mut ihr zu sagen, was sie längst spürte.

Einen Tag vor der Zeremonie fragte sie Meister Sven: „Wann kommt Vater zurück, jetzt ist der Krieg doch beendet."

Ihr Lehrer fuhr herum, starrte sie an, setzte dann bedächtig Wort an Wort: „Christina, dein Herr Vater, unser guter König Gustav II. Adolf ist bei der Schlacht in Lützen gefallen, dein Herr Vater ist tot. Unser großer Feldherr Gustav II. Adolf hat für uns, für Schweden, den allergrößten Sieg errungen, Lützen, bis weit in den Süden Europas, hat er unsere Fahne getragen, doch am 16. November 1632 hat ihn eine feindliche Kugel niedergestreckt und uns des besten Königs beraubt."

Christina wollte diesen einstudierten Text von Sven nicht hören. Sie rief, sie schrie: „Vater! Ich will meinen Vater wieder hier haben!"

Sie konnte damals, als Sechsjährige, ihren Abscheu noch nicht in Worte fassen, sie konnte nur dieses „Wir", dieses „Uns" nicht mehr hören. Dieses „Wir", mit dem die Soldaten in den Krieg geschickt wurden. Alle kämpften für ein „Wir". „Wir", das waren die Schweden, und die anderen, die Böhmen, sie sagten auch „wir" und zogen für ihr Volk in den Krieg, und die Franzosen und die Deutschen, sie sagten alle „wir", sie sagten: „Wir werden siegen." Sie alle wollten die Grenzlinien auf der Landkarte neu ziehen, „wir werden unser Reich ausdehnen"; und wenn es nicht um abgesteckte Grenzen in der Natur ging, nicht um Mautstationen, dann hatten sie noch ein anderes „Wir", ein höheres, die Religion. Sie sagten „wir Katholiken haben die Protestanten zurückgedrängt", und die anderen riefen, „wir Lutheraner haben gesiegt", und sie brachten einen Toten, sie brachten viele Tote nach Hause.

Immer sagen sie „Wir", wenn vom Krieg die Rede ist: „Wir müssen die Steuern erhöhen." „Wir können den Sold nicht bezahlen." „Wir werden kämpfen bis zum letzten Mann."

Der einfachste Postbote übergab Depeschen mit den Worten: „Wir haben Nachrichten von der Front bekommen." Die Magd, die einen Korb Kartoffeln in das Küchenhaus trug, jubelte: „Diesen Katholiken haben wir es gezeigt." Ein Fischer rief dem anderen zu: „Von den Dänen lassen wir uns nichts vorschreiben."

Gehörten sie mit diesem „Wir" einem Geheimbund an, war dieses „Wir" ihr Erkennungszeichen und ein anderes Wort für „Krieg" und alles, was für den Krieg und im Namen des Krieges getan werden musste, das eine Volk gegen das andere, die Truppen des einen Landes gegen die Truppen des anderen Landes aufzuhetzen. Niemals würde sie diesem Geheimbund „Wir" beitreten. Ihr Vater war tot, doch „wir haben gesiegt".

Christina stand starr, es kamen keine Tränen. Sie gaben ihr Wein zu trinken, und sie rannten um heißes Wasser für ein Bad, später kam noch der Arzt. „Ein Kind kann ich nicht zur Ader lassen", schüttelte er den Kopf, „sie wird sich schon damit abfinden, sie ist stark."

Bald war sie benebelt vom Wein, und sie ließ sich in Träume fallen – eine Schlittenfahrt mit Vater; wie er mit der schnalzenden Peitsche die Hunde anfeuerte und sie über den Schnee glitten, beinahe flogen. Christina, dick in Felle gepackt, spürte Wärme und Geborgenheit; wohin die Hunde den Schlitten auch ziehen würden, Vater würde die Tiere nicht aus der Spur lassen, und Christina konnte die Augen schließen und mit allen Sinnen ganz dem Knirschen und Pfeifen der Kufen folgen.

Am nächsten Tag wurde in der Palastkapelle die Messe zelebriert, die Messe zu ihrem sechsten Geburtstag: „Erflehen wir den Segen des Himmels für unsere höchstwohlgeborene Christina von Wasa zu ihrem Eintritt in das offizielle Leben ihres Standes." Gleichzeitig war es die Totenmesse für ihren Vater: „Es gibt auf der Welt keinen, der unserem edlen König Gustav II. Adolf gleich wäre." Und nach dieser Messe wurde sie zur „Königin der Schweden, Goten und Wandalen sowie Fürstin von Finnland, Estland und Karelien" ernannt und Graf Axel von Oxenstierna zu ihrem Vormund und Ersten Minister bestimmt.

Christina lebte weiter ihren Stundenplan; das Französische beherrschte sie nun so gut, dass sie in dieser Sprache träumte; beim Fechten war sie flinker als ihr Fechtlehrer.

Und sie stellte nach jedem Reichstagsbesuch gehorsam drei Fragen: „Wann ist der Krieg wirklich zu Ende?

Wie viele Bücher kann man kaufen für den Sold der Soldaten?

Wann kommt Vater, der Leichnam meines Vaters, nach Stockholm?"

In ihr Tagebuch schrieb sie: „Die Tage dieses Jahres 1633 reihen sich ganz ruhig aneinander – Vater ist tot. Und draußen, in der Natur, läuft alles unbekümmert weiter. Jetzt beginnt bald die Jahreszeit voll Licht. Es gibt nichts zu berichten."

Christina ist von ihren Kindheitserinnerungen erschöpft. Für ein paar Augenblicke lehnt sie sich in die Fensternische. Das weißsilberne Kleid duftet nach Rosmarin, es ist schwer; sie haben die Nähte mit Horn verstärkt, so stützt das Kleid sie auch. Um ihre Gliederschmerzen zu lindern, hat sie zwei Katzenfelle umgebunden; bei jeder Bewegung spürt sie das wohlige, wärmende Reiben der Katzenhaare.

„Nur das Fell von männlichen Tieren kommt für mich in Frage", hatte sie befohlen, und man hatte ihr die Tiere gezeigt, bevor man sie tötete und ihnen die Haut abzog.

Christina hatte in Stegeborg eine Katze besessen; bald nachdem ihr Vater in den Krieg gezogen war, hatte Lars, der Stallknecht, ihr das schwarz-weiß gefleckte Tier gebracht. „Sie ist anders als alle Katzen, die hier streunen, sie stiehlt nichts aus der Speisekammer, sie wird trösten", und er hatte Christina die Katze in die Arme gelegt. Sie war unter der Berührung dieses weichen, warmen Tierkörpers erschauert.

Wohligkeit strömte von der Katze in Christinas Körper; sie hatte noch nie solche Ströme von Wärme in ihrem Inneren verspürt; mit jedem Räkeln öffnete das Tier einen weiteren Winkel in ihrem Körper, bis Tränen über Christinas Wangen liefen, und auch diese Tränen taten ihr wohl.

„Trösterin, Consoleira", flüsterte Christina.

„Consoleira willst du sie nennen", wunderte sich Meister Sven.

„Gut, dann wollen wir heute wiederholen: Wie haben wir Trost auszudrücken!"

Christina antwortete genau nach dem Lehrbuch: „Wenn in der Familie eines Mitgliedes unseres Hauses Wasa oder bei einem Familienmitglied des Reichstages oder des angesehenen Landadels ein Todesfall eingetreten ist, hat Mitgefühl und Trost schriftlich zu erfolgen, und zwar mit den Worten: wollen wir uns der Vorsehung anvertrauen und im innigen Gebet die Kraft für unser künftiges Tun erflehen, welches zu geschehen hat ohne den Verstorbenen."

Christina redete den eingelernten Text – sollten Worte nicht so sein, so trösten wie der Katzenkörper von Consoleira?

Seit damals hatte sie nur Verachtung für die Redewendungen der Diplomaten: „Abgeschrieben, nachgeredet, ich lese kein einziges Wort in dieser Depesche, das ausdrückt, was er fühlt!" Wie oft hatte sie einen Brief von Accolino zerknüllt und ins Feuer geworfen. Er hatte die Worte „Liebe", „Anbetung" geschrieben, und doch hatte er ihr nichts mitgeteilt, sie an keinem seiner Gedanken teilhaben lassen. Er schrieb von Liebe und wollte in Wahrheit ihre Hilfe, um Papst zu werden. Er redete von seiner Anbetung für ihren Geist und wollte eigentlich ihre Fürsprache im Kardinalskollegium; alles abgeschrieben, abgegriffen und nachgeredet.

Consoleira blieb wochenlang in ihrer Umgebung; die Katze strich im Raum herum, lag vor der Glutpfanne, neben dem Stehpult, sie lag zu Christinas Füßen. „Es ist eine Katze mit besonderen Eigenschaften, sie fühlt, wenn ich ermüde und mein Kopf nichts mehr aufnehmen kann, und wenn sie nur für die Dauer der Mittagssuppe auf meinem Schoß liegt, bin ich bald erfrischt und fröhlich und mache ein heiteres Gesicht, wie meine Lehrer es zu sehen wünschen."

Nach ein paar Wochen wurde Consoleira von einem Tag auf den anderen unruhig; sie streunte, kehrte verschmutzt zurück; und an einem Abend begann sie zu schreien, zu kreischen.

„Jetzt lockt sie sich einen Kater an, widerliches Vieh", Editha trat nach Consoleira. Auch Christina hatte schon beobachtet, dass ein schwarzer Kater in ihr Zimmer schlich. Ausgemergelt und krummbeinig buckelte der Kater vor Consoleira, sie schrien und starrten einander an, stoben auseinander, und Christina konnte Consoleira mit keinem Leckerbissen und keinem Wort von diesem Zweikampf weglocken. Das Tier, ihre Vertraute, hatte sich von ihr wegbegeben, war in ihre Tierwelt zurückgegangen; Consoleira bekämpfte den Kater, gleichzeitig lockte sie ihn mit ihrem Geschrei in ihre Nähe, und sie tat das vollkommen selbstständig und ohne sich um Christina zu kümmern. Welche Kräfte waren plötzlich in dieses Tier gefahren, dass sie Christina nicht mehr wahrnahm; in blinder Wut und Enttäuschung packte Christina die Katze und sperrte sie in die Truhe. Für einen kleinen Spalt klemmte sie ein Buch unter den Deckel.

In der Nacht hörte Christina die Katze in der Truhe hin und her laufen, sie hörte das Kratzen an den Holzwänden, und sie hörte den Kater, der Consoleira zu immer lauterem und jämmerlicherem Geschrei und Gekreische anstachelte. „Bis morgen früh wird sie den Kater vergessen haben, ihn sich abgewöhnt haben, wie ich mir im Gewölbe meine Lust auf Dörrpflaumen abgewöhnt habe", dachte Christina und schlief ein.

Als Editha sie um fünf Uhr morgens aus dem Bett holte, war es still in der Truhe; Consoleira hing mit eingeklemmtem Kopf am Truhenrand, der schwere Deckel der Truhe hatte der Katze das Genick gebrochen.

„Sie wollte einen Kater haben, läufige Katzen sind so", damit warf Editha den toten Tierkörper vor die Türe. Am Hinterkopf von Consoleira klebte gestocktes Blut, kleine Fellteile waren ihr im Kampf herausgebissen, herausgerissen worden. Wie konnte Consoleira überhaupt bis an den Truhenrand klettern, war die Truhe nicht zu hoch für sie gewesen? „Nicht für eine läufige Katze", erklärte Editha. „Hast du sie nicht beobachtet, sie war gewalttätig in den letzten Tagen, sie werden immer gewalttätig, wenn sie läufig sind." Editha überlegte: „Du solltest deine Lehrer fragen, sie werden es dir erklären können – aber die Kopulation, dieser Drang danach, muss etwas mit dem Tod zu tun haben, niemals sonst würde sich eine Katze in eine Situation begeben, aus der sie nicht mehr lebend herauskommt."

Eigentlich wollte Christina Consoleira bei den jungen Birkensetzlingen begraben. Doch dafür war keine Zeit, denn Meister Sven legte, noch während sie den heißen Gerstenkaffee trank, Consoleira auf den Tisch und begann mit seinem Vortrag: „Du siehst hier, Christina, welche Gewalt der Drang nach Fortpflanzung in jedem Lebewesen auslöst; diese Katze wollte sich in Kopulation mit dem Kater vereinen, das hätte ihre Lust gestillt. Lust und Drang werden so übermächtig, dass das Tier die natürliche Furcht vor dem Tod verliert und lieber gewaltsam zu Tode kommt, als ihren Willen, ihren Drang zu bezähmen und das aufgeheizte Blut durch eine Tätigkeit, durch die Jagd nach Mäusen, zu beruhigen. Genau so verhält es sich beim Menschen, wenn er nicht durch regelmäßiges Studieren seine Blutwallungen im Zaume hält. Wir werden dir in einigen Jahren mehr darüber erzählen. Du solltest dir aber jetzt schon merken: Geschlechtlichkeit, Kopulation haben immer mit Gewalt und mit Tod zu tun. Du hast es bereits in der Astrologielektion gelernt, das achte Feld – ".

Christina warf rasch ein: „Im achten Feld sind der Tod und die Geschlechtlichkeit beheimatet, beide Lebensbereiche sind untrennbar verbunden, nur durch sie kann Neues, neues Leben entstehen."

Meister Sven wollte bereits fortfahren und ihr den toten Tierkörper erklären, da wurde die Türe aufgestoßen: „Sie kommt, in zwei Stunden ist sie im Schloss!"

Der Kurier hatte sich von keinem Diener, keinem Wächter aufhalten lassen, er zog die Lederrolle aus seinem Wams, warf sie auf den Tisch: „Königinmutter Eleonore ist in den allernächsten Stunden zu erwarten", meldete er, „hier ist die Ankündigung des Reisemarschalls Ihrer königlichen Hoheit."

Christina verstand nicht – Mutter kam zurück, hatte man ihr nicht erzählt, Mutter würde in Brandenburg bleiben.

In wenigen Minuten war das Zimmer, der Lernsaal voll Menschen; Graf Axel Oxenstierna drängte mit Schreibern und Sekretären zum Tisch, sie flüsterten aufgeregt miteinander, und endlich erklärte Oxenstierna: „Christina, deine Frau Mutter ist in der nächsten Stunde zu erwarten, wir werden Ihrer Hoheit den ihr gebührenden Empfang bereiten. Du wirst sie in großer Robe, in unseren schwedischen Farben empfangen, und", er unterbrach kurz, „du weißt, deine Mutter stand in abgöttischer Liebe zu unserem König Gustav II. Adolf, ihrem Gemahl. Sie konnte sich bis jetzt nicht entschließen, einen Tag für die Bestattung unseres edlen Königs zu nennen. Im Gefolge deiner Frau Mutter befindet sich deshalb auch der Leichnam, der einbalsamierte Leichnam deines Vaters."

Dann kam also der Körper von Vater nach Hause. Würde der tote Vater den Tagesablauf ändern, würde der tote Vater dafür sorgen, dass Graf Axel Oxenstierna nicht jeden Tag und zu jeder Stunde im Studierzimmer aufkreuzte und sie und ihre Lehrer tadelte: „Die Rhetoriklektionen sollten rascher aufeinander folgen, Christinas Antworten und ihre Rede gleiten oft ins Geschwätz. Auch sitzt sie zu viel, deshalb ist sie seit einem halben Jahr nicht gewachsen! Wir wissen, die Knochen wachsen beim Kind nur im Stehen." Keiner ihrer Lehrer wagte dem Ersten Minister zu widersprechen, jeder schrieb dienstbeflissen die Anweisungen nieder und zwang Christina, noch gerader zu stehen und auch die Mahlzeiten im Stehen einzunehmen.

Oxenstierna bemühte sich, in seinen Bewegungen, in seiner Sprache, sogar in seinem Lächeln zu Christina, ihren Vater nachzuahmen. Doch niemals könnte dieser hagere Mann mit der wächsernen Haut und dem dünnen Blondhaar ihrem Vater ähneln. Vater war unbeherrscht gewesen, in allem, er hatte vor Wut geschrien und vor Freude laut gelacht, wenn er mit Christina durch den Birkenwald ritt. Vaters Hände konnten streicheln, und diese Hände schlugen auch zu, wenn er feststellte, dass Lars wieder einmal einige Körbe Hafer heimlich auf dem Marktplatz verkauft hatte und mit den dafür verdienten Münzen ein Trinkgelage hinter den

Stallungen veranstaltete. Oxenstiernas Temperament war in allem ebenmäßig, er lachte nie zu laut und schrie nicht vor Zorn; er hörte zu und unterbrach nicht; er überlegte sogar, bevor er einen Schreiber mit Verwünschungen aus dem Raum jagte. Eigentlich mochte Christina gar nichts an Oxenstierna, ihr graute vor der Stimme, die nicht tönte, sondern krächzte, und ihr graute vor den Händen, unter deren dünner Haut die Adern durchschimmerten. Aber Vater hatte gesagt, sie hatte es oft gehört: „Oxenstierna ist der wichtigste Mann im Reichstag, was auch geschieht, auf ihn können wir nie verzichten." Deshalb bemühte sich Christina, wie ihr Vater zu Oxenstierna voll Höflichkeit und Respekt zu sprechen.

Nachdem er die Nachricht von der Ankunft Eleonoras überbracht hatte, folgte Oxenstierna Christina in ihr Schlafzimmer. Dort beobachtete er, wie sie von Editha und den Zofen umgekleidet wurde; er überwachte das Auskleiden und das Einkleiden in die offizielle Robe, so stand es im Hausgesetz: „Jede offizielle Zeremonie nimmt ihren Anfang bei der Einkleidung der Kronprinzessin, welche in Gegenwart des Ersten Ministers zu erfolgen hat."

Eleonora wand sich bleich und kraftlos aus der Kutsche; Christina schlug die Augen nieder – das konnte nicht Mutter sein. Geschunden und gezeichnet von fürchterlichem Schmerz wankte Eleonora auf Christina zu, sie kümmerte sich nicht um die Garde, die zu ihren Ehren aufmarschiert war, sie hörte Oxenstierna nicht zu, als er den Willkommensgruß sprach, sie wehrte ihre beiden Kammerfrauen ab, die sie für die fünfzehn, zwanzig Schritte bis zu Christina stützen wollten. Unter ihrem verrutschten Hut quollen die Haare heraus, ein rotbrauner Filz; unter ihren Augen hing die Haut in Säcken, ihr Reisekleid und das schwarze Schultertuch zogen sie nieder, der Saum schleifte in der aufgeweichten Erde – war Mutter kleiner geworden?

„Ich habe ihn bei mir, ich habe ihn keine Stunde allein gelassen", redete und schluchzte Eleonora auf Christina ein, und zu den Kutschern und Knechten rief sie: „Bringt meinen Gemahl in mein Ankleidezimmer", und als niemand ihren Befehl ausführte, warf sie sich vor Christina auf die Knie: „Majestät, geben Sie Befehl, meinen Gemahl, Ihren besten Vater, in meine Zimmer zu bringen", und dabei versuchte sie, die Hand Christinas zu küssen. Um Christina entstand ein Handgemenge, man wollte Eleonora wegbringen, doch das war nicht möglich, denn Christina und ihre Mutter waren zueinander in eine Umarmung geflüchtet.

Mit diesem ersten Wiedersehen war die bis dahin geltende Hausordnung aufgehoben. Monatelang wagte kein Mitglied der Erzieher, kein Kurator des Reichstages, auch nicht Graf Axel Oxenstierna, in die Vertrautheit, die zwischen Mutter und Tochter bestand, einzudringen. Christina war in einen Sog des Mitleidens gezogen worden. Mutter wünschte, dass Christina in ihrem Bett schlief, und Christina ließ sich von Eleonora in den Schlaf wiegen, überließ ihren Körper den Zärtlichkeiten ihrer Mutter. Wenn Eleonora erschöpft von den Liebkosungen, die sie gegeben und genommen hatte, ins Kissen sank, sprang sie nach wenigen Momenten auf: „Komm, Christina, wir müssen ihn besuchen, wir müssen ihm danken." Und sie zog Christina in das Nebenzimmer, in dem der Ebenholzsarg stand, halb geöffnet, Gesicht und Oberkörper des einbalsamierten Leichnames mit einer Silbermaske bedeckt. Während Christina vor dem Sarg kniete und ein Gebet leierte, stürzte sich Eleonora auf den Leichnam und schluchzte auf die Silbermaske: „Endlich, endlich, nur mir allein, nur mehr für mich."

Die Tage verliefen für Christina weiter mit den Unterrichtsstunden, der Luchsjagd; sie lernte schießen und eine Kutsche führen; die Nächte verbrachte sie im Bett ihrer Mutter. Die Umarmungen von Eleonora, der Körpergeruch ihrer Mutter, das Keuchen, das alles stieß sie ab, und im selben Maß waren die Berührungen von Eleonora für Christina angenehm. Sie verließ voll Ekel jeden Morgen das Bett der Mutter, und bis zum Abend wandelte sich dieser Ekel in das Bedürfnis, die Haut, die Umarmungen von Eleonora wieder zu spüren. „Ihre heißen Säfte wüten mehr denn je in Eleonora, man sollte sie öfter zur Ader lassen", so tuschelten die Kammerfrauen und beträufelten die Bettvorhänge neuerlich mit Lavendelwasser.

Zu Christinas siebentem Geburtstag im Dezember 1633 wurde eine Totenmesse, eine weitere Totenmesse „für unseren besten König Gustav II. Adolf" zelebriert. Wieder waren alle in der Robe der großen Staatstrauer gekommen, denn das Trauerjahr würde erst nach der Beerdigung, der Beisetzung von König Gustav II. Adolf beginnen.

„Wann lässt sie ihn endlich begraben?" Nun wurde nicht mehr nur gemunkelt, sondern offen darüber geredet, auch im Reichstag diskutiert, dass Kanzler Oxenstierna „auf die Königinmutter einzuwirken hat, den Leichnam unseres edlen Königs bestatten zu lassen."

Doch Oxenstierna verschob eine solche Unterredung von Woche zu Woche, in den finsteren Monaten Januar und Februar fand er nicht den Mut dazu. Eleonora lebte so vollkommen eingehüllt in ihre Verzweiflung, schleppte sich nur von ihrem Bett ins Nebenzimmer zum Sarg, sie nahm nicht wahr, was sie aß, nicht wahr, mit wem sie redete, einzig ihre Tochter Christina duldete sie um sich.

Und war es nicht eine günstige Entwicklung, dass durch den Tod des Königs die Beziehung der Mutter zur Tochter endlich eine engere geworden war, jedenfalls eine, die dem Mutter-Kind-Bild entsprach. Beinahe alle, Dienstboten, Hofmeister, Kammerfrauen, Sekretäre, auch die Adeligen, die vom Reichstag ins Schloss eilten, um dort vertrauliche Gespräche zu führen, um sich vom Fortgang der Erziehung von Christina berichten zu lassen – alle hatten sich schon daran gewöhnt, dass im Obergeschoß der Sarg mit dem Leichnam des Königs stand. Bevor die Minister, die Schreiber das Schloss verließen, eilten sie noch rasch in das schwarz verhangene Zimmer, beugten das Knie vor dem Sarg, küssten die Hand von Eleonora und hasteten wieder weg, erleichtert, mit diesem Teil des Königshofes nichts zu tun zu haben. Es war Angelegenheit von Oxenstierna, den Toten, den Todesgeruch aus dem Schloss zu entfernen, es war nicht ihre Aufgabe, und darüber waren alle erleichtert.

Mitte März 1634 wurde Oxenstierna ein Bericht von Erziehungsvorstand Sven auf das Posttablett gelegt: „Sie besteht alle Unterrichtsstunden im Stehen, sie beginnt ohne Klage die Lektionen um fünf Uhr in der Früh, und wird sie zwei Stunden nach Mitternacht geweckt, um Französisches zu deklamieren, so tut sie dies mit der größten Konzentration und ohne Aufbegehren. Doch ist in ihrem Inneren etwas am Zerbrechen, oder, wenn ich frank und frei rede, am Absterben. Die Formung der Frau in Christina nimmt eine fremde Entwicklung. Verehrter Freund, Graf Axel Oxenstierna, ich höre Ihre Frage, aus welchem Bereich der Wissenschaft ich einen Beweis für meine Beobachtung geben kann; in keinem Wissenschaftsbereich finde ich eine Grundlage für meine Vermutung, weder in der Astronomie noch in der Mathematik lässt sich ein Maß für das Gedeihen von Christinas Seele finden. Nur soviel kann ich sicher behaupten, und ich tue das mit meiner ganzen Erfahrung als Erzieher, der ich dieses Kind vom allerersten Moment an beobachtete: Christina lacht kaum mehr, sie spricht nur mehr nach ausdrücklicher Aufforderung, und es gibt nichts mehr, womit man in ihr die Wallung von Freude auslösen könnte, weder beim Spiel mit ihrem Fohlen noch beim Tanz. Sie bevorzugt männliche Kleidung, sie ist in Sprache und Gehabe so ernst und spröde, dass man vergessen könnte, dass sie eine Frau voll Liebreiz werden sollte.

So könnte ich in meinen Beobachtungen fortfahren und will mit allem nur meine allergrößte Sorge ausdrücken, das Gemüt, das innere Leben von Christina scheint überspannt zu sein, es muss gehandelt werden. Niemals wäre es im Sinne unseres Königs, seiner abgöttisch geliebten Tochter den alltäglichen Umgang mit seinem Leichnam vorzuschreiben, und es wäre weiter nicht in seinem Sinn den mütterlichen Teil der Erziehung Königin Eleonora zu überlassen ..."

Auf diesen Bericht reagierte Oxenstierna unverzüglich; er raste mit der Kutsche nach Stegeborg, und ohne sich um Wächter, Türsteher und Kammerfrauen zu kümmern, stürmte er in das Studierzimmer: „Kronprinzessin Christina, kommen Sie mit, ich habe in Ihrer Gegenwart mit Ihrer Frau Mutter zu sprechen." Er hechtete weiter in die Gemächer von Eleonora, ließ sie aus dem Bett rufen. Keine langen Umkleidezeremonien gestattete er, so wie sie in ihrem Leinenhemd mit dem übergeworfenen Pelzschal aus dem Bett gekrochen war, redete er auf sie ein: „Hoheit, zum Wohle Ihrer Tochter, unser aller geliebten Kronprinzessin Christina, haben Sie sich dem Beschluss des Reichtstages zu beugen und die Bestattung des Leichnames von König Gustav II. Adolf vorbereiten zu lassen."

Eleonora nestelte an ihrem Hemd, schüttelte den Kopf, lachte kurz auf, stürzte an allen vorbei ins Nebenzimmer und klammerte sich an den Sarg. Christina schaute ihrer Mutter zu – würde Mutter sie wieder zum Kuss auf die Silbermaske zwingen, nein! Christina rannte zum Fenster und riss am schwarzen Tuch, bis es zu Boden sank, und sie ging zum nächsten Fenster und tat dasselbe, und zum nächsten und zum nächsten. Mit jedem abgefallenen Vorhang drang mehr Helligkeit in den Raum, die Helligkeit des Märzhimmels, der bereits die oberen Schnee- und Eisschichten zum Schmelzen brachte und an geschützten Stellen erstes Birkengrün aus den Zweigen zog. Sie starrte ins Blau dieser Helligkeit, hinter ihr ertönten Rufe: „Sofort, Doktor Möller, Königin Eleonora, die Arme muss zur Ader gelassen werden!" „Verbindet ihr die Augen, sie kann Helligkeit nicht vertragen!" „Warmen

Wein, schnell!", und dazwischen wimmerte Eleonora: „Graf Axel, sehen Sie es endlich, sie ist eine Frevlerin, sie lässt ihrem Vater nicht die Totenruhe. Sie wollte mir immer den Ehemann streitig machen, mit ihrem ersten Schrei hat sie mir meinen geliebten Gustav weggenommen. Graf Axel, Sie wissen es nicht, wie sie mich verschlingt, wenn sie in meinem Bett liegt."

Christina ging um den Sarg, viel kleiner wirkte er nun im Tageslicht, und die Silbermaske war voll dunkler Flecken vom Rauch der vergangenen zwölf Monate; Müdigkeit strömte aus dem Sarg, Müdigkeit und Erschöpfung. „Papa, jetzt werden Sie bald schlafen können, ruhen, Graf Axel wird dafür sorgen", flüsterte sie und fühlte die Hand von Oxenstierna auf ihrer Schulter. Er beugte sich zu ihr hinunter: „Christina, du bist damit einverstanden, wir werden deinen Vater begraben, und wir werden dieses Zimmer mit seinem Bild ausstatten, und den Büchern, die er liebte."

Sie nickte: „Und es bleibt hell, nie mehr wieder schwarze Vorhänge."

Oxenstierna umarmte sie beschützend; alles an ihm roch nach Vater, das Birkenwasser aus seiner Jacke, die Minzsalbe an seiner Haut; Christina weinte, und niemand verbot ihr die Tränen. Oxenstierna strich ihr behutsam über das Haar, und in diesen Minuten des Weinens vor dem Sarg des Vaters, des Weinens im Arm vom Oxenstierna entstand zwischen Christina und Graf Axel von Oxenstierna eine Vertrautheit, wie Christina sie bis zu ihrem vierzigsten Jahr nicht mehr zulassen würde, bis zu ihrem ersten Treffen mit António Vieira nicht mehr wieder finden würde. Und auch Oxenstierna zog aus diesen wenigen Minuten des Vertrautseins die Sicherheit für alle seine weiteren Entscheidungen, beinahe zwanzig Jahre lang.

Wie oft hatte sie Oxenstierna als Halbwüchsige, auch als Erwachsene brüskiert: „Graf Axel hat Bedenken, dass man Belle mit mir verwechselt, na und, wäre das ein Schaden für Schweden? Dann müsste er die Porträtmaler nicht mehr anweisen, meine schiefe Schulter zu retouchieren." Und später, als sie ihn im Reichstag herausforderte: „Graf Axel hat bereits versucht, mir den Ankauf dieser Rubensbilder auszureden, es sei kein Geld dafür vorhanden; ich glaube eher, er scheut den Anblick der nackten Körper!" Auch zu seinen Heiratsspekulationen äußerte sie sich beißend: „Graf Axel hat die besten Schachzüge vorbereitet, und es ist zu hoffen, dass Sie, meine Herren Diplomaten, wenn Sie nun an allen europäischen Höfen nach einem Gemahl für mich suchen, bedenken, dass Schweden und ich nur einen Willigen brauchen. Kommen Sie also nicht mit einem Ja aus Ungarn und einem Ja aus Polen, da hätte Graf Axel dann die Schwierigkeit der Entscheidung. Am Ende zeigt sich Portugal auch geneigt und in seinem Eifer hat Graf Axel sicher auf Spanien nicht vergessen, die Niederlande wären wegen ihres Reichtums interessant, und für einen Brandenburg wäre die Anreise sehr bequem."

Oxenstierna hatte alles hingenommen, manchmal lächelnd, oft mit Enttäuschung im Gesicht, dass Christina ihn umarmen wollte, ihm endlich sagen wollte: Niemals würde sie jene Christina werden, als die sie im Testament ihres Vaters vorgesehen war; nie würde sie sich von ihrer geliebten Freundin Ebba, von der wunderschönen Belle, trennen; nie würde sie die Königin eines Landes sein, das sich von einem Krieg in den nächsten verwickeln ließ; niemals würde sie heiraten. All diese Entschlüsse waren langsam, von Jahr zu Jahr in ihr gewachsen, doch sie hatte Oxenstierna an ihrem inneren Wachsen nicht teilhaben lassen.

„Sich ihm anvertrauen, ein einziges Mal, wie damals, als ich vor dem Sarg meines Vaters weinte, dann würde er mein Handeln verstehen, dann würde er mich verstehen", weinte sie oft und immer allein, wenn sie erschöpft war davon, allen die Starke, die Unbeugsame vorzuleben; dann war das Bedürfnis nach ein paar Atemzügen des Duftes aus Birkenwasser und Minzsalbe so groß, dass sie zu schwanken begann und zu Oxenstierna laufen wollte. Sie tat es nie, nicht ein einziges Mal, sie erzählte ihm auch bei ihrem letzten Gespräch im Juni 1654 nichts davon.

Nachdem im März 1634 im Reichstag die Bestattung von König Gustav II. Adolf beschlossen worden war, wurde das Sargzimmer umgestaltet; der Sarg kam in die Schlosskapelle, und das Zimmer wurde in eine Gedenkstätte für Christinas Vater umgewandelt. Die Uniform und der dunkelgrüne Jagdumhang hingen auf Holzpuppen, die Jagdgewehre lagen auf der Truhe, das Schachspiel stand bereit, und die Bibel lag aufgeschlagen.

Eleonora allerdings wollte all das nicht akzeptieren. „Ich lasse ihn mir nicht wegnehmen", darauf bestand sie, und wie von Sinnen lief sie die Gänge und Stufen hinunter, riss dem Kutscher die Peitsche aus der Hand: „Bring mich in den Administrationspalast, ich will in den Reichstag!"

Dort angekommen, stürmte Eleonora, die sonst kaum einen ganzen Satz an Oxenstierna oder an einen der Sekretäre richtete, an das Rednerpult: „Ich lasse nicht zu, dass man mir meinen

Gemahl für immer wegnimmt! Dann kann man auch mich begraben! Nicht eine Stunde werde ich ohne Gustav II. Adolf leben. Ich will sein Herz haben! Man schneide mir sein Herz heraus, dann will ich mich allen Beschlüssen fügen!" Ohne eine Reaktion abzuwarten, eilte Eleonora wieder zum Wagen und ließ sich zurück ins Schloss bringen.

Im Sitzungssaal herrschte betretenes Schweigen. Für gegenseitige Vorwürfe war es zu spät. Halb Europa wusste, dass der schwedische Monarch seit einem Jahr unbestattet in Schloss Stegeborg lag und keiner den Mut gehabt hatte, der verzweifelten und überreizten Königin den Leichnam wegzunehmen. Welche Zustände mochten am schwedischen Königshof herrschen, und wüteten die Schweden nicht auch besonders barbarisch in Mecklenburg und in Pommern? Waren sie durch die lange Finsternis und Kälte völlig verroht? Waren sie so bar jeden Mitgefühls, dass ein paar Minister die arme, verzweifelte Witwe mit einem Reichstagsbeschluss womöglich in den Tod trieben? Aber, war es nicht andererseits ebenso verpönt und vom Vatikan eigentlich verboten, einen toten Menschenkörper aufzuschneiden; und wenn diese Regelung auch nicht für das lutherische Schweden galt, welche Reputation würde es Schweden bringen, wenn dem König vor der Bestattung das Herz herausgeschnitten würde.

Professor Larson, der Bibliothekar wurde gerufen, und er wusste Rat: Schweden hätte sich ohnedies längst der Wissenschaft der Anatomie öffnen sollen, und dem ersten Buch über Anatomie, welches in Salerno verfasst worden war, einige Studien hinzufügen. Warum also nicht per Gesetz Studien an toten Menschenkörpern erlauben, die Gelehrten müssten Vermessungen der Eingeweide vornehmen, und dieser neue Zweig der Medizin würde am Körper des Königs, des siegreichen Königs Gustav Adolf, begonnen werden.

Dieser Vorschlag schien allen die beste Lösung zu sein; die Entnahme des Herzens musste rasch erfolgen, selbstverständlich in der Nacht und abgeschirmt, bewacht von den allerverschwiegensten Wärtern. Es dauerte aber noch einige Wochen, denn es fand sich in Stockholm und auch in Uppsala kein Mediziner, der sich zutraute, das Herz des Königs aus dem Körper zu schneiden, ohne andere Organe zu verletzen.

In den Waschhäusern des Schlosses wurden Anatomieräume eingerichtet, mit riesigen Tischen, Bottichen und Waschzubern; dort versuchten die Ärzte tagelang, sich an getöteten Katzen und Hunden Routine in den Handgriffen des Schneidens und Abtrennens anzueignen, damit sie endlich im Juni 1634 das Herz von Gustav II. Adolf in die vorbereitete Bleischale legen konnten und der Gürtler diese Schale zur Kapsel verschloss und noch mit einer ziselierten Goldhülle umfing. Eleonora ließ die Kapsel in der Mitte ihres Bettbaldachins aufhängen; ihr Seelsorger wurde gerufen, um die goldene Kapsel mit dem Herz des Königs zu segnen, mit Weihrauch zu umwölken, und Stunden später wurde Gustav II. Adolf begraben.

Trotz der Missbilligung von Oxenstierna verbrachte Christina noch einige Monate im Bett der Mutter. Eleonora bestand darauf. Das Gold der Kapsel schimmerte im Dunkel, die Kapsel hing nie unbeweglich, sie drehte sich ständig, und Eleonora rüttelte Christina oft aus dem Schlaf: „Er will uns etwas mitteilen, schau, das Herz dreht sich in die andere Richtung", und sie musste wie ihre Mutter aus dem Bett kriechen und zur Kapsel mit dem Herz des Vaters beten.

Ein paar Wochen vor ihrem achten Geburtstag stürzte Christina vom Pferd. Niemand konnte es sich erklären, warum das passiert war; sie selber erinnerte sich an den Nebel, in den sie mit Minom geritten war. In der Ferne glaubte sie die goldglänzende Kapsel mit dem Herz des Vaters zu sehen; diesem wankenden, sich drehenden Licht ritt sie entgegen, und plötzlich lag sie im Schnee. Sie spürte die warm-feuchte Atemluft des Pferdes, schlief ein und erwachte im Schlitten wieder, mit dem man sie ins Schloss brachte. Die Ärzte und Kammerfrauen und Wärterinnen untersuchten sie, drehten sie hin und her. Christina hatte sich nicht verletzt, trotzdem konnte sie nicht aufstehen. Man rieb sie mit Ölen ein, sie hielten Schüsseln über ihren Kopf, aus denen es scharf und stechend dampfte. Wieder und wieder untersuchten Ärzte ihre Beine; Christina lag und schlief. Schließlich kam Professor Philipp Morton aus Uppsala nach Stegeborg. Er hatte vom Unglück der Kronprinzessin gehört, und man sagte ihm magische Kräfte nach, auch verstünde er sich auf das Pendeln. Morton blieb einen ganzen Tag lang im Zimmer von Christina; er ging auf und ab, verharrte in der einen und in der anderen Ecke, er schaute aus dem Fenster, beobachtete die Wärterinnen und Pflegerinnen, die sich um Christina kümmerten.

Am Abend setzte er sich an Christinas Bett.

„Christina, tanzt du gerne?", fragte er sie.

„Ja, sehr gerne, aber jetzt – ", sie erschrak. Konnte sie nicht mehr tanzen?

Morton beruhigte sie: „Du kannst tanzen, auch wenn du im Bett liegen bleibst; schließ die Augen und bündle deine Gedanken auf dieses Bild, wie du aus dem Bett steigst und tanzt, es bereitet dir Freude zu tanzen", und er summte eine Melodie, forderte sie auf mitzusummen, bis sie in ihrem Körper, auch in ihren Beinen, den Rhythmus des Menuettes spürte.

Im Nebenzimmer warteten Ärzte, Lehrer und Kammerfrauen auf Morton. Er ging auf ihre Fragen gar nicht ein, sondern wiederholte mehrmals entsetzt: „Ich sehe nur Erwachsene um dieses Kind, bedenkt das niemand – nur Erwachsene!"

Sie ließen keinen Vorwurf gelten.

„Gustav Adolf hat sie nicht zum Kind, sondern zur Erwachsenen erziehen lassen."

„Sie hat mit vier Jahren das Französische in Wort und Schrift beherrscht."

„Kinderflausen ließ man nicht sich in ihr entwickeln, dafür war keine Zeit, Gustav Adolf spürte, dass er bald einen Nachfolger, einen Thronerben brauchen würde."

„Sie ist stark, unsere Kronprinzessin, sie hat keine Kinderängste und keine Kinderschwachheiten."

So verteidigten sich ihre Befehler, bis Morton sich angewidert wegdrehte und sagte: „Christina hat keine Geschwister, keine gleichaltrigen Kinder hier im Schloss, deshalb ist das Kind in ihr erlahmt. Aber, sie wird sich selber heilen, sie weiß um ihre Kräfte", und zu Christina meinte er noch: „Tanze, Christina, tanze."

Die Erzieher und Kämmerer schoben Morton aus dem Zimmer, sie bekreuzigten sich. Von welchen Kräften redete dieser Mensch, hatte er tatsächlich das dritte Auge, und sah er deshalb tiefer und weiter? War er am Ende mit dem Bösen im Bunde, weil er sich furchtlos bewegte. Nur fort mit ihm!

Ein paar Tage später konnte Christina ihre Beine wieder bewegen, und kaum stand sie neben ihrem Bett, versuchte sie die Tanzschritte, die Morton ihr mit seinem Summen, seiner Stimme eingehaucht hatte. Ihre Leidenschaft zum Tanz war Christina geblieben; am meisten genoss sie es, mit Belle zu tanzen, sich vor ihrer geliebten Freundin als Kavalier in den kunstvollsten Figuren zu verbeugen und zu drehen.

Bald nach dem Reitunfall schickte man Eleonora nach Schloss Gripsholm: „Es ist dies unumgänglich notwendig, damit Ausbildung und Erziehung unserer Kronprinzessin, unserer künftigen

Königin Christina, ohne Störung fortgesetzt werden können ...", erklärte Oxenstierna diesen Entschluss im Reichstag. Und Christina schrieb: „Verehrte Mutter, wünsche ich Ihnen einen beruhigenden Aufenthalt in Gripsholm, und in ein oder zwei Jahren, wenn ich mit meinen Studien weiter fortgeschritten bin, werde ich Sie vielleicht besuchen ..."

Als Elonoras Zimmer ausgeräumt waren, zog Katharina von der Pfalz-Zweibrücken ein. „Tante Katharina ist meinem geliebten Vater sehr ähnlich, ist sie doch seine leibliche Schwester. Sie ist gütig und angstlos, und sie spricht frei von der Leber, mit jedem, auch mit Graf Axel Oxenstierna. Ich glaube, in Tante Katharina sind die weiblichen Eigenschaften, über die mein Meister Sven so oft kritisch spricht, zum Besten angelegt: Zähigkeit und Ausdauer. Sie hat neue Bilder mitgebracht, von Peter Paul Rubens, auf denen Menschen dargestellt sind in allen natürlichen Posen, und sie hat durchgesetzt, dass die Gemälde mit den nackten Körpern unverhüllt hängen", das schrieb Christina in ihr Tagebuch.

Mit Katharina von der Pfalz-Zweibrücken waren noch Bettina Sparre, ihre Hofmeisterin, und deren Tochter Ebba gekommen. Ebba, gleich alt wie Christina. „Sie sieht aus wie ein Engel, wenn ich sie ansehe, zieht es mir Gänsehaut über den Rücken. In Ebbas Gesicht und Körper hat der Himmel die vollkommene Harmonie ausgedrückt. Ebba wird immer meine Belle bleiben", auch das vertraute Christina ihrem Tagebuch an.

Die Jahre 1635 bis zu ihrem zwölften Geburtstag im Dezember 1638 liefen dahin wie ein einziger Frühlingstag, lichtdurchflutet und in hellem Birkengrün schimmerte diese Zeit. Es gab Flecken in diesen Jahren, doch Christina hatte sie kaum wahrgenommen; Belle verströmte so viel Licht, dass Christina beinahe unerreichbar wurde für die Ereignisse, die sie im Reichstag hörte, für die Nachrichten, die Pierre Bourdelot, der Arzt, von aus Gripsholm überbrachte.

Der Krieg, das Kriegführen in Europa war noch immer nicht zu Ende. Mit dem Tod ihres Vaters hatte sich nichts daran geändert, dass jede Woche im Reichstag über den Sold für die Soldaten gefeilscht wurde, dass ständig neue Listen verlesen wurden, wie viele Männer Schweden als Soldaten verlassen mussten. Manchmal war schon davon die Rede, dass Männer fehlten, in den Schmieden, in den Webereien, beim Fischfang, beim Bestellen der Felder. Es gab auch ab und zu Redner im Reichstag, die Zeichnungen vorlegten, auf denen Grauenhaftes zu sehen war: Tote, Verletzte, Verhungerte lagen vor niedergebrannten Häusern; abgemagerte Menschen, in Fetzen gehüllt, die mit bloßen Händen Kartoffeln und Rüben aus der Erde gruben.

Wenn Christina fragte: „Wo ist das, wer hat das gezeichnet?", bekam sie schnell hingeworfene Antworten: „So ist es überall in Europa, in Brandenburg, in Pommern, in Bayern; und gezeichnet hat das einer der Soldaten, für das Kriegsarchiv."

Christina konnte ihren Blick nicht von den Zeichnungen wenden. „Wie lange dauert dieser Krieg schon?"

Darauf bekam sie keine Antwort, sie wusste es ja – seit achtzehn Jahren wurde in Europa gekämpft, Krieg geführt gegen die Katholiken, gegen die Lutheraner.

Bevor Christina noch weitere Fragen stellen konnte, wurden die Zeichnungen weggeschoben; der nächste Punkt der Tagesordnung im Reichstag drängte: „Die Adeligen, die sich sehr oft dem Kriegsdienst verweigern und ihre Söhne lieber nach Bologna zur Astronomie- und Astrologielektion schicken als zu unseren Truppen, müssen verpflichtet werden, ein Fünftel mehr an Steuern zu bezahlen. Wir haben unseren Bauern das Saatgut versprochen, und dafür hat der Landadel aufzukommen."

Auch Christinas Frage: „Wie viele Soldaten sind im Krieg schon gefallen?", wurde nie beantwortet.

Oxenstierna erklärte ihr: „Gezählt, Christina, gezählt werden die Toten nach dem Krieg."

„Und nun, nachdem dieser Vertrag in Prag geschlossen wurde, wird der Krieg jetzt zu Ende sein?"

Graf Axel schüttelte den Kopf: „Christina! Bis zur Schlacht von Lützen –"

„Bis zu Vaters Tod", berichtigte sie ihn.

„Ja", pflichtete ihr Graf Axel zögernd bei, „bis Wallenstein zurückgeschlagen war, galt Schweden als große Macht in Europa. Aber in den letzten beiden Jahren wurden wir zurückgedrängt, wir erlitten bei Nördlingen unsere größte Niederlage, und jetzt haben wir nicht mehr Gegner, sondern Feinde; Kaiser Ferdinand, Deutschland, ist einer davon. Noch ist Frankreich unser Alliierter, aber wie lange? Spanien hält es mit den Habsburgern und mit dem Vatikan."

Auch Graf Axel, der sonst so weitsichtige Oxenstierna, konnte Christina nicht sagen, wann die Männer, die Soldaten wieder zurück nach Schweden kommen würden, wann es endlich heißen würde: „Frieden für Schweden, Frieden in Schweden!"

Aus Gripsholm berichtete der Leibarzt von Eleonora: „Man hat ihr zur Beruhigung mehrere Katzen und Hunde als Haustiere gestattet, allerdings verursachen diese Tiere bei ihrer königlichen Hoheit Husten, der bis zu Erstickungsanfällen geht. Also musste man ihr die Tiere wieder wegnehmen. Ohne diese Haustiere ist Königinmutter Eleonora allerdings sehr schwankend in den Nerven; dann entlässt sie ihr Personal, stellt neue Hofdamen und Wärter ein, und für diesen Lebensaufwand fehlt ihr das Geld, deshalb übergebe ich hier an Minister Oxenstierna das Schreiben mit der Bitte um Bezahlung."

Von solchen Gesprächen war Christina zu Belle geflüchtet; sie ritt mit Belle durch den Birkenwald, spielte mit ihr Violine, beobachtete Belle beim Ballettanz, wie sie auf Zehenspitzen über den Boden glitt. Sie flocht ihr das Haar und massierte Belle den schlafenden Körper. Beim An- und Auskleiden beobachteten sie aneinander die Veränderungen an ihren Körpern. Christinas Körper war dem von Belle voraus, ihr schwollen früher Brüste, und die Behaarung unter ihren Achseln, an den Beinen, an der Scham spross dichter und fester; an Belle war alles zart und weich, auch die Kringel ihrer Schamhaare schmiegten sich seidig um Christinas Finger. Die Hände von Belle wollte Christina am liebsten nur in Handschuhen sehen; diese weichen, streichelnden Hände, die so ebenmäßig waren, mussten geschützt werden, vor Kälte, vor Schmutz, vor einem Händedruck, auch vor einem fremden Handkuss. Wenn Christina Belle entkleidete, ließ sie Stück um Stück der Hemden und Hosen zu Boden sinken, und als Letztes zog sie ihrer geliebten Belle die Handschuhe von den Fingern – weiß gegerbte aus Glaceleder, schwarze aus Rentierleder, violette aus Brokat.

„Wir verehren die gütige Katharina von der Pfalz-Zweibrücken in allergrößter Dankbarkeit, denn durch ihren wohltuenden Einfluss wie durch die innige Freundschaft, die zwischen Ebba Sparre und Christina besteht, hat sich unsere Kronprinzessin zu einer Thronerbin entwickelt, die nun alle Attitüden eines liebreizenden Mädchens hat: Sie geht öfter in Kleidern, sie kommt im weißen Spitzenkragen in den Reichstag, sie lässt ihr Haar mit Lavendelwasser spülen und mit dem Blasebalg ihre natürlichen Locken aufbauschen. Sie hat außerdem die sanfte Art des Sprechens gelernt wie das Entgegennehmen von Komplimenten. Es wird ihr als nächstes der Sohn des französischen Botschafters, Gabriel de la Gardie, zur Konversation zugeführt werden. Er ist vier Jahre älter als Christina, und sie bedarf längst des Umganges mit einem wohlerzogenen Galan."

Christina war anwesend, als Oxenstierna diesen Bericht verlas. Ihr schien, als würde der Bericht von einer anderen Person erzählen. Warum erwähnte er mit keinem Wort ihre Liebe zu Belle. Oxenstierna wusste von ihren Briefen, „... bin ich dazu verurteilt, dich auf ewig zu lieben und anzubeten. Doch fürchte ich, dass es gemäß dem Stand meiner Gestirne nicht für mich vorgesehen ist, jemals ganz glücklich mit dir zu sein." Diesen Brief und viele weitere hatte Christina ihrer geliebten Belle auf das Bett gelegt. Alle wussten es, und alle zuckten dazu die Schultern. Wenn der junge Diplomatensohn käme, würde sich diese Gefühlsverwirrung von selbst heilen, so hofften sie.

Gabriel de la Gardie kam regelmäßig nach Stegeborg, zur Französischkonversation, zum Rhetorikunterricht. Der blondgelockte Gabriel ging immer zuerst auf Belle zu, küsste zuerst Belles Hand; und erst dann begrüßte er Christina.

Belle mochte Gabriel, sie überließ ihm gerne ihre Hand, und Christina stand am Fenster und schaute zu, wie sie einander anlächelten, wie sie miteinander flüsterten. Von dieser Vertrautheit war Christina ausgeschlossen, und das verursachte ihr einen Schmerz, den sie noch nicht kannte. Man hatte ihr die Angst herausdressiert, die Furcht vor Kälte, Finsternis, Hunger und Alleinsein; man hatte ihr beinahe alle Schmerzen abgewöhnt; doch der Schmerz, den ihr das Bild von Belle und Gabriel verursachte, dieser Schmerz wucherte noch unbehandelt in ihr, dagegen war sie wehrlos, und diese Wehrlosigkeit, diese Hilflosigkeit machten sie wütend und verzweifelt. „... so weine ich in den letzten Tagen viel, das muss ich mir abgewöhnen, bevor meine Befehler das bemerken und sie wieder zu ihrer Methode der Züchtigung greifen: durch ein Übermaß an Schmerzzufügen den Schmerz zu ertränken ..."

Eine Woche vor ihrem zwölften Geburtstag, im Dezember 1638, war Katharina von der Pfalz-Zweibrücken gestorben. Sie hatte nur kurz gelitten, ein paar Hustenanfälle, einige Tage Fieber; mehr Zeit war für Christina nicht geblieben, sich in die Vorstellung einzuüben, ohne Tante Katharina weiterzuleben.

Die Äußerlichkeiten des Abschiednehmens waren gemäß dem Hausgesetz rasch erfüllt: die Fenster mit schwarzen Tüchern verhängt, die Totenwache und die Totenmessen, das Vorlesen der Kondolenzkorrespondenz. „Verehrte Mutter, haben wir heute meine über alles geliebte Tante Katharina begraben. Meine Trauer ist sehr groß. Ich weiß, dass Sie mir Vorwürfe machen werden, wenn Ihnen berichtet wird, wie sehr ich unter dem Verlust von Tante Katharina leide. Ersparen Sie mir Ihre Vorwürfe, denn Trauer wie Erinnerung an diese gute Frau wird mir niemand nehmen. In der Hoffnung, dass Sie sich wohl befinden, bin ich Ihre gehorsame Tochter."

Christina war nun zwölf Jahre alt, und sie war allein. Natürlich, es gab Belle für sie, noch einige Jahre, doch Belle war für einen anderen Teil von Christinas Welt vorgesehen. Nach dem Tod von Tante Katharina gab es für sie keinen Menschen mehr, dem sie verpflichtet war, keinen Menschen, dem sie etwas vorzuspielen hatte: dem Vater den tapferen Erben, der Mutter die liebliche Tochter, der Tante die sanfte Nichte. All diese Rollen, die sie aus Gehorsam gespielt hatte, konnte sie ablegen; sie war nicht mehr an Familienbande gefesselt. Sie konnte sich ein Ziel suchen, sie konnte nach jedem Ziel streben, und kein Vater, keine Mutter, keine Tante knnte sie mit Erwartungen und Verpflichtungen aufhalten.

War es Trauer, was sie fühlte, oder war es auch Befreiung; Christina konnte es als Zwölfjährige noch nicht benennen. Sie hatte keine Mutter mehr und deren Schreianfälle nicht länger zu fürchten, keiner Tante und deren Güte nachzueifern, kein Bollwerk Vater zu überwinden – Trauer oder Befreiung.

Jahrzehnte später diskutierte Christina mit António Vieira über diese Lebensphase; er verstand und meinte: „In unserem Drang nach Freiheit entledigen wir uns unserer Eltern. Die Väter werden oft von den Zugriffen der Welt erledigt; die Mutter töten wir mit Worten – ich habe das getan. Ach, Christina, wir sind in jungen Jahren von unserer Einzigartigkeit überzeugt, und wir sind bereit, jeden Preis für die Freiheit, für die Unabhängigkeit zu bezahlen, nur damit der Weg zu unserem unverwechselbaren Ich frei ist. Und was ist der Preis, Christina: Einsamkeit, wir lieben sie, und wir leiden darunter. Doch, sie ist unser Element, unser Reich, dort sind wir frei von Befehlern, und darin richten wir uns ein, wohl wissend, dass Gespräche, Berührungen, alle Leidenschaft, in die unsere Körper oft geworfen werden, nur das Atemholen der Seele ist, bevor unsere inneren Kräfte uns mit der nächsten Welle wieder in unser Element werfen, in dem wir unseren Auftrag zu erfüllen haben."

II. Kapitel

Welche Bilder will Christina mitnehmen in ihren Schlaf, die Taubenschwärme, die Richtung Petersdom ziehen, oder die Steine, die das Schmelzwasser säumen, wenn es Richtung Schloss Stegeborg fließt. Stundenlang war sie als Vierzehnjährige, als Sechzehnjährige den Steinsäumungen entlanggegangen und hatte sich Steine ausgesucht, unter denen sie liegen wollte; weiß und glatt geschliffen sollten sie ihren Körper bedecken, tage- und wochenlang, bis mit der warmen Jahreszeit das Gerinne so anschwoll, dass über die Steine, über ihre Steine, über ihren Körper, der Wasserschleier gezogen wurde.

„Christina, gestern redeten Sie ganz unvermittelt von Stegeborg, von den verschneiten Wegen in Stockholm, von Luchsen, die sich im Schnee balgen. Und plötzlich befahlen Sie sich das Schweigen, entsetzt über Ihre Schwäche. Rom, Decio Azzolino – manchmal wollen Sie flüchten. Doch es gibt kein Zerren und Ausweichen; wir haben unseren Auftrag zu leben. Unserer Seele bleiben zur Linderung Fluchtorte, die Bilder davon. Wenn mir in meiner Zelle vor Kälte das Blut stockt, flüchte ich in den Tropenhimmel. Christina, wir lieben immer das Bild, nicht den Ort ...". António Vieira hatte ihr das geschrieben, im Jahr 1670, als er schon über zwölf Monate in seiner Zelle in der Engelsburg lebte.

Damals stand sie in ihrem vierundvierzigsten Lebensjahr, und sie hatte sich an das Ungleichgewicht der Kräfte in ihr schon gewöhnt; an das Alleinsein, das sie oft peinigte und in die Flucht trieb, und an die Einsamkeit, die sie beständig suchte und die sie genauso trieb, nur in eine andere Richtung. Alles was sie lebte, wie sie lebte, hatte sie so gewollt; Christina konnte keinen anderen Menschen mit in die Verantwortung ziehen. Und das war ihre Kraftquelle, nur auf sich selbst gestellt, und darin bestehen wollen und müssen. „Verschwende keine Zeit", so hatten ihre Lehrer sie durch die Studien gezogen. Und mit der gleichen Beharrlichkeit war sie immer mit den Ereignissen geeilt, hatte sie sich durch ihre Lebensphasen ziehen lassen. „Verschwende keine Zeit", und ihr Geist, ihr Körper gehorchten. Doch dazwischen gab es Unterbrechungen, oft nur für Momente, manchmal für Stunden; in diesen Zeiten zwang ihre Erinnerung sie in die Bilder ihrer Kindheit, ihrer Jugend; dann fühlte sie Schweden, Stegeborg, dann war sie eingetaucht in die Stille eines nachtdunklen Wintertages, in das Sonnenlicht einer Augustnacht, in den Geruch von Gerstensuppe und qualmendem Holz.

Die Magd schiebt eine Kanne Wein auf den Tisch und stellt das Rubinglas neben die Kanne. Daran soll Christina sich erfreuen. Sie liebt dieses Glas, diesen Kelch; auf jeder Reise hatte sie ihn in der Satteltasche. Wenn sie Wein trinkt, will sie der einzige Mund an ihrem Weinkelch sein. Sie hat es nie zugelassen, dass man ihr ein Glas, einen Becher weiterreichte, dass der Becher von einem Mund zum anderen gegangen, bis er schließlich zu ihrem Mund gelangt war.

Der Wein wird sie betäuben, wird ihren Gedanken die Zügel nehmen, immerhin hat sie sich auf ein Beichtgespräch eingelassen.

„Wie haben Sie es gehalten mit den Geboten?"

„Ich habe sie nicht frömmlerisch nachgelebt, habe aber wahr gelebt."

„Welche Wahrheit, Christina, Ihre oder meine, oder jene der irdischen Gesetze, oder jene der Bibel?"

„Meine Wahrheit?"

„Und hat sie sich verändert mit den Jahren, mit den Orten, Ihre Wahrheit?"

„Ja, sie ist gewachsen, sie wurde drückender."

„Wie viele haben Sie mitgezogen, in Ihre Wahrheit."

„Keinen, der mir nicht aus freien Stücken folgte. Niemals habe ich einen Menschen zum Dieb, zum Verräter oder zum Mörder gemacht, der es nicht schon war."

„Aber Sie haben die Menschen verwendet?"

„Wir werden alle verwendet."

„Haben Sie die Menschen geliebt?"

„Ich habe geliebt."

„Die Frage zielt nicht auf Ihre Lust, auf Ihren Körper. Ihre Seele, Christina, hat Ihre Seele den Nächsten geliebt?"

„Liebe deinen Nächsten wie dich selbst." Wie sehr liebt, liebte sie sich selbst, wie lange kann ein Mensch sich selbst nicht lieben? Einige Monate nach dem Tod von Tante Katharina, im Sommer 1639, wurde sie krank; hohes Fieber und Schüttelfröste warfen sie aufs Bett. Sie kamen wieder mit Kräuterpfannen und Tees, man ließ sie mit ihren dreizehn Jahren zum ersten Mal zur Ader;

als das Blut über ihren Arm rann, schrie sie auf: „Nein, nicht auch noch hier!"

Sie duldete keinen an ihrem Krankenlager, sogar Ebba, ihre geliebte Belle, winkte sie aus dem Zimmer, als diese sie zum täglichen Flötenspiel mahnte. „Später, morgen oder übermorgen."

Belle erschrak, als sie Christina hörte. Hatte sich auch ihre Stimme verändert? Christina befahl auch Editha weg: „Geh hinter den Paravent!" Und sofort schlüpfte sie aus dem Bett und holte sich aus dem Korb die Salbe und die Kugeln.

„Hier, meine Liebe, nehmen Sie das, die Salbe bewahrt vor zuviel weiblicher Ausdünstung und drängt das Blut zurück. In den Kügelchen sind Wurzeln und Erde, nur von der männlichen Sonne beschienen, die Kräfte des Mondes sind damit gebannt." Alpha, die Kräuterhexe, hatte noch die Rinde ausgeräuchert, in die sie die Heilmittel verpackte.

Christina hatte von Editha gewusst, dass in einer Hütte hinter dem Malärsumpf eine Kräuterhexe lebte. „Man muss sie ‚ehrwürdige Priesterin' nennen und einen gut gefüllten Beutel mit Münzen auf ihren Tisch legen; dann hilft sie, in allen weiblichen Angelegenheiten."

Alle, Kammerfrauen, Wärterinnen, Mägde flüchteten zu Alpha. Auch wenn eine Hofmeisterin fühlte, dass sie schwanger war, und darüber in Panik geriet, blieb ihr nur Alpha. Die Kräuterhexe mischte Salben und Tees, knetete Erdkügelchen, und wenn das alles nicht half, hatte sie Werkzeuge, mit denen sie das unfertige Kind aus dem Leib zog. Das überlebten die meisten Frauen nicht. „Im Sumpf schimmert es rot, sie hat wieder eine arme Seele dem Wasser übergeben." – „Ja, wir können schon die Leichentücher vorbereiten, bald werden sie auch das arme Weib herausfischen."

Wollte eine Schwangere unbedingt überleben, dann trug sie das Kind aus. Sie hatten hinter dem Küchenhaus eine Kammer eingerichtet, dorthin zog sie sich dann zurück, um zu gebären. Manche schrien vor Schmerz, dann hielt ihr eine Magd den Mund zu: „Wasch es ab und lauf hinunter zum Boot, schnell zu Alpha mit dem Balg."

Editha erzählte oft: „Alpha findet immer jemanden, der ihr das Kind abnimmt. Die Gutsherren richten sich ihre Knechte und Mägde am liebsten selber ab. In den ersten vier Jahren kosten diese Setzlinge nicht viel, und dann sind sie bald zu verwenden. Für Alpha ist es ein guter Handel, sie verdient doppelt: dafür, dass sie das Kind nimmt, und nach ein paar Wochen kassiert sie von demjenigen, dem sie das Kind mitgibt. Deshalb hat sie die

Zille jetzt mit Fellen und Strohpolstern ausstaffiert, damit die Hochwohlgeborenen bequemer zu ihr rudern können."

Alle paar Monate war eine der Frauen, mit denen Christina täglich zu tun hatte, schwanger; einmal war es die Näherin, dann die Plätterin, dann die Klöpplerin; auch die Kammerfrau, die sie ins Studierzimmer begleitete, begann von einem Tag auf den anderen Heiligenbilder in der Hand zu halten, am Rosenkranz zu nesteln, siedend heißen Wein zu trinken, „dann kommt das monatliche Blut". Christina wusste auch von den Keifereien, den Verwünschungen, „jetzt flennt sie, vor ein paar Wochen hat sie gekeucht vor Wollust", „so sind sie, die Edelleute, zuerst schaut sie zu, wie der Hengst die Stute bespringt, dann lässt sie sich vom Stallknecht ins Stroh stoßen und ihr Ehemann besteigt inzwischen die Tochter vom Wachszieher."

Als bei Christina in dünnem Faden Blut aus ihrer Scheide die Beine hinunterlief, wischte Editha dieses Blut achselzuckend weg: „Jetzt bist du erwachsen, Christina, jetzt bist du mit deinen dreizehn Jahren wie alle anderen Frauen – der Acker für des Mannes Pflug."

Als das Fieber nicht zurückging, holten sie wieder Philipp Morton. Er hatte schon einmal geholfen. Wie damals, nach dem Reitunfall, setzte sich Morton an Christinas Bett; er sagte lange nichts. Dann zog er ein blutiges Leinenstück unter ihrem Bett hervor.

„Warum?", fragte Morton, „warum erschrecken Sie darüber, wenn Sie doch aus dem Unterricht über die Vorgänge im weiblichen Körper belehrt wurden."

„Es wird wieder aufhören", beharrte Christina, „ich weiß, dass es wieder aufhört." Sie redete auf den Arzt ein – jetzt habe sie die letzte Gelegenheit, ihr Frausein abzuwenden, das Frausein nicht zuzulassen. Niemals wolle sie eine von diesen armen Frauenkreaturen werden. Keine überstehe ihr Frausein ohne Schaden; die eine sei verstört wie ihre Mutter, die andere gedemütigt, und alle erschöpft davon, der Acker für des Mannes Pflug zu sein: „Professor Morton, seit meiner Geburt weiß man, dass ich nicht nach der Art der Frauen gebaut bin", und sie schlug die Decken zurück, riss die Bettjacke, das Hemd vom Körper, zog die blutigen Leinentücher von ihrem Schoß. „Hier, schauen Sie, das sind Verwachsungen, ist meine Scham nicht nach Art der Männer gebildet; manche sagen, mit jeder Studierstunde werde ich mich mehr zum Mann entwickeln."

Philipp Mortons Blick streifte über ihren Körper, seine Augen wanderten über ihr Brüste, über die üppig wuchernden Schamhaare. „Christina, Sie werden eine schöne Frau, eine zur Sinneslust geborene Frau, Ihre Venuslandschaft wartet darauf, zum Blühen gebracht zu werden."

Sie schlug die Augen nieder, sie hatte ihren Körper, ihre Weiblichkeit stets voll Zorn wahrgenommen, voll Zorn und Ablehnung.

„Christina, Sie lieben ihre Freundin Ebba, Sie lieben Belle mit all Ihren Sinnen, und genauso werden Sie geliebt werden, wenn die Zeit gekommen ist; und sie wird kommen, Ihre Zeit." Morton beugte sich zu ihrem Gesicht: „Ob Sie verstört oder gedemütigt oder ausgenützt werden, Christina, das bestimmen Sie selbst. Ihr Körper ist zum Geben und zum Nehmen gedacht."

Damit zog er vorsichtig die Decken über Christinas nackten Körper und ging.

Drei Jahrzehnte später sollte Christina ein weiteres Mal so erschaudern unter Blick und Stimme eines Mannes, als António Vieira auf sie zukam und in ihr, der damals schon über Vierzigjährigen, das Siegel zur Kammer ihrer verschlossenen Kräfte und Wünsche aufbrach.

Als Christina wieder auf den Beinen war und ihren alltäglichen Stundenplan mit den Studierstunden, dem Fecht- und Schießunterricht einhielt, kam Kanzler Axel Oxenstierna in eine Philosophiestunde. Sie beantwortete gerade die Frage: „Ist in allem eine harmonische Zusammenfassung der Gegensätze im Geiste der Humanität anzustreben?"

Voll Stolz beobachtete Oxenstierna seinen Schützling.

Christina war vor dem Erwachsenwerden ins Fieber geflüchtet, doch hatte sie es gut überstanden, denn nun war sie wie entschleiert. Kerzengerade stand sie neben dem Stehpult; über ihren Filzumhang hatte sie ein schwarzes Spitzentuch gelegt, ihr Haar war mit Birkenwasser zu braunroter Fülle gebändigt. Stärke und Entschlossenheit gingen von ihr aus; sie suchte keinen der anwesenden Lehrer mehr mit ängstlichem Blick. Das Kind, das sich mit Bravsein ein Lächeln, Zuwendungen verdienen wollte, dieses Kind war abgestreift.

Christina begrüßte Oxenstierna mit einem Kopfnicken, ging zur Glutpfanne und ließ eine Hand voll halb getrocknete Waldmeisterblätter aufzischen. Dann forderte sie ihre Lehrer auf, mit der Lektion fortzufahren.

Oxenstierna eilte freudig zum Reichstag und verlas das offizielle Bulletin: „... kann berichtet werden, dass die Entwicklung von Kronprinzessin Christina aufs Beste voranschreitet, sodass in den nächsten Wochen Vetter Karl Gustav von Pfalz-Zweibrücken aus Brandenburg hier eintreffen wird. Eine Verheiratung von Christina mit Karl Gustav wäre von größtem Vorteil für Schweden, weshalb der alltägliche Umgang der beiden in allen Bereichen gefördert werden soll ..."

Heiratspläne! Dafür interessierte sich Christina überhaupt nicht. Sie nahm auch Karl Gustav kaum wahr. Er war mit seinen siebzehn Jahren ständig hinter den Mägden her; immer wieder verschwand er mit einer Magd in einer Nische oder in einer Kammer, und wenn sich dann das Gelächter und Gekreische bis zum Stöhnen steigerte, wurde Christina von Editha belehrt: „Nimm es ihm nicht übel, er lernt jetzt die richtigen Handgriffe, das ist alles zu deinem Vorteil."

In diesen Monaten vor ihrem vierzehnten Geburtstag durchlebte Christina eine Phase drückender innerer Qual; sie schrieb Belle jeden Tag mehrere Male, legte ihr diese Briefe neben den Frühstücksteller, auf das Kopfkissen, legte sie in ihr Poesiebuch, und Belle reagierte mit einem Lächeln, nur mit einem Lächeln. „Bin ich dir noch so teuer, wie ich es vor meinem Fieber war, oder habe ich mich selbst betrogen, als ich deinem Schwur glaubte ...". Ebba las die Zeilen, sie umarmte Christina dafür, doch auch die Umarmung war voll Mitleid und ohne jene Leidenschaft, mit der Belle noch Wochen zuvor die Umarmungen und Küsse von Christina erwidert hatte.

Seit Gabriel de la Gardie auf Schloss Stegeborg lebte, hatte sich Belle verändert, war Stück um Stück von Christina abgerückt. Gabriel war auch ständiger Gast bei Tisch; er nickte zu Christina höflich und zu Ebba liebenswürdig; er spielte Violine, und Ebba tanzte dazu; er steckte Ebba Billets zu, die nach seinem Parfum dufteten. Er schrieb ihr: „Ebba, wirst du morgen wieder für mich tanzen, nur für mich deinen Körper wiegen – wie ersehne ich diese Stunde! Dein Gabriel."

Christina zitterte, als sie das Papier zurück in Ebbas Beutel steckte; Wut und Enttäuschung nahmen ihr beinahe den Atem. Andererseits, Ebba war wunderschön, Ebba verstand zu gefallen.

Christina wurde in Zweifel geworfen – wie wichtig war der äußere Eindruck? Sie war für Belle der Ritter, der Kavalier gewesen, der ihr Birkenzweige auf das Bett gelegt und Schneerosen ins Haar geflochten hatte. Der weibliche Teil ihres Körpers war für Christina unwichtig geworden; sollte er doch verkümmern. Sie wollte nur wieder und wieder Belles Körper zum Glühen bringen und sich im Geben von Lust selbst größte Lust verschaffen.

Als Minister Fleming aus Paris nach Stegeborg kam, standen sie, wie so oft, zu dritt im Salon: Belle und Gabriel in einem Poesiebuch lesend, und Christina, abseits am Fenster. Belle in einem hellblauen Kleid und den Luchspelz so um die Schulter gelegt, dass ihr Gesicht, ihre ganze Gestalt noch mehr an Liebreiz gewann.

Der Minister aus Frankreich wandte sich wie selbstverständlich an Belle: „Königliche Hoheit, an allen europäischen Höfen wird Ihr Geist, Ihr Wissen, Ihr Mut bewundert, doch wie ich sehe, wird Ihre Schönheit viel zu wenig erwähnt. Was wird Europa vorenthalten, wenn man diese göttliche Verbindung von Geist und Schönheit nicht genügend rühmt." Der geübte Diplomat wollte mit seinen Komplimenten fortfahren – „Nein, nicht ich", unterbrach Ebba ihn, „hier", und sie schob den verdatterten Mann auf Christina zu.

Christina stand in ihren grauen Reithosen, über ihren Hemden trug sie die dunkelgrüne Filzjacke, sie hatte auch keinen Spitzenkragen aufgelegt, ihr Haar war vom Morgenritt noch unter der Wollhaube versteckt. Der Franzose starrte sie an; er hatte in ihr, in der Person am Fenster, eine Dienerin gesehen, die für die Feuerpfanne zuständig wäre oder auch für das Befüllen der Wasserkannen.

Christina straffte sich: „Minister Fleming, seien Sie willkommen auf Schloss Stegeborg. Da Sie mich ohne Kanzler Oxenstierna besuchen, ist Ihr Besuch hier also privat, das freut mich. Kommen Sie, ich zeige Ihnen unsere Gemäldesammlung, es gibt zwei neue Rubens. Und dann darf ich Sie einladen, uns, meinem guten Meister Sven und mir, über die Friedensverhandlungen zu berichten." Christina sprach mit so harter Stimme, dass der Franzose zusammenzuckte.

Er war dieser Situation absolut nicht Herr, er fingerte an seiner Mappe, nickte, schüttelte den Kopf.

„Friedensverhandlungen", brachte er endlich heraus, „Hoheit, ich gestehe, dass ich nicht vorbereitet bin auf offizielle Mitteilungen."

Jetzt genoss Christina die Situation; welch merkwürdiges Dreiergespann gaben sie ab: Belle, hochrot im Gesicht, schaute mit aufgerissenen Augen zu Fleming; an ihrer Seite Gabriel, der Belle anhimmelte und den Diplomaten gar nicht wahrnahm, und sie, Christina. Voller Trotz über ihr nachteiliges Äußeres wischte sie die Begrüßungsfloskeln weg und führte den Mann zurück zu seiner Mission als Minister und Verhandler.

„Ja, Friedensverhandlungen", wiederholte sie, „ich höre so oft, dass mehr Geld für Kriegsgerät und Soldatensold gebraucht wird, aber es wird nie von Frieden geredet. Ob das daran liegt, dass Schweden so weit entfernt von südlicher Kultur ist? Sie haben in Frankreich einen Philosophen wie René Descartes, er verabscheut alles Kriegerische: Ein freier Geist kann sich nur in friedlicher Umgebung entwickeln. Welch guter Gedanke. Frankreich mit seiner hoch stehenden Kultur wird doch alles tun, um das Kriegführen in Europa zu beenden!"

Der Sekretär des Ministers, der bis dahin in der Tür gestanden war und alles beobachtet hatte, huschte zum Schreibpult und kritzelte ein paar Worte in das Reisetagebuch des Ministers. Was er soeben gehört hatte, musste möglichst wortgetreu in Paris wiedergegeben werden: die vierzehnjährige Kronprinzessin Christina von Schweden mahnte Frankreich zu Friedensverhandlungen, ansonsten – wie sollte er es formulieren – ansonsten würde Christina die Kulturnation Frankreich als Ganzes in Zweifel ziehen? Interpretierte er richtig, was er gehört hatte? Mit Verbeugungen trat er auf Christina zu: „Dürfte man untertänigst fragen ..."

Christina schob den Schreiber weg und führte den verdatterten Minister Fleming in die Gemäldegalerie.

„Habe ich längst die diplomatischen Formulierungen wie den leichten Plauderton gelernt", hatte sie erst Wochen zuvor in ihr Tagebuch geschrieben, und nun konnte sie sich darin ein weiteres Mal üben.

„Bestimmt müssen Sie sich erst an unsere Dunkelheit gewöhnen, Monsieur Fleming. Ich mag die Monate Dezember und Januar deshalb besonders, weil sich unser Geist dann vollkommen auf Bücher konzentrieren kann und wir nicht vom Naturschauspiel des Frühlings abgelenkt werden. Man sagt, Paris sei in den Monaten März und April am schönsten, finden Sie das auch?"

Minister Fleming war so irritiert, dass er sich eilig entschuldigte, seinen Sekretär an seine Seite befahl und ging.

Am Abend, beim Dinner, saß Gabriel wieder neben Ebba; wie immer verneigte er sich mit Komplimenten zu Christina: „In Ihrem Französisch tönt eine wunderbare Sprachmelodie", und war zärtlich besorgt um Belles Wasserglas, half Belle beim Auseinanderfalten des Mundtuches.

Man servierte Fisch und gedörrtes Obst, Ahornsirup und Anisbrot, in den Gläsern schimmerten Wein und Met und aus den Glutpfannen strömte Wärme und der Duft von Föhrenzweigen. Es begannen die Tischreden, und mitten in der Rede von Minister Fleming musste Gabriel husten. War ihm ein Aniskorn in den Rachen gekommen? Der Husten war nicht zu unterdrücken, auch Ebba räusperte sich, hustete, und als Nächste hustete sich Christina in einen regelrechten Anfall.

Niemand konnte sich ihr Ringen nach Luft erklären. „Trockener Husten –", Professor Möller war ratlos. Die Fenster wurden geöffnet, mit dem Blasebalg Frischluft in Bewegung gebracht; Christina hielt ihr Mundtuch vor das Gesicht und rannte in ihr Zimmer. „Das hat er uns von der Wolfsjagd mitgebracht", keuchte sie zwischen zwei Hustenkrämpfen, „vor diesem Husten hat mein Vater gewarnt, seine Schwester ist daran gestorben, und später zwei Brüder seines Adjutanten."

Leibarzt Möller verstand nicht: „Welcher Husten, Hoheit? Kann es nicht der Qualm aus den Glutpfannen sein, der Ihren Hals reizt?"

„Niemals", schrie Christina auf, „ich huste nie, wenn es aus der Glutpfanne qualmt. Schon vor zwei Tagen habe ich ihn husten gehört, er unterdrückt es manchmal, weil er weiß, dass er Stegeborg sonst verlassen muss", und Christina rang nach Luft.

Aufgescheucht stand Oxenstierna bald neben dem Leibarzt, der Hofmeisterin und der Zofe am Bett von Christina. Es musste verhindert werden, dass Christina neuerlich erkrankte; Oxenstierna beschwor sie: „Haben Sie uns am Ende Ihren Husten schon länger verschwiegen?"

Christina nickte: „Er war vor einer Woche auf der Wolfsjagd." Oxenstierna unterbrach sie: „Reden Sie nicht weiter, Christina, strengen Sie sich nicht an."

Sofort wies er Möller an: „Professor Morton muss kommen." Und als Möller zurückwich – welcher Affront, ihm die Pflege, die Behandlung der Kronprinzessin zu entziehen –, zischte Oxenstierna: „Jetzt ist keine Zeit für Eitelkeiten."

Als Nächstes bestimmte er: „Es ist dafür zu sorgen, dass der junge Diplomat Gabriel de la Gardie in den nächsten Stunden Stegeborg verlässt. Wir werden ihn nach Brandenburg schicken, dort sind hervorragende Mediziner, und es gibt ein Kloster, in dem Menschen untergebracht werden, die an Krankheiten leiden, die sich ausbreiten."

Alle waren erleichtert, dass eine Entscheidung getroffen worden war. „Brandenburg ist auf dem Kontinent, das ist weit weg", bekreuzigte sich Editha.

Noch jetzt, fast fünfzig Jahre später, bricht Christina der Schweiß aus, wenn sie an diese Zeit denkt.
Wie könnte sie einem Beichtiger ihre Wahrheit erklären?
„Christina, wie oft hat sich das wiederholt, dass Sie zu einem üblen Schachzug ausgeholt haben, um den Lauf der Dinge nach Ihrem Willen zu biegen?"
„Kein weiteres Mal."
„Und später, 1657, als sich Monaldesco Ihnen nicht fügte, Christina, welch heimtückische Strafe haben Sie sich für Monaldesco ausgedacht."
"Monaldesco war ein Verräter, er beging Staatsverrat."
„Christina, behaupten Sie nicht auch, er habe Ihnen die Schmach der ausgenützten Zuwendung angetan?"
„Er hat mir Wunden geschlagen, doch sie waren nicht die schmerzhaftesten, denn als Einunddreißigjährige war ich schon geübt darin, Schläge hinzunehmen."
„Und trotzdem holten Sie bei Monaldesco zum heftigsten Schlag aus."
„Ich wollte mir Gerechtigkeit verschaffen, Genugtuung; er hat mich vor der Welt bloßgestellt."
„Neapel ist nicht die Welt; Christina, Sie waren damals nicht mehr Königin, aber Sie wollten trotzdem Macht ausüben – Königin von Neapel wollten Sie werden!"
„Es hätte viele Konflikte zwischen Frankreich und Spanien aus der Welt geschafft, das weiß ich – ich wurde zur Politikerin erzogen."
„Es hätte Ihrer Eitelkeit wohl getan, Christina, und dieser Kampf tobte in Ihnen, trieb auf den Höhepunkt zu; die Frau in Ihnen wollte geliebt und begehrt werden, die Politikerin wollte den Kitzel der Machtausübung spüren, und mit Gabriel hat es begonnen."
„Nein! Gabriel war unwichtig, damals, 1640 war er unwichtig; ich habe Ebba geliebt und mit dem Weggehen von Gabriel habe ich mir selbst die größte Qual zugefügt; das habe ich zu spät begriffen. Denn Gabriel hat jenen Teil von Ebba mit sich genommen, der vorher nur mir gehört hatte; meine Liebe zu Ebba war

Feuer geblieben; die Liebe von Ebba zu mir war Freundschaft geworden, und Asche."

Christina lehnt sich ans Fenster, im Garten ihres Hauses blühen Mimosen, alte Bäume, die nur mehr alle zwei Jahre ihre volle gelbe Pracht ausleben.
"Riario hat den schönsten Mimosenpark." Freund Benedetto, Papst Innozenz spaziert gerne in diesem kleinen Garten ohne die geordneten Wege, wie er sie in seinen Gärten hat. Es wäre nur ein kurzer Ritt, und Christina könnte Benedetto im Vatikan besuchen. Hat der Papst, dieser karge, spröde Mann, jemals den Schmerz erfahren, wenn eine Liebe erlöscht; weiß er, wie sehr dieser Schmerz verändert?

Solange Christina ihre Leidenschaft zu Ebba auslebte, solange sie sich von Ebbas Zuneigung gehalten fühlte, lebte sie auch mit ihrem Äußeren im Einverständnis. Dann, als sich Ebba ihr mehr und mehr verweigerte, wurde Christina sich selber fremd. Sie fand vieles an sich abstoßend, ihre verwachsene Schulter, die sie schief erscheinen ließ, ihre Nase, die zu dominant war, ihre Hände, die Männerhänden glichen; sogar ihre Stimme empfand sie als abschreckend.

Damals hatte Christina begonnen sich in Studien zu flüchten, sich mit Verpflichtungen, die sie sich selbst auferlegte, zu betäuben. Sie warf sich in eine Trunkenheit von Wissbegierde, sie verlangte neue, strengere Lehrer, sie wollte das Portugiesische wie das Hebräische beherrschen. Schauspieler aus Florenz mussten sie in Rhetorik vervollkommnen, Mediziner aus Salerno explizierten ihr in einem geheimen Kellergewölbe an Leichen die menschlichen Organe.

Sie war der Sucht nach Wissen, der Betäubung durch Lernen, Studieren, Diskutieren verfallen, und sie hatte sich alle folgenden Jahrzehnte nicht mehr von dieser Sucht befreit.

Nachdem Gabriel de la Gardie weggeschickt war, bestand Graf Axel Oxenstierna auf einer neuen Sitzordnung: Beim täglichen Abendessen saß nun Cousin Karl Gustav neben Christina. Er sollte ihr mit Komplimenten und leichter Unterhaltung als galanter Kavalier zur Seite gestellt sein; Karl Gustav beherrschte den Menuett-Tanz, er hatte ihr im Dezember, zum vierzehnten Geburtstag, Birkenzweige geschenkt, die er mit Mühen und Finessen zum Austreiben von hellgrünen Frühlingsblättern gebracht hatte; Christina liebte Birkenzweige mehr als alle Blumen.

Karl Gustav bemühte sich, den Erwartungen Oxenstiernas zu entsprechen: Er rückte für Christina Stuhl und Glas zurecht, er lobte ihren Mut, er bewunderte ihre Sprachkenntnisse. „Christina, in welchen Sprachen du dich so selbstverständlich bewegst – Französisch, Englisch, Deutsch, Florentinisch, Spanisch, Portugiesisch, und natürlich im Lateinischen und Griechischen." Er zitierte Dante: „... in der Gestalt einer weißen Rose erblickte ich sie vor mir ..."

Und Christina fügte sich den Bestrebungen von Oxenstierna und erwiderte die gutmütigen Bemühungen von Karl Gustav mit Lächeln und Geduld.

Einen Tag vor dem Neujahrsempfang 1641 spazierte sie mit ihm zu den Koppeln, wo die Fohlen und Stuten im Winter täglich im Kreis getrieben wurden, um ihre Körper in Bewegung zu halten. Karl Gustav leuchtete mit der Fackel im winterlichen Tagesdunkel, und Christina schaute den Pferden zu, wie sie einander übermütig stießen, tänzelten und sprangen. Sie schrie dem Pferdeknecht zu: „Hör auf!", als der immer wieder mit der Peitsche auf die Tiere einhieb.

„Warum tust du das, komm sofort her", befahl sie; doch der Bursche reagierte nicht, hob nur grüßend die Hand.

„Lass ihn, Christina, er kennt sich mit Pferden nicht aus", versuchte Karl Gustav ihr zu erklären, „er kümmert sich erst seit einer Woche um die Stallarbeit."

Christina verstand nicht. „Ist das nicht Lars?"

Die Stallburschen waren meist so dick in Fellumhänge und Pelzmützen vermummt, dass sie nicht zu unterscheiden waren.

„Nein", Karl Gustav schaute sie verwundert an. „Lars ist doch tot, wie die anderen drei, sie haben alle dasselbe Wasser getrunken."

„Tot?", Christina schüttelte den Kopf. „Tot", wiederholte sie, „was ist passiert bei den Stallungen?"

„Aber Christina, hat man dir nichts gesagt", und Karl Gustav erzählte: „Es herrscht überall Wassermangel, in Stockholm, und auch in den Dörfern. Die Brunnenrinnen, in denen das Wasser früher aus der tiefsten Quelle unter der Eisschichte aufgefangen wurde, sind morsch. Es sind für solche Arbeiten aber nirgends genug Männer da, du weißt, die meisten sind als Soldaten im Krieg. Jetzt wird Schmelzwasser getrunken, und man sagt, weil es nicht rein ist, sterben manche davon. Es ist wegen dem Dung und dem Abwasser; sie müssten weiter hinaus in die Wälder fahren und dort die Schneefässer füllen."

Christina verstand allmählich: „Die Menschen sterben an schmutzigem Wasser."

Karl Gustav nickte: „Vielleicht wird alles besser, wenn die Böhmen sich eingelebt haben", und er schaute sie an – wusste sie davon?

„Die Böhmen aus Prag, wie kommen die nach Schweden?", fragte Christina.

„Oxenstierna hat Verträge unterschrieben, dass einige hundert Familien aus Böhmen sich hier niederlassen können, im Gebiet von Stockholm nördlich bis Uppsala", erklärte Karl Gustav.

„Diese Ländereien gehören doch schwedischen Adelsfamilien – Liliencrona, Halverstadt, Pufendorf, Salvius", Christina zählte einige auf.

„Diese Güter haben diesen Familien gehört; jetzt sind sie so gut wie enteignet; sie müssen die Zugewanderten auf ihren Gütern dulden, die Halverstadts, Pufendorfs und all die anderen. Diese Adelsfamilien sind Kriegsgegner, sie wollten die Steuern nicht bezahlen. Außerdem schicken sie pro Familie meist nur einen Sohn an die Front, die weiteren Söhne schiffen sich heimlich mit einem gut gefüllten Lederbeutel nach England ein, manche flüchten nach Bologna, manche nach Paris oder nach Toledo. Du weißt, Christina, in diesen Familien hält man nichts von diesem Krieg, da interessiert man sich für die Wissenschaften, für die Universitäten."

Christina versuchte zu begreifen: „Und diese Familien haben das hingenommen?"

„Natürlich haben sie sich gewehrt, es gab sogar Kämpfe."

„Mit Toten und Verletzten, wie im Krieg", ergänzte Christina.

Das hatte Oxenstierna also gemeint, als er im Reichstag sagte: „Wir werden die gewaltsame Rekatholisierung unserer böhmischen Religionsbrüder verhindern und jenen Familien, die sich weiterhin zum Glauben Luthers bekennen und sich bei uns niederlassen wollen, jede Form von Hilfe zukommen lassen."

Christina hatte das in der Sitzung des Reichstages gehört, doch sie hatte den Hintergrund nicht verstanden.

Karl Gustav redete weiter auf sie ein, es drängte ihn, Christina endlich auf vieles hinzuweisen: „Christina, hast du schon einmal gefragt, wie es den Menschen geht, jenen, die außerhalb von Stegeborg leben? Sie hungern! Vor zwei Wochen ist das letzte Schiff mit Rüben und Kartoffeln aus Bremen angekommen. Einen Teil der Feldfrüchte musste der Kapitän in Bremen zurücklassen, damit die sieben Kisten Bücher, die du aus Toledo bestellt hast, Platz hatten. Die Schiffsknechte haben die Bücherkisten dann in der Nacht vom Schiff geholt, denn hätte man sie neben die Körbe und Säcke mit den Lebensmitteln geschoben, es wäre zu einem Tumult gekommen. Die Menschen warten tagelang auf jedes Schiff, und jedes Mal fahren einige verzweifelt vom Hafen weg, weil sie nicht genug Münzen, Felle oder Fische anzubieten haben für einen Sack Getreide."

Christina war tatsächlich noch nie am Hafen gewesen, wenn eines der Frachtschiffe eingelaufen war; und sie hatte auch nicht gefragt, als sie vor einigen Wochen gesehen hatte, wie der Kutscher zwei Särge auf den Karren schob – Dienstboten werden nicht alt, das wusste sie, das Leben im Meierhof, bei den Stallungen lief anders als im Schloss.

Sie wollte auch jetzt nichts mehr davon hören, doch Karl Gustav fuhr fort: „Christina, glaubst du, dass es reicht, wenn du eine Enzyklopädie im Kopf hast? Solltest du nicht die Königin von allen Schweden werden?"

„Ich werde mich dafür interessieren, wenn die Zeit gekommen ist", verteidigte sie sich; dieser glatte Satz lag ihr leicht auf der Zunge; Karl Gustav sollte sie nicht länger belehren, es war genug, und sie schrie noch einmal wütend zum Stallburschen: „Schlag nicht auf die Pferde ein! Ach, ich werde es dem Stallmeister sagen, der wird es dir schon beibringen."

Karl Gustav beruhigte sie mit einem Händedruck und schwang sich über den Zaun. Langsam, fast bedächtig ging er auf den Stallburschen zu. Er redete auf den Burschen ein, klopfte ihm auf die Schulter, nahm ihm die Peitsche ab und zeigte ihm, wie er mit gesenkter Gerte und verhalten gerufenen Befehlen die Pferde im Kreis traben lassen konnte. Und mit allem, was Karl Gustav tat, war er nicht mehr der Tolpatsch, der verlegen neben ihr herging, der eingelernte Komplimente plapperte, sondern ein erwachsener Mann, einer, dem sich Christina anvertrauen könnte; einer, der eine Sprache beherrschte, zu der sie keinen Zugang hatte.

Als sie zurück zum Schloss gingen, schwieg Christina. Sie hatte einen anderen, einen neuen Karl Gustav kennen gelernt, und diesem wollte sie nun aufmerksam zuhören, als er erzählte: „Der Bursche heißt Heimo und war Gehilfe beim Schmied, dort musste er die Peitsche gebrauchen, damit die Pferde still hielten. Er ist gelehrig und hat sofort verstanden, als ich ihm sagte, dass Tiere auf Schläge gleich reagieren wie Menschen: Wird einer ein besserer Mensch durch Schläge? Niemals! Er wird nur einer mit mehr

Angst und mehr innerer Wut. Heimo wird ein guter Pferdeknecht werden, ich werde mich um ihn kümmern."

„Danke", sagte Christina, wie man einem Freund dankt, der einem die Augen geöffnet hat, der einem vielleicht davor bewahrt hat, in die Irre zu gehen.

Im Besuchssalon wurde Christina schon von Bischof Ignácio Girolamo und seinem Sekretär Samuel erwartet.

Diese Begegnung hatte Christina sich ausdrücklich gewünscht; sie hatte schon länger den Eindruck, dass ihr ein Gespräch mit dem spanischen Bischof verweigert wurde.'

„Es wird Ihnen nicht verweigert", hatte Professor Sven sich verteidigt. „Aber Sie sollen nicht in die Hände der Jesuiten fallen."

„Bischof Ignácio ist kein Jesuit", hatte sie beharrt.

„Den Jesuiten ist nicht zu trauen, sie kommen oft getarnt, und sie sind in allen Positionen", antwortete Meister Sven. „Ich werde Freinsheim und Horn dazu einladen; die Gegenwart eines Bibliothekars und eines Theologen wird die Konversation in die richtige Bahn lenken."

Christina ging auf den Bischof zu; sie verneigte sich; der Geistliche hielt ihr seine Hand zum Kuss entgegen, doch sie reagierte nicht darauf.

„Der Amethyst Ihres Ringes ist wunderschön, jetzt werden wir sehen, ob dieser Stein uns wirklich von aller falschen Rede freihält", lächelte sie.

Ihre beiden Wächter, Freinsheim und Horn, genossen es sichtlich, dass sie die Hand des katholischen Bischofs nicht küsste, sondern sich sofort an den Nächsten zur Begrüßung wandte.

„Samuel de Souza", stellte sich der Sekretär des Bischofs vor. „Ich bin Sepharde aus Coimbra, von Inquisitor Miguel de Moraes aus meiner Heimat Portugal verbannt."

Der junge Mann, Samuel, hatte Augen, dunkel wie das Moor. Alles an Samuel erinnerte Christina an Ebba. Sie vermisste Ebba und konnte kaum an etwas anderes denken. Ebba lebte nun in Stockholm bei Familie Gyllenhilm; dort gäbe es bessere Ballettlehrer, auch in der Schauspielkunst könne sie dort unterwiesen werden.

Christina hoffte und betete, dass Belle am nächsten Tag beim Neujahrsempfang wie in den Jahren zuvor in der ersten Reihe sitzen würde.

„Man lobt in ganz Europa Ihre durchgeistigte Schönheit, Kronprinzessin, doch kann kein Lob, können Worte nicht mitteilen, was man sieht und spürt, wenn Sie einem gegenüberstehen", Samuels Worte schreckten sie aus ihren Gedanken.

„Reden über mein Äußeres ersuche ich Sie zu vermeiden", wies sie Samuel scharf, viel zu scharf zurecht.

„Das sollten Sie nicht verbieten, Christina. Man muss gefallen, es lenkt die meisten Menschen von unseren wirklichen Absichten ab." Und er beugte sich zu ihr und flüsterte: „Sie sind doch morgen schon Braut!"

Christina verstand nicht; in diesem Moment kam Oxenstierna in den Salon, und um die umständliche Begrüßungszeremonie abzukürzen, fragte sie rundheraus: „Bischof, ich komme gerade sehr verwirrt von einem Spaziergang mit meinem Cousin Karl Gustav. Er hat mir erzählt, wovon ich bisher nichts wusste – die Menschen leiden, sie hungern, und das ist alles wegen des Krieges. Zweiundzwanzig Jahre wird schon Krieg geführt!"

Bischof Ignácio lächelte ihr aufmunternd zu, und sie fuhr fort: „Ich frage mich – wozu ist Gelehrsamkeit nütze, was hat meine Welt der Bücher und Enzyklopädien mit der Welt der Soldaten, der Verwundeten, der Hungernden zu tun."

Als hätte der Bischof auf diese Frage gewartet, trat er vor und begann zu reden, zu erklären, zu predigen. Christina hörte zu, doch sie konnte sich trotzdem nicht von Samuels Blick losreißen, diese ernsten Augen zogen sie an, sie zogen sie hinunter, sie wärmten, ließen sie erschaudern.

„Weil es Ihnen nur wegen Ihrer Gelehrsamkeit, nur wegen Ihres Wissens möglich ist, die Ursache allen Übels zu erkennen, und nur durch die Bekämpfung der Ursache können Sie das Schicksal der Ihnen Anvertrauten zum Besseren wenden. Die Gelehrsamkeit macht Sie frei von niedriger Leidenschaft, die nur auf das Fleisch zielt. Ist Ihre Leidenschaft aber für das Wissen, für den Geist entbrannt, dann können Sie handeln, Christina, Sie haben es in der Hand -"

"Der Krieg muss endlich beendet werden", Christina fiel dem Bischof ins Wort. Sie wollte weg, den Augen Samuels wollte sie entkommen und auch den geschliffenen Worten des Bischofs.

Doch der Bischof fuhr mit einschmeichelnder Stimme fort: „Man erzählt, dass Sie leiden, Christina, eine Angelegenheit des Herzens raubt Ihnen Kraft; auch dagegen sollten Sie Ihre Gelehrsamkeit einsetzen. Es ist nicht die Frage, welches Geschlecht in Ihnen die Leidenschaft, die Wollust nährt, Mann, Frau, beides gottgewollt. Doch wenn eine Leidenschaft an Ihren Kräften zehrt, Ihren Geist austrocknet, dann werden Sie in die falsche Richtung gelenkt."

Woher wusste der Bischof, wie weit hinaus waren die Gerüchte schon gedrungen? „Ebba Sparre, Belle", murmelte Christina.

Der Bischof nickte: „Sie leiden, Christina, und diese Qual wird sich wiederholen; Sie werden davon ermüden, Ihr Geist wird vorzeitig altern und Ihnen den Dienst verweigern, Ihre Gelehrsamkeit wird ausdünnen! Christina, wenn Sie wirklich Linderung suchen, sollten Sie sich einer anderen Leidenschaft zuwenden, der einzigen, die Ihrer würdig ist, der Leidenschaft des Geistes. Man sagt, Sie lieben besonders das Wort Freiheit, ist es so?"

„Frei zu leben und niemandem gehorchen zu müssen ist ein größeres Glück, als der ganzen Erde zu gebieten", wiederholte sie einen Satz aus den Schriften von Descartes.

Bischof Ignácio nickte: „Deshalb sollten Sie noch eine Nacht lang beten, bevor Sie sich morgen einer Entscheidung fügen, die sie nur schwer rückgängig machen können."

Sofort war Oxenstierna dazwischengetreten, er wollte dem Gespräch eine andere Richtung geben: „Die Schriften von Robert Burton, Bischof, Sie haben gestern davon gesprochen, dass diese Aufzeichnungen in Ihren Archiven aufbewahrt werden."

„Richtig", Bischof Ingnácio nickte Christina zu: „Robert Burton war ein begnadeter Astronom und Astrologe, ein Jünger von Kepler und Kopernikus. Christina, von Burton wissen wir, dass es günstig für Schweden steht – die Sterne zwingen nicht, doch sie zeigen an."

Christina kümmerte sich nicht um den offensichtlichen Unmut Oxenstiernas, sie duldete auch keine Abschweifung, denn jetzt war die Gelegenheit, endlich eine Frage zu stellen: „Bischof, im Reichstag wird oft erwähnt, dass Friedensverhandlungen ohne Einbeziehung des Vatikans nichts bringen. Ist es richtig, dass der päpstliche Nuntius zu Verhandlungen eingeladen werden muss?"

Oxenstierna funkelte Christina an, was redete die protestantische Königin von Schweden mit diesem katholischen Spanier. Niemals würde Schweden mit dem Vatikan verhandeln.

Doch auch der Bischof sah seine Stunde gekommen; er würde sich jetzt nicht von einem Axel Oxenstierna abhalten lassen, einem jungen, unverbrauchten Geist, dieser Freidenkerin Christina die Grundsätze seiner Glaubensrichtung auseinander zu setzen:

„Hoheit, wenn Sie die Menschen vom Krieg befreien wollen, sollten Sie bei den Verhandlungen berücksichtigen, welche Strömung des Denkens in Europa mehr Freiheit für den Geist bringt. Wir", und Ignácio machte eine lange Pause, er vermied es auszusprechen – wir Katholiken –, doch er fixierte Christina derart, dass es an seinem Gesicht abzulesen war. „Wir", setzte er fort, „leben mit unserer Religion das neue Zeitalter des Wissens, der Wissenschaften. Äußeren Regeln und Gesetzen beugen wir uns nur, wenn unser freier Geist sie anerkennt. Und selbstverständlich kann Freiheit nur in Frieden gelebt werden – Friede ist unser oberstes Gebot!"

In Christina überstürzten sich die Gedanken – es gab also Möglichkeiten für Friedensverhandlungen, die nur deshalb nicht wahrgenommen wurden, weil man den päpstlichen Nuntius nicht in die Verhandlungen einbeziehen wollte.

„Graf Axel", entsetzt schaute sie Oxenstierna an, „warum fürchtet man den Nuntius?"

Oxenstierna wich zurück: „Christina, wir Lutheraner fürchten niemanden! Doch es wäre der größte diplomatische Fehler, würden wir, würde Schweden seine Grundsätze verlassen: Wir werden die Menschen Europas von unserer lutherischen Glaubens- und Lebensrichtung überzeugen!"

Schon wieder dieses „Wir", sie konnte es nicht mehr hören.

„Und die Männer werden weiter in die Schlacht geschickt und hier gibt es zu wenig sauberes Wasser! Bischof, prüfen Sie genau den Schnee, aus dem man für Sie das Wasser schmilzt, auf Stegeborg sind schon einige Knechte gestorben, weil sie verschmutztes Schmelzwasser getrunken haben. Viele der Brunnenrinnen sind morsch, und es sind zu wenig Männer hier, um sie zu reparieren! Schauen Sie hier zum Fenster hinaus, meterhoch liegt der Schnee. Exzellenz, können Sie sich vorstellen, dass wir Wassermangel haben! Ja! Wir haben zu wenig sauberes Trinkwasser! Unser Abwasser, das überall in den Schnee geschüttet wird, ist nur von einer dünnen Neuschneedecke verborgen, man kann nicht unterscheiden, wo der Schnee sauber ist und wo verschmutzt."

„Wir sind alle in Gottes Hand", beruhigte der Bischof sie, und er wiederholte: „Sie sollten eine Nacht des Fastens einlegen, verehrte Kronprinzessin; wenn ein Mensch den Drang zum Wissen verspürt, sollte er sich davon nicht abhalten lassen, von keiner anderen Leidenschaft."

Bei diesen Worten berührte Samuel ihren Arm und führte sie zur Fensternische: „Christina", er flüsterte, „wenn morgen Ihre Verlobung bekannt gegeben wird, steht die Richtung Ihres Lebens endgültig fest."

Sie schüttelte den Kopf: „Es wird keine Verlobung geben, niemand hat mit mir darüber geredet."

„Vielleicht fürchtet man Ihre scharfe Gegenrede."

Samuel tastete mit seinen Blicken über ihr Gesicht, ihren Hals, über ihre Brüste, er nahm ihre Hand, küsste sie. „Mein Lehrer António Vieira sagt in seiner Predigt: Ein großer Geist entfaltet sich nur in der Beschränkung, in der Bezähmung des rein Körperlichen."

Christina wunderte sich: „Sie kennen Vieira, den Jesuitenpater aus Lissabon, oder kommt er aus dem lateinischen Amerika?"

„Aus Brasilien." Schon viel zu lange flüsterte er mit ihr: „Ich werde Sie bei Ihren Exerzitien unterstützen, heute Nacht!" Damit verließ er den Raum.

Oxenstierna konnte es nicht erwarten, mit Christina allein zu sprechen: „Wie wir es befürchtet haben, sie kommen in jeder Verkleidung, diese Jesuiten", begann er; doch Christina schnitt ihm das Wort ab: „Graf Axel, welche Verlobung soll morgen beim Neujahrsempfang bekannt gegeben werden?"

„Ihre Verlobung mit Karl Gustav von Pfalz-Zweibrücken."

„Ich werde mit meinem Cousin verlobt und mit mir hat niemand darüber geredet?"

„Es war längst abgesprochen. Wir müssen jetzt beweisen, dass wir keine Allianz mit einem anderen europäischen Adelshaus brauchen. Die Franzosen wollten schon nach Böhmen greifen! Aber unsere Glaubensgemeinschaft ist stärker, Brandenburg, Mecklenburg, Pommern, Vorpommern – alles unter unseren blaugelben Farben."

Oxenstierna redete sich in einen Siegestaumel und brauchte einige Momente, bis er begriff, was Christina sagte: „Ich werde keiner Verlobung zustimmen, morgen nicht und nicht in der allernächsten Zeit, und wann immer das geschehen soll, will ich, dass man mich von den Plänen des Reichstages unterrichtet."

Oxenstierna zuckte unter ihrer schneidenden Stimme; sie setzte noch nach: „Sollten Sie versuchen, mich morgen zu überrumpeln, dann seien Sie gewiss, Graf Axel, ich scheue keinen Skandal."

Damit griff sie nach ihren Büchern und ging.

Oxenstierna war ihr nachgelaufen, damals, dieses eine, einzige Mal war er Christina nachgehetzt: „Aber Ihr Cousin, Karl Gustav, er rechnet damit, er hat bereits eine große Lobrede auf Sie vorbereitet. Alle Reden morgen werden die Verbindung der

Häuser Wasa und Pfalz-Zweibrücken zum Inhalt haben", Oxenstierna war verzweifelt, niemals hatte er mit ihrem Ungehorsam, mit so viel Unbeugsamkeit gerechnet.

Christina schüttelte den Kopf: „Karl Gustav ist ein guter Mensch, er wird meine Entscheidung verstehen; er wird sich vor allem bemühen, mich zu verstehen."

Sie ließ sich in dieser Nacht von Editha das weiße Bußhemd über die wärmende Hose und Jacke streifen.

„Denn wer die Angst besiegt hat, kann sich für unsterblich halten, wer sie nicht kennt, ist es. Vielleicht starben die Geschöpfe auch im Paradies, aber da sie keine Angst davor hatten, starben sie letztlich nie. Angst bedeutet unaufhörliches Sterben", sie ging im Zimmer auf und ab, las und rezitierte António Vieira, und nach zwei, drei Stunden spürte sie weder Müdigkeit noch Erschöpfung. Sie bewegte sich in einem Zwischenreich, Traum oder Wachsein, und plötzlich fühlte sie Samuel an ihrer Seite. Aus seinem Hemd strömte der Duft von Kräutern, und seine Stimme war weich wie sein Blick: „Christina, Sie sollen sich nicht ablenken lassen von Ihrem Weg, Sie sind geschaffen für die Leidenschaft des Geistes!"

„Aber es ist so qualvoll, das Alleinsein."

Das war genau jene Stunde, in der ihr Körper vom Schlaf übermächtig niedergezogen wurde, jene Stunde, in der sie ihrem Körper kaum befehlen konnte. Sie fühlte Samuels Hände auf ihrem Gesicht, auf ihrem Nacken: „Nimm, bis du unempfindlich bist gegen die Versuchungen des Körpers, damit dein Geist frei ist, und mit deinem freien Geist wirst du alles tun und bewirken, was bis jetzt noch tief in dir vergraben ist. Christina, bei all deinem Wissen hat man dich kleinmütig gehalten; man wird dich verloben, und du wirst dich nicht dagegen wehren. Sie haben dir noch keine Gelegenheit zur öffentlichen, freien Rede gegeben, und was schwerer wiegt – du hast dir noch keine Gelegenheit dazu genommen. Du weißt, niemals dürfen wir ausweichen, keiner Probe unserer Kühnheit, unseres Mutes, auch keiner Versuchung. Jene, die über dem mittleren Maß stehen, müssen sich an den Himmel wie an die Hölle schmieden, damit ihnen keine Lust und keine Qual erspart bleibt."

Von seinen Worten fand Samuel bald zu liebkosenden und peinigenden Berührungen. Er nahm sie als Mann und als Frau, öffnete ihr Tor um Tor einer Welt, die ihr noch unbekannt gewesen war; „damit dir keine Lust und keine Qual erspart bleibt."

Als Christina am nächsten Tag im Thronsaal zum Neujahrsempfang erschien, erschrak Oxenstierna; sie war bleich im Gesicht, ihre Augen von der schlaflosen Nacht blau umschattet und so viel Härte und Entschlossenheit ging von ihr aus, dass Oxenstierna zu den Protokollsekretären eilte und den Ablauf des Empfanges änderte. Der Reihe nach sprachen die Diplomaten und kirchlichen Würdenträger ihre Wünsche für ein gutes Jahr 1641 aus. Christina stand beinahe unbeweglich; sie dankte, nickte, nahm willig die Handküsse entgegen; ohne Wimpernzucken spulte Christina das Glückwunschritual ab. Oxenstierna beobachtete sie; er war in Zobel gehüllt; der riesige Thronsaal war so wenig erwärmt, dass die Atemschwaden durch die kalte Luft zogen; trotzdem standen Schweißperlen auf seiner Stirne.

Als der letzte Glückwunschüberbringer wieder an seinem Platz saß und alle zu Oxenstierna starrten, der nun an der Reihe war, da trat Christina vor. Sie zog einen Bogen Papier aus dem Ärmel: „Werte Würdenträger, werte Minister! Es ist mir bekannt, dass in diesem feierlichen Rahmen meine Verlobung angekündigt werden sollte. Diese Verlobung wird heute nicht stattfinden – ich sage: heute nicht stattfinden! Hier, vor Ihnen allen versichere ich meinem Cousin Karl Gustav meine ganze Wertschätzung. Schweden befindet sich seit dem Jahr 1618 im Zustand des Krieges, seit zweiundzwanzig Jahren werden Männer an die Fronten geschickt. Es geht den Menschen hier in Schweden schlecht, es geht den Menschen sicher überall in Europa sehr schlecht. Und nun, anstatt über Frieden zu verhandeln, wird über meine Verheiratung geredet, und darüber, wie meine Verheiratung sich am günstigsten ins Kriegsgeschehen einfügt." Die Festgäste saßen bewegungslos, was würde die Vierzehnjährige noch sagen, wer hatte ihr diese Rede geschrieben? „Worum", fuhr Christina jetzt fort, „worum geht es in diesem Krieg – die protestantische oder die katholische Vorherrschaft wird erkämpft. Mit diesem Auftrag ziehen die Soldaten ins Feld, dafür bekommen sie Belobigungen, Orden, und dafür sterben sie wie mein Vater, dafür werden sie ermordet wie Wallenstein. Ich diskutiere mit meinen Lehrern seit Monaten, eine sehr einfache Frage drängt mich: Warum kann man es nicht dem Einzelnen überlassen, sich dem katholischen oder protestantischen Glauben anzuvertrauen, warum kann man mit den anderen Ländern Europas nicht darin wetteifern, die Freiheit der Religion innerhalb des Christentums zu tolerieren. Ich wünsche mir, dass dieses Jahr 1641 einmal als das Jahr der Friedensverhandlungen in den Archiven stehen wird! Wie viele

Bücher kann man kaufen für den Sold der Soldaten, wie viel Saatgut kann bezahlt werden für das Geld von Kriegsgerät, wie viele Brunnenrinnen können instand gesetzt werden, wenn die Männer wieder zu Hause sind. Die Astrologie lehrt uns: Hermes, der Götterbote, also Merkur, lässt uns oft viele Zyklen lang scheinbar unbeachtet, dann leben und fuhrwerken wir ganz nach unserem Belieben. Darauf folgen die Zeiten, in denen Tribut zu entrichten ist, dann müssen Entscheidungen getroffen werden. Und die Entscheidung für 1641 soll sein: alle Anstrengung für ein Ende des Krieges und den Beginn des Friedens."

Christina faltete den Bogen Papier penibel zusammen, sie ging zu Oxenstierna: „Graf Axel, wenn Sie mich beim Umtrunk entschuldigen wollen, ich reite hinunter in die Stadt, um Ebba zu besuchen."

Oxenstierna war unfähig, ein einziges Wort zu sagen; er stand geduckt vor Christina und nickte.

„Jetzt ist sie in die Hände der Jesuiten gefallen", das wurde nicht nur gemunkelt, das wurde im Reichstag offen diskutiert. Man wollte ihre Lehrer austauschen, den guten Meister Sven aus Stegeborg verbannen. Hatte nicht er die Professoren für Christina ausgewählt, hatte nicht er den Besuch des spanischen Bischofs, dieses gut getarnten Jesuiten, zugelassen? War nicht Meister Sven dafür verantwortlich, dass in Christina das Bedürfnis nach Studieren, nach Wissen, nach gewandter Sprache bis zur Sucht getrieben wurde und sie jetzt mit ihren vierzehn, fünfzehn Jahren an der Rede der Jesuiten Gefallen fand; man wisse doch, „überall auf der Welt sind die Jesuiten auf Erziehung, auf Umerziehung aus".

Christina bestand darauf, dass Meister Sven ihr wichtigster Lehrer blieb; um alle anderen Spekulationen und Vorwürfe kümmerte sie sich nicht. In der Nacht, die sie mit Samuel verbracht hatte, war ihr eine weitere Haut gewachsen, eine, die sie unempfindlich machte gegen alle Winkelzüge. Sie traute Oxenstierna nicht mehr; er hatte ihr Belle zugeführt und Gabriel, und später Karl Gustav, und sie hatte seine Absichten zu spät durchschaut. Wie ein gehorsames Mündel hatte sie reagiert. Das sollte nun zu Ende sein.

Sie legte die Schriften von Augustinus in die Bibel, damit niemand bemerkte, was sie in ihren langen Studierstunden wirklich las. Vieira: „... schlechte Zeiten, mühselige Zeiten, das sagen die Menschen, und vergessen dabei, dass wir die Zeiten sind, die sie meinen; wie wir sind, so sind die Zeiten ..."

Sie schmeichelte sich bei Meister Sven ein, dass sie die Lusiaden von Camoes bekam, „mein Portugiesisch muss noch besser werden". Sie lächelte und widersprach nicht, als Oxenstierna ihr neuerlich eine Heirat mit Karl Gustav nahe legte! „Graf Axel, das werden wir besprechen, wenn ich großjährig bin."

„Wie bin ich über Ihre Antwort erleichtert, Christina, beinahe habe ich damit gerechnet, dass Sie rundheraus ablehnen."

Oxenstierna vertraute ihr; er meinte, Christina wie sein eigenes Kind zu kennen. Er erfuhr doch stets als Erster, welche Bücher Christina verlangte, welche Themen diskutiert wurden.

Als sie den Wunsch äußerte, nach Brandenburg zu reisen, um, wie sie sagte, Descartes zu treffen, stimmte er sofort zu. Sie war im sechzehnten Lebensjahr und in zwei Jahren würde sie zur Königin gekrönt werden. Wie viel besser würde es sich in den Diplomatenberichten lesen, könnte man sagen, dass sie Land und Leute kenne.

Wie immer bestand Christina darauf zu reiten; die Wagen mit dem Reisegepäck folgten ihr und ihren Begleitern schwerfällig von Poststation zu Poststation. Ihr Ziel war Osnabrück, dort würde sie heimlich Samuel sehen; sie hatte mit ihm korrespondiert: „Nehmen Sie einen Posten als Archivar an und berichten Sie mir, führen Sie in meinem Namen Verhandlungen für den Frieden! Sie wissen, Oxenstierna ist jenen alten Adelsfamilien verpflichtet, die von Frieden, Zurückziehen, Nachgeben nichts hören wollen, deshalb wird es weiter beim diplomatischen Geplänkel bleiben. Nein, es ist noch schrecklicher, die meisten, die im Reichstag sitzen, ob Minister, Reichsräte, Sekretäre oder Übersetzer, sie haben sich an den Krieg so gewöhnt wie an unsere Dunkelheit und die Kälte, es ist für sie bereits alltäglicher Ablauf geworden, Kriegsberichte zu verlesen, über Sold und Kriegssteuern zu streiten."

Im Oktober, November, Dezember 1642 peitschten Schneestürme den Reitertross, den Christina anführte. Sie war seit Wochen unterwegs und von Dorf zu Dorf sah sie die gleichen Bilder – verschreckte und halb verhungerte Menschen. Sobald sie die Reisegruppe aus der Ferne sahen, verbarrikadierten sie sich in ihren Hütten, denn das konnte nur wieder ein Trupp Soldaten sein, der ihnen das Letzte wegnahm. Vielleicht warfen diese Fremdlinge Tisch und Bank ins Feuer, um sich zu wärmen, oder sie fanden den letzten Korb mit gefrorenen Rüben, oder sie schleppten den achtjährigen Sohn weg, um ihn zum Soldaten abzurichten.

In den ersten Wochen schon hatte die Reisegruppe Säcke voll Getreide, das als Futter für die Pferde gedacht war, an die Hungernden weitergegeben. Was sollten die Leute mit den Münzen, die Christina in ihrem Lederbeutel vorbereitet hatte.

„Gestern ließen wir wieder eines unserer Pferde in einem Dorf, für einige Tage haben sie nun Fleisch, doch ist das keine wirkliche Hilfe. Ach, wir entkommen nicht diesen ausgehungerten Menschen, ihre Augen liegen in tiefen Höhlen, sie sprechen kaum, und wenn sie reden, verstehe ich ihre Sprache nicht ...", das hatte sie an Karl Gustav geschrieben.

Von einer Poststation zur anderen nahm man ihr auch mehr Münzen für neue Pferde ab; es hatte sich herumgesprochen, dass die zukünftige Königin von Schweden ein mildtätiges Herz habe und man gute Geschäfte machen könne.

Christina zog weiter Richtung Osnabrück, unterwegs stießen sie immer wieder auf Leichen, die unbestattet herumlagen. „Schauen Sie, Christina, er hat Erde und Gras im Mund, hier haben die Menschen gar nichts mehr zu essen." Uwe, ihr Adjutant, wich während ihrer Erkundungsritte nicht von ihrer Seite. Er redete auch mit den Menschen, er verstand ihr Gestammel. „Sie begraben die gefallenen Soldaten nicht, weil sie ihre Eingeweide essen, die toten Soldaten sind jung und gesund, und meist kräftig; diese Frau hat erzählt, dass die Nachbarfamilie den kleinen Sohn – es ist wegen der Hungersnot, sie essen einander auf, auch das Neugeborene der Magd ..." Uwe zeigte in den Himmel. Auch er konnte die Begegnungen mit den geschundenen Menschen kaum mehr ertragen.

Die Reise wurde mühsamer; und als Christina Mitte Dezember 1642 in Osnabrück ankam, hatte sie alle Münzen verbraucht. Sie musste zuerst zum Bürgermeister gehen, um Geld zu leihen. Als sie nach Descartes fragte, schüttelte der Bürgermeister den Kopf: „René Descartes, der Franzose? Aber Hoheit, Monsieur Descartes hat hier nur zwei Wochen seine Reise unterbrochen, er ist längst nach Stockholm unterwegs."

Damit hatte Christina keinen offiziellen Grund mehr, sich in Osnabrück aufzuhalten. Denn Oxenstierna hatte dem Reichstag erklärt: „Die Bekanntschaft mit diesem Gelehrten ist für unsere künftige Königin, ist für Schweden von großer Wichtigkeit ..."

Und nun, da Descartes nicht mehr in Osnabrück war, musste sie sich beeilen. Sie packte die Lederrollen, in denen sie die Berichte an Samuel versteckt hatte, in ihre Felltasche. Und sie lud den Bürgermeister ein, sie zur Bibliothek zu begleiten. Ihr Treffen mit Samuel sollte wie ein harmloser Besuch in der Bibliothek aussehen. „Ich will den Bibliothekar, Samuel de Souza, für unsere Universität in Uppsala gewinnen. Man sagt, er habe ein neues System der Katalogisierung erarbeitet, und unsere Bibliothek muss längst neu geordnet werden."

„Sie meinen den Juden", fragte der Bürgermeister, „ja, davon verstehen sie einiges, die Juden, von Büchern. Also, Hoheit, wenn es Ihr ausdrücklicher Wunsch ist, dass ich Sie begleite, gut." Er zeigte sich nur ungern mit Christina, da die Schweden als Kriegstreiber galten.

In der Bibliothek legte Samuel Christina Bücher vor, Raritäten aus Lissabon, hauchdünne Papierrollen aus China. Die Diener, die sie begleitet hatten, und den Bürgermeister zog es bald Richtung Türe; sie wollten in die Schenke gehen, sich einen Krug Wein gönnen.

Als Christina und Samuel allein waren, tauschten sie sogleich ihre Papierbündel mit den Berichten und Vorschlägen für die Friedensverhandlungen aus.

„Wie steht unsere Sache", wollte Christina wissen.

„Nicht gut", Samuel schüttelte den Kopf. „Oxenstierna schickt heimlich immer mehr Soldaten nach Deutschland. Die Oxenstierna-Treuen wollen die schwedische Grenze in Ulm absichern! Dabei gibt es seit zwei Jahren nur Tote und Verwundete. Die Truppen der Deutschen sind schon so mürbe und ermattet, dass sie ohne Organisation aus dem Hinterhalt kämpfen, und die Menschen, die in diesen Gebieten leben, können die Soldaten der einen und der anderen Seite nicht mehr unterscheiden."

„Sie verkriechen sich vor jedem Reisenden in ihre Hütten", erinnerte sich Christina.

Samuel warf ein: „Der wichtigste Partner für Schweden, wenn es um Friedensverhandlungen geht, ist Frankreich. Die Franzosen wollen sich nicht länger in kleine Kämpfe und Scharmützel verwickeln. Sie haben längst andere Ziele, sie wollen ihre Kräfte gegen Spanien einsetzen. Christina, Sie wissen, König Ludwig XIV. hat die Hugenotten aus Paris vertrieben, und diejenigen, die geblieben sind, wurden enteignet, aus ihren Positionen entfernt. Jedenfalls habe ich angeregt, dass René Descartes und Pierre Hector-Chanut nach Stockholm reisen und dort als unsere Vertrauten agieren. Sie sind beide in unsere Pläne eingeweiht."

„Ist das klug?", fragte Christina.

„Es ist nicht anders möglich, und seien Sie sicher, die beiden sind loyal. Mit Descartes werden Sie offiziell über die Philosophie diskutieren und Pierre werden Sie als neuen französischen Botschafter einsetzen. So kann er direkt in die Verhandlungen eingreifen und Ihre Berichte und Anweisungen an mich weiterleiten, ohne dass Oxenstierna damit befasst wird, denn die Post der Botschafter geht nicht über Oxenstiernas Schreibtisch."

Christina nickte, und Samuel fuhr fort: „Je schneller Frankreich sich aus Deutschland zurückzieht, umso schneller wird Schweden zum Frieden kommen. Und die Verhandlungen darüber können nur hier in Osnabrück stattfinden, hier habe ich Vertraute, und die werden geheime Depeschen versenden." Als Christina mit Enttäuschung in der Stimme meinte: „Aber wir haben vereinbart, dass Sie nach Uppsala kommen, das ist näher bei Stockholm", beschwichtigte er sie sogleich: „Das werde ich tun, ich reise in den nächsten Tagen ab; meine Vertrauensleute sind hier und werden alles erledigen."

Samuel hatte alles durchdacht; für ihn war das Friedenskonzept bereits fertig.

Aber Christina unterbrach den Schwung seiner Rede: „Friedensverhandlungen in Osnabrück, das wird Oxenstierna nie akzeptieren."

„Das wird er müssen", jetzt klang Samuel scharf. „Christina, in zwei Jahren sind Sie achtzehn und großjährig, dann ist es Ihre Entscheidung, Ihr Wille, wo die Friedensverhandlungen stattfinden."

„Der Friede zu Osnabrück", murmelte Christina, „darauf werden wir also hinarbeiten; wenn er für Schweden nur nicht zu spät kommt."

Jahrelang hatte sie im Reichstag Reden gehört, denen sie kaum hatte folgen können. Als hätte man sie bis zur Erschöpfung in die Irre gejagt, so fühlte sie sich, und nun, endlich, sah sie einen Weg vor sich. Diesem würde sie folgen, sie würde die Richtung nicht mehr aus den Augen verlieren. Erschöpft ließ sie sich von Samuel umarmen, welche Wohltat war es, Geborgenheit zu fühlen. Sie sog den Geruch seiner Haut ein, und sie bebte in dieser Umarmung, wie Ebba unter ihren Liebkosungen gebebt hatte: „Habe ich deinen Körper schon voll zum Erblühen gebracht oder verbirgst du noch manche Knospe?" Wie oft hatte sie das an Belle geschrieben.

Als Christina zwei Wochen später wieder nach Stockholm zurückgekehrt war, ließ sie in ihrem Studierzimmer die Möbel umstellen. Sie duldete nicht länger, dass ihre Lehrer vom Katheder auf sie heruntersprachen; sie ließ Stühle im Halbkreis aufstellen, und auf diese Art würde sie ab sofort in gleicher Augenhöhe mit Lehrern, Theologen und Wissenschaftern diskutieren. Das Silbertablett, auf dem seit Jahren die für Christina vorgeschriebenen Depeschen lagen, ließ sie wegräumen. Sie würde keine Briefe mehr abschreiben und abmalen; ihr Stehpult wurde zum Fenster geschoben, und dort schrieb Christina ab Februar 1643 alle Depeschen, Anweisungen und Berichte selbst. Sie formulierte kurz und knapp, „... erwarte ich, dass der Reichstag meine Einladung an René Descartes gutheißt und die Kosten für den Lebensunterhalt des Philosophen aus der Staatskasse getragen werden".

Als Oxenstierna das erste Mal nach ihrer Rückkunft mit ihr zusammentraf, war er beinahe verwirrt über ihre Veränderung. Er ließ den Leibarzt rufen und erklärte ihm: „Kronprinzessin Christina ist von einer Ungeduld getrieben, dass sie während des Gespräches unablässig im Zimmer auf und ab geht. Ihre Stimme ist noch tiefer geworden, und es liegt darin eine Barschheit, dass jeder darüber erschrecken wird. Weiter hatte sie, ohne vorher mit mir darüber zu sprechen, das Entlassungsschreiben für den französischen Botschafter Dubois und die Bestallungsurkunde für Pierre Hector Chanut bereits vorbereitet, den sie als neuen Botschafter Frankreichs einsetzen will."

Leibarzt Möller hörte sich alles an, er unterhielt sich mit Christina, tastete ihren Körper ab, prüfte den Geruch ihres Atems und kam zu dem Schluss: „Kronprinzessin Christina ist bei voller Gesundheit, sowohl körperlich als auch geistig. Mag sein, sie hat in den Monaten ihrer Reise die Schwelle zum Erwachsenenalter überschritten, dann werden wir uns alle an diese Christina, die sie jetzt ist, gewöhnen müssen."

Mit Pierre Chanut, dem neuen Botschafter, war französisches Flair nach Stegeborg gekommen. Er war nach der neuesten Mode gekleidet, aus seinen Rüschenhemden, seinen Samtjacken und Federhüten strömte ein Duft, der sich in allen Gängen und Nischen niederließ und das Muffige vertrieb. Er war ein exzellenter Tänzer, führte Christina mit leichtem Arm zum Menuett; sie wusste, seine Konversation war voll Schmeicheleien, aber sie wollte sich diesen Wohltaten trotzdem nicht entziehen.

„Pardon, Hoheit, ich bin der Musik Ihrer Stimme erlegen – könnten Sie Ihre Worte wiederholen, damit ich deren Inhalt erfasse."

Und Pierre Chanut beförderte auch heimlich die Post von Christina zu Samuel, er dekodierte für sie die Nachrichten: „Christina, Sie sollten nach Uppsala reisen, baldigst, es herrscht eine ziemliche Unruhe in der Universitätsstadt, Samuel berichtet von Revolten."

„Revolten!" Christina konnte das nicht glauben. „Hält Oxenstierna schon wieder Berichte zurück?"

Pierre schüttelte den Kopf: „Seine Partei, die Adelsfamilien und Privatgelehrten, sie wollen von Friedensverhandlungen nichts wissen. Es sind zwar nur wenige, doch sie halten am Traum vom Europa unter schwedischer Herrschaft fest – kämpfen, bis ganz Europa zum lutherischen Glaubensbekenntnis bekehrt ist!"

Das konnte Christina nicht mehr hören, sie murmelte: „Auch den Vatikan, Spanien, den ganzen Süden Europas wollen sie in den Krieg reißen!"

Pierre seufzte: „Jedenfalls ist es so, dass die Anhänger Oxenstiernas längst nicht mehr nur in den Schenken diskutieren und streiten. Sie haben sich blaugelbe Dreiecke als geheime Erkennungszeichen auf die Unterseite ihrer Krägen genäht, und wenn sie ihre Gegner überwältigt haben, wollen sie nach Stockholm kommen."

Christina verstand. „Und je nachdem, welche Partei stärker ist, wird der Krieg noch ein paar Jahrzehnte weitergehen oder irgendwann zu einem Ende kommen."

Für Christina gab es nichts mehr zu überlegen, es musste nur noch ein Vorwand gefunden werden für diese Reise.

„Ich werde Oxenstierna sagen, dass René Descartes nach Uppsala will, um dort einige Wochen mit unseren schwedischen Gelehrten zu diskutieren, und ich werde ihn dorthin begleiten. Wir brauchen noch Geld."

Auch dafür hatte sie eine Lösung. „Pierre, es gibt in Stockholm ein paar Familien, die Rubensbilder kaufen würden, um gutes Geld. Es müsste jemand die Bilder, die hier in der Galerie hängen, kopieren."

Pierre stutzte: „Das wäre ein Skandal." Andererseits, wenn es der Sache diente; er lächelte: „Ja, ich kenne drei gute Maler unten in der Stadt, sie malen, wie Rubens es in Florenz gelernt hat."

Christina drängte: „Als Auftraggeber müssen Sie auftreten, und Sie müssen auch den Handel übernehmen. Hier ein Rubensbild, dort den Lederbeutel mit den Münzen. Ich muss noch vor dem 8. Dezember 1644, vor meinem achtzehnten Geburtstag, von dieser Reise zurück sein."

„Wir haben also drei Monate", rechnete der Franzose und setzte hinzu: „Achtzehn, die Eins und die Acht ergeben neun, eine göttliche Zahl, Christina!"

„Welch schöne Zahlenmystik, Pierre; für mich bedeutet dieser Geburtstag meine Großjährigkeit, und da erwartet man von mir Eide, Gelöbnisse und vor allem, Heirat! Doch ist es auch eine gute Gelegenheit, dass ich alle für mein Ziel gewinne, oder in meine Absicht zwinge: zuerst der Abschluss der Verhandlungen für den Frieden, und erst dann Eide und Gelöbnisse."

Für Pierre klang das beinahe nach Erpressung, das würde Christina nicht wagen. Er war wie betäubt von der Kraft, die von Christina ausging. Mit großen Schritten durchmaß sie unaufhörlich den Raum, jeder Muskel an ihrem Körper, in ihrem Gesicht angespannt. Als er sich Christina in den Weg stellte, schaute sie kurz auf, dann umarmte sie ihn. Sie riss ihn an sich, taumelte unter seinen Berührungen, und sie gab sie zurück, mit so viel Leidenschaft, dass für Augenblicke, für viele Atemzüge lang alle Verpflichtungen von ihr abfielen, dass der Raum sich weitete und sie vom Dunkel in ein Licht gezogen wurde, sie sich weit draußen wiederfand, in einer erleuchteten Julinacht in den Birkenwäldern, über die schwankenden Sumpfpolster schwebend. Von diesem Licht wollte sie nicht loslassen, und Christina klammerte sich an den Körper von Pierre, sie wollte nicht zurückgestellt werden in die Dunkelheit, in den Raum, in dem der Holzboden knarrte und aus der Glutpfanne zu feuchtes Holz schmauchte. Unerträglich war ihr plötzlich der Geruch von Feuchtigkeit und Moder, der überall war, in jedem Buch, an jedem Becher, auch an ihrer Haut. Die Haut von Pierre roch nach Wärme, nach Licht, nach einer anderen Umgebung, nach einer Welt, in der getanzt wurde und geflüstert, in der Liebende einander vertrauten, sich einander anvertrauten, und nicht wie sie, wie Christina, sich wie ein Tier an einen anderen Körper klammern musste, um ihr Bedürfnis nach Nähe, nach Haut, nach Lust, auszuleben. „... ist von dieser Umarmung trotz allem nur Schmerz geblieben, denn jetzt fühle ich die Kralle meiner Einsamkeit noch stärker in meinem Fleisch", schrieb sie in ihr Tagebuch.

Innerhalb von Stunden war das Geflüster der Mägde, Zofen, Schreiber und Sekretäre zu einem Skandal angewachsen. „Kronprinzessin, man ist im Reichstag in allergrößter Sorge um die politische Entwicklung – man sagt: Pierre Hector Chanut sei der Liebhaber unserer Kronprinzessin. Welch merkwürdige Allianz – Frankreich und Schweden nicht nur in strategischen Verhandlungen, sondern auch in höchstpersönlichen Umarmungen; welche Abhängigkeiten werden uns daraus entstehen."

Oxenstierna verkniff sein Gesicht, in welch unappetitliche Angelegenheit war er hineingezogen worden. „Selbstverständlich wird Pierre Hector Chanut sofort seines Amtes enthoben und nach Paris zurückbeordert", entschied er.

Christina widersprach: „Niemals! Pierre und René werden mich nach Uppsala begleiten. Ich werde mir dort die Universität ansehen und einen Diskurs über die Verbindung von Seele und Körper halten. In zwei Tagen reise ich."

Oxenstierna schaute entsetzt auf: „Christina, Sie können nicht, ohne dem Reichstag mitzuteilen, es ist unmöglich ..."

„Dem Reichstag werden Sie, Graf Axel, Mitteilung erstatten, und akaumlles andere, was sonst noch vorgefallen ist, zwischen Pierre und mir, ist in Ordnung, es war von mir so gewollt. Monsieur Pierre hat sich als vollendeter Kavalier verhalten, und", sie trat ganz nahe an Oxenstierna heran: „Graf Axel, Sie sollten ihre Getreuen und Sekretäre mehr beschäftigen, dann haben sie nicht so viel Zeit für das Schmieden von Intrigen."

Die Reise nach Uppsala war kurz, nur wenige Tage streifte der Tross durch die Septemberlandschaft nordwärts, Christina immer zu Pferd, der Kutschenkolonne voraus; für kurze Strecken hatte sie Pierre an ihrer Seite, dann wieder René. Die beiden Franzosen waren nicht geübt darin, mehrere Stunden im Sattel zu sitzen und über Heidepolster und durch Moore zu jagen. Schon nach ein, zwei Stunden musste Rast eingelegt werden, und der Diplomat und der Philosoph zogen sich erschöpft in eine der Kutschen zurück. Die Reisetage waren voll Ausgelassenheit und Fröhlichkeit.

Christina hatte Ausritte in die Wälder, über schmale Pfade zu Weihern und Tümpeln geliebt, bis zum Malärsee, wo sie den Fischern zuschaute; Biber flüchteten vor ihr ins Moorwasser, eine Bärenmutter drehte sich träge nach Christina um und versteckte ihr Junges. Doch sie unternahm diese Ausritte fast immer allein, sie suchte darin Trost, Beruhigung, sie weinte und schluchzte oft im Rhythmus des Galoppierens, „wenn schon dieses Leben für mich vorgesehen ist, dann gib mir die Kraft dazu". Auch drohte sie dem Himmel, „oder ich nehme mir meine ganzen Kräfte, um endlich alle Todsünden an einem einzigen Tag zu begehen!" Es half alles nichts, um sie war es finster und triste geblieben. Wenn Christina ihr Pferd Minom wieder zurück in den Stall führte, stolperte sie über Betrunkene. Es hieß, die Dienstboten, egal welchen Ranges, würden die dunklen, kalten Monate nicht ohne den wärmenden Alkohol überstehen, und fing einer damit mit vierzehn oder fünfzehn an, war er an die Trunkenheit verloren. Sie lagen überall, schlafend, dösend; die Mägde wurden von den Burschen zum Alkohol verführt, dann waren sie gefügiger und konnten leichter in eine Nische oder eine Stallecke gedrückt werden. Vom Schnaps benebelt schrien und stöhnten sie und wankten dann, oft noch mit hochgeschürzten Röcken, zurück zu ihren Plätzen an der Feuerpfanne, an das Wasserfass, in das Waschhaus oder in die Küche.

Christina hatte sich daran gewöhnt, im Laufschritt durch die Innenhöfe zu gehen, vorbei an Betrunkenen und Stöhnenden. Sie stellte auch keine Fragen, wenn von den Küchenhäusern der Destilliergeruch in Schwaden bis in die Wohnräume zog – „sie bekommen ihre Ration an Kartoffeln, Rüben und Getreide, was sie damit tun, ist nicht unsere Angelegenheit."

Und nun, auf der Reise nach Uppsala, erlebte sie ein weiteres Mal, dass es außerhalb dieser dunklen Welt von Stegeborg noch eine andere gab, in der eine Leichtigkeit war, von der sich Christina kaum lösen konnte. Am liebsten wäre sie noch einige Umwege geritten, um länger so wohlig zu leben. Ihre Begleiter Pierre und René waren voll Witz und Charme, sie redeten und lachten, wie es ihnen in den Sinn kam, und Christina hatte bei allem keine Intrige und keine Falschheit zu fürchten. „Ich habe mir befohlen, diese Reise als ein golddurchwirktes Kapitel abzulegen", das vertraute sie ihrem Tagebuch an.

In Uppsala wurde Christina schon ungeduldig von Samuel erwartet.

„Sie kommen spät, Christina", mahnte er, „vor einer Woche hat hier ein Aufstand stattgefunden, mit Toten!"

Christina schüttelte den Kopf: „Es ist wie immer, in Stockholm weiß man nichts davon."

„Sie halten alle Nachrichten zurück", erklärte Samuel, „denn die Oxenstierna-Partei wird ständig schwächer; die Jungen, die Studenten und Bürger, die für ein Ende des Krieges eintreten, sind längst in der Übermacht."

„In der Übermacht an Köpfen", stellte Christina richtig, „die anderen, die Familien Halverstadt, Salvius und alle weiteren beziehen ihre Übermacht aus ihren vollen Geldbeuteln und den Lehensforderungen, die sie dem Schatzmeister übertragen, und damit kann dieser jeder Forderung nach mehr Sold, nach mehr Kriegsgerät nachkommen!"

Samuel nickte, er war erstaunt, wie gut Christina unterrichtet war, wie klar sie kombinierte.

„Warum kommen die Aufständischen nicht nach Stockholm, sollen sie doch in den Reichstag stürmen, dann muss ihnen zugehört werden", Christina war ungeduldig, sie hatte genug von allen Winkelzügen.

Samuel schüttelte den Kopf: „Christina, Sie wissen, Uppsala ist die Universitätsstadt, hier werden die Könige gekrönt, hier werden die philosophischen Diskurse gehalten, hier ist das geistige Leben Schwedens; Stockholm ist eine Hafenstadt, wichtig für Fischer und Händler."

„Welche Eitelkeiten werden in die Waagschale geworfen", Christina war fassungslos, „ob über Krieg oder Frieden verhandelt wird, hängt von der Reputation einer Stadt ab! Samuel!"

Er wehrte ab: „Das ist nicht meine Meinung, das ist die Meinung jener, die Sie, Christina, zur Unterstützung brauchen."

„Also, was wäre zu tun", fragte sie ungeduldig.

„Ich fürchte", Samuel sprach bedächtig, „nur Sie selber, Sie persönlich, Christina, können unsere Sache lenken."

Sie konnte ihm nicht folgen. „Samuel, ich bin kein General, ich kann keine Vorschläge für einen geordneten Rückzug unterbreiten."

„Die Sache ist schon gut vorbereitet: die Franzosen würden einem Frieden mit Schweden zustimmen; allerdings, die Deutschen wollen davon nichts wissen, noch nichts wissen, sie wollen Bayern zurückerkämpfen! Wie auch immer – es fehlt die Willensbekundung von Schweden, in Friedensverhandlungen einzutreten."

„Und wer als Erster vom Frieden spricht, gilt als Schwächling; offen von Friedensverhandlungen zu reden bedeutet Kapitulation vor Deutschland, vor allem vor den Katholiken", fasste Christina zusammen.

Samuel nickte: „Deshalb habe ich die Vorgehensweise in den letzten Wochen nach allen Richtungen gewendet, und Sie wissen, Schwachheit, Kapitulation bedeuten für Oxenstierna und seine Partei die größte Schmach; es wächst schon die nächste Kriegsgeneration heran!"

„Richtig, wir sind im sechsundzwanzigsten Kriegsjahr", bestätigte Christina.

Sie ging mit ihren großen Schritten auf und ab, die Bibliothekswände schluckten ihren festen Tritt. Samuel hatte sich in eine Fensternische gedrückt, er wollte sie nicht im Nachdenken, im Entschlussfassen unterbrechen, und niemals würde er sagen, was zu tun sei, wie Christina handeln sollte.

Ihre Entscheidung sollte sich langsam, beharrlich in ihr entwickeln. Einzig die Stärke seiner Überzeugungskraft sollte Christina lenken; und ob ihm das gelungen war, würde er bald hören.

Christina schob in Gedanken alle Möglichkeiten hin und her, es blieb nur eine Lösung, nur ein Zug auf ihrem Gedankenschachbrett: „Oxenstierna muss meine Person vorschieben können, um den Reichstag davon zu überzeugen, den Friedensverhandlungen zuzustimmen, und zwar, indem ich die Krönungsfeierlichkeiten anlässlich meiner Großjährigkeit im Dezember verweigere. Ich lasse mich erst zur Königin von Schweden krönen, wenn die Friedensverhandlungen abgeschlossen sind, wenn der Krieg zu Ende ist, wenn für Schweden eine neue Zeitrechnung beginnt – Friede für Schweden."

„Richtig", Samuel war mit einem Satz wieder an ihrer Seite. "Christina, es ist alles vorbereitet. Wir haben mit den französischen Unterhändlern die Verträge bereits formuliert: Schweden wird in Pommern und Brandenburg Gebiete bekommen, und als Gegenzug mischt sich Schweden nicht in die spanischen Absichten von Frankreich."

Für Christina war nur eine Frage wichtig: „Wie lange wird das dauern, bis diese geheimen Papiere alle administrativen Wege gegangen sind, wie viele Jahre, Samuel?"

„Es ist Herbst 1644, in drei, spätestens in vier Jahren, im Herbst 1648 müsste die große Friedenszeremonie in Osnabrück möglich sein."

„Vier Jahre!", Christina schüttelte sich, „nur um niederzuschreiben, was jeder sofort tun müsste, wenn er nur einmal durch die verwüsteten Kriegsgebiete geritten ist."

Sie rechnete nach: „In vier Jahren bin ich zweiundzwanzig", und sie lächelte. „Gut, ich werde diese vier Jahre nützen, für mein Ziel." Und das sagte sie mit so viel Entschlossenheit, dass Samuel nicht wagte zurückzufragen.

Ihr Besuch in Uppsala galt nicht als offizielle Visite, deshalb war sie auch nicht vom Bürgermeister eingeladen. Einige Gemeinderäte kamen, um sie mit Brot und Fisch zu begrüßen, „heißen wir sie willkommen in der wahren Hauptstadt Schwedens".

Christina unterhielt sich mit den Gelehrten der Universität, den Astronomen, den Medizinern: Bestand zwischen Seele und

Körper tatsächlich eine Verbindung, konnte die Seele den Körper stärken, auch schwächen, und würde das messbar sein?

Ihr missfiel der Hochmut, der ihr überall in der Stadt entgegenschlug; die Adelsfamilien protzten mit ihrem Reichtum, die Gelehrten protzten mit ihrer Gelehrsamkeit, und Bauern und Handwerker trugen die Nase hoch, weil sie Bürger von Uppsala waren, weil sie sich frei genug fühlten, gegen die Kriegsentscheidungen von Stockholm zu reden, zu revoltieren.

Als sie nach zwei Wochen in ihrer Kammer ihr Reisebündel wieder packte – man hatte ihr nur eine Studierzelle der Universität zum Schlafen und Lesen überlassen, klopfte es an der Tür, und ein junger Mann trat ein.

„Kronprinzessin, ich möchte Ihnen erzählen, wie wir hier behandelt werden, wir Katholiken", begann er.

Christina wollte ihn aus ihrer Kammer schieben; was fiel ihm ein, er war ihr nicht avisiert. Doch der Bursche hatte einen Text auswendig gelernt, so rasch und überstürzend hechelte er: „Ich bin vor zwanzig Jahren hier in Uppsala zur Welt gekommen, 1623, da hat bereits der Krieg gewütet. Deshalb sind meine Eltern mit mir, als ich sechs Jahre alt war, in den Süden, nach Portugal geflüchtet. Sie wollten mich nicht an den Krieg verlieren; mein Vater war Mediziner und er sagte: Wir sind mit unserem Beruf dem Himmel für die Erhaltung des Lebens verantwortlich. In Lissabon ging es uns sehr schlecht, wir waren Protestanten und durften nicht im Viertel mit den Katholiken wohnen; also wurde mein Vater Leichenbestatter, da er als Protestant keine Katholiken kurieren durfte. Vor drei Jahren starb meine Mutter, und wir durften sie nicht auf dem katholischen Friedhof begraben. Es wäre uns nichts anderes übrig geblieben, als den Körper meiner Mutter in ein Massengrab vor der Stadtmauer zu werfen, in eine jener Gruben, in denen Mörder verscharrt wurden. In meiner Verzweiflung ging ich ins Kloster Sao Vicente, ich wollte dort mit dem katholischen Bischof sprechen und traf einen jungen Pater. Er hörte mich geduldig an und bestimmte auf der Stelle eine Grabstätte für Mutter, mitten unter katholischen Gräbern. Dieser Pater besuchte uns, meinen Vater und mich, er nahm mich mit in sein Kontor, in seine Kammer, und er redete von der Freiheit des Geistes, dass aller auferlegte Zwang, alle Mühsal durch den Geist gemildert und überwunden werden kann. In diesen Worten, Sätzen fand ich mich zurecht, sie gaben mir Halt, mehr, darin fühlte ich so etwas wie Heimat, geistige Heimat, und ich legte schon wenige Wochen später das katholische Glaubensbekenntnis ab. António Vieira ist der Name dieses Paters; hier, er hat mir ein Vademecum mitgegeben, denn als vor zwei Jahren auch mein Vater starb, wurde mir Lissabon immer fremder. Obwohl ich an Schweden eigentlich keine Erinnerung hatte, spürte ich in den Wochen nach Vaters Tod einen solchen Mangel, Heimweh. Saudade nennt Vieira diesen Schmerz; er ermutigte mich, nach Schweden zu gehen. Ich solle die medizinische Wissenschaft in Uppsala studieren. Nun bin ich seit einem Jahr hier, habe meine Münzen verbraucht und stehe jetzt im Dienst des Gerbers, denn ich darf hier nicht studieren – Katholiken dürfen die Universität nicht betreten, auch die Bibliothek, die Bücher sind mir verschlossen."

Christina hatte aufmerksam zugehört. „Sie sind Schwede, ein Bürger unseres Landes."

„Ja, aber ich bin Katholik, seit drei Jahren bin ich Katholik", wiederholte der Bursche.

„Ich verstehe, und ich fürchte, ich kann nicht helfen." Christina überlegte, „in Schweden ist die Staatsreligion protestantisch, es ist ausschließlich die Glaubenslehre Luthers erlaubt."

„Aber Sie sollten wissen, dass nicht nur Lutheraner hier leben", Uwe wollte noch viel erzählen, das war zu spüren; er sagte schließlich nur: „Ich gehe zurück nach Portugal, ich werde in Coimbra studieren, es ist zu unsicher hier für mich. Sie schleppen jede Woche ein paar Burschen weg; zuerst geben sie ihnen Krüge voll Schnaps, und wenn sie nicht mehr stehen können, schieben sie diese Betrunkenen in die Kutsche. Sie haben zu wenig Soldaten, und mancher ist schon reich geworden mit dem Einfangen junger Männer."

Sie konnte nichts tun für ihn, lediglich ein paar silberne Kämme löste sie aus ihrem Reisebündel: „Hier, nehmen Sie, als Reisegeld, ich habe sonst nichts von Wert mit mir; gehen Sie nach Coimbra, es ist besser, es ist alles besser, als in den Krieg zu ziehen."

Damit schob sie den Burschen in den dunklen Gang und sperrte sich sofort in ihrer Zelle ein.

„Wie viele Hinweise vom Himmel brauche ich noch", rief sie in die Enge ihrer Behausung. Wie könnte sie die Verhandlungen vorantreiben; Christina lief stundenlang die zwei, drei Schritte der Zellenlänge auf und ab; es gab keine andere Lösung als abzuwarten, Punkt für Punkt die Verhandlungen durchzuführen. Dann blieb für sie noch die wichtige Frage: Wie sollte sie in den nächsten drei, vier Jahren ihre Ungeduld bezähmen, womit sollte sie ihr Getriebensein betäuben; wie würde sie diese kommenden Jahre überstehen?

Sie reiste am nächsten Tag in aller Früh ab; wieder ritt sie dem Tross voraus; doch bei der Rückreise war sie ohne Begleitung von René und Pierre. Die beiden Franzosen hatte sie in Uppsala zurückgelassen, um Korrespondenz vorzubereiten, um Verträge auszufeilen, und jetzt, da Christina allein durch die dunkle Herbstlandschaft ritt, kroch wieder der Schmerz über ihr Alleinsein an ihr hoch. Es tat ihr Leid, dass sie in den vergangenen Tagen den Avancen von Pierre nicht nachgegeben hatte. Sie kannte ihren Körper noch so wenig, und sie wusste von Ebba, dass es noch viele Bereiche gab, die in ihr zum Leben, zum Beben gebracht werden konnten. Von Ebba war nur ein spärlicher Briefwechsel geblieben: „Geliebte Christina, manchmal vermisse ich dich so sehr, dass ich darüber fiebere. Man will mich verheiraten, wie soll das gehen, ich kann meinen Körper keinem außer dir überlassen." Und Christina beteuerte: „Meine über alles geliebte Belle. Du ahnst nicht, welche Qualen ich leide, weil du mir deinen Körper entzogen hast. Wir müssen es aussprechen, Belle, niemals hätte jemand die Macht gehabt, uns zu trennen, wäre der Wunsch, der Wille dazu, nicht von dir ausgegangen, und nun leiden wir beide und müssen uns fügen, und bei allem Gehorsam kann meine Liebe zu dir niemals geschmälert werden."

Es gab Nächte, in denen Christina erhitzt aufwachte, und ihre Hände, ihre eigenen Hände, sich über ihren Körper tasteten, ihre Hände, von Geist und Befehl völlig losgelöst, sich in Liebkosungen an ihrem Körper verloren, bis sie zitternd wieder in den Schlaf fiel. In welche Demütigung warf ihr Körper sie mit diesen Aufwallungen der Lust. War für sie nicht einmal in diesen Momenten ein Zweiter, ein zweiter Mensch vorgesehen? Damit wollte sie sich nicht abfinden, diesen Gehorsam wollte sie nicht leisten, damals, im November 1644, wollte sie das noch nicht tun, damals war sie noch davon überzeugt, den ihr zugeordneten Menschen zu finden. voraus

Die Friedensverhandlungen wurden komplizierter, denn mehrere Delegationen von Beratern und Abgeordneten aus Deutschland und Frankreich hatten sich in Münster zu Beratungen eingerichtet. Im Rathaus und im Stadtschloss von Münster waren rasch Kontore bereit gestellt worden; in den Schenken breiteten die Wirte weißes Leinen auf die Tische, um die hohen Herrschaften standesgemäß bewirten zu können. In jedem Bürgerhaus wurden Gästezimmer rasch zu Appartements für Diplomaten und Sekretäre umfunktioniert, und aus den umliegenden Dörfern kamen Mägde, Köchinnen, Stallburschen und Viehhüter, um ihre Dienste anzubieten. Die Burschen boten sich als Kämmerer und Kutscher an, die Mägde nahmen bei einer Kurtisane, die mit der französischen Delegation gekommen war, Tanzunterricht. Sie verdingten sich am Tag als Küchengehilfinnen, und am Abend tanzten sie in kleinen Gruppen in den Schenken. In wenigen Wochen war aus der Klosterstadt Münster alles Dunkle und Strenge verschwunden, es gab Feste, die Herren flanierten in eleganter Diplomatenrobe, und in die schwerfällige Alltagssprache mischte sich das Französische. Münster war in den Wettstreit mit Osnabrück getreten.

In Osnabrück verhandelten die Schweden. „Die wichtigsten Fäden hat Samuel de Souza in der Hand", das wusste bald jeder, und so zurückgezogen wie Samuel in der Bibliothek arbeitete und studierte, so zurückgezogen wurde in Osnabrück verhandelt. Bei den Zusammenkünften wurden Berichte verlesen, Manifeste angehört, das Hin- und Herschieben von Grenzlinien abgewogen, die Vor- und Nachteile von Umsiedlungen diskutiert, alles niedergeschrieben, und die Verhandler zogen sich wieder in ihre Kontore zurück, um in Depeschen zusammenzufassen, um an die Minister nach Stockholm zu berichten. Feste wurden in Osnabrück kaum gefeiert; eine Kurtisane war rasch nach Münster weitergezogen, die Geschäfte gingen zu schlecht. Es verbesserte sich zwar auch in Osnabrück das Geschäftsleben, doch die Wirte, Weber, Schmiede und Köche sammelten die Münzen in ihren Sparstrümpfen und änderten nichts an ihrem Tagesablauf; es gab keine weißen Leinentücher auf den Tischen, keine bändergeschmückten Kutschen. Allmählich wechselten die Delegationen von Osnabrück nach Münster; in den Verhandlungen kamen die verschiedenen Parteien ohnehin kaum weiter, aber in Münster könnten sie wenigstens angenehm leben, in Münster würde man ihnen ein heiteres Leben bieten.

So liefen die Friedensverhandlungen in zwei verschiedenen Rhythmen, Christina las das aus jedem Brief. Vor allem war herauszulesen, dass keine der Kriegsparteien, auch Schweden nicht, ernsthaft an Frieden, an einer Beendigung des Krieges interessiert war.

„Können sich die Deutschen endlich auf einen Paragraphen einigen, der die freie Wahl der Religionszugehörigkeit innerhalb des Christentums zulässt?", fragte Christina, und Oxenstierna ging auf diese Kühnheit gar nicht ein. Er erläuterte ein weiteres Mal den Ablauf der Krönungsfeier: „Im Reichstag wurde nun der zehnte Dezember 1644 als Datum festgesetzt, und es wird noch darüber beraten, ob der päpstliche Nuntius eingeladen werden soll oder der Botschafter des Vatikans."

Christina ging wieder im Zimmer auf und ab. „Wie viel Zeit wird mit dem Diskutieren von Förmlichkeiten vertan, Graf Axel", rief sie, „seit drei Jahren, seit 1641, wird davon geredet, man würde über eine Beendigung des Krieges verhandeln, und ich lese in allen Berichten nur von Verzögerungen, vom Hinhalten, und jetzt auch noch davon, dass in Münster das ganze Jahr Karneval gefeiert wird."

Oxenstierna schaute Christina lange an, er überlegte, denn selbstverständlich war ihm zugetragen worden, dass sie sich in Uppsala mit Samuel getroffen hatte, dass Samuel zwischen Uppsala und Osnabrück hin und her reiste, dass Christina ihre geheimen Kuriere aussandte, um in die Verhandlungen einzugreifen, um Nachrichten schneller zu erhalten, um Genaueres zu erfahren. Er kniff die Augen zusammen. „Christina, man hat mich benachrichtigt, dass mit dem Schiff aus Genua drei Kisten aus Rom für Sie angekommen sind, und dass Sie angewiesen haben, dass Odo, Ihr Kammerherr, diese Kisten persönlich abholen soll."

„Richtig", nickte Christina, „es sind Bücher und Bilder, auch einige Skulpturen."

„Sie stehen also mit den päpstlichen Archivaren und Bibliothekaren in Korrespondenz", Oxenstierna konnte sich kaum beherrschen.

„Wenn ich die Bekenntnisse des Augustinus lesen will, muss ich sie mir aus Rom beschaffen, wir haben sie hier in Stockholm nicht", versuchte Christina noch einzulenken.

„Die Bekenntnisse des Augustinus", jetzt überschlug sich die Stimme von Oxenstierna, „Christina, Sie stehen knapp vor der Krönung, vor der Salbung zur Königin von Schweden im lutherischen Glauben, und Sie studieren die Bekenntnisse des Katholiken Augustinus!"

„Der im vierten Jahrhundert, vor über tausend Jahren, gelebt hat", Christina blieb vor Oxenstierna stehen, „und als nächstes werden Sie mir vorhalten, dass für Bücher und Bilder kein Geld vorhanden ist, weil der Stoff für Soldatenuniformen noch nicht bezahlt ist!"

Oxenstierna entgegnete, er versuchte einen vertraulichen Ton: „Bis jetzt ist der Reichstag über Ihre Bücherwünsche noch nicht unterrichtet, und ich werde dafür sorgen, dass nichts davon nach Uppsala dringt, denn solche Eigenmächtigkeiten von Ihnen würden die Feierlichkeiten nur belasten."

Christina ließ ihn ausreden, sie wartete einige Momente, doch nun war es Zeit, Oxenstierna die Binde von den Augen zu reißen: „Ich werde mich im Dezember 1644 nicht zur Königin von Schweden krönen lassen; es wird zu meinem achtzehnten Geburtstag überhaupt keine Feierlichkeit stattfinden. Graf Axel, ich lasse mich nicht zur Königin eines Landes krönen, das seit sechsundzwanzig Jahren in einen Krieg verwickelt ist, der das Land ausbeutet und vernichtet, in dem Minister und Staatsräte sitzen, die Friedensverhandlungen als leichten, administrativen Alltag und diplomatisches Geplauder behandeln. Und, auch das werde ich dem Reichstag mitteilen, niemals lasse ich mich in Uppsala krönen. Ich bin hier in Stockholm auf Stegeborg aufgewachsen; hier in Stockholm arbeitet der Reichstag, und hier wird, wann immer, die Krönungsfeierlichkeit stattfinden."

Oxenstierna starrte Christina an: „Kronprinzessin", er fand kaum die Worte, „unsere Könige wurden immer in Uppsala gekrönt."

Für Christina gab es nichts weiter zu sagen. Was sie eben vorgebracht hatte, war gut vorbereitet und hundertfach vorformuliert in ihr bereit gelegen. Sie war längst ihren eigenen Weg gegangen; sie hörte seit Wochen bei allen Sitzungen, Besprechungen und Manifestverlesungen nur mehr halb hin. Bei allem, was sie dort hörte, was sie beobachtete, war sie äußerlich ruhig geblieben, weil sie sich innerlich diesen Scheinverhandlern, diesen bunten, federngeschmückten Uniformen nicht mehr zugehörig fühlte. Deshalb hatte sie auch keinen der Minister und Beamten zurechtgewiesen, als man ihr ständiges Insistieren um Friedensverhandlungen ignorant behandelte und wegschob. „Bald werde ich ihnen mit meiner Krönungsverweigerung ein Fass Eiswasser über die Köpfe gießen", hatte sie oft gemurmelt.

Oxenstierna rang um eine knappe, unmissverständliche Frage, er wog jedes Wort: „Christina, Sie wünschen Ihre Krönung zu verschieben und Uppsala wird niemals Ort Ihrer Krönung sein?"

„Richtig, meine Krönung findet statt, wenn für Schweden die Friedensverhandlungen abgeschlossen sind."

„Das kann noch Jahre dauern", Oxenstierna unternahm einen letzten Versuch.

„Meine Krönung findet statt, wenn für Schweden die Friedensverhandlungen abgeschlossen sind", wiederholte Christina und ging aus dem Raum.

Nach dieser Unterredung lag Oxenstierna zwei Wochen krank und fieberte; wenn er kurz zu Kräften kam, diktierte er wieder und wieder einen Brief, eine Rede an den Reichstag. Wie sollte er es ausdrücken, dass Christina sich der Krönung verweigerte. Wie sollte er formulieren, dass die viel gerühmte Disziplin von Christina nicht mehr für die Wünsche und Anordnungen von Oxenstierna galt, wie sollte er erklären, dass sie Uppsala als Krönungsstadt ablehnte. Es war ihr zuzutrauen, dieser neuen Christina war zuzutrauen, dass sie im Reichstag einen Bericht über ihren Besuch in Uppsala verlas, über die Aufstände zwischen den Oxenstierna-Treuen und den Kriegsgegnern berichtete. Und wie Oxenstierna es auch wendete, jeder würde herauslesen, dass seine Macht, sein Einfluss auf Christina im Schwinden war, dass zwischen Oxenstierna und Christina ein stummer Kampf stattfand: Oxenstierna, auf Tradition beharrend, wollte die Protestantin Christina von Schweden den anderen Mächten Europas als Königin präsentieren. Und ihm gegenüber jene Christina, die beständig nach vorn, in die Zukunft drängte, die in allen Entscheidungen immer auf die Zeit nach dem Krieg hinlebte, jene Christina, für die das Kriegsende die Schnittstelle war. Ab diesem Zeitpunkt würde sie Schweden in eine neue Epoche führen, und nicht mehr die Maße des schwedischen Territoriums würden zählen, sondern die Wissenschaften und die Künste. Deshalb schwärmte sie vom Süden Europas, sogar von Rom, deshalb hatte sie auf Descartes beharrt, deshalb hatte sie auf Pierre Hector Chanut bestanden.

Als Oxenstierna nach zwei Wochen sein Krankenlager noch immer nicht verlassen konnte, besuchte Christina ihn. Sie kam unangemeldet und fand Graf Axel schwach, mit dünner Stimme und vollkommen zurückgezogen in Decken und Felle. Er schaute sie aus fiebergeröteten Augen an, küsste ihr umständlich die Hand.

Oxenstierna litt, er litt so völlig in sein Schicksal ergeben, dass Christina sich mit Gewalt zurückhalten musste, um ihn nicht in ihre Pläne einzuweihen. Immer war Graf Axel Oxenstierna seinem Treueschwur gefolgt, und nun, geschwächt und krank, konnte er Christina in ihre Gedankenwelt nicht mehr folgen. Sie umarmte ihn, hielt seine Hände; sie wussten beide nicht, was sie reden, was sie einander sagen sollten. Christina hörte dem Arzt kaum zu, als er von verdorbenem Wasser und schlecht vergorenem Wein redete; manche vermuteten sogar eine Vergiftung.

„Es wird ihm in den nächsten Tagen wieder besser gehen", schob sie die Ärzte und Krankenwärter weg. Und zu Oxenstierna sagte sie: „Graf Axel, ich werde die Sache in Ordnung bringen."

Mit wem könnte sie sich besprechen, ihr blieb wie immer nur ihr Tagebuch, und diesem vertraute sie an: „Lebe ich in einem fürchterlichen Zwiespalt, da ich stets den geraden Weg bevorzuge und mich nicht um Meinung und Nachrede von Reichstagsbeamten kümmern wollte. Doch ich muss es mir eingestehen, ich leide sehr mit ihm, denn Axel Oxenstierna weiß jetzt, er kann mir nicht vertrauen. Und dieses gallige Gefühl des Misstrauens hat ihn ins Fieber geworfen. So werde ich also, auch um mich selbst zu beruhigen, sein Ansehen aufrechthalten und im Reichstag zu seinen Gunsten sprechen." Und schon am nächsten Tag hielt Christina im Reichstag eine kurze Rede: „Ich möchte Sie, meine Herren Minister und Reichsräte, davon in Kenntnis setzen, dass ich meine Krönung bis zu jenem Zeitpunkt hinausschieben werde, bis für Schweden die Friedensverhandlungen abgeschlossen sind. Mein Entschluss geht konform mit der Entscheidung von Minister Oxenstierna, der wie ich, wie Sie alle, davon bin ich überzeugt, Schweden in allernächster Zeit als ein vom Krieg befreites Land sehen will."

Sie kümmerte sich nicht um die entsetzten Gesichter der Abgeordneten; sie wollte den Schmerz, den sie Oxenstierna zugefügt hatte, mildern, und sie hatte mit ihrer Rede seine Autorität wieder hergestellt. Doch sie wusste, diese Entscheidung von ihr, die Bedingung, die sie gestellt hatte, würde noch viele Schmerzpunkte für Oxenstierna bringen. Einmal die Richtung geändert, eine neue eingeschlagen, und viele, die mit ihr gegangen waren, zurückgelassen. Und Axel Oxenstierna war einer davon, doch er wusste es noch nicht.

Als Christina über die Stufen des Regierungsgebäudes hinunter zu ihrem Pferd lief, stand Gabriel de la Gardie neben Minom.

Er verbeugte sich: „Mutig, Christina, du bist beinahe tollkühn geworden", unbekümmert schlug er den kameradschaftlichen Ton an, den er drei Jahre zuvor mit Belle und Christina gepflogen hatte.

Sie war noch erhitzt von ihrer Rede, sie wollte nur weg, zog und nestelte an ihrem Wams, an ihrem Kragen, und als Gabriel sie auf das Pferd hob, wehrte sie nicht ab, sie war einverstanden, als er vorschlug: „Reiten wir zum Salärsee." Wie gezogen folgte sie ihm in die Wälder und hinunter zum Moor.

Dort spazierten sie, schauten in die entlaubte Landschaft; es gab nichts zu besprechen mit Gabriel; Christina dachte an Ebba. Spannung und Unsicherheit stiegen in ihr hoch; sie sollte längst zurückreiten, sie sollte die Schmeicheleien, die Gabriel begann ihr zuzuraunen, wegschieben.

„Du bist schöner geworden, Christina, über deine vollen Lippen wird geredet und über deine Stimme, die du von einem Moment auf den anderen verändern kannst, von barschem Ton zu sanftem Klang." Er hielt sie mit seinem Blick fest, „manche sagen, dass es besser gewesen wäre, das Schicksal hätte dich in den Süden gestellt. Das Leben hier nach den lutherischen Grundsätzen schnürt dich vielleicht zu sehr ein." Und Gabriel zog sie in eine Umarmung, der sie nachgab, in die sie sich fallen ließ. Wie oft hatte sie sich gewünscht, der Schlund des Weihers solle sie in die Tiefe ziehen – „dass sich das Dunkel des Moorwassers über meinen Körper schließt und alle Unruhe kühlt, und auf meine Träume sich Raureif niederlässt".

Mit dieser Umarmung wurde in Christina eine Tür geöffnet, die sie bis dahin gut verschlossen gehalten hatte. Sie hatte Ebba Lust und Zärtlichkeit gegeben, sie hatte auch davon genommen, doch immer war ihre Vernunft als Hüterin neben ihr gestanden. Erst in Gabriels Armen wurde ihre Lust hochgejagt bis zum Schmerz, und voll Gier und Wildheit überwand sie alle Farben bis ins Weiß und das darüber liegende Licht.

Ganz verändert kam Christina zurück in ihr Arbeitszimmer; sie hatte Samengeruch an sich und rote Flecken im Gesicht. „Bringe die Lade mit den Spitzenkrägen!", verlangte sie von Editha. Dann probierte sie Jacken an, sie drehte sich vor dem Spiegel, prüfte, welche Farbe am besten zu ihr passte; sie suchte nach Schuhen mit höheren Absätzen und kleidete sich für das Abendessen in die golddurchwirkte Robe, die sie sonst nur für Empfänge im Reichstag auf ihrem Körper duldete.

Sie wollte gefallen, Gabriel gefallen, sie wollte alles tun, um seine Erinnerung an Ebba und ihren Liebreiz zu zerstreuen.

Gabriel kam am ersten Abend mit einem Gedichtband, am nächsten Abend mit Birkenzweigen, dann mit getrockneten Wiesenblumen, ein nächstes Mal mit einem Bernsteinkamm, dann mit einem Becher, in dem der Tag ihrer ersten Umarmung graviert war. Er küsste ihren Nacken, führte sie beim Dinner zu ihrem Platz, er rückte ihr das Glas zurecht, und er flüsterte, hauchte ihr ständig Komplimente zu. „Bei diesem Licht schimmert deine Haut wie Marmor; noch nie habe ich Augen gesehen, die in so dunklem Grün glänzen."

Der Ablauf ihrer Tage, ihrer Nächte, ihr ganzer Stundenplan, hatte mit Gabriels Anwesenheit auf Stegeborg eine neue Struktur bekommen, denn jede Besprechung, jede Audienz, jede Visite, jede Studier- und Diskutierstunde wurden von Christina Gabriels Anwesenheit untergeordnet.

Christina wollte ihn ständig in ihrer Nähe haben. Sie suchte eine Aufgabe für ihn, eine, die ihn in Stegeborg festhielt; denn sie konnte es kaum ertragen, wenn Gabriel für einige Stunden in die Stadt nach Stockholm ritt. Ängste quälten sie; würde er am Ende morgen oder übermorgen nicht mehr zurückkehren; hatte sie sich ihm zu wenig anschmiegsam gezeigt; roch er nicht anders, verwendete er nicht andere Worte, wenn er einige Stunden ohne sie seinen Neigungen nachging, dem Würfelspiel, der Jagd, dem Florettfechten. Kaum war ihr Bett von seinem Körper ausgekühlt, sprangen die Dämonen sie an – wie würde sie ohne Gabriel weiterleben. Das wollte sie nicht mehr. Das konnte sie sich gar nicht mehr vorstellen.

Der französische Botschafter lehnte Gabriel als Sekretär ab: „Er ist zu unerfahren, um unserer Sache zu dienen." Wusste Christina nicht, dass Gabriel sich für Friedensverhandlungen überhaupt nicht interessierte. War ihr noch nicht zu Ohren gekommen, dass man Gabriel sowohl aus Münster als auch aus Osnabrück weggeschickt hatte. „Er hat dort Bastarde gezeugt, mehr hat er nicht aufzuweisen; und er hat geheime Depeschen den Deutschen zugespielt, damit wollte er sich bei der Frau eines Generals einschmeicheln."

Christina tat das alles mit einer Handbewegung ab. „Gabriel ist ein besonders gebildeter junger Mann, außerdem ist er schön – das bringt ihm nur Neider", und sie stellte Gabriel als ersten Offizier ihrer Leibgarde ein.

Sie konnte es kaum erwarten, ihn jeden Morgen um neun Uhr bei der zweiten Gerstensuppe an ihrer Seite zu haben. Er wankte um fünf Uhr früh, wenn sie ihren Arbeitstag begann, aus ihrem Bett in sein Zimmer und schlief dort, bis sein Kammerdiener ihn weckte. Nach dem Frühstück verschwand er im Badehaus und kam nach Lavendel und Rosmarin duftend ins Kontor von Christina, er schob ihr ein Billet zu: „Erwarte ich zur Mittagsstunde einen Beweis von dir, ob dir meine Person wirklich wichtiger ist als deine Staatsgeschäfte." Und Christina unterbrach ihre Besprechungen, ihre Schreibarbeiten und folgte Gabriel zu einem Spaziergang, zu einem Ausritt, und immer wieder ließ sie sich in seine Arme fallen.

Sie fühlte, dass die Betäubung, die sie umnebelte, nicht gut war. „Als hätte ich schlechten, verschnittenen Schnaps getrunken", sagte sie manchmal halblaut vor sich hin. Doch sie konnte sich aus dieser Vernebelung nicht befreien. Nur sehr entfernt nahm sie die Menschen wahr, die sie anstarrten, die ihr nachschauten.

In Christina kam alles durcheinander; alle Pflichten, alle Verpflichtungen, die jahrelang für sie die Richtschnur für ihr Denken gewesen waren, erschienen ihr nun nebensächlich, waren in eine Ferne gerückt, dass sie sogar für Briefe von Samuel nur ein Achselzucken hatte. „Da die Deutschen im Umkreis von Ulm ein paar kleine Schlachten gewonnen haben, sind sie unbeugsamer denn je, mit uns in Friedensverhandlungen zu treten." Was war dagegen zu unternehmen, nichts. Würden sich die Friedensverhandlungen eben noch weiter in die Länge ziehen; Christina wollte sich nicht damit auseinander setzen. Ihr Körper verlangte nach Gabriel, nach seiner Haut, nach seinem Atem; von Gabriel bekam sie Wohltaten, die sie nicht kannte. Er sprach über ihre Schönheit: „Zieh den Spitzenkragen höher, wenn du schon dein Gesicht allen zeigst, so muss wenigstens dein sanfter Nacken nur für mich bleiben." Er umsorgte sie, Christina lernte Geborgenheit kennen; er brachte Leinenfleckchen, die mit Birkenwasser getränkt waren, „das wird das Brennen in deinen Augen lindern". Und zwischen diesen Behutsamkeiten und Zärtlichkeiten loderte alle Lust und die Gier ihrer beider Körper.Aufgabe Wenn sie erschöpft neben Gabriel lag, schaute sie ihren Körper an, tastete über ihre Haut. War sie noch dieselbe, oder hatte das Abstürzen in das Körperliche auch ihr Äußeres verändert? Ermattet und halb benommen spulte sie auch Fragen ab: Was sollte das werden, Gabriel war Franzose, er war von niedrigem Adel. Doch sie verscheuchte diese Gedanken sofort, Gabriel war für das Jetzt, er war nicht für eine Zukunft gedacht, und das Jetzt sollte dauern, noch lange.

Sie taumelte weiter durch ihren neuen Alltag; sie hörte, wie Meister Sven zu Axel Oxenstierna sagte: „Es ist das erste Mal, dass sie so eine Leidenschaft erlebt. Wir müssen sie gut bewa-

chen, denn sie hat keine Kontrolle mehr über ihre Körpersäfte."
Christina hörte das und kümmerte sich nicht darum. Sollten sie alle denken, was sie wollten; sie zitterte der nächsten Nacht entgegen, dachte nach, mit welchen Handgriffen sie Gabriel noch weiter in die Lustspirale jagen könnte, dass er davon wieder an sie abgab und sie beide hinaufstoben und hinunterstürzten, bis ihnen die Sinne schwanden.

Christina wollte auch die Veränderung, die nach wenigen Wochen in Gabriel vor sich ging, nicht wahrhaben. Aber er wandelte sich, wurde von ihrem Liebhaber, von ihrem Geliebten zu ihrem Gebieter und Befehler. Schneidend wies er sie darauf hin: „Lass dir nicht von einem Lehrer deinen Stundenplan vorschreiben"; und er forderte: „Mir steht längst eine eigene Kutsche zu; auch du solltest eine neue, bequemere zur Verfügung haben. Warum lässt du darüber im Reichstag abstimmen wie über einen neuen Feldzug. Äußere endlich deine Wünsche, erteile Befehle, und in einer Woche haben die beiden Kutschen vor dem Tor zu stehen!"
Solche Reden erschreckten Christina zwar, doch sie schob alle Bedenken weg. Gabriel wollte das Beste für sie, er wollte ihr auch die Augen öffnen für zu viel Gehorsam, zu viel Rücksichtnahme, die sie lebte. Hatte er ihr nicht Stunden zuvor in innigster Umarmung alle Beweise dafür gegeben, dass sie ihm vertrauen konnte. War es nicht auch natürlich, dass er von Christina Geschenke annahm. Welche Freude bereitete es ihr, wenn Gabriel schwärmte: „Mit diesem Hengst werde ich eine neue Pferdezucht auf Stegeborg beginnen", und: „Christina, diese herrlichen Smaragde, nun habe ich in meinen Knöpfen deine Augen ein weiteres Mal", oder ein paar Tage später: „Endlich, mit dieser Pelzverbrämung an meiner Uniform unterscheide ich mich nun von den anderen Leibgardisten, bin ich doch immerhin dein höchstpersönlicher Adjutant."
Selbstverständlich hatte sie auch die Spannung, die zwischen Gabriel und Axel Oxenstierna bestand, wahrgenommen. Darüber konnte sie sich nicht hinwegtäuschen. Oxenstierna drehte Gabriel bei jedem Gespräch den Rücken zu, er flüsterte mit Christina in Gabriels Gegenwart. Sie spürte auch deutlich, dass Oxenstierna eine Aussprache über ihre Verbindung zu Gabriel von einer Zusammenkunft zur nächsten aufschob, nur aufschob, aber es drängte Oxenstierna, Christina einige Fragen zu stellen.
Nach einer Besprechung über die Fischereirechte für invalide Soldaten maß Oxenstierna sie besonders lange. Umständlich

verschloss er die Protokollmappe und schaute auf ihre ganz gegen ihre Art mit Hagebuttengelee geröteten Wangen. Er schüttelte den Kopf über ihre weizenblonde Perücke, und schließlich bemerkte er fast entsetzt, dass sie auf jeden ihrer Finger einen Ring gesteckt hatte. Für Momente wurde Christina unter diesen Blicken hin und her geworfen zwischen Trotz und Scham; sollte Oxenstierna doch die Konversation über sie und Gabriel beginnen. Aber warum lag so viel Verachtung, auch Mitleid in seinem Blick, als er ihr neues Äußeres maß.

Als Oxenstierna ihr Kontor verlassen hatte, brauchte Christina einige Zeit, um sich in ihrem inneren Widerstreit zu beruhigen. Der Schleier, der Nebel der Betäubung begann sich zu lichten, denn Oxenstierna war wichtig für sie, seine Meinung konnte sie nicht beiseite schieben, und sie beschloss im Moment zum Reichstagsgebäude zu reiten und mit Oxenstierna zu sprechen.

Genau in diesen Minuten, als Christina schon mit Reitgerte und Hut aus ihrem Zimmer treten wollte, stellte sich Gabriel ihr in den Weg. Als hätte er ihre Gedanken an der Wand abgelesen, als hätte er ihre plötzliche Klarsichtigkeit bis in seine Zimmer gespürt, so entschlossen schob er Christina zurück in ihr Kontor. Nun musste besprochen werden, was nicht mehr aufzuschieben war, und ohne Vorrede begann er: „Christina, nachdem feststeht, dass wir füreinander bestimmt sind, sollten wir unser Zusammenleben auch offiziell organisieren und darstellen." In seiner Stimme lag ein Säuseln. Dann aber schlug er übergangslos einen schneidenden Tonfall an: „Leibgardist kann ich nicht bleiben, es muss für mich eine Position gefunden werden, die mich im richtigen Grad an deiner Seite zeigt. Immerhin bin ich der wichtigste Mann im Leben der Kronprinzessin, der Königin von Schweden."

Christina wich zurück, worauf wollte Gabriel hinaus, sie konnte weder seinen befehlenden Ton noch seine gebieterische Haltung einordnen. Gabriel hatte die Arme verschränkt: „Das beste wird sein, und ich sage es ohne diplomatische Floskeln, du entlässt Minister Axel Oxenstierna, und ich übernehme seine Position. Dein guter Vormund ist ja schon ziemlich in den Jahren, außerdem weiß jeder, dass du seine altmodischen Ansichten und rückständigen Entscheidungen missbilligst."

Das konnte Gabriel de la Gardie nicht im Ernst meinen. Christina taumelte; er verlangte Unmögliches von ihr.

„Gabriel, du bist Franzose!"

Er ließ sie nicht weiterreden: „Das ist eine Formalität, die sich mit einem Federstrich bereinigen lässt."

Es schüttelte sie, hatte sie jemand in einen Bottich Schnee geworfen? „Gabriel, du kennst Schweden nicht, du hast das Staatsrecht nicht studiert." Christina rang nach Luft. Wie aus tiefem Schlaf gerissen, ging sie mit ihren großen Schritten im Raum auf und ab, ein Schüttelfrost bebte durch ihren Körper, und Gabriel stand an ihrem Schreibpult und beobachtete sie. Er kam nicht auf sie zu, um sie zu stützen, um sich näher zu erklären, um richtigzustellen. Er wusste, dass sie Oxenstierna niemals entlassen würde; Oxenstierna war ein störrischer Mann, doch niemals würde sie ihn entlassen. Gabriel wusste, dass er Unmögliches von ihr verlangte.

„Überlege es dir!", Gabriel lächelte, doch die Härte und Unnachgiebigkeit wich nicht aus seinem Gesicht: „Überlege es dir und sage mir am Abend, beim Dinner, deine Entscheidung. Bedenke, dieses Mal würde man dir einen Hustenanfall nicht glauben, ich war nicht auf der Wolfsjagd, ich war jede Nacht in deinem Bett. Und vergiss eines nicht, Christina, heiraten kannst du nur mich, ich kenne das Geheimnis der Christina, und als dein Ehemann und Erster Minister werde ich schweigen."

Christina kam beim Zuhören außer Atem; das konnte nicht derselbe Gabriel sein, der nun auf sie einhieb und nicht abließ. „Warum lässt du deinen Leibarzt nicht an das Geheimnis deines Körpers, Christina, fürchtest du, dass er die Wahrheit ins königliche Protokoll schreibt?"

Christina flüchtete in ihr Schlafzimmer und ließ sich in den Lehnstuhl fallen. Sie war achtzehn Jahre alt und musste nun aus einer Verirrung auftauchen. Die Liebesschwüre, Komplimente und Schwärmereien – vielleicht hatte das alles eine andere erlebt, denn geblieben waren von allem nur seine Befehle, seine Forderung. Am ganzen Körper spürte sie die Verwundungen, die er ihr zugefügt hatte; und doch waren diese Wunden nicht wichtig. Diese Schmerzen würde sie aushalten, leicht. Aber es galt Ordnung in das Geschehen zu bringen, das wochenlange ungeordnete Leben war sofort abzustreifen. Denn nicht nur, dass er Unmögliches von ihr verlangte, er hatte Christina auch mit einem Hieb in eine neue Bahn geworfen – niemals würde sie heiraten, niemals würde sie länger, als es ihr Körper brauchte, mit einem Mann zusammen sein. Niemals. Diese Form der Existenz, der Existenz in Zweisamkeit war für sie nicht vorgesehen, und diese Wahrheit war als Einziges von den vergangenen Wochen geblieben. Sie hatte allein zu leben; alles, was für die anderen galt, alles, was die anderen für sie planten, hatte nichts mit ihrem wahren

Selbst zu tun. Sie hatte allein zu leben, sie war allein den Wallungen und Stürmen ihres Körpers ausgeliefert; und damit hatte sie sich abzufinden; und langsam, von Atemzug zu Atemzug zog sie die Türe dieser Seelenkammer zu. Sie würde nie heiraten.

Nach Stunden hatte sich das Zittern in Christina gelegt. Dankbar ließ sie sich von Editha in vorgewärmte Felle wickeln, dankbar nahm sie das Glas mit heißem Met. Sie war nur in einem Bereich allein, für alle anderen Bedürfnisse hatte sie Menschen um sich, und viele davon meinten es wirklich gut mit ihr. Es müsste ihr ein Leichtes sein, ihr Geheimnis zu bewahren und ihren Entschluss zu leben. Die Angelegenheit war also erledigt; sie würde nie heiraten.

Pünktlich erschien sie zum Dinner, ohne Perücke, und sie trug wieder nur den Ring mit dem Wasawappen.

Wie immer wurden Höflichkeiten ausgetauscht, und Christina folgte aufmerksam einem Bericht von Meister Sven, der anregte: „Es wäre wichtig, könnten wir Mister Harvy nach Uppsala einladen, er erforscht die Zirkulation des Blutes, er kann beweisen, dass das Blut vom Herzen durch unseren Körper gepumpt wird."

„Natürlich", sie war augenblicklich angetan von dieser Idee, „die Einladung soll sofort ausgesprochen werden."

Gabriel verfolgte das Gespräch lauernd; als Christina aufstand und noch im Stehen nach dem Weinglas griff, schnellte er hoch – nun würde sie ihre Entscheidung bekannt geben, nun war seine große Stunde gekommen. Doch Christina trank im Weggehen noch ein paar Schluck vom gewärmten Wein, dann nahm sie ihr Buch von Ficino und ohne in seine Richtung zu blicken ging sie in ihr Schlafzimmer.

Sie konnte in dieser Nacht nicht lesen, nicht eine Zeile des Florentinischen lernen; vielleicht würde Gabriel doch kommen.

Aber sie wusste, sie musste es zur Kenntnis nehmen, es war alles Lüge gewesen, und gut kalkulierte Absicht; viele Schachzüge im Voraus gedacht, sie war „der Acker für des Mannes Pflug gewesen".

Am nächsten Morgen schrieb sie, zu ihrer Stunde um fünf Uhr früh, das Entlassungsschreiben für Gabriel. Sie scheuchte Editha und die anderen Dienstboten in seine Zimmer: „Ausräumen, alles ausräumen und zusammenpacken, hinunter in die Stadt mit ihm und mit seinen Habseligkeiten! Bis zur Gerstensuppe will ich ihn hier auf Stegeborg nicht mehr wahrnehmen."

Sie folgten alle ihren Anweisungen, erleichtert – war sie also von schwerer Krankheit genesen? Axel Oxenstierna brachte ihr die Miniatur eines Rubens-Gemäldes als Geschenk. „Es ist eine schlechte Kopie, doch soll Sie diese Venus an eine wichtige Lebensphase erinnern, Christina, eine Lebensphase, die Sie gut überstanden haben und die sich", er seufzte, „hoffentlich nicht wiederholen wird."

Sie hat Gabriel de la Gardie nicht mehr wiedergesehen; der Schmerz, den er ihr zugefügt hatte, den sie sich von ihm hatte zufügen lassen, dieser Schmerz peinigte Christina lange. Sie stürzte sich in Arbeit; die Tagesstunden waren damit leicht zu betäuben; die Nachtstunden quälten sie. Die Erinnerung vernebelte die Ereignisse, hatte sie ihm Unrecht getan, war es wirklich so verwerflich gewesen, was er verlangt hatte? Hatte sie vorschnell gehandelt, war in dieser Forderung von ihm tatsächlich nur seine Missachtung für den Menschen Christina abzulesen oder hatte er vielleicht nur ungeschickt formuliert? Solche Fragen spielte ihr das Alleinsein in den Nachtstunden zu, und immer blieb sie voll Sehnsucht zurück, nach einem Körper, nach Liebkosungen, nach ungestümem Nehmen.

Erst ein halbes Jahr später, als der Roman von Madeleine de Scudéry von Paris nach Stockholm gelangte, verebbten ihre Zweifel. „Endlich frei – die große Liebesgeschichte von Christina von Schweden und Gabriel de la Gardie", war der Titel des Romanes. Darin war jede Fingerbreite ihrer Liebeswochen beschrieben: „Da sie nicht ganz nach der Art der Frauen gebaut ist, aber auch nicht ganz nach der Art der Männer, bedurfte es einiger Kunstgriffe, um ihr Instrument wohl zu stimmen und in die höchsten Höhen zu bringen. Heiß und trocken und viel zu behaart, wurde sie vom französischen Edelmann in den Tempel der körperlichen Liebe eingeführt. Sie fand darin so viel Gefallen, dass von der Freiheit des Geistes, die sie stets rühmt, nichts mehr blieb. Einer Katze gleich wimmerte sie in völliger Abhängigkeit um den Manneskörper ..."

Gabriel hatte dafür auch noch gutes Geld kassiert.

„Eigentlich müsste er das mit mir teilen", lachte Christina bitter, und Axel Oxenstierna war über ihre Reaktion gar nicht schockiert. Er war wie alle anderen erleichtert, dass sie mit ihrem Sarkasmus den Beweis lieferte, die Angelegenheit weggeschoben zu haben.

In den Jahren 1646 und 1647 schien alles still zu stehen; der Tagesablauf von Christina lief ohne Unterbrechung, sie hielt Audienzen ab, hörte regelmäßig die Reden der Räte und Minister, dabei ging es ständig um Geld; einmal für die Soldaten, dann für neue Boote der Fischer, ein anderes Mal wurde eine weitere Forderung ihrer Mutter, Königinmutter Eleonore, verlesen: „Sie braucht zu ihrer Zerstreuung einen kleinen Zoo und kaufte sich sechs Affen; nun sind ihre Gehege zu klein, zudem hat sie drei neue Pelznäherinnen aus Brandenburg eingestellt ..." Auch die Rechnungen der Diplomaten waren zu begleichen, „das Leben in Münster und in Osnabrück wird teurer", hieß es, und manche zischten, „bald werden wir uns diesen Frieden gar nicht mehr leisten können."

Christina hielt weiter Korrespondenz mit Samuel, deshalb wusste sie, „... das Jahr 1648 wird als das Friedensjahr in die Geschichtsbücher aufgenommen werden. Wir sind mit den französischen Verhandlern so gut wie einig und feilschen nur mehr um Formulierungen. Immerhin soll Schweden nicht als Verlierer, sondern als großzügiger Friedensstifter festgehalten werden – was auch den Tatsachen entspricht. Meine über alles verehrte Christina, lassen Sie sich nicht beirren von Berichten, in denen einmal von hier und einmal von dort über kleine Siege berichtet wird. Es gibt diese Scharmützel, doch sie beeinflussen unsere Verhandlungen nicht mehr. Europa ist in diesen drei Jahrzehnten ein halb toter Kadaver geworden, und so brechen ständig irgendwo eitrige Geschwüre auf. Den Gesandten – meine Feder sträubt sich, sie Friedensgesandte zu nennen – dienen diese kleinen Gefechte nur dazu, die Verhandlungen hinauszuzögern. Denn vergessen wir nicht, die Verhandler leben gut und haben eigentlich kein Interesse an einem Ende ihres Wohllebens. Noch hat niemand die Toten gezählt, aber am Tag der Friedenskundgebung werden wir damit beginnen und dann sicher feststellen, dass Europa, der nördliche Teil von Europa, im wahnsinnigen Kampf um die Religionswahrheit, lutherisch oder katholisch, ein Drittel seiner Menschen eingebüßt hat; es sind beide Gruppen vernichtet. Meine verehrte Christina, ich weiß um Ihren Entschluss und kann Sie darin nur unterstützen – nicht das Beginnen, nur das Durchhalten zählt ..."

Christina hatte sich in diesen zwei Jahren allen Diskussionen über eine mögliche Verheiratung, auch über ihre Krönung entzogen. „Nicht bevor Frieden eingetreten ist", man kannte ihre

Antwort. Und man glaubte, man vertraute ihr, auch Oxenstierna glaubte ihr.

Das Jahr 1648 begann mit Schneestürmen und tagelangem Schneefall. Es herrschte Hungersnot, das Wenige, das noch verwertbar gewesen wäre, wurde zu Schnaps gebrannt, dann wärmten die Lebensmittel besser, und viele, die betrunken auf der Straße wankten und torkelten, sanken im Sturm um, waren in wenigen Minuten vom Schnee verweht und erfroren. „Wie viele Leichen wird uns der Frühling wieder freischmelzen?", wurde geseufzt.

Auch auf Stegeborg wurden wöchentlich weniger Räume geheizt, die Schlafstätten wurden in die Kontore verlegt, die Dienstboten duckten sich in Ecken und hinter Schränken. Um sich abzulenken ging Christina oft in die Gemäldegalerie; dort hingen die Bilder der italienischen Maler, von Raureif überzogen, doch in diesen Bildern war Wärme, die Wärme des Südens, und aus den unbedeckten Körpern strömte Freiheit. Sie konnte sich minutenlang in Details verlieren, dem Blau des Himmels, den vollen, gut durchwärmten Gesichtszügen der Frauen, den Blüten, die wie beiläufig auf das Bild gestreut waren.

Im März 1648 wurde im Reichstag ein Manifest verlesen, „... dass Kronprinzessin Christina untertänigst ersucht wird, ihre Betrachtungen dieser Bilder aus dem Süden einzustellen oder dies zumindest nur in Begleitung einer Hofdame zu tun. Nach den ehernen lutherischen Grundsätzen handelt es sich bei diesen Gemälden um Werke des Satans, die auf Charakter und Geist den schlechtesten Einfluss nehmen ..." Christina fügte sich, sie wollte in diesen letzten Monaten vor dem Friedensabschluss durch nichts, durch gar nichts den Reichstag gegen sich aufbringen. Sie besuchte nachts, allein und unbemerkt, ihre geliebten Gemälde und atmete dort wieder einige Zeit südliches, helles Lebensgefühl. Wann würde dieses Lebensgefühl ihres sein, ihr alltägliches Leben, wie viele Jahre, wie viele Monate trennten sie noch davon.

Im August 1648 kamen die Ereignisse ins Rollen.
Der gutmütige Karl Gustav sprengte eines Morgens in den Hof von Stegeborg. „Hier, darin sind zwei Tizian, drei Tintoretto und vier Veronese!" Mit diesen Worten warf er zwei Lederbündel auf den Tisch. „Ich bringe sie dir aus Prag, sie sind nur für dich, ich habe sie selber eingerollt! Christina, ich kann dir keinen größeren Beweis für meine Zuneigung, für meine Liebe geben!"

Atemlos stand ihr Cousin vor ihr, das rötliche Haar schweißverklebt, mit beinahe kindlichem Blick schaute er sie an.

„Danke, Karl Gustav", brachte Christina endlich heraus, „Kriegsbeute?"

„Rechtmäßig erworben, Christina! Diese Bilder haben rechtmäßig den Besitzer gewechselt. Wir haben den Prager Hradschin erobert. Diese Schätze sind nur für dich, für Königin Christina von Schweden!"

Christina konnte nichts dazu sagen.

„Und jetzt, wirst du mich jetzt heiraten", fragte er und wollte niederknien, doch Christina zog ihn sofort hoch. „Karl Gustav, ich bitte dich, es ist noch nicht die Zeit, um über so Endgültiges zu reden. Du wirst als mein Nachfolger eingesetzt werden."

„Nachfolger?", fragte Karl Gustav.

„Du weißt, man hat mich schon einmal mit dem Messer bedroht, vielleicht bin ich mehr gefährdet, als ich selber glaube – und", Christina holte weiter aus, „es ist auch so, du sollst nicht Prinzgemahl werden."

Karl Gustav atmete auf: „Ach so, ja, zuerst zum Nachfolger ernannt, und dann dein Gemahl, so stehen wir von Anfang an auf gleicher Ebene."

Christina nickte: „Ja."

Erleichtert, dass sie damit dieses Thema für einige Zeit weggeschoben hatte, begann sie die beiden Lederrollen aufzuschnüren und die herrlichen Bilder zu betrachten.

Der Sommer 1648 hatte mit fürchterlichen Regenfällen und Überschwemmungen begonnen; Bittschriften häuften sich auf dem Schreibtisch von Christina, die Menschen hatten kaum einen trockenen Platz zum Schlafen, und sie konnte nur wenigen helfen. Ihre Apanage wurde seit drei Jahren nicht ausbezahlt; der Schatzmeister klagte ständig über zu wenig Geld, denn die Adeligen waren mit ihren Steuerverpflichtungen säumig, auch waren sie von Christina nur enttäuscht. „Sie zerstört unseren größten Traum, Schweden als Großmacht Europas!"

Als Christina Axel Oxenstierna die Bittbriefe der Armen vorlegte, zuckte auch er mit den Schultern: „Es ist kein Geld vorhanden."

„Weil alles an die Front geschleudert wurde", Christina sah keinen Ausweg mehr. „Graf Axel, wann werden Sie, wann werden Ihre Getreuen aufhören, am Traum meines Vaters festzuhalten: Schweden herrscht über Europa! Die Menschen, die jetzt leben, auch ich, wir müssen die Suppe für diesen Traum, für diesen Wahn auslöffeln."

„Hoheit", Oxenstierna erschrak, „versündigen Sie sich nicht gegen Ihren werten Herrn Vater."

„Ich versündige mich gegen diese armen Menschen, denen ich nicht helfen kann, und ich würde jetzt nicht anders reden, wäre mein Vater anwesend. Außerdem", setzte sie nach einer Atempause verzweifelt nach, „er hätte den Krieg wahrscheinlich schon längst beendet, aber er ist ja schon sechzehn Jahre tot."

Ende Oktober, am 27. Oktober 1648, an einem wunderschönen, noch sonnendurchleuchteten Herbsttag, kam der Kurier, endlich, mit Mappen und Kassetten, in denen die unterzeichneten Verträge und Dokumente waren: Der Krieg war zu Ende, Friede von Osnabrück, Friede von Münster, Westfälischer Friede, so hieß die Botschaft.

Christina konnte nicht schnell genug die Papierbogen glatt streifen und lesen, lesen. Von Landabtretungen war die Rede, von Gebieten, welche Schweden zugesprochen worden waren, von Bezahlung von Kriegsschuld – diesen Betrag überlas sie, was wog Geld in diesem Moment.

In zwei Monaten war sie zweiundzwanzig Jahre alt, und sie wusste, dass sie bei aller Freude wachsam sein musste, denn nun würde Oxenstierna darauf drängen, dass sie ihre Versprechen einhalten würde, ihre Krönung, ihre Verheiratung.

Bitter reagierte er auf die Verträge. „Das ist kein Grund zur Freude, ein paar armselige Provinzen in Deutschland, das ist alles, was für Schweden geblieben ist. Doch ein großer Traum ist zu Ende, der Traum eines großen Mannes, Ihres Herrn Vaters, unseres Königs Gustav Adolf." Und genauso bitter forderte er sofort: „Nun, Hoheit, da sich alles Ihren Wünschen entsprechend entwickelt hat, werden wir Ihre Krönung wie Ihre Verheiratung für den 8. Dezember 1648 festsetzen können."

Christina musste einige Male durchatmen, in diesem Moment versagte ihr beinahe die Stimme. „Nein, zuerst muss Karl Gustav als mein Nachfolger eingesetzt sein, dann wird die Krönung stattfinden."

Oxenstierna fuhr herum; das konnte nicht sein, das konnte Christina nicht tun, ihn weiter hinhalten, ihn von Versprechen zu Versprechen ziehen. Es konnte vor allem nicht sein, dass er das mit sich geschehen ließ. Christina war sein Mündel, sie war das ihm anvertraute Kind, und jetzt spürte er, dass sie log, dass sie ganz anderes vorhatte, dass sie sich weit entfernt hatte von ihm und von allen.

Oxenstierna musste sich setzen, Christina schob ihm ein Glas Wein hin. „Graf Axel, es ist das Beste für alle, zuerst Karl Gustav zu meinem Nachfolger zu bestimmen, und dann meine Krönung", sie hielt inne, „und alles Weitere, was noch notwendig ist, zu erledigen."

Dabei umarmte sie Oxenstierna vorsichtig, und er ließ es geschehen. „Bin ich wirklich schon so alt, dass ich mich in den Gedankengängen der Jugend nicht mehr zurechtfinde", hatte er Monate zuvor gesagt, und nun, da er zusammengesunken saß, dachte, fühlte er das wieder. Er nickte zu allem; er war so müde, dass er Christinas Forderung annahm, dass er jedes weitere Versprechen, jede weitere Verzögerung angehört hätte, wenn nur nie wahr wurde, was er glaubte zu fühlen, was er am meisten befürchtete: Christina und der Katholizismus. Das durfte nicht, das durfte nie Wirklichkeit werden. Er wollte jede Forderung von Christina erfüllen, würde ihm diese Auseinandersetzung, diese Wahrheit erspart bleiben.

Christina musste sich abwenden, sonst wäre sie zu Oxenstierna niedergesunken und hätte ihm mitgeteilt, was sie vorhatte, worauf sie hinlebte. Sie wankte zu ihrem Tagebuch, sie hatte keinen anderen Freund, „... musste ich mir mit aller Gewalt den Mund verschließen, nie vorher war mein Wunsch, mein Bedürfnis so groß, mich diesem väterlichen Freund anzuvertrauen. Es hätte nichts genützt, er hätte meine innere Richtung nicht gutheißen können, nicht gutheißen dürfen. Wie leicht es sich bei Vieira liest: Oft bedarf es zu einer tief greifenden Veränderung einer Lüge. Und nun bete ich um die Kraft, das Begonnene, die Richtung beizubehalten. Ein Geheimnis in sich zu tragen, eine Lüge, das sind Elixiere, die treiben und anstacheln. Als würde ich eine fremde Sprache beherrschen, die außer mir niemand versteht, so bewege ich mich in meinen zwei Welten, in jener, die ich nach außen lebe, und in jener südlichen, freien, auf die ich zugehe ..."

III. Kapitel

Immer hatte Christina mit großen Schritten den Raum durchmessen – wenn sie sich eine Entscheidung abzuringen hatte, bevor sie sich mitteilte, wenn sie zuhörte. Vor einigen Wochen, seit dem Fieber, das sie vom Neujahrsempfang bei Papst Innozenz ferngehalten hatte, war dieser Drang zu gehen in ihr zum Stillstand gekommen. Nun, in ihrem dreiundsechzigsten Jahr musste es genug sein. Was jetzt noch käme, wären Wiederholungen, hinaufgehoben und hinuntergeschleudert.

Es ist ein weiterer Tag im April, ein Frühlingstag in Rom. Christina hatte sich nach dem Süden gesehnt, nach dem Licht des Südens, in diesem Licht lebte, atmete die Freiheit, und in ihren ersten Wochen in Rom glaubte sie diese Freiheit in allem zu spüren, sogar in den Geräuschen der Natur zu hören. Tönte nicht aus jeder Vogelstimme die Lust am Freisein.

Sie hört jetzt, dreieinhalb Jahrzehnte später, die gleichen Vogelstimmen, das Getöne der erwachenden Stadt, die fluchenden Kutscher, die singenden, die streitenden Mägde und Knechte. Die Kuppel des Petersdomes glitzert im Morgenlicht; das alles ist ihr vertraut wie ihr Garten, in dem wilde Rosen und Lilien wuchern. Doch jetzt fehlt ihr manchmal die Stille, jene Stille, die es nur im Dunkel des nordischen Winters gibt. Angehalten, unterbrochen, zugedeckt schläft das Leben unter der Schneedecke. „Wann heben sie sich endlich, die Grabtücher Schwedens", schrieb sie als Zweiundzwanzigjährige, als sie das Ende der Dunkelheit, das Ende des Winters kaum mehr erwarten konnte. Jahrzehntelang war es für sie unvorstellbar gewesen, sich dorthin zurückzusehnen, und nun hatte sie seit Wochen die gleichen Bilder vor ihren Augen – sich auf das Pferd schwingen und in die Landschaft reiten, alle Licht- und Schattenspiele von Schneeweiß und Winterdunkel durchfegen.

„Christina, kann es sein, dass das Zurückblättern Sie zu sehr anstrengt, dass es Sie zu viel Kraft kostet, die Wirklichkeit, die Wahrheit, die seinerzeitige, anzuschauen?"

Der Beichtiger drängt, sie soll weiterschreiten.

„Was haben Sie noch alles getan, Christina, um Ihre Freiheit zu erreichen."

„Nur den mir aufgezwungenen Weg wollte ich verlassen, meine mir aufgezwungene Lebensrichtung wollte ich ändern. Der Himmel hat dieses Feuer, diesen Wunsch nach Freiheit in mir entzündet. War das nur als Versuchung gedacht? Ich wollte frei sein und, es ist richtig, ich wurde dabei ständig unfreier. Aber damals wusste ich noch nichts von den Dekaden, die nach 1648 für mich vorgesehen waren, Felder voll von Steinen, die ich zu durchschreiten hatte."

„Und Steine müssen aus dem Weg geräumt werden, ob edles oder taubes Gestein. Christina, haben Sie unterschieden, haben Sie sich gebückt und geprüft?"

„Einmal die Richtung geändert, gab es kein Zurück mehr; und wen hätte ich ins Vertrauen ziehen können, keinen. Jeder hätte mich von meinem Weg abgehalten. Ich wollte als Libertin leben, dieser Wunsch war mein Licht, dem ich folgte, dem ich alles unterordnete."

Als im Oktober 1648 der Krieg zu Ende war, sollte Minister Axel Oxenstierna Christina auf die Einlösung ihrer Versprechen drängen; ihre Krönung, ihre Verheiratung sollten vorbereitet werden.

Alle Mitglieder des Reichstages, des Adels, all jene der Oxenstierna-Partei, die sich vom Frieden zu Osnabrück gedemütigt und in die Schranken gewiesen fühlten, all jene, die jahrzehntelang Geld für Soldatensold und Kriegsgerät gegeben hatten, drängten auf Genugtuung. „Da wollten die Schweden über ganz Europa herrschen und mussten sich schließlich der Erpressung ihrer freidenkerischen Kronprinzessin fügen, die einen vorzeitig geschlossenen Frieden als Bedingung für ihre Krönung stellte!"

Die Adeligen hatten sich gefügt; sie hatten dem Frieden zugestimmt, doch ohne innere Überzeugung, denn dieser Friede von Osnabrück hatte nichts gebracht außer ein paar kleinen Ländereien. Um so meZurückblätternhr wollten sie jetzt dem übrigen Europa eine Königin vorzeigen, die nicht nur als Minerva des Nordens in allen wissenschaftlichen und künstlerischen Zirkeln wirkte, sondern auch als Königin von Schweden mit ihrem Verstand und ihrer Kraft alle Monarchen Europas in den Schatten stellte; mehr noch, sie wollten Christina als eine anschmiegsame Ehefrau sehen, die den Fortbestand des Hauses Wasa sichern würde.

Doch Axel Oxenstierna fragte nur mehr beiläufig: „Christina, sollte nicht in den nächsten Monaten ein Datum für ihre Krönung festgesetzt werden? Und die Hochzeitsfeierlichkeiten, sollten sie nicht unmittelbar darauf stattfinden." Diese Worte redete er vor sich hin, wenn er die Wochenbücher zuklappte und die Postkassetten verschloss. Er erwartete keine Antwort mehr, denn er kannte die neuerliche Bedingung von Christina: „Zuerst soll mein Cousin Karl Gustav als mein Nachfolger eingesetzt werden, mit allen Rechten, Pflichten und Bestallungsurkunde, und dann werden wir über einen Krönungstermin sprechen."

Eine Ungeheuerlichkeit! So wurde im Reichstag diskutiert.

Welches Spiel trieb Christina mit Oxenstierna, mit der ganzen Regierung. Wozu brauchte die Zweiundzwanzigjährige einen Nachfolger; sie würde ohnehin demnächst verheiratet werden, und dann wären die Kinder die natürlichen Nachfolger. Warum konnte Oxenstierna sich nicht durchsetzen, er war der Vormund von Christina gewesen, und nun ließ er sich von ihr Bedingungen diktieren.

Wenn Oxenstierna, von seinen zwei Schreibern begleitet, im Sitzungssaal seinem Platz zustrebte, der einzige hellblau Gewandete unter den Grau- und Braunröcken, drehten sich viele Reichsräte weg. Sie empfanden alles an ihm als einen Ausdruck von Schwäche, seine gebückte Haltung, seinen beschwichtigenden Ton, den Satz, „... ich habe meinem König Gustav Adolf bedingungslose Treue geschworen ..."

Der Krieg war vorbei. Es musste neu begonnen werden, mit Kraft und ohne Bedingungen. „Aber was soll man von ihm erwarten, schon wieder hat er Wachstropfen auf seinem hellblauen Wams, und er jagt den Schreiber trotzdem nicht zum Teufel", so wurde getratscht.

In den Wochen nach Oktober 1648 schlug die Stimmung auf Stegeborg, in Stockholm, in ganz Schweden, nach kurzer Friedenseuphorie in Entsetzen und Verzweiflung um. Die Generäle hatten ihre Listen mit den Namen der Toten und Verwundeten auf den Tisch gelegt, nun wurde gezählt: Schweden hatte mehr als ein Drittel der Bevölkerung im Krieg verloren, deshalb lagen die Höfe und die Zunftwerkstätten leer. Erst jetzt, nach dem Friedensschluss, wurde aller Mangel wahrgenommen. Es fehlte an gutem Trinkwasser und es fehlte Werkzeug, es fehlten Kutschen, Räder, Webzeug, es fehlte Saatgut, es fehlten Boote und Netze für den Fischfang, es fehlte Holz zur Reparatur der Schlitten und Holz für die Glutpfannen. Und all dieser Mangel, das Fehlen des Allernotwendigsten, wurde durch den Winter dieses Jahres 1648 noch deutlicher, denn Schnee und Stürme jagten über Wälder, Dörfer und Städte. Luchse und Wölfe rückten auf Nahrungssuche immer näher an die menschlichen Behausungen; dort verschlang einer den anderen, je nachdem wer schneller und stärker war, manchmal der Mensch, manchmal das Tier. Wenn das letzte Stück Holz, die letzte Hand voll Torf in der Glutpfanne schmauchte, wurde auch ein letztes Mal zwischen Besitzenden und Besitzlosen unterschieden. Jene, die noch ein paar Schluck Schnaps hatten, waren reich und hatten es gut; sie konnten sich für ein paar Minuten Benommenheit verschaffen und fanden so leichter den Weg hinüber in die Welt voll Wärme und Licht. Jenen anderen, die keinen Schnaps hatten, blieb nur der langsame Tod des Erfrierens. Aber ob der einen oder der anderen Schichte angehörend, die Gemüter der Menschen waren verstört. Übergangslos kippte oft Gleichmut in Wutausbrüche, dann sprangen die Darbenden einander an die Gurgel oder setzten unnütze Esser, Kinder, Kranke und Schwache, neben Schneewächten aus. Zu lange hatten sie geschwiegen, zu lange waren sie fremdbestimmt gewesen; fremdbestimmt für eine große, hehre Idee in den Krieg geschickt, fremdbestimmt zu Lehensleistungen und Verzicht, alles für den Sieg, für die Macht über ganz Europa.

Es gab auch eine andere Gruppe, die durch den Krieg wohlhabender geworden war, das waren die Gutsbesitzer und Adeligen, und jene, die in den Kontoren saßen. Die Gutsherren, Grafen und Edelleute hatten ihre eigenen Truppen ausgestattet, und sie erwarteten von ihren Soldaten nicht nur Siege. Sie wollten ihre Häuser, ihre Salons mit Gegenständen aus dem Kontinent ausstatten, und bald konnten die Familien Ruisdael, Ursinus, Heinsus und all die anderen einander tatsächlich mit Gütern der Beutezüge ihrer Soldaten übertrumpfen. In opulenten Festen führten sie ihren neuen Lebensstil vor, mit Bildern, Möbeln, Silber, Kristall, Porzellan und Tapisserien aus Deutschland.

Jene, die in Kontoren saßen, die als Beamte, als Schreiber, Sekretäre, Kuriere dienten, bekamen Münzen in ihre Lederbeutel, und mit diesen Münzen konnten sie am Hafen herumstolzieren und sich Wein und Fische kaufen. Sie konnten auch noch wählerisch sein, denn war ihnen der Hering zu mager, wandten sie sich zum Burschen mit den gevierteilten Rentierkörpern. Sie fluchten und handelten und bekamen für ein paar schäbige Münzen einen Korb voll Fleisch, mit dem sie ihren Knecht nach Hause schickten, dass der alles für das Fest vorbereite; irgendetwas gab es immer zu feiern.

Nach dem Geburtstag von Christina im Dezember 1648 häuften sich die Bittbriefe auf ihrem Schreibtisch. Sie hatte die offizielle Geburtstagsfeier abgesagt: „Ist ein zweiundzwanzigster Geburtstag nicht mehr und nicht weniger als jeder andere, und deshalb nicht besonders zu erwähnen. Außerdem befindet sich Schweden in größten wirtschaftlichen Nöten. Ich weiß, dass die Menschen hungern und frieren, ich weiß, dass viele Soldaten gar nicht nach Schweden zurückkehren, weil sie sich nicht in Verzweiflung stürzen wollen, deshalb wird an meinem Geburtstag nicht ein Stück Brot mehr gegessen werden und nicht ein Schluck Wein mehr getrunken werden als an anderen Tagen ..."

Mit diesem Brief, den sie, vielfach kopiert, über ihre Kuriere in die Gemeindestuben bis nach Uppsala bringen ließ, hatte Christina eine Lawine losgetreten. Die ausgehungerten Menschen fühlten sich plötzlich von ihrer Königin verstanden, ja beinahe beschützt. Welch andere Christina sprach aus diesem Brief zu den Menschen, wie anders hatte man sie dargestellt – eine Wissenschafterin, eine zwitterhafte Person, die unverständlich komplizierte Reden halten würde und ihre Wollust im Betrachten von Bildern auslebte, auf denen nackte Männer und Frauen dargestellt wären. Nun, nach diesem Geburtstagsschreiben, fassten die Menschen Mut, und in Gruppen marschierten sie zu den Briefeschreibern und gaben ein paar Schöpfer geröstete Gerstenkörner für einen Bittbrief an die Königin.

Doch Christina konnte so gut wie gar nicht helfen; der Reichsrat verzögerte die Auszahlung ihrer Apanage. „Zuerst die Krönung, und erst dann die Verträge über Apanage und Vermögen Ihrer Majestät", das war die Reaktion des Reichsrates auf ihre Krönungs- und Heiratsverweigerung, auf ihre erpresserischen Bedingungen.

Man wusste, dass sie ständig Geld für Bücher und den Ankauf von Bildern brauchte, dass sie die Gelehrten, mit denen sie über die julianische und gregorianische Kalenderrechnung diskutierte, mit Geld, Bernstein und silbergeprägten Büchern beschenkte. Es war ein einfacher Schachzug vom Schatzmeister, Christina durch Geldentzug ihre Abhängigkeit spüren zu lassen: „Sie fordert Geld und erfüllt ihre Pflichten nicht, die Pflichten einer Tochter des Hauses Wasa."

Wie sollte Christina also helfen. Ab und zu ließ sie aus dem Meierhof Schweine, ein paar Rinder und Pferde auf den Marktplatz treiben, „vielleicht beruhigt das ein paar hungrige Mägen". Und sie schickte Editha zu Alpha. „Diese Schnallen und Broschen hat König Charles von England mir zum achtzehnten Geburtstag geschickt, sie sind sehr wertvoll. Alpha kennt bestimmt einen Wucherer, und Karl Gustav wird die Münzen dann verteilen; er tut es sicher gerecht und gibt davon den Allerärmsten."

„Und wenn Oxenstierna davon erfährt, wenn er sieht, dass die Geschenke in den Vitrinen fehlen?"

„Er wird es hinnehmen müssen; allerdings, bis nach England darf das nicht getratscht werden, dann gibt es einen nächsten Krieg. Geh, und kein Wort zu irgendjemandem, von wem die Juwelen sind."

Niemals hätte Christina ihre Zofe mit einer so heiklen Mission betrauen dürfen, doch die Bittbriefe, die Verzweifelten, Betrunkenen, Bettler, die ihre Hände nach Christina, nach diesem satten Menschen auf dem Pferd, reckten, hatten in ihr einen Ausbruch des Mitleidens ausgelöst. Mit Gewalt musste Christina an sich halten, um nicht stehen zu bleiben und zu trösten. Sie hatte als Kind, als sie ins Gewölbe gesperrt war, alle Stufen hinunter kennen gelernt, den Schmerz des Hungers, die Kralle der Kälte, und die letzte, peinigende Tiefe – das Alleinsein, das Alleingelassensein. Und die meisten von denen, die sie auf der Straße, auf den Plätzen sah, hatten diese letzte Stufe erreicht; sie hockten, lehnten nicht mehr zu zweit oder in kleinen Gruppen, sie streckten nicht mehr die Hand nach dem anderen aus, um ihn zu wärmen; sie waren zu schwach, zu verzweifelt dazu; sie kauerten allein, nur mehr auf den letzten Zugriff des Schicksals wartend.

Wozu war ihre Gelehrsamkeit nütze, wenn sie diesen geschundenen Menschen nicht helfen konnte. Mehr und mehr wurde für Christina die Gleichgültigkeit unerträglich, mit der die Räte und Minister, auch Axel Oxenstierna, über die Not hinwegsahen. Sie zogen ihre Pelzkappen tief ins Gesicht, sie vergruben sich in Filzumhänge und Felldecken, wenn ihr Schlitten sie in ihre Kontore brachte. Sie schauten nicht auf, sie reagierten nicht, wenn der Kutscher das Gefährt herumreißen musste, weil sich ihnen ein Hungernder entgegenwarf oder weil ihnen ein lebloses Menschenbündel im Weg lag. Bevor sie ausstiegen, verharrten sie noch minutenlang sitzend auf dem Schlitten, bis die Knechte mit den Fackeln die Gänge und Stiegen ausgeleuchtet hatte; denn keiner von den gut Vermummten wollte über Halberfrorene oder Sterbende hinwegschreiten müssen.

Diese Situationen, diese Zustände waren in Stockholm Alltag geworden, und Christina konnte nichts dagegen tun. In ihre Hilflosigkeit mischte sich Wut und Empörung, und in der zweiten Februarwoche des Jahres 1649 verlas sie im Reichsrat einen Gesetzesvorschlag: „Es kann aus allen Gründen nur billig sein, das monatliche Salär der Beamten um die Hälfte zu reduzieren. Die frei gewordene Hälfte sollte zu einem Teil an die heimkehrenden Soldaten gehen, und zum anderen Teil an die Bauern verteilt werden, damit diese nach der Schneeschmelze raschest ihre Felder bestellen können und so die Ernährung unserer Landsleute wieder in einen geordneten Jahresrhythmus kommt."

Die Minister und Reichsräte starrten sie an; sie standen nicht einmal auf, als Christina zurück zu ihrem Platz ging; sie waren unfähig zu irgendeiner Reaktion.

Axel Oxenstierna schaute an Christina vorbei zu Adalbert Salvius, dem Schatzkanzler. Oxenstierna hatte schon seit Tagen gespürt, dass Christina etwas vorbereitete, dass sie sich demnächst äußern würde; und er hatte den Schatzmeister darüber informiert.

Deshalb ging Salvius wohl vorbereitet ans Rednerpult und zog einen Bogen Papier aus dem Ärmel seines Talars. „Königliche Hoheit, Christina, wir haben Ihren Vorschlag gehört und werden die richtigen Schlüsse daraus ziehen. Ihr Gemüt ist für die alltäglichen Gegebenheiten der einfachen Menschen zu sensibel. Es ist richtig, in vielen Winkeln unseres Landes ist das Elend heimisch geworden. Es wird einige Jahre dauern, bis die Not gemildert ist. Doch das ist die Angelegenheit des Reichsrates und des ersten Ministers, Graf Axel Oxenstiernas, und des Schatzkanzlers, also meine Angelegenheit. Es ehrt Sie, Christina, und wird Ihnen die Anhänglichkeit Ihrer Untertanen sichern, wenn Sie Almosen geben. Allerdings, für Sie haben wir eine andere Aufgabe vorgesehen, das ist Ihnen bekannt! Wir wünschen uns für Schweden eine Königin voll Wissen und Gelehrsamkeit, eine Königin, mit der wir dem übrigen Europa beweisen werden, dass im Norden die Wissenschaften und Künste blühen und gedeihen. Deshalb wurden Ihnen die besten Lehrer, die außergewöhnlichsten Professoren zum Studium vermittelt, und dabei soll es bleiben. Königliche Hoheit, Christina", jetzt steigerte sich die Stimme des Schatzkanzlers zu Zorneshöhe, „stellen Sie keine Überlegungen an, wie das Salär unserer Beamten verteilt werden könnte! Es sind diese Beamten, die für Ihre Sicherheit sorgen, die Ruhe und Ordnung sicherstellen, in Stegeborg, in Stockholm, in ganz Schweden! Haben Sie eine Ahnung davon, wie viel Geld und Waren, die man den Hungernden zukommen lässt, für

Schnaps und Spiel verwendet werden. Hoheit, kennen Sie die wirkliche Ursache für das Elend, unter dem die Schweden jetzt zu leiden haben! Der voreilig geschlossene Friede hat uns nicht nur der größten Hoffnungen auf ein mächtiges, über ganz Europa ausgedehntes Schweden beraubt, wir mussten auf südlicheres Acker- und Weideland verzichten, das für uns zum Greifen nahe war! Was hätte eine Verlängerung des Krieges von ein, zwei Jahren gewogen gegen die fruchtbaren Äcker auf dem Kontinent, in Pommern und Bayern. Deshalb, Hoheit, Christina, bleiben Sie bei Ihren Wissenschaften, erfüllen Sie darin unsere Erwartungen, helfen Sie uns damit über die Enttäuschung über diesen Frieden von Osnabrück hinweg." Salvius schloss kurz die Augen und fuhr nach ein paar Momenten fort: „Und fahren Sie in Zukunft in geschlossener Kutsche durch die Stadt, damit Sie Ihr Gutseinwollen in Zaum halten können."

Mit dieser offenen Rüge war Christina auf ihren Platz verwiesen worden, eine Maßnahme, die alle Mitglieder des Reichstages guthießen, die nach Meinung aller längst fällig gewesen war. Auch Oxenstierna hatte durch Duldung dieser Rede des Schatzkanzlers seine Position klargestellt. Sein Platz im Reichstag war auf der Seite seiner Partei, und das waren die Adeligen. Den Adeligen, Beamten und Bürgern war schon genug abverlangt worden; jahrzehntelang hatten sie Steuererhöhungen und Lehensabgaben hingenommen. Hätten sie sich mit den erbeuteten Bildern und Möbeln nicht selber Gerechtigkeit verschafft, es hätte Aufstände gegeben. Nun, da in der Staatskasse nur mehr Schuldscheine waren, nun, da im ganzen Land Männer zum Roboten fehlten, mussten diese Familien Legionen von zuwandernden Protestanten dulden, die aus allen Teilen Europas ins lutherische Schweden flüchteten.

Christina hatte diese Lektion, die ihr der Schatzmeister erteilt hatte, zur Kenntnis zu nehmen. „Eine Verständigung zwischen dem Reichsrat und mir ist offensichtlich nicht möglich. Sie wollen sich aus allen Mixturen ihrer Eitelkeit, ihres Machtstrebens eine Königin formen, mit der sie die Mächtigen von Europa von unserem Elend, von unserer Armut ablenken können. Diese Aufgabe werde ich nicht erfüllen, niemals", vertraute sie ihrem Tagebuch an.

Sie zog sich noch mehr als zuvor in ihr Kontor zurück, diktierte Anweisungen an Bürgermeister, „hat man mir über die Fischpreise zu berichten und werden Wucherpreise mit Kerkerstrafe verfolgt". Sie forderte die Geistlichen auf: „Es ist mindestens gleich wichtig, auf die Profession der Einwanderer zu achten wie auf ihre Religionszugehörigkeit. Es werden dringend Weber und Gerber gebraucht, Zimmerleute, starke Männer, welche die Waldnutzung, das Fällen und die Rodung verstehen. Nach ihren Kräften und ihrem Können sollen die Einwanderer den Regionen zugeteilt werden."

Viele dieser Briefe verschwanden.

„Karl Gustav, was soll ich tun! Schatzmeister Salvius hat seine Spione überall; für zwei Teller Gerstensuppe kauft er sich jeden Kurier, damit er über meine Korrespondenz unterrichtet ist. Ich brauche einen verlässlichen Postboten", Christina war verzweifelt.

Ihr Cousin versprach zu helfen, das war für ihn selbstverständlich. Er überzeugte Christina auch, ihre Arbeit für ein paar Stunden zu unterbrechen. Christina, deine Augen schimmern rot, wie wund gescheuert", und er bereitete für sie am Tagesbett ein Lager aus gewärmten Ziegelsteinen, beträufelte ihre Augen mit dem Sud aus Birkenrinde. Er ließ Lavendelöl in der Glutpfanne aufzischen und lächelte ihr zu: „So riecht der Sommer, erinnerst du dich?"

Christinas Freundschaft zu Karl Gustav war seit dem Friedensschluss tiefer geworden; Karl Gustav hatte sich damit abgefunden, dass sie ihn nicht heiraten würde. Er durchschaute zwar nicht, was Christina vorhatte, warum sie ihn zu ihrem Nachfolger einsetzen wollte, doch würde ihm das den Königsthron Schwedens sicherstellen, und das war mehr, als man sich in seiner Familie jemals erwartet hätte.

Pünktlich kam er einmal pro Woche von seinem Gutshof aus Öland nach Stegeborg. Er saß beim Dinner an Christinas Seite, las ihr Gedichte vor, begleitete sie in die Gemäldegalerie, er tanzte mit ihr, wickelte die Rollen und Mappen mit ihren Poststücken, Briefen und Anweisungen in die Lederfutterale und verabschiedete sich wieder.

„Christina, unterschätze deine Feinde nicht, sie sind zu allem fähig. Du weißt, sie brauchen jetzt einen Schuldigen, einen Namen, den sie nennen können, wenn sie gefragt werden, warum es den Menschen so schlecht geht", beinahe jedes Mal hatte Karl Gustav sie gewarnt. Christina hatte dazu gelacht: „Ich weiß, ich habe an allem Schuld, immer habe ich an allem Schuld; das begann schon mit meinem ersten Schrei, weil ich damals meine Mutter und die Hebamme getäuscht habe. Auf den ersten Blick sahen sie einen Knaben und mussten dann meinem Vater eine Tochter eingestehn", damit wischte Christina alle Bedenken und Warnungen weg.

Der Winter des Jahres 1649 zog sich weit in die Monate Mai und Juni hinein, und als sich endlich das Dunkel zu Juni- und Julihelligkeit wandelte, begann es zu regnen. Schneeschmelze und Regenwasser füllten die Bäche und Rinnen, überschwemmten die Moore und Sümpfe. Unaufhaltsam kroch das Wasser den Siedlungen, Dörfern und Städten zu; die Wege wurden reißende Bäche, in denen Kadaver von Hunden und Kühen trieben, auch tote Menschen, ertrunken auf der Flucht zu einem rettenden Boot.

„Jetzt straft uns auch noch der Himmel, das hat alles sie uns eingebrockt! Der Himmel wollte nicht, dass Schweden so klein beigibt. Krieg ist Männersache, und es bringt Unglück, wenn eine Frau sich in Kriegsstrategien einmischt! Soll sie doch versuchen mit ihrem Gelehrtengeschwätz die Wasser zum Nordpol zu jagen", so wurde geredet und geflucht; die niedrigsten Diener trugen Christina dieses Getratsche zu.

Sie schüttelte dazu den Kopf, manchmal lachte sie laut und böse darüber; man erwartete nichts anderes von ihr. Sie sagten auch, von Empfindungen, von der Fähigkeit zu fühlen, habe ihr die Natur zu wenig gegeben. „Was sie sich nicht mit ihrem Kopf erklären kann, existiert nicht für sie, wahrscheinlich ist sie doch mehr ein Mann als eine Frau."

Christina registrierte überall nur Schwerfälligkeit. Die Besitzenden fragten: Wozu werden Gerber und Weber gebraucht, was soll das Gezeter um Saatgut? Wichtig ist, dass die Menschen regelmäßig in die Kirche gehen und wir uns auf ihren Gehorsam verlassen können. Geld für Bibliotheken, am Ende noch Geld für eine wissenschaftliche Akademie, wozu? Wären die Friedensverträge geschickter verhandelt worden, dann wäre Schweden territorial bis in den Süden Europas gewachsen, dann wäre Schweden die Großmacht Europas und müsste sich nicht in Kultur und Wissenschaft in einen Wettstreit mit den anderen europäischen Ländern begeben.

Christina flüchtete wie immer zu ihren Büchern, las in den Schriften, die Descartes ihr gegeben hatte. René Descartes hatte sich vor Monaten in Amsterdam niedergelassen und schrieb: „Diese Stadt hat genau jene Atmosphäre, die ich für meine Studien brauche. Ach, Christina, Freiheit, hier ist sie zu spüren."

Ob Amsterdam die Stadt für sie werden könnte, eine neue Heimat? Immer wieder las sie auch Dante, schon ein paar Zeilen vermittelten ihr südliches Lebensgefühl, „„... die Seele, die geschaffen ist, zu lieben, kehrt sich zum Bild, das ihr gefällt ..."

Sie wusste, sie sollte endlich damit beginnen ihren Entschluss umzusetzen, doch sie wollte nichts ohne den Rat von Samuel de Souza tun. Samuel war ihr Vertrauter geworden; er hatte schon die Friedensverhandlungen gelenkt und geführt; er hatte das mit Beharrlichkeit und ganz im Hintergrund getan. Er würde sie auch jetzt dem neuen Lebensufer zuführen, doch dazu brauchte Christina Geduld, und diese Tugend musste sie sich erst hart erarbeiten.

Ihre innere Unruhe und Unordnung saugte an ihren Kräften, sie schlief wenig und schlecht; sie warf sich in Fastenexerzitien, und wenn sich in den Nachtstunden Erinnerungsschleier über ihren Körper zogen, hörte sie die Stimme von Gabriel, spürte seine Liebkosungen. Dann brauchte sie alle Kraft, um sich wieder herauszuwinden, zurückzufinden in ihr ausgekühltes Bett, in dem die grobe Wäsche nach Moder roch und an den Bettvorhängen Ungeziefer kroch.

Nach solchen Nächten verrichtete sie ihr Tagesprogramm noch verbissener; sie schrie den Schreiber an, wenn er beim Kopieren ihre Schrift nicht lesen konnte, sie scheuchte die Magd um frische Kerzen, weil ihre Augen so brannten. Sie befahl, ihr Kontor mit dem Dampf von bitterem Wermut auszuräuchern; sie ließ die Schüsseln mit dem geschmorten Fisch und den gebratenen Pflaumen unbeachtet stehen, und sie duldete nicht, dass jemand in ihrer Gegenwart aß. Sogar Editha musste heimlich aus dem Zimmer schlüpfen, um ein paar Bissen vom schmierig kalten Fisch zu sich zu nehmen.

Sie rief nach Meister Sven. Wo trieb er sich herum, wann würde er endlich mit der Abschrift des Augustinus-Werkes fertig sein. „Meister Sven, welche Leidenschaft zerstört mehr: die Leidenschaft des Hasses oder die Leidenschaft der Liebe."

Der arme Mann wusste nicht zu antworten, er zog das Wams höher, hielt die Hand vor seinen Mund. Seit Wochen plagte ihn ein Husten, und er fürchtete deshalb, aus Stegeborg verbannt zu werden. Was sollte er mit Christina diskutieren, wie kam sie auf dieses Thema. Er stotterte ein paar Mal: „Es ist so, ich meine ..." Lehrer, Schülerin, es hatte sich längst umgekehrt; Christina hatte die Antwort auf ihre Frage schon formuliert: „Die Leidenschaft der Liebe führt zu größeren Exzessen! Der Hass erstreckt sich nur auf das gehasste Objekt, aber die gestörte Leidenschaft der Liebe verschont nichts, sie macht den Menschen zum Narren, am Ende auch zum Verbrecher. Ich will nur für die Leidenschaft des Geistes leben, und jener Glaubensrichtung will ich mich zuwenden, die meinem Geist mehr Freiheit gibt."

Meister Sven nickte dazu, was sollte er sagen, was meinte Christina? Er verstand nichts und war erleichtert, als er sich wieder entfernen durfte.

Als sie im August noch immer keinen Brief von Samuel hatte, begann Christina von einem Moment auf den anderen ihr Schreibpult zu ordnen. „Ich verreise für ein paar Wochen, nach Hamburg und nach Amsterdam."

Karl Gustav fragte besorgt: „Christina, Axel Oxenstierna wird es gar nicht gutheißen, wenn du das Land verlässt; außerdem, wer wird dich begleiten?"

„Graf Axel soll endlich seine Räte davon überzeugen, dich als meinen Nachfolger einzusetzen", antwortete sie gereizt und meinte noch: „Ich brauche keine große Begleitung, mir reichen zwei Stallburschen."

„Christina, was hast du wirklich vor", Karl Gustav glaubte ihr nicht, „mit wem wirst du dich treffen?"

Sie überlegte, Karl Gustav würde sie sich mitteilen, zumindest zum Teil. „Samuel de Souza erwartet mich in Hamburg. Außerdem werde ich mit einem Händler aus Portugal zusammentreffen, daraus könnte eine wichtige Handelsverbindung für Schweden werden, es geht um Korn, Holz, Fische."

„Aber Christina, was kann Schweden dafür liefern – gar nichts. Christina, wir haben keine Bonität, wer wird uns Kredit geben? Und Oxenstierna hat doch jetzt ganz andere Pläne", entgegnete Karl Gustav.

„Welche?", Christina schaute kaum auf.

„Die Polen und die Dänen wollen ihre Gebiete zurückhaben. Deshalb wird das gekürzte Salär der Beamten für die Ausstattung der Truppen verwendet", erklärte Karl Gustav.

„Der Truppen!", rief Christina. „Soldaten, schon wieder!" Sie konnte sich kaum beruhigen: „Der Gesetzesvorschlag, den man mir ins Gesicht geschlagen hat, dieser Vorschlag wurde also doch umgesetzt, und das Geld der Beamten wird wieder für Soldaten und Kanonen verwendet!" Christinas Stimme überschlug sich: „Karl Gustav, warum weiß ich davon nichts?"

Er wand sich, versuchte zu erklären: „Weil doch jeder deine Meinung über einen Krieg kennt, und Axel Oxenstierna sollte dich schrittweise dafür gewinnen."

„Ein neuerlicher Krieg", Christina war fassungslos.

„Aber die Polen und die Dänen", begann Karl Gustav noch einmal.

„Nein", Christina unterbrach ihn. „Es ist umgekehrt, die Oxenstierna-Partei will die dänischen und pommerschen Gebiete erobern! Dass Pommern noch immer katholisch ist, das konnten die Adeligen doch nicht verwinden, Pommern und Polen wollen sie längst protestantisch wissen."

Christina lief beinahe im Salon auf und ab, sie stieß Stühle, Schreibpulte und Truhen beiseite. „Warum braucht die Post aus Hamburg so lange? Seit zwei Wochen ist keine Postkutsche aus Hamburg hier angekommen", redete sie vor sich hin. Worauf wartete sie noch, warum reiste sie nicht längst ab?

„Christina, du weißt, der Vatikan will mit allen Mitteln die Vormachtstellung des Katholizismus in Europa durchsetzen, und er hat die Habsburger auf seiner Seite und mit den Habsburgern die Spanier", Karl Gustav sprach weiter von den nächsten Kriegsabsichten Schwedens; er bemühte sich, ruhig auf Christina einzureden.

Doch für Christina war dieses Thema erledigt. Schweden in einem neuen Krieg! Das hatte nichts mehr mit ihr zu tun, zumindest würde es bald nichts mehr mit ihr zu tun haben.

Fast geduldig sagte sie deshalb zu ihrem Cousin: „Ich verstehe, Karl Gustav, du unterstützt die Absichten für einen neuen Krieg. Du wurdest zum Soldaten ausgebildet, und man berichtet von allen Seiten, dass du ein hervorragender Stratege bist, ein tapferer Major, dass du später, als Oberbefehlshaber unseres Heeres, ein hervorragender General sein wirst. Ich verstehe auch", Christina legte ihm ihre Hand auf den Arm, „dass du auf deinem Gut sehr einsam bist, Karl Gustav. Öland ist eine sehr stille Insel. Wie verlaufen deine Tage, in welchen Tätigkeiten verrinnt deine Zeit – die Jagd, das Fischen, Gespräche mit deinen Sekretären und Dienstboten. Ab und zu ein Tanzabend mit jungen Frauen, die man dir mit dem Boot aus Stockholm schickt. Und alles nur Zerstreuung, nichts ist eine wirkliche Aufgabe für dich, nichts ein Auftrag, der dich aufsaugt, der von dir Besitz ergreift und dem du alles andere unterordnest. Du fühlst dich", Christina unterbrach einige Momente, „als wärest du zu gar nichts nütze, und wirst dir selbst mit jedem Tag mehr und mehr fremd."

Karl Gustav starrte sie an. Noch nie hatte sie so mitfühlend mit ihm gesprochen. „Genau so ist es", murmelte er. „Jetzt ist August, in der Helligkeit ist das Alleinsein, das Nutzlossein leichter zu ertragen; doch ich fürchte die dunklen Jahreszeiten. Werde ich wieder Briefe schreiben, an dich, Christina, Briefe, die du nie erhältst? Du meinst, dein Inneres gut gepanzert zu verstecken, mich täuschst du nicht, Christina. Du leidest, du leidest an der Enge hier, du leidest an Schweden, und um das alles zu ertragen, hast du dir ein Pflichtjoch umgelegt, und damit ziehst du Furche um Furche durch Tage und Wochen. Aber Christina, wartest du nicht auch darauf, dass dich jemand daraus befreit, dir dein Joch abnimmt?"

Sie sagte nichts dazu, sie nickte und ließ sich von Karl Gustav umarmen. Sie roch Tabak und Schweiß an seinem Wams, und ein paar Atemzüge lang flüchtete sie in diese freundschaftliche Geborgenheit. Warum konnte ihr diese Freundschaft nicht genügen, warum war der Stachel in ihr freigelegt worden, dass ihr Wohltemperiertheit nicht mehr genügte, sondern sie in allem über das mittlere Maß hinaus wollte. Sie hatte ihre Entscheidung getroffen, deshalb straffte sie sich sofort: „Karl Gustav, wie immer du auch über einen nächsten Eroberungsfeldzug denkst – ich werde keinen Kriegsbeschluss unterzeichnen, niemals! Axel Oxenstierna soll zuerst dich als meinen rechtmäßigen Nachfolger bestätigen, und wenn du damit der offizielle Oberbefehlshaber unseres Heeres bist, wirst du entscheiden, ob du mit den Soldaten neuerlich losziehst. Meine Überzeugung kennst du: Egal wie ein Krieg der Protestanten gegen die Katholiken, ein Krieg der Katholiken gegen die Protestanten endet – siegen werden die Türken, vielleicht erst Jahre später, aber sie werden siegen, in jedem Fall."

Karl Gustav hatte aufmerksam zugehört, er versuchte zu ordnen: „Christina, du hältst also daran fest: Zuerst die Sicherstellung meiner Nachfolge, dann deine Krönung." Er gab sich schließlich einen Ruck: „Und Heirat, Christina, wen beabsichtigst du zu heiraten?"

Sie zuckte zusammen, wie viel sollte sie Karl Gustav preisgeben. „Wahrscheinlich werde ich gar nicht heiraten – Ehelosigkeit ist so heilig wie die Ehe", erklärte sie schließlich, und sie ergänzte noch: „Es wäre besser, Karl Gustav, du könntest das für dich behalten."

Er nickte, erleichtert, immerhin würde Christina, die ihm als Ehefrau versprochene Christina, auch nicht einen anderen heiraten. Das beruhigte ihn, das tröstete ihn, zumindest im Moment, und er würde zu keinem Menschen von ihrem selbst gewählten Zölibat reden. Mit diesem Geheimnis war ein weiterer, ein goldener Faden in ihr Freundschaftsband gewoben worden, und sie trachteten beide danach, diese Freundschaft nicht zu sehr zu belasten, dieses Band nicht zu überdehnen.

Als Christina, schon in Reisekleidung, das Befüllen der Satteltaschen überwachte, kam plötzlich ein Kurier angesprengt: „Hoheit, ein Gesandter aus Hamburg ist nach Stegeborg unterwegs, er ist in den nächsten Stunden zu erwarten, Ulryk Sekyria ist sein Name."

Endlich! Samuel hatte Wort gehalten. „Christina, sollte die Zeit für Korrespondenz zu knapp werden, dann schicke ich einen Reisemarschall, der Sie nach Amsterdam und weiter nach Hamburg begleiten wird", hatte er beim letzten Treffen versprochen, und jetzt, mit der Ankunft von Ulryk, begann für Christina die Zeit in einem neuen, einem schnelleren Rhythmus zu laufen. Vielleicht musste die eine Christina, die Oxenstierna und die anderen kannten, noch lange, noch Jahre, in ihrer Spur bleiben und deren Erwartungen erfüllen; doch die andere ritt in den nächsten Stunden nach Amsterdam und Hamburg, und damit begann ein neuer Abschnitt.

Die letzten Reisevorbereitungen waren rasch erledigt. Ulryk, ein hoch gewachsener Jüngling, übergab Christina einen Brief von Samuel: „Sie werden in Ulryk den besten Reisemarschall haben. Er ist der Sohn einer angesehenen Familie aus Amsterdam, der zum Studium der Bibliothekswissenschaften bereits in Rom und in Toledo war. Die jesuitische Erziehung hat seine Charaktereigenschaften aufs Beste geformt; er weiß um seine Mission und wird deshalb keine unnötigen Fragen stellen. Zuerst wird er Sie nach Amsterdam begleiten und zu René Descartes bringen. Von dort wird Ulryk Sie nach Hamburg begleiten, wo ich Sie schon sehr erwarte. Man erzählt hier, Sie wissen, Gerüchte laufen schneller als der Sturm, Christina von Schweden habe den Oxenstierna-Getreuen eine Lektion erteilt! Die Beamtengehälter kürzen zu wollen, welche Tollkühnheit! Dafür spreche ich Ihnen meine ganze Bewunderung aus. Ich weiß, dass Sie diese Kleingeister mit Gehorsamkeit täuschen, damit sie Ihnen auf ihrem Weg in die Freiheit nicht hinderlich sind. Ich umarme Sie!"

Christina wollte sofort aufbrechen und die kurze Dunkelheit der Augustmitternachtsstunde nützen; zu dieser Zeit schliefen die meisten Diener und Kämmerer, und sie konnte über Schlafende und Dösende hinweg unbemerkt zu den Stallungen gelangen.

An Oxenstierna hatte sie geschrieben: „Graf Axel, ersparen Sie mir Ihren Tadel wegen meiner Eigenmächtigkeit. Erfüllen Sie meine Bedingungen, bemühen Sie sich darum! Bereiten Sie die Bestallungsurkunde für Karl Gustav vor; meine Nachfolge sicherzustellen ist ehrenvoller, als über einen neuen Krieg zu diskutieren, dem ich nie zustimmen würde."

Als sie im Stall Minom aufgezäumt und die Satteltaschen festgezogen hatte, hörte sie hinter sich ein Schnauben. Sie drehte sich um, ein Hengst kam auf sie zu, mit Schaum vor dem Mund drängte er sich an Christina. Sie wollte nach dem Pferd greifen, das Tier zurück zu seinem Platz führen, doch der Hengst presste Christina an die Stallwand, dass sie zu Boden fiel. Das Tier raste und bäumte sich immer wieder auf, von einem Mal zum anderen verfehlte es nur um Handbreite den Kopf, den Körper von Christina. Allmählich begriff Christina, das Pferd war mit Alkohol zur Raserei getrieben worden. Wie ein Bündel Heu wurde sie von dem wütenden Pferd im Dung hin und her gerollt, hin und her geworfen, wieder und wieder. Sie war gefangen zwischen dem zustoßenden Pferdekopf und den Beinen des Tieres, den Hufen, die in ihre Richtung traten und scharrten. Christina hatte keine Möglichkeit zu entkommen; sie hielt die Augen geschlossen, wie oft würde der Hengst sie mit seinen Hufen noch verfehlen. Plötzlich wurde am Holz des Verschlages gezogen und geklopft. Björn, der Stallknecht zwängte die Bretter zu einer kleinen Öffnung auseinander und nach endlos scheinenden Minuten zog er Christina aus ihrer Ecke in die Futterkrippe. Dort blieb sie noch einige Atemzüge lang in Heu und Getreidekörnern liegen, hörte, wie der Hengst rasend im Kreis tanzte, wie er mit Wucht gegen die Wand rannte, dass die Holzpfosten knirschten. Die anderen Pferde verharrten still, sie reagierten auch nicht, als Björn mit zwei Stallknechten das vom Alkohol zur Raserei getriebene Pferd mit Seilen, Stricken und Hölzern in die Ecke zwangen und festbanden. Vom Hof war Gezeter und Geschrei zu hören, die Mägde bildeten eine Wasserkette, und Bottich um Bottich wurde gegen das tobende Pferd geschüttet.

Christina fühlte an ihrem ganzen Körper Schmerzen, doch sie konnte gehen, sie konnte die Arme bewegen. Vor dem Stall wartete geduldig Minom, reisefertig. Nur ein paar Augenblicke überlegte Christina, dann herrschte sie die nächste Magd an: „Hol mir ein frisches Hemd, geh zu Editha", und ohne sich um Björn und die anderen Stallknechte zu kümmern, zog sie ihre Jacke, ihr Hemd, ihr Unterhemd aus, schüttelte den Dung heraus, fuhr mit den Fingern durch ihr aufgelöstes Haar und wechselte ihre Kleidung.

Editha kam im Nachtgewand dahergelaufen, „Sie können doch nicht, jetzt, was ist hier passiert – ein Attentat! Christina, man wollte – ein Attentat", schrie und stammelte sie und klammerte sich an Christina.

„Es ist nichts passiert, ein betrunkener Gaul hat mich angegriffen. Geh ins Haus, Editha, ich reite jetzt los." Jede Bewegung ihrer Beine, ihrer Arme schmerzte, doch Christina wollte nur weg, weg von diesem Ort, wo man ihr nach dem Leben trachtete.

Sie hatte ihre Feinde tatsächlich unterschätzt. Hätten sie einen Mörder mit dem Messer auf sie angesetzt, wäre dieser Gedungene leicht auffindbar gewesen. Aber sie handelten gefinkelter; für ein paar Kannen Schnaps waren Stallknechte zu jedem Dienst bereit.

Ulryk wollte die Abreise verschieben, um den Anschlag auf sie aufzuklären. Christina aber hielt davon gar nichts: „Was hilft mir die Beantwortung kleinlicher Fragen. Es geht den Menschen schlecht. Und ihre Wut braucht einen Schuldigen, und der bin ich, der habe ich zu sein. Ulryk, ich schätze Ihr rechtschaffenes Denken, aber wir wollen den Tag nützen und losreiten."

„Genau so hat Meister Samuel de Souza Sie geschildert, stets gerade auf den Punkt blickend", und er setzte noch nach, „Christina, sollten Sie jemals einen Verteidiger brauchen, dann möchte ich derjenige sein."

Sie ließ sich von Ulryk auf das Pferd heben und schieben, ihre Arme waren voll von Blutergüssen, ihre Beine schwollen mehr und mehr an. „Schade um die Stiefel, die wird man mir am Abend herunterschneiden müssen", lachte sie und galoppierte los. „Es zuckt nur das Fleisch", so hatte sie gelernt, mit körperlichen Schmerzen umzugehen; und schon nach zwei Stunden hatte sie sich an die Schmerzen gewöhnt und sprengte wie immer durch die Landschaft.

Ulryk blieb dicht an ihrer Seite, seine Bewunderung für ihre Ausdauer beim Reiten stieg, Christina spürte es deutlich. Sie gestattete in der Wirtschaft der Poststation nur kurze Rast; Wasser und Futter für die Pferde; Gerstenkaffee, Brot und Käse für sie, Ulryk und die Begleiter. Niemand erkannte sie, die meisten hielten sie für einen merkwürdig gekleideten Reiter.

„Daran bin ich gewöhnt", beschwichtigte sie Ulryk, als er sie trösten wollte: „Die Menschen leben so abgeschieden hier, sie gehen nur nach der Kleidung, und Ihr Hut ist eher nach Männerart". Christina erinnerte ihn daran: „Ulryk, schreiben Sie doch in Ihren Reisebericht, dass die Königin von Schweden sich in der Poststation von Löwland gleich nach ihrer Ankunft mit Leinenverbänden in den Abtritt zurückzog, um ihre monatliche Unpässlichkeit, diese ständig wiederkehrende Weiberunpässlichkeit, neu zu verbinden."

Während des tagelangen Rittes hielt Christina die Augen starr vor sich hin gerichtet. Sie kannte diese Bilder, sie hatten sich seit ihrer Reise vor fünf Jahren nicht geändert. Die Dörfer und Siedlungen verwahrlost, niedergebrannt; streunende Hunde, Grabhügel neben dem Weg, halb verhungerte Menschen, die vor der Reisegruppe in die Hütten flüchteten, dann wieder verstörte Menschen, die sich vor die Reiter warfen, ihnen bettelnd die Hände entgegenreckten. Sie ritten durch die schwedischen Regionen, an Osnabrück vorbei, dann durch Deutschland. Das Elend war überall dasselbe, doch in Deutschland duckten sich die Menschen nicht, versteckten sich nicht, sondern hetzten ihre Hunde auf die Reisegruppe, „das sind Schweden, zerreißt sie, zerfleischt diese Protestanten – Teufelsgesindel!"

Für Christina waren diese fünf Tage Ritt eine Qual. „Niemand will wirklich wissen, wie sehr der Krieg Land und Menschen zerstört hat. Sie sitzen in ihren Kontoren und erstellen Listen über einen nächsten Eroberungsfeldzug ...", schrieb sie in ihr Reisetagebuch.

Und einmal murmelte sie, nachdem sie ihre Schreibkassette zugeklappt hatte: „Ulryk, was wissen Sie von meinen Plänen?"

„Wenn Sie Ihren Besuch in Amsterdam bei Meister Descartes und Ihren Besuch in Hamburg bei Meister Samuel abgeschlossen haben, dann werde ich mit einigen Poststücken nach Rom zum Papst geschickt werden." Er fixierte sie: „Sie, die Königin von Schweden, will sich zum Katholizismus konvertieren! So etwas hat es noch nicht gegeben!"

Christina brauchte einige Momente, bis sie mit ruhiger Stimme antworten konnte: „Samuel hat Sie also unterrichtet. Gut, wollen wir unsere Besuche rasch hinter uns bringen."

Als Christina mit ihrem Gefolge vor den Toren von Amsterdam stand, wollte man ihr den Zutritt zur Stadt verweigern. Verschmutzt und zerlumpt, mit blauen Flecken im Gesicht, stand sie vor dem Wachposten. Der grinste und schüttelte den Kopf: „Durchreisendes Gesindel wird nicht eingelassen!"

Erst als Ulryk verschiedene Schriftstücke aus der Mappe zog und auch einen Beutel mit Münzen in die Tasche des Wächters gleiten ließ, gab dieser den Weg frei. Sie ritten durch saubere Straßen, querten steinerne Brücken, die Häuser waren aus Ziegelstein und Holzfachwerk, und die Amtsgebäude waren mit Fassaden ausgestattet, wie Christina sie von den Gemälden aus Rom, aus Florenz kannte. Sie sah Menschen in den verschiedensten Trachten, in Kaftanen und Talaren, in Samtwams und Leinenjacken die Wasserarme entlangflanieren. Diese Menschen nickten den Reisenden höflich zu; nirgends torkelten Betrunkene, aus keiner Schenke war Gegröle zu hören. Die Pferdefuhrwerke standen in Reih und Glied, die Kutscher waren in Jacken und Hosen aus feinstem Tuch gekleidet, und die kleinen Schiffe und Boote, die in den Grachten lagen, blitzten vor Sauberkeit.

Für Christina war im Haus von René Descartes ein Quartier vorbereitet. Der Kammerdiener begleitete sie in ihre Zimmer, darin glänzte es von Spiegeln, Kristall und Damast, die Intarsien der Schränke leuchteten in allen Holzfarben. Überall Spitzen, Tüll und Tapisserien, und vor allem, durch das Glas der riesigen Fenster strömte Licht, Tageslicht, in jede Ecke. Und noch etwas – der Boden knarrte nicht; das war für Christina beinahe unheimlich, sie ging und hörte ihre Schritte nicht.

War Christina auf eine Wolke gefallen? Wohin sie griff, was immer man ihr reichte, es tat alles wohl, fühlte sich seidig an, duftete und glänzte. Zwei Zofen halfen ihr aus der Reisekleidung und schoben sie dem Badebottich zu. Die Kräuteressenzen des Badewassers wölkten durch die Zimmer, die Mägde wuschen und bürsteten Christinas verfilztes Haar und mühten sich mit dem Blasebalg, ihr Haar wieder zu trocknen, mehr noch, sie wanden ihr Haar um kleine Holzrollen und formten es zu Locken und Kringeln. Christina ließ alles mit sich geschehen; sie fühlte die zarte Haut der Zofenhände. Wie aufgerissen und rau waren dagegen die Hände von Editha, aufgerissen und rau von Kälte und dem Hantieren mit grobem Gerät, mit steifem Gewebe. Sie ließ sich Hosen, Hemden und schließlich ein Kleid überziehen, einen Spitzenkragen umbinden.

„Und welchen Schmuck wollen Sie anlegen, Hoheit, wo ist Ihre Schmuckkassette, hat Ihr Reisemarschall sie verwahrt, wir werden sie holen lassen." Die Zofe schüttelte ungläubig den Kopf, als Christina erklärte: „Ich habe keinen Schmuck bei mir, ich trage immer nur das Kreuz und den Siegelring."

In dieser neuen Kleidung und mit Bernsteinkämmen im Haar spazierte sie am Abend mit Ulryk durch die Stadt. Er zeigte ihr die Hallen, die riesigen Lager, in denen Waren jeder Art gestapelt waren, Waren, von denen Christina aus den Enzyklopädien wusste: Stoffe, Spitzen, Teppiche, Gewürze, Felle exotischer Tiere, Edelsteine, Zuckerhüte, Hölzer, Porzellan, Glas und Majolika, Gemälde auf feinstem Reispapier, Tafelgerät aus Silber und Gold, Flakons aus Kristall.

Sie konnte die Eindrücke kaum ordnen: „In Stockholm weiß man nichts von diesem Leben hier, in welchem Wohlstand hier gelebt wird. Ich habe oft mit Meister Sven über den Katholizismus in den spanischen Niederlanden diskutiert; er erzählte von der Strenge, mit der das Einhalten der Gebote überwacht werde, vom Zeremoniell, das die alltäglichsten Verrichtungen bestimmt."

Ulryk erklärte lächelnd: „In den anderen Städten und Dörfern wird das so sein, aber nicht hier in Amsterdam. Christina, hier zählt nicht die Religion, nicht die Herkunft – hier zählt nur die Leistung des Einzelnen. Die Menschen leben hier vollkommen frei, Protestanten, Katholiken, Juden, Muslime, alteingesessene Adelsfamilien leben hier, und Händler, manche aus dem lateinischen Amerika, manche aus dem fernen Osten. Die meisten waren nur auf der Durchreise, wollten ihre Waren anbieten, und haben sich dann in dieser Stadt niedergelassen, weil sie in dieser Stadt eine Freiheit fanden, die sie nur aus Büchern, von Gelehrtendiskussionen kannten."

Christina erinnerte sich, dass René Descartes geschrieben hatte: „Ich kenne keine andere Stadt in Europa, wo ich so absolut als Libertin leben kann wie hier."

Als sie mit Ulryk spät am Abend in Descartes' Haus zurückkam, war Christina wie berauscht von den Eindrücken, von der Atmosphäre der Stadt; alles Belastende, Bedrückende schien abgestreift. Oxenstierna und seine neuen Kriegspläne, ihre Winkelzüge für die ständig verschobene Krönung und die Nachfolge von Karl Gustav, Schmerz und Enttäuschung über ihre Liebe zu Ebba, über ihre Leidenschaft für Gabriel, sogar das Attentat, der aufgestachelte Hengst, der sie zu Tode treten sollte, alles war weggeschoben; sie war aus einem Raum voll Dunkelheit und Muffigkeit in Helligkeit getreten. Christina aß Orangen, trank Limonensaft und Wein, sie sang mit Ulryk florentinische Lieder, sie tanzte zu seinem Violinspiel, und als er sie umarmte, gab sie ihrer Sehnsucht nach einem zweiten Körper nach, und auch das geschah ohne Hast, ohne Drängen und ohne Besitzergreifung. Sie hörten auf die Schwingungen ihrer Körper, einer verlor sich in der Haut des anderen, und als sie sich aus Ulryiks Armen löste und er ihr Zimmer verließ, blieb keine Bitternis. Ob sich auch ihr Körper in dieser Stadt gewandelt hatte; denn die Stunden mit Ulryk waren voll Zärtlichkeit und Hingabe gewesen, und doch war ihr Geheimnis, ihre dunkle Seite unaufgeschlagen geblieben.

Am nächsten Morgen traf sie René Descartes. Er war gealtert; Christina erschrak über sein Aussehen; das Gesicht in Falten gelegt, graues Haar stand in Büscheln auf seinem fast kahlen Kopf, und seine dunklen Augen waren mit stechendem Blick auf Christina gerichtet.

„Warum sind Sie gekommen?", grußlos empfing er sie und stülpte sich die Perücke auf den Kopf. Mühsam hielt er sich aufrecht, denn er wusste, dass Christina ihre Konversation im Stehen zu führen pflegte. Er tastete sich an Truhen und Stühlen entlang zum Fenster: „Christina, welches Schauspiel treiben Sie mit allen?", fragte er gallig.

Als Christina nicht sofort antwortete, griff er nach der Sanduhr und stellte sie in Blickrichtung von Christina, er schaute einige Momente selbstvergessen zu, wie die feinen Körner unaufhörlich nach unten rieselten.

Sie hatte gemeint einen Freund zu besuchen, und nun stand sie wie ein Prüfling vor dem Lehrmeister. „Meister Descartes", begann sie endlich, „mir bleibt keine andere Wahl, nicht ich täusche die Menschen, sondern sie wollen getäuscht werden. Man will, dass ich mich verheirate; das will ich nicht, das kann ich nicht, und ich werde es nicht tun, nie! Über meine Körperbeschaffenheit weiß man Bescheid, das kann jeder im Roman der Scudery nachlesen. Ja, es ist alles genau so, wie Gabriel es darin erzählen lässt; auch stimmt es, dass ich mir regelmäßig meine Scham rasieren lasse. In ganz Stockholm werden darüber Spottlieder gesungen."

René Descartes starrte sie weiter an: „Und können Sie sich die Haltung Ihrer Landsleute erklären?"

„Natürlich", Christina begann sich zu ereifern. „Der jahrzehntelange Krieg hat die Menschen verstört. Alles ist in Unordnung, alles erscheint ihnen ohne Zukunft. Ist es da nicht verständlich, dass sie sich eine Königin wünschen, die heiratet, eine Familie gründet, damit bei allen Ungewissheiten wenigstens eine Gewissheit existiert – der Fortbestand des Hauses Wasa."

Sie wollte wieder auf und ab gehen, doch in dem engen Raum war kein Platz, und die Sanduhr trieb sie zu schnellerem Reden. „Meister Descartes, ich wurde zur Wissenschafterin erzogen – "

„Und zur Politikerin", unterbrach der Philosoph sie.

„Aber ich will als Wissenschafterin leben, und für die Wissenschaft brauche ich meine Freiheit."

Descartes wurde milder, die Härte verschwand allmählich aus seinen Augen. „Christina, Sie wollen ohne Religion leben, ich verstehe nicht, welche Freiheit streben Sie an?"

„Ohne Religion?", wiederholte sie. „Nein. Obwohl ich mit Ihnen darüber diskutieren möchte: Meister Descartes, Sie leben nur für die Leidenschaft des Wissens, der Wissenschaften; gibt es eine Grenze, eine Linie, die wir mit unserem Verstand begreifen könnten – bis hierher musst du glauben, und ab hier musst du wissen!"

Jetzt sprühte beinahe Freude in den Augen von Descartes: „Immer haben wir das Wissen über den Glauben zu stellen, Christina, alles was wir wissen, was wir uns erklären und errechnen können, macht uns weniger abhängig von Einflüsterern und jenen, die uns fremdbestimmen wollen. Und nur jener Glaubensrichtung haben wir zu folgen, die genügend Raum für geistige Freiheit lässt."

„Also haben Kepler, Kopernikus und Galilei die richtige Richtung gelebt", schloss Christina, „und auch Rubens und Tizian und Tintoretto. Und, Meister Descartes, genau diese Wege werde ich gehen."

„Und was wird aus Schweden?", er wollte es hören, hatte Christina wirklich alles bedacht?

„Ende der Wasa-Herrschaft! Für Schweden wird eine neue Zeit beginnen, und das ist sicher gut so. Aber ich muss das im Geheimen vorbereiten, es gibt keine andere Lösung."

Nun war René Descartes zufrieden; er lächelte, schenkte ihr Met ein: „Wie gefällt Ihnen Amsterdam?"

Als Christina ins Schwärmen kam und von der Freiheit redete, die sie in dieser Stadt fühlte, erklärte er ihr nachsichtig: „Das ist eine voreilige Einschätzung, Christina. Die Menschen leben hier in sauberen Häusern, doch sie trachten nur nach ihrem Vorteil. Was man in den ersten Tagen als anziehend findet, wird bald abstoßend. Hier geht alles ins Grenzenlose; wenn die Händler ihre Preise kalkulieren, geht es nicht nach Wert und Beschaffenheit der Ware, sondern einzig darum, durch Wendigkeit und Schläue den Preis in die Höhe zu treiben, über eine Grenze hinauszutreiben. Die Händler hier haben alle Freiheit, aber, Christina, ich ringe seit Jahren um eine Antwort: Wo endet die Freiheit, wo beginnt die Willkür."

Auf einen solchen Diskurs konnte Christina sich nicht einlassen, obwohl sie darauf brannte, Descartes in Rede und Gegenrede herauszufordern.

Stattdessen fragte sie: „Meister Descartes, es gibt in Stockholm keine wissenschaftliche Akademie. Würden Sie die Leitung einer solchen Akademie übernehmen und nach Stockholm kommen?"

Descartes schaute erstaunt: „Ich bin Katholik, zudem Franzose!"

„Es geht um die Wissenschaften, nicht um Religion und Herkunft. Ich sagte es schon, in Schweden wird nur über das Kriegführen diskutiert; mit jedem Geviert, das sie den Katholiken entreißen können und den Lutheranern einverleiben, fühlen sich die Kriegstreiber mächtiger und neu bestätigt. Es muss damit begonnen werden, den Wert von Wissenschaft und Kunst ins Land zu bringen."

„Und das wollen Sie tun, Christina", sagte Descartes bewundernd. „Das wollen Sie noch tun", setzte er nach.

„Das werde ich noch tun", wiederholte sie.

Descartes nickte: „Wer wird mich bezahlen?"

„Niemand, es ist kein Geld dafür vorhanden", sagte Christina bitter, „vielleicht können Sie Französischlektionen geben, vielleicht kann ich Sie mit einem Adelstitel gewinnen."

Er lachte auf: „Christina, ich schätze Ihre Offenheit, und ich werde diese Aufgabe übernehmen und in den nächsten Tagen nach Stockholm abreisen. Ich habe nicht mehr damit gerechnet, dass eine solche Aufgabe auf mich zukommt."

René Descartes umarmte sie: „Noch zwei Dinge, Christina: Sie sollten Ihr Buch der Leidenschaften, der körperlichen Leidenschaften nicht in der Mitte zuschlagen, Christina, Sie sind dreiundzwanzig Jahre alt!"

Sie schloss die Augen, was wusste René von den Demütigungen, die Gabriel ihr zugefügt hatte; sie wollte nicht daran erinnert werden.

„Und das Zweite", drängte sie.
„Wissen Sie von den Hexenverbrennungen in Osnabrück?", fragte Descartes.
„Nein", antwortete sie, „in keinem Bericht habe ich davon gelesen."
„Sie schleppen junge Frauen aus der ganzen Umgebung nach Osnabrück, dort veranstalten sie Volksfeste. Ob eine ein Kind von einem Geistlichen hat oder nur zu schönes Haar, immer ist vom Teufel die Rede, und immer muss eine mit dem Schinderkarren vorgeführt werden."
Sie überlegte: „Osnabrück ist protestantisch, deshalb duldet der Bürgermeister dort Hexenverbrennungen. Münster ist katholisch, wahrscheinlich schickt der Bürgermeister von Münster die Unliebsamen nach Osnabrück, und daher kommt die Todfeindschaft zwischen diesen Städten."
„Das können Sie ändern", beharrte Descartes, „einen solchen Gesetzesvorschlag wird man Ihnen nicht ablehnen. Und noch etwas", er hielt ihre Hände fest in seinen geborgen: „Samuel de Souza ist in Osnabrück für einige Wochen seinem Alleinsein entflohen, zu einer Magd, und als sie das Kind zur Welt brachte, behauptete sie verwirrt, sie sei mit dem Teufel im Bunde gewesen."
„Hat man die Arme verbrannt?"
„Nein, Samuel konnte sie im letzten Moment auf einem entlegenen Hof unterbringen. Das Kind allerdings, niemand weiß, was mit dem Kind geschehen ist."
Samuel, dieser angenehme, duftende Körper, der erste Männerkörper, den sie gespürt hatte, mit vierzehn Jahren; auch dieser Körper hatte sich dem Befehl der Vernunft verweigert. Auch Samuel hatte zu ringen, die Leidenschaft des Körpers niederzuringen. Das beruhigte Christina, und gleichermaßen fühlte sie Enttäuschung, denn es gab bestimmt viele, die den Körper von Samuel genossen, und das bereitete ihr sogar Schmerz.

Tatsächlich sollte ihr Vorschlag für ein Gesetz mit dem Verbot der Hexenverbrennung vom Reichsrat akzeptiert werden.
„Wollen wir dem Wunsch und Befehl unserer Minerva, Königin Christina, untertänigst entsprechen", so wurde es im Reichstag verlesen. Und Christina vermerkte im Juli 1650 in ihrem Tagebuch: „Damit ist Schweden das erste Land Europas, in dem diese Barbarei verboten ist."

Christina blieb noch drei Wochen in Amsterdam; sie half

Descartes beim Packen seiner Reisekörbe, sie katalogisierte seine Schriften und Bücher, sie bestand darauf, dass er mit ihr zwischen fünf und sechs Uhr morgens seine Lehrsätze diskutierte: „Der Mensch ist Teil der Natur, deshalb kann er niemals als ihr Herr und Meister auftreten."

Sie genoss die milden Septembertage; sie stattete eine Theatergruppe aus, arrangierte einen Tanzabend, sie organisierte Poesielesungen; sie diskutierte über die Unübersetzbarkeit der Stimmungen in Gedichten, sie unternahm mit Ulryk Ausritte und Spaziergänge, besuchte Bibliotheken, Synagogen und Kirchen. „Mir graut vor der Rückkehr nach Stegeborg, wie lange werde ich dort noch ausharren müssen, wie lange wird der Papst für seine Entscheidung brauchen", vertraute sie ihrem Tagebuch an.

Die Reise nach Hamburg war kurz; sie ließen eine helle, durchleuchtete Welt hinter sich und zogen wieder durch abgewirtschaftete, vernichtete Dörfer und Siedlungen.

Samuel de Souza erwartete sie schon ungeduldig in Hamburg.

„Christina", er hielt nichts von langen Vorreden, darin hatte er sich nicht geändert: „Wir werden schon morgen mit Manoel Teixeira die geschäftliche Abwicklung Ihrer Angelegenheit besprechen, es eilt!"

Fast unwillig reagierte sie auf sein besorgtes Drängen: „Eigentlich wollte ich einige Tage in Hamburg bleiben."

„Unmöglich", durchkreuzte Samuel ihre Pläne, „in Stockholm droht ein Aufstand! Die ‚Freien' haben ein eigenes Heer zusammengestellt, einige Hundert sind aus Uppsala nach Stockholm geritten. Wenn Oxenstierna dem Reichsrat den Kriegsbeschluss vorlegt, wollen die ‚Freien', also die Bauern, Studenten und die heimgekehrten Soldaten, das Regierungsgebäude anzünden. Am Ende stürmen sie auch Stegeborg."

Christina seufzte: „Wenn es den Oxenstierna-Treuen beliebt, werden ihre Truppen also auch ohne meine Einwilligung das erste Dorf in Pommern stürmen. Oder er lässt die ‚Freien' in Stegeborg einmarschieren." Christina wurde bitter: „Man wird sagen – in Schweden herrscht das Chaos, die Menschen hungern, fürchten den nächsten Winter, doch die Königin hat es vorgezogen, nach Amsterdam zu reisen und Bilder von italienischen Malern zu kaufen." Sie schüttelte sich: „Samuel, vielleicht brüten sie schon ein nächstes Attentat aus. Es lässt sich nicht länger aufschieben – ich lasse mich zur Königin von Schweden krönen, und es wird eine große Krönungsfeier werden, damit alle in Europa wissen, wer in

Schweden die Entscheidungen trifft." Samuel schaute sie lange an: „Und weiter?"

„Mein Entschluss steht fest, ich werde zum Katholizismus konvertieren", sagte sie, und sie wiederholte den Satz noch mehrmals, während sie wie immer im Zimmer auf und ab ging.

„Das ist Hochverrat", entfuhr es Samuel, „Christina, das bedeutet Kerker!"

Sie antwortete schneidend: „Das weiß ich! Deshalb werde ich auch abdanken; aber ich bin jetzt hier, um die nächsten Schritte zu besprechen."

„Abdanken!" Samuel versuchte, mit ihr Schritt zu halten: „Sollte nicht ein anderer Weg gefunden werden, der Vatikan könnte einwirken."

„Samuel, ich werde den ganzen Weg gehen. Zuerst die Nachfolge für Karl Gustav, dann meine Krönung, dann meine Abdankung, und dann", sie atmete tief durch, „meine Konvertierung zum katholischen Glauben – ‚glaube ich an den Einen, Schöpfer aller sichtbaren und unsichtbaren Dinge'."

Samuel hörte ihr atemlos zu, bis sie abschloss: „Und als letzter Schritt kommt meine Abreise nach Rom, wo Michelangelo und Raffael lebten, wo Bracciano seine herrliche Musik komponiert."

Nun, da alles ausgesprochen war, ging Christina zum Schreibpult. Sie schleppte sich mehr als sie ging, denn plötzlich waren Erschöpfung und Müdigkeit über sie gefallen – lange in die Irre gelaufen und endlich angekommen. Sie tauchte die Feder in die Tinte und schrieb auf dem leeren Bogen Papier das Datum: Hamburg, den 8. September 1649.

„So steht heute die Sonne im Winkel von neunzig Grad zu meiner Geburtssonne, das ist ein guter Beginn." Christina versuchte ein Lächeln.

„Es ist eine Quadratposition", stellte Samuel richtig, „es bedeutet Spannung, Widerstände, Verzögerungen!"

„Ja, es wird eine lange Zeit der Prüfung werden. Ich werde mich im Schweigen üben müssen; über meine Konvertierung darf nicht gesprochen werden."

Samuel ließ sie nicht aus den Augen, Bewunderung stand in seinem Gesicht. „Und eine Heirat, Christina, wie werden Sie darüber in ein paar Jahren denken? Man wird Sie in den nächsten Monaten mit Anträgen überhäufen, um Sie von Ihrem Entschluss abzubringen."

„Bei António Vieira steht: Es ist die Ehelosigkeit so heilig wie die Ehe, und daran werde ich mich halten." Sie sagte das mit so viel Sicherheit, dass Samuel lächelnd meinte: „Gut, dann werde ich heute den ersten Brief an den Vatikan formulieren."

Christina hatte sich endlich vollkommen gefasst: „Samuel, schreiben Sie nicht zu untertänig, wir wollen nicht vergessen, was meine Konvertierung für den Vatikan bedeuten wird: die Königin von Schweden konvertiert zum Katholizismus, und sie lebt im Zölibat!" Sie vergaß auch nicht, anzufügen: MMeine wirtschaftlichen Angelegenheiten müssen noch geordnet werden, denn wovon soll ich später leben, in Rom!"

„Das wird Senhor Teixeira erledigen", wiederholte Samuel und schaute Christina an.

Immer hatte er Christina umarmt, war sie in seine Umarmung gefallen, wenn sie ein Gespräch beendet hatten, und meistens lag in dieser Umarmung das Versprechen, „ich lasse die Bettvorhänge offen". Christina vertraute Samuel seit Jahren ihre geheimsten Gedanken an, und Samuel weihte sie in seine diplomatischen Winkelzüge ein. Ihre Umarmung, eine Nacht, in der sie einander ihre Körper anvertrauten und in alle Höhen und Tiefen von Lust und Schmerz und Wonnen geworfen wurden, galt ihnen als Siegel, mit dem sie das Besprochene verschlossen.

Nun standen sie einander gegenüber, wortlos, auch kraftlos, und als Samuel Christina schließlich umarmte, strömte aus dieser Umarmung nur die milde Wärme von Freundschaft und Kameradschaft. Mit einem Ruck entzog sich Christina Samuel und flüchtete aus dem Zimmer.

Was war mit ihr geschehen, war die Frau in ihr verbrannt? Warum fühlte sie sich abgelehnt und wertlos? Warum bereitete ihr die Freundschaft von Samuel Schmerz. Bekam also ihre Einsamkeit eine weitere, neue Farbe, das Grau von wohlwollender Kameradschaft. Mit diesen Fragen wälzte sie sich auf ihrem Lager, und als Stunden später Samuel ihren Bettvorhang öffnete, fielen sie wie Tiere übereinander her. Jeder wollte der Nacht eine kurze Spanne Lust entreißen, eine kurze Spanne lang der Einsamkeit entfliehen, wollte sich des anderen, des zweiten vergewissern; und dann, weggeschoben und zurückgekehrt zu jenen Punkten im Vademecum, die sie für die nächsten Monate und Jahre an ihre Aufgabe ketten würden.

Schon am nächsten Tag traf sie mit Manoel Teixeira zusammen; Teixeira war ein eleganter Mann, ein jüdischer Händler und Bankier aus Lissabon. Er lebte mit seiner Familie seit Jahren in Hamburg, und er würde sich in nächster Zeit in Amsterdam niederlassen. „Er ist der eigentliche Schatzmeister der ganzen Region, alle Handelsleute, auch der Bürgermeister, sogar der Bischof vertrauen nur ihm ihre Geldscheine und Lehensverträge an", hatte Samuel ihr erklärt.

Teixeira heftete seine samtigen Augen auf Christina; er war im dunkelroten Wams nach französischer Mode gekleidet, aus den Rüschen seines Hemdes strömte der Duft von Parfum. Als Christina sich umsah, beinahe verunsichert vom Prunk, und sie nicht sofort auf den Zweck ihres Besuches zu sprechen kam, winkte er seine Sekretäre hinaus und wechselte ins Portugiesische: „Diese Sprache ist hier keinem geläufig."

„Senhor Teixeira, mein Freund Samuel hat Sie unterrichtet", begann Christina, und Teixeira nickte. Er kam ihr auch in dieser Hinsicht entgegen und fasste sofort seinen Auftrag zusammen: „Hoheit, es ist für den Fall vorzusorgen, dass Sie Schweden für einige Zeit verlassen. Dafür ist Ihre jährliche Apanage zu verhandeln, der Zeitpunkt der Auszahlung, die Sicherstellung, ferner sind jene Territorien in Lehensverträgen festzuhalten, die Ihnen im äußersten Notfall ein Einkommen sichern, und es werden bewegliche Güter von ideellem Wert, Bilder, Skulpturen, Bücher und Juwelen festzustellen sein, die in der Folge an einem sicheren Ort außerhalb von Schweden aufbewahrt werden."

Christina staunte: „Senhor Teixeira, ich bin Ihnen sehr dankbar, dass Sie, wie ich nun höre, mit so viel Weitblick an meine Angelegenheit herangehen. Ich kann Sie nur ersuchen, formulieren Sie gute Verträge, unser Schatzmeister Salvius ist ein gefinkelter Vertragsverdreher, er wird sich winden. Die Apanage soll in der jetzigen Höhe festgesetzt werden, die beweglichen Güter, meine Bilder, all jene schönen Dinge, die für die meisten nur Tand sind, werde ich selbst Stück für Stück verpacken und Ulryk, mein Vertrauter, wird sie Ihnen übergeben. Über die Ländereien, Norrköping, Ösel, Öland und Gotland darf noch nicht verhandelt werden."

Teixeira hauchte sofort: „Noch nicht, gut, wann immer Sie das wünschen, Hoheit."

„Die Ländereien sind der letzte Verhandlungspunkt." Christina rang um die richtigen Worte: „Es wäre wichtiger, mir die jederzeitige Rückreise nach Schweden sicherzustellen."

Teixeira dachte nach: „Es sollte also für den Fall, dass Sie, Hoheit, Ihre religiöse Ausrichtung ändern, sichergestellt sein, dass Sie Schweden jederzeit betreten dürfen, als private, pardon, Person."

„Ja", mehr brachte Christina nicht heraus.

Sie überlegte kurz. Würde ihr mehr Schaden oder mehr Vorteil daraus erwachsen, wenn sie Senhor Teixeira in ihre sämtlichen Pläne einweihte? Schließlich sagte sie, während der Portugiese den Portwein einschenkte: „Es ist meine Absicht, als Königin von Schweden abzudanken; bis das geschieht, wird es noch Jahre dauern, denn es soll alles geordnet ablaufen. Doch sollten Sie in Ihren Verträgen berücksichtigen, dass ich für mein weiteres Leben vorsorgen muss, Senhor Teixeira."

Er war irritiert: „Hoheit, all unsere Verträge sind auf Endgültigkeit ausgerichtet." Denn Christina hatte endlich ausgesprochen, was für sie die Richtschnur für ihr weiteres Leben war. Sie hatte wieder ihre Diktion gefunden, und sie befahl: „Ihre Verschwiegenheit, Senhor Teixeira, Ihre und die Ihrer Sekretäre und Vertrauten, ist Voraussetzung für meinen Auftrag."

Teixeira zuckte unter diesem Satz zusammen wie unter einem Hieb. Er war Bankier, welcher Affront, ihn an die Verschwiegenheitspflicht zu erinnern!

Er ließ die gefüllten Portweingläser stehen und ging minutenlang vor der Fensterreihe des Zimmers auf und ab. Er schien angestrengt nachzudenken. Würde er nun den Auftrag ablehnen?

„Christina", begann Teixeira schließlich in vertraulichem Ton, „man rühmt nicht nur in Schweden, auch auf dem Kontinent Ihren Mut, Ihre Kraft, die beide etwas Männliches haben."

Worauf wollte er hinaus?

„Man rühmt auch Ihr gewaltiges Wissen, zudem seien Sie ein Sprachengenie. Ihre Gelehrsamkeit zeigte Ihnen, dass ein anderer Weg, als der für Sie vorgezeichnete der richtige sein könnte, und Sie sind entschlossen ihn zu gehen. Das wird Ihnen Bewunderung bringen, später. Bis Sie verbrieft haben, was Sie heute und jetzt wollen. Bis dahin werden Sie Geduld brauchen, Christina. Das Schicksal wird Sie eine wichtige Lektion lehren."

Teixeira gravierte ihr jedes Wort ins Gedächtnis: „Sie werden aus Ihrem Durchhalten, aus Ihrem Durchhalten in Würde, eine Wissenschaft machen müssen. Dazu muss man seine Gegner und erst recht seine Feinde beruhigen, manchmal muss man sie auch täuschen, und man muss gefallen, denn damit sind sie am leichtesten zu beschwichtigen, das bringt sicheren Erfolg. Doch es verlangt Disziplin wie jeder wissenschaftliche Diskurs. Meine Familie betreibt die Wissenschaft des Überlebens schon seit vielen Generationen, sonst wäre ich jetzt nicht hier, sondern in

Lissabon der Inquisition in die Hände gefallen."

Damit drehte er sich um, ging zu seinem Schreibpult: „Hoheit, ich werde Ihren Auftrag annehmen; ich werde ihn wie jeden anderen Auftrag in aller Korrektheit erledigen. Seien Sie versichert, Ihre wirtschaftlichen Angelegenheiten sind ab sofort die meinen. Jedoch berücksichtigen Sie immer, ich bin Ihr Partner in Ihren wirtschaftlichen Angelegenheiten, ich bin nicht Ihr Diener, wir sprechen in gleicher Augenhöhe zueinander." Nun hatte er wieder sein Lächeln im Gesicht, wieder den samtigen Glanz in seinen Augen.

Christina nippte am Portwein, sie war atemlos. Sie hörte nur mehr halb zu, als Manoel Teixeira ihr die Bibliothek erklärte, auf zwei neue Bilder aus Italien, auf Edelsteine aus Brasilien hinwies. Sie hatte soeben eine Vorstellung davon erhalten, mit welchen Antworten sie zu rechnen hatte, wenn man sich mit ihr auf gleicher Ebene unterhielt. Und daran musste sie sich erst gewöhnen.

Die Rückreise von Hamburg nach Stockholm im September 1649 war sehr beschwerlich; Regenfälle und erste Schneestürme behinderten das Vorwärtskommen. Christina ritt ohne Ulryk an ihrer Seite, der in Hamburg bei Samuel geblieben war. Hamburgs wohltuende Atmosphäre, Luxus, Sauberkeit und Glanz zu verlassen, tat ihr fast körperlich weh. Eine fast unendliche Zeitstrecke sah sie vor sich, eine Zeitstrecke, die ihr immer länger schien, je näher sie Stegeborg kam. „Ich glaube, ich erwarte das Angenommenwerden und das Leben der zukünftigen Welt." Diesen Satz des katholischen Glaubensbekenntnisses murmelte sie oft vor sich hin, schrieb ihn in ihr Tagebuch, klammerte sich an jedes Wort.

Schon beim ersten Zusammentreffen mit Oxenstierna teilte sie ihm mit: „Graf Axel, ich bin nun zur Krönung entschlossen. Die Feierlichkeit soll hier in Stockholm stattfinden."

Sie wollte möglichst rasch wieder zu ihren Büchern, zu ihren alltäglichen administrativen Verpflichtungen flüchten. Wenn sie am Schreibpult stand und Blatt um Blatt las, korrigierte, ergänzte, Mitteilungen schrieb, Reden entwarf, war sie abgelenkt von allem, was sie umgab. Sie konnte sich nach Amsterdam, nach Hamburg in Stegeborg kaum zurechtfinden; welch helle, fast heitere Welt strömte dort. Dagegen in Stegeborg war alles dunkel und verrußt. Wie in jedem Herbst zog das Ungeziefer bereits Bahnen auf dem Holzboden. Im Übergang von der Sommer- zur

Winterzeit flüchtete das Getier in das Gebäude. Der Geruch der feuchten Filzumhänge ließ sich wieder in jeder Ecke nieder, der Gestank eines umgeworfenen Abwasserfasses wehte in den Raum, zwei betrunkene Knechte grölten, Holzscheiter wurden geworfen, eine Kammerfrau stöhnte, bestimmt hatte ihr ein Schreiber zwischen die Beine gegriffen; auf dem Holzteller stockte das Mittagsmahl, der fettige Rentierbraten.

Oxenstierna nahm das alles überhaupt nicht wahr, er kannte keine andere Welt als die von Schweden und war vielmehr verunsichert über die plötzliche Eile von Christina.

"Ja, die Krönung. Allerdings, einige Monate werden die Vorbereitungen dauern, wir wollen alle Adelshäuser Europas verständigen und Einladungen aussprechen."

Damit war Christina einverstanden. „Gibt es noch Einwände gegen die Bestellung von Karl Gustav zu meinem Nachfolger?"

Oxenstierna versuchte zu erklären: „Man rechnet im Reichsrat damit, dass Sie ohnehin demnächst heiraten, Christina. Wozu dann Karl Gustav als Nachfolger?"

Sie widersprach: „Heirat! Erst vor wenigen Wochen wollte man mich umbringen! Und es gibt keine Nachfolger aus dem Hause Wasa, aber es gibt einige Adelsfamilien, die sich gerne hier in Stegeborg niederlassen würden. Will man einen solchen Kampf riskieren, dass die einen sich Soldaten kaufen und gegen die anderen antreten lassen, damit sie den Thronsessel in ihre Krallen bekommen."

Als Oxenstierna noch immer nicht zum Federkiel griff, um das Protokoll über dieses Gespräch niederzuschreiben, setzte Christina versöhnlicher nach: „Vielleicht beruhigt meine Krönung und eine gesicherte Nachfolge die Aufständischen."

Sie wollte Oxenstierna vom Heiratsgedanken ablenken. „Und das Attentat?"

Oxenstierna schüttelte den Kopf: „Es ließ sich nicht klären, wer den Hengst mit Schnaps betäubt hat. Und die Aufständischen konnten davon überzeugt werden, dass ein neuerlicher Feldzug zu viel Geld verschlingen würde."

„Vor allem zu viele Menschenleben", korrigierte Christina.

„Auch weiß jeder, dass Sie einen Kriegsbeschluss niemals gutgeheißen hätten."

„Ich hätte ihn nicht unterschrieben", korrigierte Christina neuerlich und stand auf. „Sie werden also das Protokoll über unsere Besprechung zur Krönung im Reichsrat verlesen."

Oxenstierna verstand zwar die Eile noch immer nicht, doch

er ging zum Schreibpult und hielt in kurzen Worten fest, was er später, in seinem Kontor, dem Sekretär ausführlich diktieren würde.

Erst in diesen Momenten nahm Christina wahr, wie sehr sich Axel Oxenstierna verändert hatte, wie müde er sich bewegte, wie schleppend sein Gang war, wie resignierend er zu all ihren Forderungen genickt hatte und wie akribisch er die Buchstaben auf das Papier setzte, ganz so, als wäre es nicht mehr seine Angelegenheit, als würde er etwas niederschreiben, was ihn überhaupt nicht mehr betraf.

Der alte Mann tat ihr Leid. Er hatte Christina als ihr Vormund geformt, und nun fühlte er ihre Entschlossenheit, nun spürte er, dass sie etwas vor ihm zurückhielt; er spürte vor allem seine Schwäche, denn er hatte keine Mittel mehr in der Hand, Christina zu überzeugen, zu zwingen, ihm ihre wirklichen Absichten mitzuteilen.

Die Vorbereitungen zu den Krönungsfeierlichkeiten brachten eine neue Betriebsamkeit für Beamte und Reichsräte, sie brachten vor allem Ablenkung von ihrem tagtäglichen Intrigieren und Gerüchteschmieden. Nun würde Europa nach Stockholm blicken, Botschafter, Abgeordnete, Fürsten und Prinzen aller europäischen Länder wurden zur Krönung erwartet. Alle bemühten sich jetzt um bessere Umgangsformen, auch untereinander, und sie entsetzten sich über das „betrunkene Gesindel, vor dem unsere Königin nicht sicher ist".

Christina begann mit der Auflistung der Bücher, die sie an Teixeira schicken wollte. Sie schrieb die Maße der Bilder auf und ließ Kisten für den Transport zimmern. „Darin können sie leichter in den Speicher geschoben werden, wenn wir sie bei der nächsten Überschwemmung in Sicherheit bringen müssen", verschleierte sie ihre wahre Absicht.

Sie besuchte Descartes; René fror in seiner engen Behausung, und Christina ließ ihm sofort in Stegeborg Studier- und Wohnzimmer einrichten. Der eiskalte schwedische Winter schlug sich dem Philosophen aufs Gemüt; nur unwillig und höchst missmutig kam er zu den vereinbarten Morgenstunden in die Studierstube von Christina, um mit ihr über die menschliche Unvollkommenheit zu diskutieren.

Im Januar 1650 ließ Christina eine große Feier zur Eröffnung der Königlichen Schwedischen Akademie der Wissenschaften ausrichten, mit Musik und Ballett; alles sollte Descartes aufheitern.

„Es ist bald April, René, und April und Mai sind die schönsten Monate hier, wenn Wärme und Licht die Natur erwachen lassen."
Doch René Descartes wollte nach Paris reisen. Die Ärmlichkeit, in der auf Stegeborg gelebt wurde, auch die Einfachheit der Speisen, des alltäglichen Gerätes, die Schmucklosigkeit der irdenen Teller, der grau-weißen Bettbezüge, alles erregte in ihm Ekel. Er verweigerte einige Tage das Essen, trank Schnaps und fühlte sich besser. Dann zog er sich ins Arbeitszimmer von Christina zurück, das schien ihn zu beruhigen. Stundenlang saß er auf einem Lehnstuhl neben der Glutpfanne und beobachtete sie, wie sie schrieb und korrigierte, Briefe diktierte, wie sie ungeduldig in Korrespondenzmappen und Hauptbüchern blätterte, wie sie auf und ab ging, bevor sie den nächsten Besucher einließ.

An einem späten Nachmittag Ende Februar unterbrach er sein schweigendes Zuschauen. „Christina, Sie werden erkranken", sagte er in ihr Gehen hinein.

Sie blieb stehen, schaute ihn an, und er fuhr fort: „Dieses Hin- und Herlaufen zwischen Ihrer inneren Überzeugung, Ihren inneren Plänen und Ihrem öffentlichen Auftreten. Sie sollten Ihre Kräfte nicht überspannen." Damit stand er auf: „Ich bin müde, ich werde jetzt schlafen."

Am nächsten Morgen fanden die Mägde ihn tot.

Jetzt erst, als Pastor Horn sich weigerte, ihn einzusegnen, erfassten auch die Reichsräte die Ungeheuerlichkeit: „René Descartes war Katholik! Sie hat uns einen Katholiken eingeschleust und ihn auch noch zum Ersten Mitglied unserer neu gegründeten wissenschaftlichen Akademie ernannt. Niemals wird er auf einem unserer Friedhöfe begraben."

Die Stimmung wurde in zwei Tagen aufgeheizter, denn plötzlich gaben einige Reichsräte zu bedenken: „Warum sollen wir sie überhaupt zur Königin krönen, wer weiß, was sie wirklich vorhat, ihr ist nicht zu trauen."

Sofort schrieb Christina an Samuel: „Kann ich Sie nur bitten, Ulryk damit zu betrauen, den Leichnam des großen Philosophen außer Landes zu bringen. Descartes stiftet zu viel Unruhe, auch jetzt, nach seinem Tod."

Erst nachdem René Descartes Leichnam aus Schweden weggebracht worden war, beruhigte sich die Stimmung im Reichsrat wieder. Ein Termin für die Krönung musste jedoch von Woche zu Woche verschoben werden, denn die Schneeschmelze setzte mit solcher Heftigkeit ein, dass in Stegeborg die Innenhöfe wie die ebenerdigen Räume voll Morast und Schlamm waren. Außerdem war in den Küchenspeichern durch die unerwartet hohen Frühlingstemperaturen eine Schimmelplage ausgebrochen; gut gehortete Lebensmittel, bereits für die Krönungsfeierlichkeiten aufgespart, Tee, gedörrte Früchte, getrockneter Fisch, Gerste, waren ungenießbar geworden, konnten nur noch zu Schnaps gebrannt werden.

Schließlich wurde der letzte Sonntag im Oktober 1650 für die Krönung bestimmt; zwei Wochen vorher sollte Karl Gustav zum offiziellen Nachfolger von Christina eingesetzt werden.

Die Feierlichkeiten zu Ehren Karl Gustavs und die Krönungsfeierlichkeiten verwandelten Stockholm und Stegeborg in eine Laterna Magica. Von den Amtsgebäuden wehten Fahnen und bunte Tücher, jedes Haus von Stockholm war blumengeschmückt und gesäubert. Stegeborg blitzte frisch gekalkt in der Herbstsonne. Aus der Familie von Karl Gustav waren kistenweise Porzellan, Silber und Kristall geschickt worden, man wollte den Gästen Eleganz und Reichtum vorführen, alles sollte „mindestens wie bei den Habsburgern sein!"

Die Krönungsfeier fand im Reichstagsgebäude statt. Im großen Audienzsaal war ein schlichter Altar aufgestellt worden, und dort hob Christina die Hand zum Schwur: „... das Land Schweden und seine Menschen zu lieben, zu beschützen und zu verteidigen, die Gesetze und die lutherische Religion zu achten und mein Leben ausschließlich danach auszurichten ..."

Nur wenige Schritte entfernt, in der ersten Reihe, saß Graf Axel Oxenstierna. Er hatte die Finger zum Gebet verschränkt; er saß völlig in sich gekehrt. Als er an der Reihe war, ihr das Zepter in die Hand zu legen, die Krone auf das Haupt zu setzen, ging er mit halb geschlossenen Augen auf Christina zu. Sie verbeugte sich vor Oxenstierna, vor den Ministern, den Reichsräten, vor den Gästen, sie hielt keine Rede, sondern sagte mit fester Stimme: „Mein Leitspruch für mein künftiges Handeln wird sein: Fata viam invenient – das Schicksal findet Mittel und Wege."

Manche wunderten sich, „welch merkwürdige Worte", und „warum ist sie schwarz gekleidet", und „ist der Dunkelhaarige in der zweite Reihe nicht dieser Samuel, der Jude aus Portugal, warum hat sie den eingeladen?"

Doch all diese Fragen gingen bald in den Lustbarkeiten unter, es gab Theateraufführungen, Musikgruppen standen überall, es wurde getanzt, gesungen, vor allem wurde getrunken und gegessen.

Zwei Wochen nach der Krönung waren die letzten Gäste abgereist, die Flaggen und Tücher eingezogen, Kristall, Silber und Porzellan wieder verpackt; es herrschten wieder Winter, Finsternis, Stille und Kälte.

In den Wochen des Dezember, Januar und Februar wurde Christina von Abordnungen bedrängt, die ihre Antrittsbesuche bei der Königin absolvieren wollten. Sie wollten der Königin ihre missliche Situation auseinander setzen, sie erzählten von Ungerechtigkeiten bei der Landverteilung, von Forderungen an die Adeligen, und fast alle gingen enttäuscht weg, denn Christina konnte nichts versprechen.

Im März 1651 bekam sie Hustenanfälle, sie fieberte, und bevor sie sich für einige Tage auf das Krankenlager zurückzog, schrieb sie noch an Samuel: „Warum verschleppt der Vatikan meine Sache so? Ich bin hier in fürchterlicher Bedrängnis. So viel müsste getan werden, doch ich will Karl Gustav in seinen Entscheidungen nicht vorgreifen. Die Adeligen wollen ständig mehr Rechte und weniger Steuerbelastung; gestern waren Generäle bei mir, sie haben schamlos offen von einem neuen Krieg gesprochen, sie wollen bis Wien vorstoßen. Die Bauern warten seit Jahren darauf, dass sie vom Lehensdruck befreit werden, sie setzen alle Hoffnung auf mich, und die Geistlichen reden nur von Gehorsam, von Zucht und davon, dass sie im Reichstag mehr Einfluss nehmen wollen. Samuel, meine Angelegenheit drängt. Ulryk möge verlässliche Leute finden, die ersten Kisten mit Bildern und Skulpturen sind zum Abholen bereit. Treiben Sie meine Sache voran, ich halte das Warten nicht mehr aus."

Sie wurde in Schübe von Verzweiflung und Ungeduld geworfen, sie kränkelte. Ihr Leibarzt ließ sie zur Ader, ihre Kammerfrau flößte ihr Waldmeisterschnaps ein. Dann kam sie zwar für kurze Zeit wieder zu Kräften, doch sie magerte weiter ab und sie schonte sich nicht, irgendwie musste die verrinnende Zeit gefüllt werden, auch weggelebt werden.

In einer warmen, sonnendurchfluteten Augustnacht kam Oxenstierna nach Stegeborg. Ohne lange Begrüßungszeremonie legte er ihr das Deckblatt eines Schreibens des Vatikans an Samuel de Souza vor: „In Angelegenheiten der Königin von Schweden, Christina", stand in gut leserlicher Schrift darauf geschrieben.

„Graf Axel", es kostete Christina große Überwindung, ihrem einstigen Vormund die Wahrheit ins Gesicht zu sagen.

Doch Oxenstierna beharrte mit seinem Blick darauf, dass sie sich ihm erklärte.

„Graf Axel, ich werde, sobald der Vatikan meine", Christina unterbrach einen Moment, „meine Konvertierung akzeptiert hat, abdanken und Schweden verlassen."

Ihre Stimme zitterte zwar, aber sie war erleichtert, dass sie sich endlich mitgeteilt hatte.

Oxenstierna nickte bei jedem Wort. „Das ist das Ende von Schweden", sagte er. „Die Wasa-Treuen wollen Karl Gustav nicht als König haben. Die Adeligen, meine Getreuen, werden in Uppland ein eigenes Königreich ausrufen; Bauern, Handwerker, auch Beamte, werden, wenn sie nur einen kleinen Beutel Münzen zusammenraffen können, nach Amerika auswandern, denn sie haben lange genug auf Ordnung gewartet."

Damit wollte sich Oxenstierna zum Gehen wenden. Plötzlich drehte er sich um, er stürzte beinahe auf Christina zu und beschwor sie: „Christina, bleiben Sie noch zwei, drei Jahre! Sie sind das Symbol für eine neue Zeit in Schweden. Die Menschen glauben an Sie, weil sie an Ihren Vater geglaubt haben, weil sie Ihrem Vater vertraut haben."

Darauf war Christina nicht gefasst; sie hatte nicht mit dieser Reaktion von Oxenstierna gerechnet.

„Und in welchen Abständen wird man mich im Reichsrat zu einer Verheiratung befragen, mich dazu drängen? Graf Axel, Sie wissen, ich werde nicht heiraten, nie!"

Was könnte sie noch vorbringen, wurde sie also jetzt in eine weitere Wartezeit geworfen.

Oxenstierna ergriff ihre Hände. „Christina, ich verbürge mich dafür, dass Sie nie mehr mit diesem Thema behelligt werden. Lassen Sie uns diese Vereinbarung, diese letzte Vereinbarung treffen: Sie bleiben bis ins Jahr 1654, und ich sorge dafür, dass niemand Sie zur Heirat drängt."

Oxenstierna schaute an Christina vorbei, wartete auf ihre Antwort. Sie hatte mit bissiger Gegenrede gerechnet, mit Drohungen; doch Axel Oxenstierna hielt sie mit keinem Wort, mit keiner Geste von ihrem Vorhaben zurück. Mühsam bewahrte der alte Mann Haltung, grau und ausgezehrt war sein Gesicht. Er hatte sich in Christina getäuscht; er hatte nicht sehen wollen, was längst zu sehen gewesen wäre. Christina hatte sich innerlich entfernt, war unerreichbar geworden für ihn, und nun wollte er nur für einen Übergang in Ruhe und Frieden sorgen, dafür würde er alle Kraft, vielleicht seine letzte Kraft aufwenden.

Es gab nichts weiter zu sagen.
Sie sei das Symbol für das neue Schweden? Christina fand doch beinahe jede Woche ein Pamphlet in ihren Poststücken – „sollten wir uns endlich von dieser Verrückten befreien, die nur an Vergnügungen denkt und alles Geld für Bücher und Bilder hinauswirft, vor allem für Bilder, auf denen nackte Männerkörper zu sehen sind – für den schändlichen Friedensvertrag, den sie uns eingebrockt hat, sollte man sie in den Galgen springen lassen."
Es gab nichts weiter zu sagen.
Christina und Oxenstierna waren befreit von Zurückgehaltenem; und es hatte sich alles zwischen ihnen verändert; Mündel und Vormund, davon galt nichts mehr. Es gab keine Abhängigkeit mehr und keine Vertrautheit. Jeder ging allein.

Nach dem Gespräch mit Oxenstierna hatte ihr Warten, ihr Verharren Endlichkeit bekommen, nun war die Linie gezogen, bis dahin hatte sie durchzuhalten, ihre Verpflichtungen zu leben. Wie getrieben erledigte sie ihr Tagespensum; Audienzen, Besprechungen, Reichsratsitzungen, ihre Studierstunden, die Korrespondenz, das Lesen der Verordnungen und Gesetzesvorschläge, die Bittbriefe, die Inspektionen der Kasernen, der Armenhäuser, Gefängnisse und der Hafenspeicher, die Prozessionen und Erntedankfeste. Dazwischen erledigte sie ihre private Korrespondenz mit Samuel, mit Ulryk, mit Manoel Teixeira: „Niemals werde ich mich mit einhunderttausend Reichsthalern zufrieden geben! Meine Wasa-Vorfahren haben das halbe Uppland an die Adelsfamilien verteilt, und nun sind gerade diese Familien seit Jahren mit ihren Steuern säumig und wollen mir das Allernotwendigste nicht gönnen."
Und obwohl ihr kaum Zeit blieb, lud sie Olof Rudbeck aus Uppsala ein. Sie wollte über seine Erkenntnisse von den Lymphgefäßen im menschlichen Körper unterrichtet werden, und da sie keine andere freie Stunde fand, plagte sie den Wissenschafter um fünf Uhr früh nach Stegeborg, „hoffe ich, dass Sie mir bald die letzten Geheimnisse über den menschlichen Körper erklären werden."

Im Sommer 1652 bekam Christina einen neuerlichen Fieberschub. Sie fühlte sich schwach, erbrach; ständig rief sie nach mehr Öllampen, da sie auch im Sommerlicht die Poststücke kaum entziffern konnte; Schweißausbrüche schüttelten sie minutenlang, doch sie duldete kein Zugreifen, keine Hilfe.

Sie wusste, dass sie vom Warten, von der so zäh verrinnenden Zeit schwach geworden war. Dagegen half kein Aderlass, kein Gesundbeten und kein Einreiben mit Wolfsfett.

Georg Stiernhilm, ihr neuer Zeremonienmeister, empfahl ihr einen Franzosen. „Er versteht sich auf die natürliche Heilkunde, schon nach einem kurzen Gespräch fühlt er, welche Schwingungen in ihnen verstimmt sind."

Stiernhilm war ein junger Maler und Dichter. Eigentlich wollte er in der Leibgarde von Christina dienen, doch dafür war er zu klein, auch wurden Rothaarige für solche Posten nicht aufgenommen. In seinen Gedichten schwärmte er vom Süden Europas, und weil er auch das Florentinische beherrschte, stellte Christina ihn als Zeremonienmeister ein. Vielleicht könnte er das Dumpfe verscheuchen, in dem jedes offizielle Dinner ablief; vielleicht könnte sich mit Stiernhelm Leichtigkeit in Stegeborg einnisten.

Er hatte auch sofort mit Neuerungen begonnen. Die Speisenfolge wurde nicht mehr durch dreimaliges Aufstampfen mit dem Zeremonienstab angekündigt, sondern auf Papierrollen geschrieben und zu Lautenklängen vorgelesen: „Nun sollen die hochwohlgeborenen Herrschaften zu Konfekt verführt werden. Der Sirup, der die Früchte umschließt, wartet darauf, von Ihren Gaumen gesaugt und genossen zu werden."

Selbstverständlich wurde das nicht gutgeheißen. Die Kämmerer, auch die Beamten, munkelten: „Weil sie ihn nicht bezahlen kann, hat sie ihm einen Posten verschafft. Wahrscheinlich schreibt er jetzt Gedichte über das, was er in ihrem Schlafzimmer zu sehen bekommt."

Und nur um allen anderen zu beweisen, dass Stiernhilm für sie eine Vertrauensperson war, ließ sie den Heiler aus Frankreich kommen. Pierre Bourdelot war ein kleiner, dicklicher Mann; nichts an ihm war nach Art der Franzosen; seine Kleidung war nachlässig und ohne modischen Tand, sein Französisch behäbig. Er kam aus Nancy und erklärte: „Nach den Sommermonaten verlasse ich Schweden wieder. Die Dunkelheit ist nichts für mein Gemüt." Ohne weitere Vorreden begann er, mit seinen Armen den Körper von Christina zu umkreisen. „Bleiben Sie stehen, gehen Sie, beugen Sie sich vor, schließen Sie die Augen", befahl er. Dann schwang er das Pendel über den Händen von Christina, rollte eine Kristallkugel über ihr Schreibpult, über den Fußboden. „Essen Sie gekochten Fisch, frischen Fisch, nicht eingesalzenen oder in Fett geschmorten. Essen Sie gekochtes Getreide, und nicht halb rohe, verschimmelte Rüben; trinken Sie Wasser an-

statt der braunen Brühe aus den verbrannten Gerstenkörnern, und nehmen Sie jeden Tag ein warmes Bad." Aber eigentlich waren diese Anweisungen für Meister Bourdelot nur Nebensächlichkeiten. „Ihr Fieber kommt von den Nerven; das Warten zehrt an ihren Kräften. Wissen Sie, worauf Sie warten?"
Christina lachte auf: „Natürlich weiß ich das."
Der Meister packte schon wieder seine Habseligkeiten zusammen: „Wenn Sie wissen, worauf Sie warten, werden Sie jedes Wie dorthin ertragen. Denken Sie an Ihr Ziel, das wird Ihre Nerven beruhigen und das Fieber vertreiben."

Ein paar Wochen später, im August, kam Karl Gustav, um sich von ihr zu verabschieden. Sie ritten auf die Insel Jakobsdahl, dort verbrachten sie eine lichtvolle Sommernacht.
Die Klatschmäuler zerrissen sich zwar den Mund, doch Christina und Karl Gustav ließen sich diese Nacht voll Zärtlichkeit und freundschaftliche Nähe nicht nehmen.
„Wie heißt sie?"
„Elsbeth, und sie sieht dir ähnlich, Christina, sie hat grüne Augen und honigfarbenes Haar."
„Und sicher hat sie mehr Weichheit."
„Das weiß ich noch nicht, ich habe sie schon lange nicht gesehen, drei Jahre; vor drei Jahren war sie siebzehn. Sie wird mir bestimmt eine gute Frau sein."
„Sicher auch eine gute Königin; die Hohenzollern legen großen Wert auf Bildung, sie sammeln Bücher! Karl Gustav, ich wünsche dir alles Gute, wann wirst du reisen?"
„Morgen, und ich werde lange nicht nach Schweden zurückkommen."
„Vielleicht wird es aber doch notwendig sein, du bist mein Nachfolger."
„Das war deine Weitsicht, und das ist Papier; ein Ende der Wasa-Dynastie in Schweden, das ist unvorstellbar."
„Aber der Beginn der schwedischen Pfalz-Zweibrücken-Dynastie, das ist wirklich das neue Schweden, Karl Gustav, halte dich bereit."
Jetzt wäre die Gelegenheit gewesen, die letzte, Karl Gustav ins Vertrauen zu ziehen, sich ihm zu erklären. Aber in welchen Gewissenskonflikt hätte sie ihn geworfen – sich von den lutherischen Grundsätzen abzuwenden und zum Katholizismus zu wechseln. Das war unvorstellbar für Karl Gustav. Sein ganzes Leben war nach dem Gehorsam zum Protestantismus ausgerichtet, da-

für war er in den Krieg gezogen, dafür würde er sich neuerlich in den Kampf werfen.

Christina wusste, dass sie mit ihm einen Freund verlor, und das tat weh. Doch meinte sie, damals, dass ihr Ziel nicht anders zu erreichen sei als durch das Hinnehmen von Schmerzpunkten und auch durch das Zufügen von Schmerzen.

Der folgende Winter und noch ein ganzes nächstes Jahr wurden Christina abverlangt; warten, packen, heimlich versenden. Die Zustände auf Stegeborg wurden immer chaotischer, es wurden Bücher gestohlen, Bilder aus den Rahmen geschnitten, und niemand kümmerte sich darum. „Das ganze Schloss ist voll Künstlergesindel aus Italien, aus Frankreich, jetzt hat sich sogar eine Kurtisane niedergelassen", so wurde getratscht.

Ninon de Lenclos war auf Einladung von Christina gekommen, die Wartezeit musste irgendwie verkürzt werden. Ninon schrieb Romane, und aus diesen Texten wusste Christina, dass Ninon wie sie die Ehe ablehnte. Eine verwandte Seele, „niemals wollte ich der Acker für des Mannes Pflug sein." Ninon nickte dazu. „Dazu sind wir nicht geschaffen, wir können nur eine kurze Zeit die Untertänige spielen, doch dann sind wir wieder Lilith, und sie weigerte sich, unter ihm zu liegen."

Christina bewunderte an der reifen Französin auch ihren buchhalterischen Sinn. In genauen Aufzeichnungen hatte sie ihre Freier, ihre Liebhaber, ihre Geliebten aufgelistet, exakt nach Rang, Vermögen, Einfluss und der persönlichen Zuwendung, der persönlichen Stellung, die Ninon zu jedem Einzelnen hatte. Es gab Seiten in ihrem Buch, die waren voll Daten und Zahlen, „ein Tier, ich habe ihm viel Geld herausgepresst, doch noch immer viel zu wenig – ein Tier." Und es gab Seiten, da stand nur ein Name, und darunter lag ein gepresster Grashalm: „Ein wunderbarer Mensch, so unverdorben und voll Zärtlichkeit", seufzte Ninon.

Sie reiste im Dezember 1653, nach der Geburtstagsfeier von Christina wieder ab. „Was immer Sie vorhaben, Christina, bleiben Sie in Ihrer Spur. Wer weiß, vielleicht sehen wir einander wieder", und Ninon umarmte Christina.

Vier Jahre später, nach grauenhaften Ereignissen, sollten sie einander wieder sehen, in Fontainebleau.

In der letzten Januarwoche des Jahres 1654 kam Ulryk mit zwei Kurieren nach Stegeborg, er stürmte an allen Wachposten, Mägden, Wasserträgern und Heizern vorbei. „Christina, hier, vom Vatikan, von Papst Innozenz persönlich!" Damit legte er die vereiste Lederrolle auf ihren Tisch: Ihre Konvertierung zum katholischen Glauben war vom Vatikan genehmigt. Nun würde ihr noch der Ort bekannt gegeben werden, wo sie das katholische Glaubensbekenntnis ablegen sollte, vielleicht in Brüssel, vielleicht in Innsbruck. Dorthin würde der Vatikan einen Bevollmächtigten und Zeremonienmeister entsenden, dass dieser alles überwache, bezeuge und beglaubige.

Christina schob die Papiere hin und her, las wieder und wieder. Drei Jahre lang hatte sie auf diesen Augenblick gewartet, und nun war alles ausgestanden.

Oxenstierna war zu verständigen. Sie hatte mit Axel Oxenstierna während der langen Wartezeit keinen einzigen Satz außerhalb des Protokolles, außerhalb der Reichstagtermine gesprochen. Sie hatte seine missbilligenden Blicke übersehen, wenn er an halb betrunkenen, lachenden Schauspielern über die Stufen zu Christinas Kontor stieg; es hatte sie belustigt zu sehen, wie es ihn, den Ästheten, schauderte, wenn er die Dilettanten aus Florenz beim Kopieren der Tizian- und Raffaelbilder beobachtete.

Jetzt war Oxenstierna zu verständigen und mit ihm ihr Abdankungstermin, ihr Abreisetag zu vereinbaren.

Schweden verlassen, Schweden loslassen, sich befreien; sie hatte im Netz die Lücke gefunden, durch die sie entwischen konnte.

Schweden verlassen, Stegeborg verlassen; Christina nahm Ulryk nicht wahr, der sie beobachtete, wie sie in ihrem Hin- und Hergehen langsamer wurde, stehen blieb, zu den Fenstern mit den Eisblumen schaute, wie sie die Papiere, diese wertvollen Papiere zusammenschob, plötzlich zu ihrer Felljacke stürzte, sich in die Stiefel zwängte und die Bänder der Galoschen verknotete.

„Christina", er versuchte, sie aufzuhalten; sie schaute auf und sagte: „Nur ein kurzer Ausritt, Ulryk, wir werden Oxenstierna morgen verständigen, morgen."

Und sie rannte die Stufen und Gänge hinunter, in den Nischen blitzte Schnee, hingen Eiszapfen. Sie zerrte Minom aus dem Stall und hetzte das nachtschlafene Tier durch die Landschaft. Den Stallburschen, der ihr folgte, hatte sie bald zurückgelassen; sie ritt die Pfade zum Moor; Schnee und Eis krachten und knirschten unter den Hufen – Schweden verlassen. Sie hielt das Pferd an, Christina war eingetaucht in alle Weiß- und Silberfarben des Schwedenwinters, Stille lastete auf jedem Baumstrunk, auf jedem trockenen Halm; in diesen Momenten bewegte sich nichts um sie herum, kein Tier strich durch das Holz, nicht der leiseste

Windhauch streifte sie; um Christina war Kälte und Stille.
Schweden verlassen.
Sie riss das Pferd herum und fegte zurück nach Stegeborg. Dort wartete noch immer Ulryk, er hatte sich ihren Freudensausbruch anders vorgestellt.

Christina stürmte ins Zimmer; sie trank das bittere Gerstengebräu, das ihr eine Magd reichte, und zog Ulryik mit sich. Er zögerte zwar, doch er ließ sich mitziehen. Wozu wurde er jetzt verwendet?

Schweden verlassen – Ulryk musste sich in den nächsten Stunden für Christina in Ebba verwandeln, und in Gabriel. Sie würde sich nehmen, was ihr zustand, und sie würde geben, was sie imstande war. Schweden verlassen, die Türe endlich ins Schloss fallen lassen.

Axel Oxenstierna reagierte gefasst, auch erleichtert auf die Nachricht. Er hatte die Abdankungserklärung, die Anträge für den Reichstag, alle offiziellen Mitteilungen und Dokumente schon vorbereitet. Ohne aufzuschauen rechnete er die Wochen voraus, die für die Administration der Abdankung noch nötig waren.

„Abdanken werde ich in Uppsala", sagte Christina in sein Schweigen hinein, „dort, wo mein Vater mit der Wasa-Dynastie begonnen hat, dort soll sie zu Ende gehen."

Darüber war Oxenstierna erfreut, und für einen Moment huschte sogar ein Lächeln über sein eingesunkenes Gesicht.

Er fragte noch: „Und, Christina, wann werden Sie ..."

„... am Tag der Abdankung werde ich abreisen", kam sie Oxenstierna zuvor.

Er schien zufrieden, auch unfähig zu einem weiteren Gespräch. Seine Augen waren mit Tränen gefüllt. „Ich werde alles im Sinne unseres Königs Gustav Adolf tun", hatte er vor dem Sarg jenem Mann versprochen, dem er sich nicht nur mit seinem Eid verpflichtet fühlte, sondern für den er aus Zuneigung, aus Bewunderung alles tun wollte und alles getan hatte, „meine ganze Existenz in den Dienst der Wasa".

Es war anders gekommen, und er hatte es hinzunehmen. Christina hatte sich ihm entzogen, sie hatte ihm seinen Auftrag entzogen, es war ihm nicht gelungen, sein Versprechen in seinem Sinn zu erfüllen. Damit musste Axel Oxenstierna fertig werden, mit seiner Enttäuschung, seiner Bitternis und sicher auch mit seiner Wut über Christinas Stärke und Eigenmächtigkeit.

„Gott, der Himmel schütze dich", flüsterte er und ging.

Mit dem Abschied von Oxenstierna war für Christina der schmerzhafteste Teil ihres Weggehens erledigt.

Nun wollte sie noch ihre Mutter besuchen und brach hastig nach Gripsholm auf. Doch Maria Eleonora empfing Christina ungnädig. Sie wisse über die Abdankungsabsichten ihrer Tochter Bescheid, und sie verfluche ihr langes Leben, das ihr diese Schmach nicht erspare.

„Für dein Auskommen lässt du vorsorgen, du feilschst um jeden Taler und nicht einen Gedanken verschwendest du an meine Zukunft. Wovon soll ich leben, man wird mich in den Meierhof abschieben, wenn ich nicht mehr die Mutter der Königin bin."

Sie raufte sich die langen, grauen Haare und schüttelte und zerrte an ihren Röcken.

„Rühre Zucker und Wein nicht an", schrie sie, als Christina nach dem Glas mit dem gewärmten Wein griff. „Ein Kavalier aus Amsterdam hat mir diese Delikatessen gebracht."

Und dann fragte sie noch: „Mit wem lebst du jetzt, Christina, mit einem Mann oder mit einer Frau, oder musst du dich mit dem Betrachten von nackten Körpern zufrieden geben."

Ulryk, der sie begleitet hatte, verfolgte stumm diese Szene. Als Christina sich verabschiedete und Maria Eleonora die Hand küsste, „schade, Mutter, dass Sie mir auch beim letzten Besuch Ihren Tadel, Ihre Missachtung nicht erspart haben – ich wollte ein anderes Bild von Ihnen mitnehmen", die Alte hörte ihr gar nicht zu. Sie fixierte Ulryk: „Sie haben wunderschöne Augen", gurrte sie und ging auf ihn zu, „besuchen Sie mich, ich lebe sehr einsam hier auf Gripsholm."

In den Monaten bis zu ihrer Abdankung warf sich Christina in letzte Reisevorbereitungen. Es wurde gepackt, verstaut, geordnet, und als sie in den ersten Junitagen Stegeborg verließ, um nach Uppsala zur Abdankungszeremonie zu fahren, war Stegeborg so kahl, wie sie es als Kind erlebt hatte. Schmucklos und feindselig starrten die Wände, trotz Sommerhelligkeit lag Dumpfes und Stumpfes in den Räumen, Käfer krabbelten, Aschenstaub überall, blaue und rote Wachstropfen auf dem Boden und auf den Tischen, Flecken von verschütteter Gerstensuppe und Pfützen von vertrocknetem Abwasser auf den Gängen. Die Diener wankend und schlurfend; sie drückten sich weg, wenn Christina vorbeiging, stellten sich schützend vor einen Betrunkenen, der auf dem Boden schlief. Sie waren alle froh, dass mit der Abreise von Christina die Fiebrigkeit der letzten Monate ein Ende hatte. Was morgen, in einer Woche geschehen würde, ob Christina wiederkäme, das interessierte niemanden. Einzig Editha hatte sich als letzten Wunsch erbeten: „Ich möchte dich nach Uppsala begleiten, Christina, vielleicht finde ich dort in einem Kloster einen Platz, wo ich bleiben kann."

Die Abdankung fand am 6. Juni 1654 im großen Saal des Schlosses von Uppsala statt; bis in die Galerie drängten sich Räte, Handwerker, auch Bauern und Studenten.

Christina war im weißen Kleid. „Jetzt, zur Abdankung, ist sie im Krönungskleid", wunderten sich viele.

Sie hatte alle Insignien der Macht in der Hand, Reichsapfel und Zepter, sie war in den Krönungsmantel gehüllt und trug die Krone des Wasa-Hauses.

Der Zeremonienmeister verlas das Dekret, und Christina antwortete auf die vorgeschriebenen Fragen, „... aus freien Stücken ... nach reiflicher Überlegung ... mit Verzicht auf alle Ansprüche des Thrones ... jedoch der uneingeschränkten Reisefreiheit nach und in Schweden."

Sie sprach langsam und deutlich, und sie ging Graf Axel Oxenstierna einen Schritt entgegen; er hatte die Aufgabe, ihr die Insignien der Macht abzunehmen, und er tat es mit aller Sorgfalt und Vorsicht. Als Krönungsmantel, Zepter und Reichsapfel abgelegt waren, stellte er sich vor Christina hin, beugte das Knie und hielt ihr das Silbertablett hin. So war es nicht vereinbart gewesen, doch Graf Axel hatte es so eingerichtet, dass Christina sich die Krone selbst abnehmen musste.

Nun, im weißen Kleid, schmucklos, trat Christina von Wasa zur ersten Reihe, wo Karl Gustav saß. „Ich bedanke mich bei allen Ministern und Reichsräten, vor allem bei meinem Vormund Graf Axel Oxenstierna, dass meinem Abdankungswunsch entsprochen wurde; ich bedanke mich für Ihre Geduld und für Ihr Verständnis für meinen Wunsch. All meinen Landsleuten danke ich für ihre Liebe und Treue, mit der sie an mich geglaubt haben, und bitte Sie alle, diese Liebe und Treue ungeschmälert dem neuen König von Schweden Karl Gustav von Pfalz-Zweibrücken zu schenken. Auch möchte ich hier, in aller Öffentlichkeit, erklären, dass meine Ansprüche im Einvernehmen mit allen Reichsräten festgesetzt wurden: meine Apanage wird zweihunderttausend Taler betragen, das ist die Hälfte dessen, was mir als Königin zustand. An Ländereien wurden mir Norrköping, Öland, Ösel und Gotland zugesprochen, diese kann ich ohne Zustimmung des Reichsrates weder belehnen noch veräußern. Nochmals bitte ich den Reichsrat, meiner Mutter ein angemessenes Dasein auf Gripsholm zu sichern. Jetzt, da alles geordnet ist, werde ich Schweden verlassen. Ich tue dies mit meinem innigen Wunsch um Gottes Segen und Beistand für dieses Land."

Christina wartete einige Augenblicke, manche standen auf, ein paar Besucher applaudierten, es war auch verhaltenes Schluchzen zu hören. Sie ging zu Oxenstierna und umarmte ihn, wortlos, dann noch zu Karl Gustav, er strich ihr über die Wange: „Auf Wiedersehen, Christina."

Sie musste an sich halten, um nicht unangemessen schnell aus dem Saal zu stürmen; doch kaum hatte sie Ulryk an der Türe erreicht, lief sie die Stiegen hinunter, und ohne einen weiteren Blick zurück, rannte sie zur Kutsche, die sie bis zur Poststation brachte. Dort zog sie sich um, und mit Ulryk an der Seite ritt sie nach Stockholm zum Hafen.

Es ging nach Hamburg; die Reise war kurz und verlief ohne Zwischenfälle. Christina wurde von Manoel Teixeira bereits erwartet, in seinem Haus war für sie eine Wohnung vorbereitet, es warteten eine Zofe, eine Magd und ein Kammerherr auf sie. Wieder war Christina von Eleganz und Luxus umgeben, von Sauberkeit und Helligkeit; Manoel Teixeira ließ Empfänge, Tanzabende und Feuerwerke veranstalten, alles zu ihrem Zeitvertreib. Christina diskutierte über Marsilio Ficino: „Alle Dinge sind in ständiger, nie endender Bewegung. Eine Änderung der Schwingung führt auch zu einer Änderung der Erscheinungsform ..." Doch all diese Tätigkeiten konnten Christina nicht darüber hinweg täuschen, dass sie sich ein weiteres Mal in einer Phase des Wartens befand. Und je länger diese Wartezeit wurde, desto abstoßender fand sie den Glanz, das Luxuriöse, von dem in Hamburg die alltäglichsten Dinge umflort waren. Die Trunkenheit hatte Christina als ein schwedisches Übel gesehen und mit Armut, Kälte und Hoffnungslosigkeit erklärt. In Hamburg traf sie Gesandte, Kaufleute, hohe Beamte der Gemeindeverwaltung, die schon am Vormittag den Kaleschen zutorkelten. Es gehörte zum guten Ton, bei jeder Gelegenheit Wein und Likör zu trinken, und es mangelte an keinem noch so ausgefallenen Lebensmittel, Orangen, Oliven, Portwein, Feigen; Luxus in allem.

Ende September erhielt Christina die Nachricht, dass Graf Axel Oxenstierna gestorben war. „Zwölf Wochen nach deiner Abreise ist er erschöpft eingeschlafen, Christina. Du weißt, nach Deiner Abdankung wollte er nur noch die Augen schließen. Dass er vor seiner Zeit von dieser Welt gehen musste, damit wirst du nun leben müssen", hatte Editha ihr schreiben lassen. Christina schleuderte den Brief zornig von sich. „Hat Editha vergessen, dass Axel Oxenstierna mir einen Tag vor meiner Abreise einen Besuch in der Riddarholmskirche, ein Gebet am Grab meines Vaters verweigert hat! Und ich habe mich diesem seinem letzten Befehl gefügt!"

Die Wochen, Monate zogen weiter ins Jahr 1655; aus dem Vatikan kam keine Nachricht, in welcher Stadt auf ihrem Weg Richtung Rom die offizielle Feier ihrer Konvertierung stattfinden sollte. „Der Papst liegt im Sterben", wusste Samuel stattdessen zu berichten.

Also war erst vom nächsten Papst eine Nachricht zu erwarten.

Endlich, im März 1655, hatte Samuel gute Nachrichten. „Es gibt einen neuen Papst, Fabio Chigi, er nennt sich Alexander VII. Jetzt können wir in der allernächsten Zeit mit einem Brief rechnen, denn Papst Alexander kennt Sie, er weiß um Ihre Friedensbemühungen, um Ihre Bedingungen für den Frieden von 1648. Er weiß, dass Sie damals darauf bestanden haben, dass ein päpstlicher Nuntius den Frieden von Osnabrück mit unterzeichnet, und dieser Nuntius war Fabio Chigi, der jetzige Papst! Ein gutes Omen!"

Im April erreichte Christina die Nachricht vom Tod ihrer Mutter. „Maria Eleonora starb an gebrochenem Herzen. Sie litt übermäßig an ihrer Tochter Christina, die ihre Eigenmächtigkeiten von der Heiratsverweigerung bis zur Abdankung und dem Erlöschen der Wasa-Dynastie trieb. Als Maria-Eleonora überdies feststellen musste, dass Christina die gesamten Wasa-Juwelen mit sich genommen hatte, brach sie mit einem Nervenfieber zusammen."

Christina legte diese offizielle Trauerdepesche des Reichsrates zu ihren Dokumenten. „Empfinde ich nur Leere über diese Nachricht. Ich frage mich, wie vielen habe ich noch als Schuldige zu dienen, wie weit muss ich weg sein, dass sie mich nicht mehr als Schuldige verwenden können ...", schrieb sie in ihr Tagebuch.

Sie vertrieb sich die Zeit mit dem Erteilen von Lektionen in Latein und Griechisch; sie unterrichtete die Kinder von Manoel

Teixeira, sie hatte Söhne von Kaufleuten als Schüler. Christina erlebte auch das erste Mal, was es hieß, in Geldnot zu sein, denn aus Stockholm wurden weder Bürgschaftsbriefe noch Taler geschickt. Teixeira ließ ihr andererseits jeden Monat das Haushaltsbuch zur Unterschrift vorlegen, darin war genauestens aufgezeichnet, wie hoch sie bei ihm bereits in der Schuld stand.

„Nur eine Formalität", lächelte Manoel jedes Mal, und Christina fühlte sich immer drückender von Geldsorgen belastet.

Nach einem Jahr Logis im Haus von Teixeira ließ sie eine Kiste mit Silbergeräten öffnen; kurzerhand verkaufte sie Kannen, Tabletts, Besteck an einen Wucherer. Es war ein schlechter Handel, auf den sie sich einließ, doch sie konnte einen Teil ihrer Schuld Teixeira auf das Mahagonitablett legen. Gleichzeitig schickte sie Ulryk mit einem Brief nach Stockholm: „Fordere ich Sie auf, meinem Reisemarschall die mir zustehende Apanage in Barem wie in Bürgschaftserklärungen zu übergeben, andernfalls ich das Gut Ösel belasten werde, und glauben Sie mir, verehrter Schatzmeister Salvius, ich scheue keinen Prozess!"

Ulryk kam schon drei Wochen später mit gut gefüllter Schatulle nach Hamburg zurück. Er berichtete von Zornesausbrüchen des Säckelwartes und übergab eine Depesche. „Hoheit! Christina! Hier das Geforderte! Würde nicht ganz Europa nach Schweden schauen, ich hätte dem Prozess den Vorrang gegeben. Adalbert Salvius."

Samuel sammelte inzwischen die Nachrichten, die über ihre Abdankung in den europäischen Städten verbreitet wurden.

Christina las erstaunt und auch zum Zeitvertreib die Kommentare, sie hatte die Tragweite ihrer Entscheidung unterschätzt. „... dieser Streich ist so kühn, dass er alle in Verwunderung und Erstaunen versetzen wird. Christina wird nun in ihrer Seele unerschöpfliche Schätze des Glücks und der Freude haben", diese Nachricht kam aus Frankreich. In England schrieb man: „Wie sollen wir das verstehen, da wird einer jungen Frau ein Goldthron zu Füßen gelegt und sie zieht es vor abzudanken und als Libertin zu leben. Am Ende tritt sie noch den Katholiken bei – die Folge einer solchen Tat wäre nicht auszudenken." Im nahen Amsterdam schrieb man, „... jetzt ist sie in Hamburg, ein Jude beherbergt sie; es ist zu befürchten, dass sie zum katholischen Glauben konvertiert und nach Rom weiterreist. Weiß diese Freidenkerin, was sie tut? Warum will sie die Vormachtstellung des

Vatikan durch eine solche Tat determinieren. Haben also die Jesuiten in Europa endgültig gesiegt?"

Ende Juli dieses endlos scheinenden Jahres 1655 bekam Christina Hautausschläge; Schüttelfröste hielten sie in ihren Zimmern fest. „War der Abendspaziergang zu anstrengend für eine ungeübte Wanderin wie mich", schrieb sie leichthin an Samuel, und ein paar Tage später, „... bin ich vollkommen in die Übersetzung eines Ficino-Kapitels ins Portugiesische vertieft, deshalb will ich unser gemeinsames Abendessen absagen."

Sie wollte niemandem zeigen, keinem Menschen zugeben, wie sehr sie an diesem Wartezustand litt, wie unerträglich es für sie war, zum Nichtstun verurteilt zu sein, eine Geduldete zu sein.

Ruhelos wanderte sie in den Nächten durch die Räume, sie hing das Pendel der Uhr aus, zog Tücher über die glitzernden und glänzenden Gegenstände, von denen sie umgeben war, über die Vasen, Schalen und Karaffen.

Anfang September 1655 formulierte Christina in aller Frühe einen Brief an Samuel: „Da das Warten meine Kräfte übersteigt, will ich keine Stunde länger im Haus des edlen Manoel Teixeira verbringen. Obwohl ich hier aufs Beste und Umsichtigste versorgt bin, will ich mich zum Warten in ein Kloster zurückziehen. Meine inständige Bitte ist, mir ein solches zu nennen ..."

Als sie den Brief fertig geschrieben hatte, klopfte es, und Ulryk trat ein: „Entschuldigen Sie, Christina, es ist kurz nach Mitternacht – aber, hier, lesen Sie! Der Papst hat geschrieben! Es geht nach Innsbruck! In Innsbruck wird Ihre Konvertierung stattfinden!"

Plötzlich herausgerissen aus Fieber und Lethargie warfen die folgenden Wochen Christina in einen Taumel. Neuerlich wurde gepackt, Dokumente wurden kopiert, Bilder und Juwelen ein weiteres Mal katalogisiert, Kisten und Kassetten wieder mit Wachs verschlossen.

Ihre Abreise traf sich auch bestens mit den Plänen von Teixeira, der gleichzeitig mit Christina Hamburg verließ, um sich in Amsterdam anzusiedeln.

Mitte Oktober bewegte sich die Kolonne von über zwanzig Gepäckwagen und den Kutschen mit den Wächtern, Köchen, Schreibern und Kämmerern aus der Stadt Hamburg Richtung Süden. Christina trieb den Tross durch Regen und Nebel, ließ das Vorwärtskommen jeden Tag nur wenige Stunden unterbrechen, für Schlaf, Nahrungsaufnahme und Pferdewechsel. Es ging über Augsburg nach Partenkirchen und über den Scharnitzpaß ins Erzherzogtum Tirol, und schon nach zwei Wochen, am 31. Oktober 1655, kam die schwedische Kolonne in Innsbruck an.

Ein glanzvoller Empfang war für Christina vorbereitet, doch konnte dieser erst am nächsten Tag stattfinden, denn Innsbruck lag zur späten Nachmittagsstunde von Christinas Ankunft im Dunkeln.

Am nächsten Morgen wurde Christina in Innsbruck in ein Willkommensschauspiel geworfen, das all ihre Erwartungen übertraf. In Prozessionen, Huldigungen, Gesangsdarbietungen wurde der Freude Ausdruck verliehen, dass die schwedische Königin, die Minerva des Nordens, in Innsbruck zum Katholizismus konvertierte.

Christina wurde in Innsbruck vom ersten Abend an mit einer Gastfreundschaft verwöhnt, die sie in keiner ihrer weiteren Reisestationen erlebte. Sie fühlte sich wohl wie Jahre zuvor bei ihrem ersten Aufenthalt in Amsterdam, doch war in Innsbruck alles von Natürlichkeit getragen. Es wurde nichts aufdringlich zur Schau gestellt, sondern Freude ausgedrückt, und das geschah vollkommen ungekünstelt.

Am Eingang zur Hofburg wurde sie vom Hofprediger empfangen: „Hoheit, wir heißen Sie willkommen! Wir wissen, dass das katholische Europa uns um diese Ehre beneidet! Sieben Jahre sind verlaufen, während derer Sie mit dem Gedanken umgingen, sich der katholischen Kirche zuzuwenden. Und hier, in unserem Innsbruck, werden Sie Ihren Entschluss öffentlich besiegeln. Eine Zeremonie von so großer Bedeutung für die katholische Kirche hat hier noch nie stattgefunden, und wir werden uns bemühen, mit all unseren Kräften, Ihren Aufenthalt in Innsbruck einmalig werden zu lassen.".

Erzherzog Ferdinand Karl empfing Christina freundlich, doch es war für ihn eine neue, eine politisch heikle Situation: Er beherbergte eine Königin, die abgedankt hatte; er beherbergte eigentlich eine Protestantin. Wie würde man in Wien, in Augsburg, in Paris darauf reagieren? Deshalb überließ er Christina sofort nach den Willkommensfeierlichkeiten dem päpstlichen Zeremonienmeister Lucas Holstenius.

Holstenius, der gebürtige Hamburger, war von Rom nach Innsbruck geschickt worden; er war selbst Jahre zuvor vom lutherischen zum katholischen Glauben übergetreten, und er war Sekretär von Papst Alexander. „Hoheit, in den letzten Jahren habe ich mich oft gefragt, warum für mich ein so langes Leben vorgesehen ist, ich bin über achtzig. Meine körperlichen Leiden haben in den letzten Jahren zugenommen, und eine Reise von Rom nach Innsbruck hätte ich mir vor zehn Jahren nicht mehr zugetraut. Aber es wartete noch eine große Aufgabe auf mich: Sie, Christina, zur katholischen Taufe zu führen, Ihnen das katholische Glaubensbekenntnis vorzusprechen. Deshalb habe ich diese Reise leicht überstanden, deshalb bin ich jetzt hier."

Alles was Lucas Holstenius als seine Aufgabe ansah, tat er mit Eifer bis zur Besessenheit. Er war Archivar im Vatikan und arbeitete seit Jahrzehnten daran zu beweisen, dass die vier Evangelien nicht von achtzig oder hundert Jüngern geschrieben worden waren, wie manche behaupteten, sondern tatsächlich nur von vier. Er hatte schon drei Päpste überlebt; der letzte konnte seiner Leidenschaft für die Erforschung der Evangelien überhaupt nicht folgen. Doch der jetzige, Fabio Chigi, hatte ihm freie Hand gegeben. Holstenius durfte jede Rolle öffnen, jedes Siegel brechen, um der Wahrheit über die Evangelien näher zu kommen. Und Fabio Chigi hatte ihn auch mit der Angelegenheit der Königin von Schweden betraut, dem Höhepunkt im Leben von Lucas Holstenius.

Am 3. November 1655 schritt Christina im schwarzen Seidenkleid in feierlichem Zug in Innsbruck von der Hofburg zur Hofkirche; ein Gemisch aus Regen und Schnee stob vom Himmel, und sie erreichte durchnässt und frierend das Kircheninnere. Die Zeremonie war lang und erschöpfend. Wieder und wieder kniete Christina nieder, bekannte sich zum katholischen Glauben, ließ das Taufwasser über ihre Stirn rinnen. „Christina Alexandra", sollte fortan ihr Name lauten; sie umkreiste dreimal den Altar, warf sich nieder, bat um Vergebung für ihre Verirrung und sprach endlich das katholische Glaubensbekenntnis, sie sprach es in Deutsch und in Latein: „Credo in unum Deum ..."

Nach der kirchlichen Zeremonie war ein Fest vorbereitet. Christina ging an singenden, musizierenden Menschen vorbei zurück in die Hofburg. Handelsleute, Handwerker, Bauern, Schreiber, Knechte, ganz Innsbruck schien auf den Beinen zu sein; immerhin hatte Erzherzog Ferdinand verlauten lassen, „dass alle kostfrei gehalten werden für dieses einmalige Ereignis."

Im Komödienhaus wurde zu Ehren Christinas eine Oper aufgeführt, Musik eines venezianischen Meisters. Nymphen, Fabelwesen schwebten über die Bühne, und in üppigen Bildern wurde die leuchtende Sonne aus dem Norden gefeiert. Die Oper dauerte bis weit nach Mitternacht; und mit dem Ausklingen der Musik verebbte in Christina der Freudentaumel der Innsbrucktage. Sie wollte weiterreisen, welche Reiseroute hatte Lucas Holstenius gewählt? Sie fror, saß später bleich in ihrem feuchten Kleid an der Tafel.

Noch einmal wurden alle Annehmlichkeiten aufgeboten; Silber und Kristall, das geborgt war, es wurde Wildbret und Fisch serviert, vor dem Konfekt aus Mandeln und Nüssen wurden Tänze aufgeführt, Wein ging die Runde, Wein in Karaffen und Wein heiß aufgeschäumt in Kannen.

Doch Christina blieb innerlich unbeteiligt an dieser fröhlichen Runde, sie wartete nur die Trinksprüche ab, dann entfernte sie sich und ging in ihre Kammer.

Sie saß lange am Fenster, der Ausblick auf die Berge, die im Nachtdunkel standen, tat ihr wohl. Stille und Ruhe lagen vor ihrem Fenster.

Mit diesem 3. November 1655 in Innsbruck war der letzte Schritt ihres Entschlusses getan, sie hatte durchgehalten, sie war frei.

Sie war vollkommen frei; sie wusste keinen nahen Menschen, dem sie berichten könnte, Vater, Mutter, Oxenstierna, Ebba, Gabriel – keinen. Sie hatte auch kein Geheimnis mehr, das ihr in ihren Gedankenzügen Überlegenheit geben würde; es gab keine zweite Welt mehr, in die sie flüchten konnte. Sie hatte noch das Geheimnis ihres Körpers, doch das zählte jetzt nicht. Ihr Denken war offen gelegt.

Christina von Schweden, Christina von Wasa, die Katholikin, würde in den nächsten Tagen nach Rom weiterreisen, so wie sie es dem Papst angekündigt hatte: „Werde ich der Welt beweisen, dass ich mit größter Freude Land und Macht verlassen werde, und ich werde dabei jede menschliche Rücksicht beiseite lassen, denn Rücksichten wiegen gering gegen das Ziel, in Freiheit leben zu können …"

IV. Kapitel

Der Beichtiger mahnt: „Christina, warum vergraben Sie Ihr Gesicht in den Boden, Sie haben sich selber in die Irre geführt. Sie wollten Ihre Leidenschaft, Ihre Fähigkeit zur Leidenschaft zähmen, an die Zügel nehmen."
„Zur Hölle mit der Leidenschaft!"
„So einfach wollten Sie es einteilen, die Leidenschaft dem Höllischen zuordnen und den Verstand zum Himmel heben."
„Meine Leidenschaft sollte sich meinem Verstand unterordnen."
„Aber Christina, Sie haben immer alles mit aller Leidenschaft getan – geliebt, gehasst, geschwiegen, gefastet, alles bis zur Ekstase. Vielleicht bewerten Sie die Vernunft zu hoch?"
„Nur mein Verstand hat mich vor dem Unglück bewahrt, in das mich mein heißes Blut gestürzt hätte."
„Christina, Ihre Körpersäfte waren noch nicht versiegt, damals, als sie aus Innsbruck aufgebrochen sind; das wollten Sie nicht wahrhaben. Wie weit hat Ihr Hochmut Sie getrieben?"
„Mein Hochmut war mein bester Schutz, sonst hätte mich mein Temperament zu furchtbaren Ausschweifungen verleiten können."
„Wie weit hat Ihr Hochmut Sie getrieben, Christina?"
„Bis – bis zu den Blutflecken an der Wand."
„Erzählen Sie, Christina, reden Sie, es ist nur eine kurze Zeitspanne."
„Es sind dreißig Monate, ich habe diese Zeit weggeschoben, diese Kammer geschlossen, das Geröll von Jahren und Jahrzehnten davor aufgehäuft."

Drei Tage nach ihrer Konvertierung, nach den Festlichkeiten, war Christina aus Innsbruck abgereist; nun, da alles verwirklicht war, worauf sie beinahe zehn Jahre hingelebt hatte, wollte sie endlich auch Rom erreichen.

Sie war frei. Sie musste Oxenstierna nicht mehr täuschen, sie musste Karl Gustav nicht mehr beraten; sie musste ihn auch nicht mehr bei Laune halten, damit er ihre geheime Korrespondenz mit Samuel beförderte; sie musste sich nicht mehr in ein tägliches Pflichtprogramm von Schreibarbeiten, Besprechungen und Audienzen stürzen, um ihre innere Unruhe zu bändigen; sie musste auch die Stunden nicht mehr fürchten, in denen sie schlaflos durch die Räume wankte, dabei ständig die Möglichkeiten abwägend, ob sie alle Ereignisse, alle Einflüsse berücksichtigt hatte, damit niemand und nichts ihre Pläne verhindern konnte. Diejenige, die sie für die anderen gespielt hatte, wollte sie Schritt für Schritt abstreifen, und die Fiebrigkeit des Wartejahres in Hamburg ausatmen; alles, was nicht zu ihrem Bild der Freiheit gehörte, der freien Christina gehörte, wollte sie ablegen. Doch so sehr sie sich bemühte, unter ihre neunundzwanzig Jahren eine Linie zu ziehen, die Unruhe in ihr ließ sich nicht abstellen. Im Gegenteil: Christina begann, durch die Gassen von Innsbruck zu laufen, bis der Nachtwächter ihr entgegenrief: „Ins Haus!" Und als sie sich nicht aufhalten ließ, leuchtete er ihr mit seiner Laterne ins Gesicht: „Ach so, Sie sind ja die Hoheit." Christina schob den Mann beiseite, glitt auf den vereisten Pflastersteinen beinahe aus und hastete weiter; sie wusste nicht, wohin sie wollte, sie wollte nur gehen und gehen. Aus Toreingängen wieherten Pferde, und Fuhrknechte schnalzten mit der Peitsche: „Verschwinde, wecke uns die Tiere nicht auf!"

Hast und Ruhelosigkeit hatten sich über sie geworfen, und atemlos und erschöpft kam Christina wieder in ihrem Quartier in der Hofburg an.

Würde sie endlich Rom erreichen, dann wäre ihre Unruhe besänftigt – so dachte sie. Und sie gönnte ihren Begleitern, den Fuhrleuten, Reitknechten und Schreibern keine längere Ruhepause. Auf der Stelle mussten die Gepäckswagen beladen werden, die Köche liefen um die fehlenden Essensvorräte; sie befüllten die Körbe mit Mehl, Rüben, geräuchertem Wildbret, schoben Holzsteigen mit ein paar Dutzend Hühnern auf den Wagen, und in aller Früh, am 8. November 1655, bewegte sich der Tross von fast hundert Reitern von Innsbruck Richtung Brenner nach Süden.

Lucas Holstenius überwachte mit Landkarte und Kompass das Südwärtsziehen der Kolonne. Als sie Innsbruck verließen, hatte sich Holstenius in seine Kutsche zurückgezogen; er hatte seine Aufgabe als Zeremonienmeister erfüllt, hatte in der Hofkirche jedes Wort, jeden Kniefall von Christina in seinem Bericht festgehalten, wonach „die Königin von Schweden, Christina, das katholische Glaubensbekenntnis abgelegt" hatte, „und zwar in lateinischer wie in deutscher Sprache." Auf der Reise nach Rom war er wieder Bibliothekar und Archivar und sogar in seiner Kutsche von Büchern und Papierbogen umgeben. Sein nächster Auftrag war, Christina nach Rom zu bringen, und das würde er tun, unbekümmert um alle Schwierigkeiten und Unwägbarkeiten, die sich ihnen in den Weg stellten. Sie mussten sich durch Schneeregen kämpfen und vereiste Passwege bewältigen, es rutschten Pferde ab, es brachen Wagenräder, es barsten die Fässer mit dem Trinkwasser, es stellten sich ihnen Diebe in den Weg, und es wurden zwei Wagen mit Nahrungsmitteln gestohlen.

Als Christina die Wächter anschrie: „Verfolgt dieses Gesindel doch, warum verwendet keiner die Peitsche", versuchte Holstenius sie zu beruhigen. „Christina, zeigen Sie sich mildtätig, es wäre ein Skandal, gäbe es auf unserer Reise Tote und Verletzte."

Die Kunde, dass die Königin von Schweden mit ein paar hundert Bediensteten und mindestens hundert Fuhrwerken voll Juwelen, Gold, Silber und edlem Gerät Richtung Süden unterwegs war, lief ihnen rasch voraus, und in jeder Zollstation wurde mehr Mautgeld von ihnen verlangt; in jeder Poststation, in der sie sich für ein paar Stunden zur Nachtruhe niederlegen wollten, nahm man ihnen mehr Münzen für Unterstand und verdünnten, heißen Wein ab. Es schmuggelten sich auch Stallburschen aus den Poststationen in den königlichen Fuhrwerkstross, sie verbündeten sich mit den Fuhrleuten von Christina und feilschten untereinander um gestohlenes Silbergerät und Briefpapier mit dem königlichen Wappen. Immer wieder kam es deshalb während der Reise zu Schlägereien und zu Aufenthalten. Holstenius beorderte ständig neue Reiter als Wächter zu den Fuhrwerken, befahl die eingeschleusten Reiter zurück. Die meisten zuckten die Schultern: „Den verstehen wir nicht." Und erst wenn sie mit einem guten Pferd und einem Beutel voll Münzen oder einigen Silberstücken abgefunden waren, drehten sie dem Königstross den Rücken zu und kehrten pfeifend und lachend zu ihrer Poststation zurück.

„So zerlumpt und halb aufgelöst, wie wir unterwegs sind, muss uns jeder für eine Piratenkolonne halten", rief Christina, als sie sich nach mehrstündigem Ritt in der Kutsche von Holstenius niederließ. „Wir sind seit zwei Wochen unterwegs, und es wurden schon fünf Gepäckswagen geraubt, es fehlen ein Dutzend Fuhrleute, die haben sich auch mit Beute versehen und sind irgendwo in einer gut geheizten Poststation geblieben. Was von meinem Hausrat, von den Büchern und Bildern fehlt, werde ich erst in Rom feststellen." Christina schüttelte den Kopf: „Nein, Meister Lucas, beim nächsten Überfall werde ich nicht mehr die

Mildtätige spielen, beim nächsten Überfall werde ich schießen."
Holstenius erinnerte sie: „Christina, wir sind in zwei Tagen in Ferrara, dort wird uns die päpstliche Eskorte empfangen, dann sind wir gut beschützt. Ihren wertvollen Hausrat werden Sie in Rom nicht brauchen; Sie werden bestimmt in einem Palazzo untergebracht, wo es an nichts fehlen wird."
Sie wollte ihm erklären, dass sie jedes Stück brauchte, um es irgendwann verkaufen zu können – wovon sollte sie sonst leben. Doch sie schwieg. Lucas Holstenius war nur an der Dechiffrierung der Texte zu den Evangelien interessiert. Er hatte sich ein Holzgestell als Schreibunterlage zimmern lassen, und darüber saß er gebückt und verglich mit dem Augenglas Buchstabe für Buchstabe der Schriften. Er saß im Halbdunkel der Kutsche, wurde hin und her geworfen, doch er nahm nichts davon wahr. Holstenius hatte seine große Aufgabe gefunden. Immer wieder rief er freudig aus: „Hier, obwohl er der Jüngste war, auch Johannes hatte keinen Gehilfen, auch er hat alles selbst geschrieben." Außerdem wusste Holstenius, dass sein Name nun in allen Archiven vermerkt war – er hatte die Königin von Schweden zum Katholizismus geführt. Damit war er unsterblich geworden; aus den Geschichtsbüchern war sein Name nicht mehr herauszustreichen, und das kräftigte ihn körperlich. Wie verjüngt sah er aus und konnte Christina in ihre Sorgen, in ihre Übellaunigkeit nicht folgen.
Eigentlich konnte sich Christina auch nicht vorstellen, dass sie jemals einen Löffel mit ihrem Monogramm, ein Bild von Rubens, ein Armband mit Granaten und Diamanten, verkaufen müsste, dass sie dafür nehmen müsste, was man ihr gab, einen geringen Teil des Wertes. Alles, was sie in Kisten, Schatullen, Kassetten, Säcken und Körben im Fuhrwerkstross mit sich zog, sollte ihr Sicherheit geben, sollte vor allem ihren neuen Freunden in Rom beweisen, dass sie vom reichsten Hof Europas kam.

Nach Tagen hatten sie die gebirgigen Wege hinter sich, und es ging durch die Ebene auf Ferrara zu. Ab und zu streiften sie durch Novembernebel, doch Christina spürte bereits das südliche Klima, denn hier war das Gras noch grün, auf den Weinstöcken hingen Trauben, und die Tage waren voll Stunden von Licht.
In der Poststation wurde Christina mit „Hoheit" begrüßt, und halblaut sagte der Wirt zur Runde der Würfelspieler: „Jetzt ist sie da, endlich! Wegen ihr mussten wir die Straßen reparieren."
Christina sollte für ihren Einzug in Ferrara das Gewand wechseln; ihr Kammerdiener hatte ihr die hellblaue Reitrobe und

den golddurchwirkten Umhang in die Kutsche gelegt. Sie wollte aber davon nichts wissen; sie wollte nur weiter und weiter, und als sie an der Wacht der Stadt Ferrara aufgehalten wurde, sprengte sie auf den Wachposten zu: „Geben Sie uns freies Geleit, Christina von Wasa, ich bin avisiert, bin auf dem Weg nach Rom!"

In Ferrara, auf dem Platz vor der Kirche, hastete der Bürgermeister Christina und ihrem Tross entgegen. Er zuckte mit seinen Armen auf und ab, sollte er beim Absitzen helfen, durfte er das, war das schicklich oder gar eine Pflicht?

Wie aufgezogen redete er auf Christina ein: „Hoheit! Wir, Ferrara, wir sind nicht auf einen großen Empfang vorbereitet, die päpstliche Eskorte erwartet Sie in Pesaro. Es ist der Aufstand in Neapel, alles ist durcheinander gekommen."

Christina schaute den Bürgermeister an, und unter ihrem Blick verstummte er.

„Wo ist ein Quartier für mich und meine Begleiter vorbereitet?", fragte sie.

Und der dickliche Mann setzte seinen Federhut wieder auf. „Folgen Sie mir, bitte! Im besten Haus stehen Ihnen Gemächer zur Verfügung. Es ist alles mit Rosmarin ausgeräuchert, und der päpstliche Kurier, er erwartet sie bereits, er hat alles kontrolliert, es ist auch ein warmes Bad im Zuber vorbereitet, mit Orangenblütenöl."

Regen ging nieder, und der Platz war morastig und aufgeweicht. Christina hörte dem Bürgermeister ungeduldig zu; sie versank mit ihren Stiefeln bis zu den Knöcheln im Schlamm. Bevor sie sich mit irgendjemandem unterhalten würde, bevor sie ihre vom zweiwöchigen Ritt verschmutzte und zerschlissene Kleidung ablegen würde, wollte sie ihre Kisten mit dem Silber und den Gemälden kontrollieren. Sie rannte die Gepäckswagen auf und ab, zerrte Kassetten heraus, rief: „Halbleer, mindestens zwei Dutzend Teller fehlen!" Sie ließ im nächsten Wagen eine Kiste öffnen: „Wie viele Diebe haben sich unter meine Diener gemischt! Hier, auch von den Tapisserien haben sie mir die Hälfte gestohlen!" Dann ließ sie eine Truhe öffnen: „Sogar Bücher fehlen!" Christina war kaum zu beruhigen, sie schüttelte Lucas Holstenius ab: „Meister Lucas, lassen Sie die Kisten neuerlich mit Wachs verschließen und versiegeln", und sie pflanzte sich vor dem Bürgermeister auf: „Sorgen Sie dafür, dass mein Gepäck bewacht wird, und wenn einer von ihren Knechten sich an meiner Habe vergreift, lasse ich ihn auspeitschen!"

Der Bürgermeister starrte Christina an – war das wirklich die Königin von Schweden?

Christina wollte schon mit der Peitsche in die Luft schnalzen, da riss Holstenius ihre Hand zurück. „Christina", presste er heraus: „Sie sind Gast, Sie können hier keine Befehle erteilen." Und als sie seine Hand abschüttelte, setzte er nach: „Sie sind in aller Zukunft überall Gast, Christina, legen Sie die Peitsche weg, bevor Sie Ihnen abgenommen wird."

Sie stutzte ein paar Augenblicke, dann drückte sie dem alten Mann die Gerte in die Hand: „Meister Lucas, überwachen Sie alles. Sie wurden mir vom Papst auch als Reisemarschall geschickt, Sie sind also dafür verantwortlich, dass ich nicht bestohlen werde."

Holstenius nickte, und als er sah, dass es um ihre Mundwinkel vor Wut und Verzweiflung zuckte, sagte er noch voll Güte: „Beruhigen Sie sich, Christina, Sie werden sich bald in der neuen Lebensart eingeübt haben."

Als Christina ein paar Stunden später beim Dinner saß, war der Bürgermeister erstaunt über ihre Verwandlung. Sie saß im Kleid aus gelber Atlasseide, in ihrem rotbraunen Haar schimmerten Bernsteinkämme, und das Kerzenlicht ließ ihre Augen in tiefem Grün leuchten.

„Viel wird in ganz Europa über den Geist der Minerva des Nordens gesprochen, doch viel zu wenig wird Ihre Schönheit gerühmt, Hoheit", so begann Stefano, der Kurier des Vatikans, seine Tischrede.

Obwohl Christina auf Komplimente fast immer zurechtweisend reagierte, schwieg sie an diesem Abend dazu. „Man muss gefallen", hatte Samuel ihr oft gesagt.

Das Dinner dauerte einige Stunden; Harfenspieler unterbrachen die Speisenfolge; gebratenes Geflügel schwamm in einem Mus aus Äpfeln und Trauben und dieser süß-würzige Geruch vermischte sich mit den qualmenden Rosmarinzweigen. Um das Blut der Gäste in Wallung zu bringen, wurde heißer Wein serviert, der Krug ging fettverschmiert von einem zum anderen und noch vor dem Konfekt, vor den Honignüssen, hatte sich die ganze Runde derart in Wärme und Hitze getrunken, dass die Uniformen dampften und Schweißgeruch sich ausbreitete.

Auch Christina spürte die Wirkung des Weines, es wurde ruhiger in ihr; sie ließ sich von Stefano Limonensaft auf ihren Fisch träufeln, sie aß kandierte Orangenspalten, und sie umschlang mit ihrem Bein das Bein des Kuriers und gab seinen Tanzbewegungen nach.

Sie war die einzige Frau an der Tafel; der Bürgermeister und die Sekretäre, die Meister der Zünfte, der Pferdeverleiher, der Richter, der Pfarrer und der Arzt, alle lauerten auf jede Handreichung von ihr. War ihre Stimme nicht tatsächlich tief wie eine Männerstimme; kam sie wirklich vom reichsten Hof Europas, schmucklos wie sie an der Tafel saß; konnte sie Wein trinken und wurde davon nicht berauscht, und würde sie im nächsten Moment den Lautenspieler unterbrechen und rufen: „Schluss damit, gibt es hier keine Kegelbahn?"

Sie waren enttäuscht, als Christina nach dem Orangenlikör aufstand, sich den Mund abwischte und mit einem kurzen „Der Himmel bewache unsere Nacht!" die Tafel verließ.

Als sie an der Tür rief: „Stefano, kommen Sie, mir fehlt Ihr Bericht", kamen sie endlich auf ihre Rechnung. Diesen unverdorbenen Jüngling holte sie sich also in ihre Kammer und sicher auch in ihr Bett. Nach ein paar weiteren Krügen Wein wurde gerufen, den Spielmännern wurden Münzen zugeworfen – jetzt konnte jeder seine Version zum Besten geben: „Sie geht nie ohne Reitgerte ins Bett ...", „Sie ist nicht müde zu kriegen", „Sie hat noch jeden besiegt".

Natürlich wollten sie genau wissen, was sich in der Kammer von Christina abspielte. Deshalb wurden zwei Lakaien abkommandiert, um vor ihrer Kammertüre zu verharren. Die beiden sollten alles erzählen, was sie hörten und durch die halb geöffnete Türe sehen konnten, alles was sich im Schlafzimmer der Schwedenkönigin ereignete.

Die beiden Diener lagen bis in die Morgenstunden vor der Schlafkammer von Christina, sie bekamen aber nur ein Gespräch zu hören, von dem sie kein Wort verstanden. Sie waren auch bald eingeschlafen, und als der Knecht mit dem Holz für den Ofen kam, stieß er sie beiseite, und sie torkelten zurück zur Tafelrunde. Dort dösten die Bürger, berauscht und erschöpft. Ein paar Knechte zogen die Betrunkenen von ihren Stühlen und schoben sie in die Ecke mit dem Stroh; sie warfen auch Stroh auf die Wein- und Urinpfützen und zündeten frische Kerzen an.

Jetzt mussten die beiden Spione berichten, sonst würden sie aus ihrem Dienst entlassen werden; also überschlugen sie sich in Erzählungen, redeten durcheinander: „Sie hat geschrieen, weil er es ihr nicht auf dem Stuhl verrichten wollte, und sie war oben, auf ihm, ganz sicher, das habe ich gesehen. Er konnte sich kaum auf den Beinen halten, als er ihre Kammer verließ." Damit waren die Bürger von Ferrara zufrieden. Es stimmte also alles, was man von dieser Frau aus dem finsteren Norden erzählte, und sie wussten jetzt aus erster Hand, welches Weib in Rom einziehen würde. Rom, dorthin passte sie, dort wurde Tag und Nacht nur in Ausschweifung gelebt. Und das Wichtigste: Sie, die Bürger von Ferrara, wussten nun mehr als jene von Pesaro oder von Neapel; das erfüllte sie mit Stolz, das beruhigte sie auch, und sie ließen sich in ihrer Strohecke in Schlaf fallen.

Christina kannte diese Geschichten, sie wurden ihr von allen Seiten zugetragen, und sie war darüber nicht mehr schockiert. Mit den Jahren hatte sie sich daran gewöhnt; die Menschen wollten sie so sehen, und meistens stellte sie nicht einmal mehr richtig. Sie selbst kannte ja die Wahrheit, ihre Wahrheit.

Stefano, der junge Kurier mit dunklen Augen und schwarzem Haar, breitete vor Christina die Depeschen von Kardinal Decio Azzolino aus: „Hier wird Ihre künftige Wohnung beschrieben, und hier, das Empfangsprogramm. Alle hoffen, dass Sie noch vor dem Weihnachtsfest in Rom einziehen werden", erklärte er.

„Ist auch ein Bericht über die Angelegenheit von Neapel dabei?", wollte Christina wissen.

„Die Angelegenheit?", wiederholte Stefano verwundert. „In Neapel hat ein Aufstand stattgefunden, ich soll Sie darüber mündlich unterrichten", begann er, und als Christina nickte, fuhr er fort: „Die Menschen von Neapel wollen sich von den spanischen Adeligen befreien."

„Das wollen sie schon seit Jahrzehnten", unterbrach ihn Christina. „Spanien hat den größten Einfluss auf den Papst und den Vatikan, und Neapel ist nahe bei Rom, also werden sich die Spanier nicht aus Neapel vertreiben lassen. Es heißt doch: Wer Neapel regiert, regiert den Vatikan."

Stefano wunderte sich, sie war gut unterrichtet, wie sollte er es formulieren: „Hoheit, Sie haben in Ihrem Reisegefolge einige Spanier."

„Ich habe derzeit beinahe nur Spanier in meinen Diensten, sie wurden mir von Bischof Ignacio empfohlen und extra nach Hamburg geschickt." Christina sagte es voll Stolz, und erst als Stefano eine ganze Weile nichts dazu sagte, begriff sie. „Es wird also in Rom gar nicht gerne gesehen, wenn man sich zu viele Spanier in seinen Diensten hält."

Stefano nickte dazu.

„Davon weiß man im Norden Europas nichts", Christina begriff allmählich. „Der spanische Einfluss auf den Vatikan soll zurückgedrängt werden!"

Stefano erklärte: „Deshalb hat Graf Monaldesco ein Heer zusammengestellt und marschierte in Neapel ein. Alle redeten nur noch vom Sieg Monaldescos, doch im entscheidenden Kampf liefen einige Truppen seiner Soldaten zu den spanischen Adeligen über – dadurch scheiterte der Aufstand."

„Monaldesco", wiederholte Christina, „ist das Rinaldo Giovanni Monaldesco, der Römer, der für gute Verbindungen zwischen dem Vatikan und Frankreich sorgt?"

Stefano nickte: „Monaldesco wollte die Spanier in Neapel entmachten und Neapel für Frankreich erobern, das wäre der beste Schachzug für den Vatikan gewesen."

Christina versuchte zu ordnen, zuzuordnen, was sie bisher gehört hatte: „Der Sitz des Papstes ist in Rom, das Zentrum des Christentums ist in Rom, und doch behauptet Spanien immer, die einzige Nation des Christentums zu sein. Einzig Spanien sei die katholische Welt, Spanien sei das Abendland, Spanien sei der einzig gerettete, einzig erleuchtete Teil der Menschheit. Deshalb wird sich Spanien seine Macht über Neapel nicht aus der Hand nehmen lassen, denn mit ihren Statthaltern in Neapel sind die Spanier über jede Entscheidung des Papstes rasch unterrichtet und können reagieren – die Spanier fühlen sich als die besseren Katholiken!"

Sie fasste zusammen: „Und wie stellt sich meine Situation nun dar: Christina von Schweden zieht mit spanischem Gefolge in Rom ein! Welche Provokation für den Papst! Ich bin in eine Intrige verwickelt, obwohl ich noch gar nicht in Rom bin!"

Sie war die ganze Nacht im engen Schlafraum hin und her gewandert. Welche Gegebenheiten erwarteten sie in Rom? Hatte sie in ihrer Begeisterung die Realität falsch eingeschätzt? Reiste sie einem Trugbild, einem Wunschbild entgegen?

Sie riss die Fenster auf, sie wollte dem Rosmarinduft entkommen; sie fror und fühlte gleichzeitig Schweiß über ihren Nacken rinnen – wie viele blinde Flecken hatte sie in ihrem Wissen über die Zustände in Rom, wie viel hatte Bischof Ignacio ihr verschwiegen? Die Familien Barberini, Orsini, Costaguti, die sie besuchen sollte, waren sie Gesinnungsfreunde Spaniens oder standen sie auf Seiten des Papstes?

Christina musste Monaldesco kennen lernen; auch für seine

Person hatte sie sich viel zu wenig interessiert. Sie hatte nur halb hingehört, als Samuel bei den Gesprächen über die Friedensverhandlungen von Osnabrück überlegt hatte: „Den päpstlichen Nuntius an den Verhandlungstisch zu bringen, das wird schwierig; es gibt nur einen Einzigen in Europa der das schafft, Giovanni Monaldesco, er hat gute Verbindungen zum Vatikan und zu Frankreich."

Nun brauchte Christina gute Verbindungen zu Frankreich, zu Minister Mazarin, vielleicht könnte Monaldesco ihr dabei dienlich sein? Sie war auf der Reise bestohlen worden, und sie würde erst in Rom feststellen können, wie viele Goldtaler fehlten. Wie lange würde sie leben können von dem, was sie mit sich führte? Wenn es stimmte, dass Karl Gustav einen Krieg gegen Polen plante, dann würde der schwedische Schatzkanzler ihr die Auszahlung der Apanage verweigern. Mit aller Verachtung würde er ihren Forderungsbrief im Reichsrat beiseite legen, „später, wenn wir Polen vom Katholizismus befreit haben". Sie hatte auch für diesen Fall vorausgeplant – Frankreich hatte an Schweden einige Tausend Taler Kriegsschuld zu bezahlen, und Frankreich hatte noch nicht bezahlt, Frankreich vertröstete seit sieben Jahren. Und diese Forderung würde Christina eintreiben, der französische Minister Mazarin sollte direkt an sie bezahlen. Doch dazu müsste sie mit Mazarin in Korrespondenz treten, und was könnte sie ihm dafür anbieten, wie endlos lange würde jede Depesche nach Amsterdam zu Manoel Teixeira brauchen, ohne den sie keine rechtmäßige Bürgschaftserklärung, nicht die Auszahlung eines einzigen Talers erreichen würde. Christina rannte immer schneller die wenigen Schritte auf und ab; ihr Gedankenknäuel verhedderte sich mehr und mehr.

Morgen würde sie weiterreisen, nach Pesaro, und dann Rom. Und in Rom, Christina konnte der Frage nicht länger ausweichen, nicht durch Auf- und Abgehen, nicht durch Spekulationen über die Eintreibung von Kriegsschulden, nicht durch das Zählen von Silbergerät und Bildern; sie konnte die Frage, die in ihr schrie, nicht mit Peitschenschnalzen übertönen und nicht mit Zwölfstundenritten niederringen: Was würde sie in Rom tun. Christina konnte sich an keine Zeitspanne in ihren neunundzwanzig Jahren erinnern, die ohne Ziel war.

Immer hatte die Meisterin Zeit sie durch ihre Studien, durch ihre alltäglichen Verpflichtungen gezogen. „Christina, verliere keine Stunde", war sie gerügt worden, und ständig war die Zeit bemessen und begrenzt gewesen, bis Vater begraben war, bis der

Friedensvertrag ausgehandelt war, bis zur Krönung, bis zur Abdankung, bis zur Konvertierung, bis zur Abreise.

Nun hatte sie sich dem festen Zugriff der Zeit entwunden.

Ihr Stundenplan in Rom würde sich dehnen; warum sollte sie um fünf Uhr früh mit dem Astronomiestudium beginnen, wenn der ganze Tag damit zugebracht werden konnte; warum sollte sie ihr Studium über die Kräfte von Hermes in ein paar Monaten abschließen, wenn ihr Jahre dafür zur Verfügung standen. Die Monate würden verrinnen, und im Nichtstun würde sie das immer deutlicher spüren, würde das Verrinnen, das Zerrinnen sie mehr und mehr peinigen.

Als Christina ihre Getreuen noch im Morgendunkel zum Aufbruch trieb, erschrak Holstenius; grau im Gesicht, stand sie schon in Reisekleidung, ihr Haar wieder unter den Hut gewunden; stehend trank sie auch ihren Tee und nagte an einer Entenkeule. Sie wollte nur weiter, die nächste, letzte Station vor Rom war Pesaro.

Als sie die ersten Orangenbäume sah, ließ Christina halten – Blüten und Früchte zur selben Zeit am Baum und der Duft der Blätter, der noch stundenlang aus ihren Handflächen strömte. Es war schon Mitte Dezember, doch Christina spürte noch überall den Sommer; trotz Regen und Nebel gab es Sonnenstunden voll Wärme, und der Wind, den sie so liebte, der Wind wehte den Reisenden den Geruch vom südlichen Meer entgegen.

In Pesaro wurde Christina bereits von der Garde des Papstes empfangen und die letzten Straßenzüge zum Gemeindegebäude begleitet. Meister Lucas hatte ihr zwar geraten: „Christina, Sie sollten besser in der Kutsche sitzen, für den offiziellen Empfang wäre es schicklicher."

Aber das hatte sie abgewehrt: „Meister Lucas, Sie haben mich erst vor ein paar Tagen daran erinnert – ich bin keine Königin mehr. Und jene Menschen, die sich für die Schwedin Christina interessieren, die wollen mich sehen; wer weiß, welche Schauergeschichten man hier über mich erzählt hat." Sie wechselte statt dessen in den Damensitz, und sie zog ihren Hut vom Kopf, fuhr sich mit den Kämmen durchs Haar, dass es beinahe geordnet aussah.

Auf dem Marktplatz spielten Musikkapellen, Schauspieler stellten die Götter Jupiter und Minerva dar, auf einer Tribüne wurde Ballett getanzt, und ein Chor sang einen Willkommenskanon. Alle waren bunt gekleidet, trugen Hüte, auf denen Weintrauben drapiert waren, sie hatten Girlanden aus Orangenblüten und Getreideähren um den Hals; nirgends sah Christina Filzumhänge, die die Menschen niederdrückten, nirgends lagen Felle, in die die Menschen vor Kälte flüchten würden.

Der Bürgermeister verlas einen „Gruß der Stadt an die Königin von Schweden". Der Weinkrug ging die Runde, wurde weitergereicht; plötzlich griff eine Hand dazwischen – ein schwarz gekleideter Edelmann umfasste den Krug, er verbeugte sich, küsste Christina die Hand und goss für sie Wein in ein Rubinglas. Sofort zogen die Nächsten der Runde ihre Hände zurück und warteten.

Christina konnte ihren Blick von dieser zupackenden Hand nicht lösen, auf dem Mittelfinger steckte ein Siegelring mit einem Amethyst, wie ihn die Bischöfe trugen.

„Hoheit, Sie gestatten, Giovanni Monaldesco."

Monaldesco! Welche Fügung! Der Diplomat, der die wichtigsten politischen Schachzüge in Europa vorbereitete, war ihr entgegengereist. Sie spürte, wie ihr das Blut ins Gesicht schoss, denn Monaldesco ließ ihre Hand nicht mehr los. Für Momente tat es Christina wohl, gehalten zu werden, für Momente tat es ihr wohl, eine Hand halten zu können. Für Momente gab sie auch diesen Gefühlen nach, dann versuchte sie mit Kraft, mit Entschlossenheit ihre Hand zurückzuziehen, es gelang ihr nicht. Monaldesco hielt ihre Hand fest bis zum Schmerz und in seinem Gesicht lächelte es. Eine Sicherheit ging von ihm aus, der sie sich nicht entziehen konnte, auch nicht entziehen wollte. Er gab die Richtung vor, zog Christina durch die Räume, über die Treppen, hielt sie zurück, wenn der Bürgermeister etwas sagen, erklären wollte. Christina wehrte sich nicht, denn obwohl sein Griff sie beinahe schmerzte, fühlte sie sich beschützt; sie empfand es als Wohltat, dass ein anderer ihr mit festem Zugreifen zu verstehen gab – stehen bleiben, weitergehen, Vorsicht, hier ist ein Mauervorsprung. Seine Hände zogen sie in seine Richtung, und in seinem Gesicht, in seinen Augen war das Lächeln, er wolle sie beschützen, auch vor dem Geschwätz des Bürgermeisters. Spannung und Zittern breiteten sich in ihr aus, Monaldesco zog sie weiter, sie ließ ihn gewähren – was würde er als Nächstes tun, was würde er mit seinem festen Griff als Nächstes bestimmen?

„Hoheit, wir hoffen, dass Sie alles zu Ihrer Zufriedenheit und Bequemlichkeit vorfinden, meine Diener haben alle Sitzmöbel so gestellt, dass Sie in den Garten sehen." Der Bürgermeister redete vertraulich auf sie ein, „und seien Sie unbesorgt, Ihre Gepäckwagen werden gut bewacht; es steht auch eine Zofe zu Ihren Diensten, die die besten Badeessenzen mischt." Dann überreichte er ihr noch einen Spiegel mit ihrem eingeschliffenen Monogramm. „Hier, wir haben nicht auf das A von Alexandra vergessen."

Wie von weit entfernt nahm Christina alles wahr, sie spürte den Pulsschlag von Monaldesco in ihrer Hand, die Feuchtigkeit ihrer beiden Hände begann sich zu vermischen; nach und nach verließen die Begleiter, die Würdenträger ihre Zimmer. Christina täuschte sich nicht, sie gingen weg, weil Monaldesco sie mit Blicken hinausbefahl, und kaum war der Letzte der Empfangsgarde aus dem Raum getreten, da riss Monaldesco Christina an sich und küsste sie; er küsste sie voller Gewalt, saugte sich förmlich an ihren Lippen, an ihrem Hals fest. War dieser Mensch wahnsinnig geworden, über welche Kräfte verfügte er, dass er auf ihr Wegdrängen überhaupt nicht reagierte. Im Gegenteil, er zog ihr Abwehren in seine Bedrängungen ein, er zwang Christina in einen Tanz, der sie in einen solchen Aufruhr ihres Körpers stieß, dass sie bald wehrlos jeder Bewegung dieses Männerkörpers folgte. Sie roch Monaldescos bitteres Parfum, fühlte seine Hände über ihren Körper tasten, fest griff er nach ihren Brüsten und zwängte seine Schenkel zwischen ihre; Christina gab schließlich seinen Berührungen nach, sie wurde so mächtig in Schaudern und Erzittern geworfen, dass sie beinahe den Halt verlor und sich ständig drängender an den Körper von Monaldesco klammerte, bis sich, nach Ewigkeiten, der Männerkörper wegschieben ließ, bis Monaldesco sie losließ.

Aufgelöst, mit zerrissenem Kragen, ihre Haarkämme auf dem Boden verstreut, hielt sie sich atemlos an einem Stuhl fest; Monaldesco verbeugte sich; an seinem Äußeren, an seinem Kragen, seinem Wams war nichts verrutscht. Seine nachtdunklen Augen schimmerten. „Christina", und er legte in dieses Wort den ganzen Melodiebogen seiner wohltönenden Stimme. Gewandt zog er ein Billet aus dem Ärmel und drückte es Christina in die Hand, und mit einer weiteren Verbeugung wischte er aus dem Raum.

Wie viele Seiten der Frau in ihr waren ihr noch unbekannt. Seit Ebba, seit Gabriel hatte sie die Regungen, die Stürme ihres Körpers für sich behalten. Sie war nächtelang in ihrem Zimmer gewandert, bis sie vor Erschöpfung in Schlaf gefallen war; sie hatte in jeden Tag so viele Arbeitsstunden gepresst, und diese Tagarbeitsstunden weit in die Nacht hineingezogen, um ihren Körper zu ermüden, vom Sitzen, vom Schreiben, vom Reden, vom Reiten – nur die Leidenschaft des Geistes sollte sie treiben, nur die Leidenschaft des Geistes gestattete sie sich. Und wenn sie nach einem Männerkörper griff, wenn sie einen Männerkörper hinter ihren Bettvorhang zog, dann tat sie das nur im Wettstreit mit jenem Traum, der sich ihr in manchen Nächten übermächtig näherte. War es ein Mann oder eine Frau, ein Wesen, das Christina in Wollust warf und erst von ihr abließ, wenn sie zuckend und schluchzend auf dem Laken lag. Diesem Wesen wollte sie entkommen, deshalb hatte sie den Körper von Samuel, von Ulryk an sich gerissen. Sie war in den vergangenen Jahren eine Meisterin im Verlachen von körperlichen Leidenschaften geworden, das Buch der Frau zuklappen und alle Kräfte des Körpers für den Geist verwenden – das hatte sie sich befohlen. Je mehr sie ihren Körper ablehnte, sich abmühte, dem Nachtwesen durch schnelle Griffe zuvorzukommen, umso intensiver hatte sie begonnen Liebesromane zu lesen. Davon wusste niemand in Stegeborg; Karl Gustav hatte ihr solche Bücher und Journale besorgt. Christina las darin die Geschichten von Frauen, die sich ihrer Sehnsucht, ihrer Leidenschaft nach einem zweiten Körper, einem Männerkörper, einem Frauenkörper vollkommen hingaben; sie las über Liebesnächte in Gartenpavillons; sie las Geschichten von Liebespaaren, die ihren Liebesschwüren vertrauten und trotz Anfeindungen und geographischen Distanzen zueinander fanden. Diese Liebesromane waren für Christina Fluchtorte geworden, Fluchtorte, in die sich die Vierundzwanzigjährige, die Fünfundzwanzigjährige verlor.

In Pesaro, wenige Tage nach ihrem neunundzwanzigsten Geburtstag, hatte Giovanni Monaldesco den Riegel von ihrer geheimsten Seelenkammer gelockert. „Niemals will ich der Acker für des Mannes Pflug sein" – Zweifel krochen in ihr Denken; wollte sie ihren Körper wirklich nur als Behausung für ihren Geist gelten lassen, wollte sie verzichten auf die Ekstasen, zu denen ihr Körper fähig war, würde sie für diesen Verzicht die Kraft, den Willen haben.

Stundenlang saß Christina in aufgelöster Kleidung. Alles im Zimmer verströmte Kälte, Dezemberkälte, südlich zwar und gemildert, doch im Wasserkrug glitzerten Eiskristalle, auf dem Boden lagen gefrorene Lehmstücke. Wandte sich nicht jeder Gegenstand, jedes Möbelstück von ihr ab; würde es sich wiederholen, genommen und weggestoßen und allein sein, allein; mehr und mehr fühlte Christina Grauen vor dem Alleinsein.

Denn sie hatte in den Minuten mit Monaldesco auch das Gefühl kennen gelernt, gehalten zu werden, und das war für sie angenehm gewesen. Stärke war von ihm ausgegangen, Stärke hatte in seinen stechenden Augen gelegen, dass auch die Männer des Empfangskomitees den Weinkrug nicht anfassten, bevor sein Blick es erlaubt hatte. Sie waren aus dem Zimmer gegangen, nur auf Monaldescos Blick hin; ein Blick aus diesen Augen war Befehl genug für sie gewesen.

Monaldesco war imstande, allein mit seinem Habitus, mit dem Stechen seiner Augen zu befehlen. Könnte es eine Herausforderung sein, sich in einen Kampf mit Monaldesco zu begeben, sich auf einen Kampf mit ihm einzulassen, wie vorhin in der Umarmung, wer schiebt weg, wer lässt los. Schon beim Gedanken an den Körper von Monaldesco erschauderte sie wieder. Hatte Samuel nicht auch erzählt, dass Monaldesco in Paris die Nächte im Schlafzimmer von Königin Anna, der jungen Witwe, verbracht hatte; nach einigen Wochen wollte sich Königin Anna in die Seine werfen, niemand konnte sich erklären, warum.

Christina beobachtete die Mägde, die ein Holzschaff ins Zimmer schoben, um das Bad vorzubereiten. Sie scheuchte sie weg, sie wollte allein sein; sie duldete nur die Magd beim Ofen und den Türsteher, der mit dem Blasebalg versuchte, die vom feuchten Holz verrauchte Luft zu reinigen.

Noch immer lag das Billet von Monaldesco vor ihr; dem Papier entströmte derselbe Duft wie seiner Haut, herb, bitter. „Wie denkt die Politikerin Christina von Wasa über den Einfluss der Spanier in Neapel. Sollte Neapel nicht Frankreich eingegliedert werden?" So direkt wie seine Umarmung, so direkt und befehlend war die Formulierung Monaldescos.

Er wollte Neapel für Frankreich erobern und sie in diese Winkelzüge hineinziehen. Nein! Damit wollte sie nichts zu tun haben. Trotzdem warf sie, ganz gegen ihre Art, das Schriftstück nicht ins Feuer, sondern versteckte das Billet in ihrem Tagebuch. Diese Minuten mit Monaldesco wollte sie nicht hergeben, denn sogar seine Schrift fesselte sie, ließ sie nicht los.

Die Strecke von Pesaro nach Rom war in wenigen Tagen bewältigt, obwohl es regnete und die Kolonne immer wieder aufgehalten wurde, denn in jedem Dorf strömten die Menschen herbei und riefen: „Sie kommt, sie kommt!" Alle wollten die Königin von Schweden sehen; sie musste absitzen, mit Dorfmeistern reden, es wurden ihr Brot und Wein angeboten, Pokale überreicht, Vasen, Teller aus Olivenholz.

Am 23. Dezember 1655 kam Christina mit ihrem Gefolge an

der Zoll- und Wachtstation von Rom an. Die Sonne schien und brachte alle Farben zum Leuchten. Christina wurde in großer Zeremonie von der rotschwarz uniformierten Garde des Papstes empfangen; auf einem Samtkissen wurde ihr der Schlüssel zur Stadt Rom übergeben.

Langsam ging es durch die Stadt, von Zollstation zu Zollstation; die Menschen jubelten Christina zu, manche knieten nieder und sprachen Gebetszeilen. Christina konnte die Stadt kaum erkennen, so dicht war das Gedränge, alles in die Farben der Trachten und Ornate getaucht; Tücher in Blaugelb wehten aus den Fenstern und die Eingänge waren mit Girlanden aus Mimosen und Limonenblüten geschmückt. Christina hatte keine Vorstellung von der Weitläufigkeit der Stadt gehabt, es ging zwei, drei Stunden lang die Hügel hinauf und hinab, durch die Menschenwogen auf den Petersdom zu. Immer wieder mussten sie anhalten, Balladen zu ihren Ehren wurden vorgetragen, Chöre sangen und Soldaten in blaugelben Uniformen formierten sich zu Paraden.

Auf dem Petersplatz war ein Podest aufgebaut, dort hatte sie zu warten, gut sichtbar für alle, bis die Würdenträger ihre Positionen eingenommen hatten und Decio Azzolino, der Zeremonienmeister, ihr das Zeichen gab und sie gemessenen Schrittes in den Vatikan einziehen konnte.

Christina war noch in Reisekleidung, die Stiefel staubig, die Jacke feucht vom Regen der vergangenen Reitstunden; genauso wollte sie das erste Mal die Mutter Kirche, das Gottesreich, betreten.

Als sie vor dem Papst stand, sagte sie hoch aufgerichtet und in selbst gewählten Worten: „So stehe ich hier vor Demjenigen, der sich im Jahr 1648 als päpstlicher Nuntius in Osnabrück meinem Willen, dem Willen der Königin von Schweden beugte, und mit seiner Signatur einen dreißig Jahre währenden Krieg beendete."

Decio Azzolino schaute sie beinahe erschrocken an, was redete sie, wusste sie nicht, wie die Zeremonie abzulaufen hatte; wann würde sie sich vor dem Heiligen Vater niederwerfen, seine Hand küssen.

Endlich kniete sie nieder: „Und ich, Christina von Wasa, beuge jetzt das Knie vor demselben Mann, als Dienerin seiner Heiligkeit Alexander, Deum verum de Deio vero ..."

Dabei senkte sie nicht ehrfürchtig den Blick, wie es die Gepflogenheit war, sondern schaute dem Papst in die Augen. Er blickte erstaunt, und er war von ihren Worten, von ihren klaren Worten, so ergriffen, dass er ohne jedes weitere Zeremoniell Christina hochzog und segnete.

Es folgte die Messe; Christina blieb während der ganzen Liturgie stehen, gut sichtbar für alle. Sie war erschöpft vom Ritt durch die Stadt, vom oftmaligen Auf- und Absitzen, Durst plagte sie, und gleichzeitig empfand sie ein Glücksgefühl wie nie vorher. Sie war in Rom angekommen, sie stand im Petersdom, sie hatte den Süden erreicht. Durch die Glasfenster fiel das Licht der Nachmittagssonne, alles erschien ihr heller und wärmer; waren nicht auch die Gesichter der Menschen freudiger, beobachtete man sie nicht mit weniger Argwohn. Mit fester Stimme sprach Christina jedes Gebet, sie sang in lateinischer und italienischer Sprache. Ein weiteres Mal fühlte sie sich befreit; sie war nun an jenem Flecken Erde angekommen, den sie schon immer in sich getragen hatte, doch den sie sich eineinhalb Jahrzehnte lang erkämpfen musste. Es hatte sich gelohnt, dafür jedes Mittel einzusetzen; und von Gebetszeile zu Gebetszeile ließ sie sich mehr und mehr in ihre Leidenschaft für Rom fallen.

Nach der Messe zeigte ihr Decio Azzolino die Gebäude, die Gärten des Vatikankomplexes, des Päpstlichen Palastes. Er führte sie in ihre Wohnung im Turm der Winde. Christina hatte viel von der Weitläufigkeit des Vatikan gelesen, doch sie hatte keine Vorstellung von der Mächtigkeit der Gebäude gehabt. Aus drei, vier Stockwerken schauten mannshohe Fenster in alle Windrichtungen, die Arkaden der Innenhöfe waren meilenlang, die Stiegen ausladend und die Säle riesig.

Decio Azzolino war ein junger Kardinal, sein Gesicht faltenlos, seine Finger feingliedrig. Er zuckte zusammen, als Christina ihm die Hand gab; sie hatte zu fest zugedrückt, denn ihre Hände, ihre Finger waren geschwollen vom wochenlangen Halten der Zügel. Es dauerte eine Weile, bis sie sich in der Behutsamkeit von Decio Azzolino zurechtfand, denn sie hatte keine Erfahrung mit einem Galan in purpurner Kardinalsrobe. Als wäre sie zerbrechlich, so redete er, flüsterte: „Sie erlauben, dass ich die Vorhänge öffne, und hier, Hoheit, wir haben den Schreibtisch Richtung Morgensonne gestellt, und dieser Fleck auf dem Boden, er soll Sie nicht belästigen, ein Stück Marmor wurde ausgetauscht."

Christina lachte: „Meister Lucas Holstenius hat mir schon davon erzählt, hier waren die vier Windrichtungen eingraviert und die Worte – ‚Alles Böse kommt vom Norden'." Nach kurzer Pause setzte sie nach: „Nennen Sie mich Christina!"

Azzolino lächelte, fast beschämt, und nickte.

Christina fühlte sich schmutzig, ihre Fingernägel hatten schwarze Ränder, ihr Haar war zu einem verfilzten Knoten gewunden, und von Azzolino ging nur Sauberkeit aus, Sauberkeit in allem, auch in der Sprache. Sie würde ein Bad nehmen; gierig trank sie einige Becher Wasser, das ihr in einer Kristallkaraffe angeboten wurde. Überall, wohin sie blickte, sah sie Teppiche, Tapisserien und so viele Spiegel, dass Christina beinahe die Orientierung verlor, und vor allem Fenster; Fenster in alle Windrichtungen, und draußen, so weit sie auch blickte, lag alles in Grün. Nichts atmete in dieser Landschaft den Stillstand von Eis und Schnee, den Christina aus dem Schwedenwinter kannte.

Der Überfluss in den Räumen verwirrte Christina fast; auf allen Kommoden standen Kristallkaraffen voll Wein und Likör, in Schalen war Mandelkonfekt vorbereitet, und Orangen und Limonen lagen auf Tischen und Fensterbänken verstreut, um süß-säuerlichen Geruch zu verströmen. Schon beim ersten Dämmerschein und noch lange bevor die Venus am Himmel leuchtete, kam der Kämmerer, um Kerzen und Öllampen in allen Räumen zu entzünden, sogar in der Badestube war deshalb beinahe Tageshelligkeit. Drei Nonnen standen bereit, um Christina aus ihrer Reisekleidung zu schälen; beim ersten Mal kostete es sie Überwindung, sich ohne schützenden Paravent bis zur Nacktheit zu entblößen. Seit Monaldesco sie in seine Umarmung gerissen hatte, suchte sie oft ihren Körper ab – hatte sie ihre Körperlandschaft wirklich schon durchwandert? Monaldesco hatte nicht nur seine eigene Gier mit Gewalt an ihrem Körper stillen wollen, in seiner Gewalt war auch Sicherheit gewesen, und, sie wollte es sich kaum eingestehen, auch Geborgenheit; in den Händen von Monaldesco, so schien ihr nun, konnte sie sicher fühlen.

Die Nonnen halfen Christina in die Wanne mit dem warmen, duftenden Wasser; und auch davon, von solchen Genüssen konnte Christina in ihren ersten Romtagen nicht genug bekommen. Die Badewanne war aus Majolika und so groß, dass Christina sich im Wasser hin und her bewegen konnte und ihre vom Reiten schmerzenden Muskeln und Glieder vom wärmenden Wasser umspült wurden. Welche Verschwendung wurde in Rom gelebt, jeden Tag wurde ihr ein Bad mit frischem Wasser bereitet.

Als Nächstes wollte sie Rom kennen lernen; sie hetzte tagelang zu Pferd und in der Kutsche, von zwei Soldaten der päpstlichen Garde begleitet, durch die Stadt. Sie wollte jede Kirche sehen, blieb vor den Palazzi stehen; „Familie Barberini", und in der nächsten Gasse, „Familie Orsini", wurde ihr erklärt. Und sie ließ sich nicht abhalten, hinunter zum Tiber, in das Ripettaviertel zu reiten, wo in Hütten und ebenerdigen Häusern die Künstler lebten, die Maler und Bildhauer, die Musiker, die Briefeschreiber, die Handleser, Wahrsager und Meister der schwarzen und weißen Magie, die Schauspieler und Tänzerinnen.

Bald kannte Christina Rom so gut, dass sie allein durch die Stadt reiten konnte. Sie wusste, dass Richtung Gianicolo die größten Palazzi standen, dass in San Cosimolo die Markthallen und Werkstätten lagen und dass im Panieri-Viertel die Pferde- und Kutschenverleiher ihre Scheunen und Stallungen hatten.

Auch in das Innenleben von Rom, in die Verbindungen der wichtigen, einflussreichen Familien, wurde Christina schon wenige Tage nach ihrer Ankunft gezogen. Am siebenten Januar fand der traditionelle Neujahrsempfang beim Papst statt, und Christina war als Ehrengast geladen. Entgegen den Bekleidungsvorschriften schritt sie in blaugold durchwirkter Robe im Petersdom zu ihrem Platz, denn ihr einziges schwarzes Seidenkleid, das sie in Innsbruck getragen hatte, war auf der Reise von Schimmel zerstört worden. Decio Azzolino war ihr wieder als Adjutant zugeteilt; er hatte erschrocken nach einem zweiten schwarzen Schleier geschickt, den er Christina um die Schultern legen wollte. Doch Christina lehnte ab, es musste reichen, wenn sie Kopf und Haare mit dem schwarzen Spitzenschleier bedeckte. Decio lächelte und fügte sich.

Welch merkwürdiges Bild, Christina war der einzige Farbpunkt in den Reihen der schwarz gewandeten, schwarz verschleierten Frauen. Christina hatte damals ihren Platz neben Joana Orsini.

Joana war das Familienoberhaupt der mächtigsten Familie von Rom, das wusste Christina von Meister Lucas. Sie war vierzig, vielleicht fünfzig Jahre alt, vielleicht war sie auch gleich alt wie Christina; einer Statue gleich schien Joana eigentlich alterslos. Die korpulente Frau roch nach Bergamotte, schwere Onyxketten schimmerten auf ihrem Busen; auf jedem ihrer schwarz behandschuhten Finger trug sie einen Onyxring, sogar ihr Gebetbuch schälte sie aus einer silberintarsierten Onyxkassette. Joana verzog ihren Mund zu einem Lächeln, als Christina ihren Platz einnahm; Christina sah deutlich, dass Joana mit dunkler Paste ihre markante Nase geschminkt hatte, damit ihre spanische Abstammung deutlich wurde.

Die Orsinis waren vor den Jesuiten aus Spanien geflüchtet;

sie hatten ein Großteil ihres Vermögens nach Rom gerettet, und damit konnten sie jeden Papst unterstützen. Sie gaben Geld für einen Feldzug gegen die Franzosen und sie gaben Geld für Talar, Monstranz und Gestühl, sie gaben Geld für Baumeister, Maler und Komponisten. Deshalb waren die Orsinis so mächtig und einflussreich geworden. Joana Orsini galt als Papstmacherin; sie war für alle das Vorbild an Frömmigkeit und Gehorsam, und nun, neben Christina stehend, betete sie lauter als Christina, sie kniete Momente früher als Christina nieder, sie sprach das neumodische Latein-Florentinisch. Sie beobachtete Christina von der Seite, schaute auf ihr Haar, das Christina offen, ohne Perücke trug; sie schaute auf die Hände von Christina, die durch das Reiten, Kutschenführen und Fechten kräftigen Männerhänden glichen. Vor allem forschte Joana Orsini im Profil von Christina. Madeleine de Scudéry hatte in ihrem Roman geschrieben: „Wer wissen will, ob sie mehr Mann oder mehr Frau ist, muss nur das Profil der Schwedin betrachten." Ob dieser Roman bis nach Rom gekommen war?

Christina konnte sich kaum auf die Liturgie konzentrieren. Sie war erleichtert, als Decio Azzolino sie von ihrem Platz holte und mit ihr die Prozession der Gäste zum Empfang des Papstes in die Privatgemächer Seiner Heiligkeit führte. Sie schritten durch Säulenhallen, stiegen Treppen empor, wurden von Gardesoldaten begleitet und von Saal zu Saal in exakter Zeremonie den nächsten Gardisten zur Begleitung und Ankündigung übergeben. Christina musste ihren Schritt zurückhalten, sie ging viel zu schnell, doch Decio zwang sie in die richtige Geschwindigkeit der Prozession. Auch flüsterte er ihr bei jedem Halt den Ablauf der Zeremonie zu: „Es ist üblich, dem Heiligen Vater mit einem Knicks gegenüberzutreten und nach dem Handkuss auf die Knie zu fallen und seinen Segen zu erflehen."

Genau so wollte Christina es tun, bei diesem ersten offiziellen Empfang wollte sie keinen Fehler begehen. Sie stand als Erste in der Reihe, und sie wurde vom Papst als der höchste Ehrengast dieses Neujahrsempfanges begrüßt. Papst Alexander nahm zwar den Handkuss entgegen, doch er ließ Christina nicht zu einem Knicks niedersinken, er redete, flüsterte mit ihr: „Haben Sie sich schon eingelebt, Christina. Der Palazzo Farnese wird Ihnen in den nächsten Tagen zur Verfügung stehen. Ich werde Sie besuchen!" Dann segnete er sie und zeichnete ihr noch das Kreuz auf die Stirne.

Welche Bevorzugung! Welcher Affront gegenüber allen anderen Gästen, die in langer Reihe auf den Segen und ein Wort des Papstes warteten. Was verband die beiden, dass der Papst sie aus der Schar der übrigen Geladenen erwählte.

Niemand in Rom wusste, dass Fabio Chigi, Papst Alexander, sieben Jahre zuvor, im Jahr 1648, als päpstlicher Nuntius den Westfälischen Frieden mit unterzeichnet hatte; niemand interessierte sich in Rom auch dafür. Fabio Chigi, der Papst, hatte natürlich nicht vergessen, dass es dieser mutigen jungen Frau zu verdanken war, dass damals der Vatikan von einer Protestantin zu Friedensverhandlungen eingeladen worden war.

Joana Orsini hatte wie die anderen die Bevorzugung Christinas durch den Papst erlebt; welche Schmach für alle, für die alteingesessenen Familien; welche Schmach vor allem für Joana, der Fabio Chigi ganz wesentlich seine Papstposition verdankte.

Bei der Agape nach dem Empfang spürte Christina zwar die Feindseligkeit, mit der sie von allen Seiten beobachtet und gemessen wurde, doch sie schob alle Bedenken weg. Das nächste Mal würde sie sich eben den Gepflogenheiten entsprechend kleiden, das nächste Mal würde alles anders sein; und sie redete unbekümmert mit den Mitgliedern der Familien Costaguti und Barberini; sie wandte sich den Biancheris zu, schwärmte mit Donna Emilia Respiglio über die Predigt des Papstes, und sie ließ sich in die Salons der mächtigen Familien einladen.

Christina begriff erst viel später, dass sie die Barberinis nur besuchen sollte, wenn sie eine Einladung der Orsini ausschlug; dass die Costagutis es mit den Franzosen hielten und die Orsinis mit den Spaniern. Damit war klar, dass die Costagutis liberale Katholiken waren und die Orsinis traditionelle Katholiken. Papst Alexander kam aus dem Familienclan der Costagutis, er galt vielen als zu offen, zu fortschrittlich; die Orsinis kritisierten, dass er den Wissenschaftern für die Erforschung der Astronomie mehr Geld gab als den Beamten des Heiligen Offiziums, die immerhin über den Gehorsam der Gläubigen wachten.

Aber alle diese Familien hatten einige männliche Mitglieder in ihrem Clan, die sie zu Studien nach Florenz, Avignon, Toledo oder Madrid schickten. Junge Männer, für die ein Vermögen für Erzieher und Privatlehrer ausgegeben wurde, denn aus ihren Reihen kamen die Bischöfe, die Kardinäle und letztlich auch die Päpste. Und nun mussten alle zusehen, wie diese ehemalige protestantische Schwedenkönigin vom Papst als etwas Besonderes behandelt wurde.

Decio Azzolino bemühte sich, Christina die gesellschaftlichen

Verbindungen von Rom zu erklären: „Wenn Sie den Costagutis Bernsteinschmuck als Gastgeschenk bringen, sollten Sie bei den Barberinis nicht mit Silber kommen. Die Frauen vergleichen, und die Barberinis werden sich benachteiligt fühlen; vielleicht sollten Sie besser Granatschmuck als Entrée wählen." Christina hielt sich nicht an Azzolinos Rat, sondern zog aus ihren Truhen heraus, was sie im Moment für richtig hielt: eine Silberkanne, ein Kreuz aus Smaragd, einen Pokal aus Achat, eine Kette aus Bernstein. Warum sollte sie erstarrte Regeln beachten; sie war frei, sie war nur sich selbst verpflichtet. Das glaubte sie.

Als sie bei einem Morgenritt durch das Ripettaviertel Gianlorenzo Bernini sah, redete sie ihn sofort an: „Meister Bernini, endlich lerne ich Sie persönlich kennen! Kommen Sie mit, zeichnen Sie mich, ich möchte ein Bild von mir haben, das mich in meinen ersten Romtagen zeigt."

Bernini folgte ihr tatsächlich in ihre Zimmer im Turm der Winde; und obwohl es Christina eigentlich nicht erlaubt war, dort Besucher zu empfangen, blieb er einen ganzen Nachmittag bei Christina und versuchte, sie zu zeichnen.

„Es gelingt nicht, Christina, Sie halten Ihren Kopf keinen Moment still; ich werde versuchen aus den Skizzen ein Porträt nachzuvollziehen."

Auch Bernini hatte ihr von den Verfilzungen der römischen Gesellschaft erzählt. „Ich habe diese Verflechtungen zu wenig beachtet, habe Aufträge von den Barberinis angenommen und gleichzeitig von den Respiglios, und das Schlimmste, ich habe mich abfällig über Velázquez geäußert, und damit hatte ich Joana Orsini zur Feindin. Seit zwei Jahren habe ich keinen Auftrag mehr bekommen, von keiner Familie, auch nicht vom Papst."

„Und wovon leben Sie?", wollte Christina wissen.

Bernini zuckte die Schultern.

Das konnte nicht sein, ein Genie wie Bernini konnte nicht in Rom vertrocknen. „Dann verlassen Sie Rom, zumindest für einige Jahre, gehen Sie nach Frankreich, gehen Sie nach Paris! Ich werde Ihnen ein Empfehlungsschreiben an Pierre Hector Chanut mitgeben, er ist Diplomat und auch Bibliothekar, er wird Arbeit für Sie finden."

Ohne auf die Gegenrede von Bernini zu achten, schrieb Christina einen Brief an ihren Freund Pierre. Sie verwendete dafür das Briefpapier des Vatikans, das war ein Skandal; und der Skandal wurde noch größer, als bekannt wurde, dass sie Bernini einen dicken Beutel Geld zukommen ließ – war er also ihr Geliebter geworden und hatte er Schweigegeld bekommen?

Als Christina vom Vatikan, vom Turm der Winde, in den Palazzo Farnese übersiedelte, entließ sie die Spanier unter ihren Dienstboten. Sie gab jedem ein paar Münzen und ein Empfehlungsschreiben und stellte neue Dienstboten ein: „Sie sprechen ein besseres Italienisch", begründete sie.

Dass die Königin von Schweden Kammerherren, Sekretäre und Zofen suchte, sprach sich in Rom schnell herum; schon aus Neugier wollten viele im Haus von Christina beschäftigt sein, im Haushalt von diesem „Mannweib", von „dieser Königin ohne Land und Zepter", die sich um keine gesellschaftlichen Regeln kümmerte. Vielleicht konnte man als Schreiber, als Übersetzer, als Kammerfrau herausbekommen, mit wem sie korrespondierte, wieviel Vermögen sie wirklich hatte, und wen sie zu sich ins Bett zog.

Die entlassenen Spanier fanden rasch neue Dienstposten, zumindest für ein paar Wochen, solange sie Geschichten zu erzählen wussten.

Der Koch stöhnte: „Bin ich erleichtert, der Reitgerte dieses Teufelsweibes entkommen zu sein; das Auspeitschen erhitzt sie, dabei empfindet sie die allergrößte Lust."

„Die meisten Bilder, auch das Tafelgerät und einen Großteil der Münzen hat sie gestohlen, ihrer Mutter ist darüber das Herz gebrochen, und sie ist gestorben", das berichtete die Zofe.

Und ein Kutscher bekreuzigte sich: „Sie verfügt über dämonische Kräfte! Nach sieben Stunden Ritt ist sie für Stunden in der Kutsche von Lucas Holstenius verschwunden; der alte Mann ist ihr so verfallen, dass er ihr zweimal täglich parfümierte Depeschen schickt."

Dazu kam, dass sich die ehemaligen Dienstboten um ihren Sold betrogen fühlten und regelrechte Raubzüge in den Palazzo Farnese unternahmen. Die Spanier überrumpelten das neue Personal, rissen Bilder, Tapisserien, sogar Tapeten von den Wänden, stopften Vasen, Etagere und Skulpturen in Säcke und trieben Handel mit diesen Gegenständen.

In Christinas Haus brach das Chaos aus. Auch unter den neuen Dienstboten gab es bald eine Gruppe, die ihr die Loyalität verweigerte; Poststücke wurden ihr nicht weitergegeben, Boten wurden weggeschickt.

Verzweifelt wandte sich Christina an Lucas Holstenius um Hilfe. Sie traf den alten Freund im Archiv, vergraben in Briefen und Dokumenten. Er reagierte eher missmutig auf die Störung; genau so habe er alles kommen sehen. Christina müsse ihre allzu große Offenheit mit einem Mantel von Floskeln bedecken. Rom werde von einigen Familien regiert, das wisse sie inzwischen.

Wandte sich nun auch schon Holstenius von ihr ab? Christina wurde kleinlaut: „Meister Lucas, ich brauche unverzüglich einen Vertrauten, eine Vertraute, wie ich Editha und Meister Sven in Stockholm hatte."

Holstenius verstand und er konnte sofort eine Person nennen: „Rita Retz! Sie ist die Tochter einer Familie aus Neapel. Ihr Vater wollte als Buchdrucker nicht länger unter der spanischen Herrschaft und Zensur in Neapel leben und ließ sich mit seiner Familie in Paris nieder. Deshalb ist auch das Französisch von Rita hervorragend. Vor fünf Jahren sollte sie in Paris mit einem alten Tuchhändler verheiratet werden, sie floh in Männerkleidung hierher nach Rom und lebt seither im Haushalt ihres Onkels, Kardinal Luigi Retz. Wenn ihr die Trinkgelage und Kostümfeste ihres Onkels zu viel werden, dann kommt sie für ein paar Stunden zu mir ins Archiv. Rita beherrscht auch das Hebräische, sie hilft mir beim Dekodieren dieser Schriften."

Christina entschied sofort: „In Männerkleidung zu flüchten, sich nicht verheiraten lassen – Rita wird meine Hofmeisterin, meine Majordoma – "

„– und Kurierin", ergänzte Holstenius. „Hier, Christina, in meiner letzten Postkassette war auch ein Brief für Sie."

Monaldesco! Christina erkannte sofort die Schriftzüge.

„Er wusste Ihre neue Adresse noch nicht", murmelte Meister Lucas und ließ sie nicht aus den Augen.

Christina griff hastig nach dem Brief. Sie fühlte sofort wieder die Wärme von Monaldescos Hand, das Pulsieren in seiner Handfläche. Monaldesco und seine ungeschnörkelte Schrift!

„Sind Sie auch über die Neuigkeiten aus Schweden unterrichtet?", fragte Holstenius in ihre Gedanken hinein.

Christina blickte ihn verwundert an.

„Ihr Cousin Karl Gustav hat sich auf einen Krieg gegen Polen eingelassen, und es sieht schlecht für Schweden aus", erzählte Holstenius.

Zornesröte stieg Christina ins Gesicht: „Ich habe darüber keinerlei Nachrichten." Karl Gustav, Schweden neuerlich im Krieg, welcher Wahnsinn – Polen vom Katholizismus befreien zu wollen! Deshalb war auch nicht ein Taler ihrer Apanage im Vatikan eingetroffen, nicht einmal eine kurze Nachricht, wann sie mit Geld rechnen könne. „... werde ich bald wie eine kleine Näherin jede Münze dreimal wenden müssen, bevor ich sie aus der Hand gebe, und am Ende meinen Koch um alte, halb stinkende Fische schicken müssen", hatte sie ihrem Tagebuch anvertraut.

Ohne Umweg ritt Christina nach Hause, sie lief, sie stürzte in ihr Arbeitszimmer; sie wollte den Brief von Monaldesco lesen. Wie oft hatte sie in den vergangen Wochen versucht in ihrer Fantasie seine Gestalt zwischen die Kardinalsroben zu stellen – wie sie alle verblassten neben Monaldesco, wie die Purpurnen abrückten vor diesem Mann mit dem blauschwarzen Haar, das er offen und ohne Perücke trug, ja, sie rückten ab vor seinem Blick, in dem Befehle gebündelt waren und Furchtlosigkeit.

„Hoheit, längst bin ich wieder in Paris, und die Seiten meines Tagebuches sind voll der Zwiesprache mit Ihnen, deshalb sind Sie mir so vertraut. Geliebte Christina, es ist mir unmöglich, Ihren Kuss, unsere Umarmung zu vergessen. Seit Pesaro hat sich mein Geist allem anderen verschlossen, die Säfte meines Körpers sind versiegt, so vollkommen bin ich in Ihrer Hand und einzig aus Ihrem Wohlwollen nährt sich meine Existenz. Sie sind unterrichtet darüber, dass ich mit Minister Mazarin Verhandlungen führe: Neapel soll von der spanischen Herrschaft befreit werden! Doch diese Order wiegt gering gegen jenen Befehl, den ich mir auferlegt habe, Ihnen, Christina, meine Liebe und Anbetung zu beweisen und Neapel für Sie zu befreien. Neapel bedarf einer Königin Ihres Formates. Die wichtigste Schnittstelle der Politik zwischen Vatikan, Frankreich und Spanien soll mit Ihren Kenntnissen, mit Ihrer Klugheit regiert werden. Christina, verlassen Sie Rom, kommen Sie nach Paris. Ihr Geist, Ihr Körper sind zu lebendig für das Intrigenschmieden und die Vetternwirtschaft der Barberinis, Luigis und Orsinis. Allein die Tollkühnheit, Ihnen so offen und unverblümt zu schreiben, soll Ihnen zeigen, dass ich bereit bin, für Sie zu sterben, Christina. Unsere Korrespondenz muss rar bleiben, zu unserer Sicherheit. Doch nehmen Sie diesen Brief zu Ihrer Begleitung bis hierher nach Paris. In unverbrüchlicher Verehrung und Anbetung ..."

Diese Zeilen warfen sie sofort in Spekulationen – Königin von Neapel könnte sie werden? Welch genialer Schachzug! Christina wusste, Neapel war ein ständiger Schmerzpunkt in den politischen Überlegungen des Papstes, denn Neapel wurde von den Spaniern regiert, und die Spanier fühlten sich im Allgemeinen als die besseren Katholiken, als Katholiken mit strengerem, absolutem Gehorsam gegenüber der Mutter Kirche. Spanien war zudem reich und vermögend seit den Eroberungs- und Beutezügen im lateinischen Amerika, immerhin hatte Spanien dort einen halben Kontinent dem Katholizismus einverleibt. Die Spanier von Neapel gebärdeten sich als Wachposten der Mutter Kirche. Würde der Papst die Türken nicht mit genügend Entschlossenheit vom Kontinent zurückhalten, würde er die neumodischen Wissenschaften nicht akribisch genug von den Beamten des Heiligen Offiziums prüfen lassen und dem Zweifel an der Autorität der heiligen Mutter Kirche auch nur im Geringsten Vorschub leisten, die Spanier waren immer über alles sofort unterrichtet. Und hinter vorgehaltener Hand ließ Joana Orsini verlauten: „Madrid steht bereit, den Vatikan aufzunehmen, auch Toledo eignet sich bestens als Sitz des Papstes."

Würde Christina sich für die Entmachtung der Spanier in Neapel einsetzen, sich zur Königin von Neapel krönen lassen, würde ihr das sicher alle Anerkennung des Papstes bringen, vor allem könnte sie sich damit lebenslang die Quartiersfreiheit in einem der herrlichen Palazzi verdienen – welcher Schachzug!

Christina fühlte, wie sich ihre Seelenkräfte spannten, sie sah wieder ein Ziel, ein großes Ziel vor sich; ein Vorhaben, das sie im Geheimen vorbereiten würde; ein Vorhaben, mit dem sie wieder ihre Spur ziehen könnte, ein Vorhaben auch, mit dem sie alle in die Schranken weisen könnte – alle, die sich über ihre Geschenke mokierten, die ihre Dienstboten ausfrugen, die ihr Namensschild im Petersdom in der ersten Reihe der Männerseite angebracht hatten.

Königin von Neapel. Mit Monaldesco würde ihr das gelingen!

„Der Mann in dir ist so stark, dass du krank wirst, wenn du nicht Macht ausüben kannst", das hatte Gabriel de la Gardie ihr hingeschleudert, als sie ihm den Posten des Ersten Ministers verweigerte. Gabriel, dazu fiel ihr kein Gesicht, kein Körper mehr ein. Sie hielt den Brief von Monaldesco in der Hand, sie roch das herbe Parfum, und in diesem Geruch spürte sie die Feuchtigkeit der Lippen von Monaldesco, sie hörte seine Stimme, sie spürte die Muskeln seines Körpers, sein Drängen und ihr Nachgeben, ihr Mitschwingen mit jeder Bewegung, die sich aus Monaldescos Körper auf ihren übertrug. Sie schwankte, seufzte und wurde plötzlich aufgeschreckt.

„Schlechte Nachrichten, Christina?"

Decio Azzolino stand in der Tür, seine Kardinalstracht leuchtete violettrot. „Wenn Sie in Gedanken versunken sind, Christina, kann man Ihrer nordischen Schönheit beinahe nicht widerstehen", er küsste ihr die Hände, nahm ihren verlorenen Blick wahr, „obwohl uns jetzt ein Eismeer zu trennen scheint."

Wieder war Azzolino ganz der elegante Römer.

Christina brauchte einige Momente, um sich zu fassen, und obwohl die Worte und Berührungen von Azzolino so beruhigend waren, wich sie vor ihm zurück, es war darin zu viel Fremdes, vielleicht auch Gespieltes.

Decio nahm in Armlänge entfernt zu ihr Platz. Er trank mit ihr von dem verdünnten Wein und Orangenschalentee und legte ein Billet auf ihren Schreibtisch. Christina ahnte den Inhalt, denn die Billets von Azzolino glichen einander: „Meine Liebe, Hoheit, Christina, Sie sprachen gestern von der Unruhe, die Ihnen die Untätigkeit beschert. Fehlt Ihnen tatsächlich die eiserne Faust der Verpflichtungen? Ich kann es nicht glauben! Vertrauen Sie auf den Wink des Himmels, der Ihnen bestimmt in allernächster Zeit die Richtung geben wird. Wie unendlich wertvoll ist mir jeder Augenblick mit Ihnen." Christina wusste eigentlich nicht genau, warum Azzolino sie immer wieder besuchte. Schätzte er wirklich ihre libertine Gesinnung und suchte er deshalb das Gespräch mit ihr? Für sie war Azzolino wichtig, er kannte alle einflussreichen Menschen von Rom, er würde ihr jeden Besuch beim Papst ermöglichen, und er gründete gerade die Squadrone Volante, einen Gesinnungsbund von Bischöfen und Kardinälen, bei dem Christina Mitglied werden würde.

Azzolino war tatsächlich gekommen, um Christina die Statuten der Squadrone vorzulegen. „Es wird schwierig sein, Christina, die Kardinalskollegen davon zu überzeugen, dass auch eine Frau Mitglied der Squadrone Volante sein kann", versuchte Azzolino ihr zu erklären.

„Im Gegenteil, Decio. Mit der Squadrone gibt es endlich einen Bund, der die freie Papstwahl zum Ziel hat! Es werden nicht mehr Herkunft und Vermögen zählen, sondern nur Fähigkeit, Wissen und Erfahrung. Und", jetzt lachte Christina, „lieber Decio, wenn die Squadrone eine Frau als Mitglied hat, noch dazu eine so exaltierte wie mich, Christina von Schweden, dann wird man diese Vereinigung nicht allzu ernst nehmen. Man wird sagen, das sind ein paar überspannte, enttäuschte Kardinäle, die alle Papst werden wollen, aber nie Papst werden können. Und unser Bund kann einige Jahre in aller Ruhe arbeiten; der Beste soll der nächste Papst werden, und die Squadrone kann einen solchen Kandidaten fast unbeobachtet vorbereiten. Bei der nächsten Papstwahl wird es sich zeigen, ob die Squadrone Kraft besitzt."

Azzolino war aufgestanden, hatte Wein nachgeschenkt. „Christina, jetzt sind Sie erst vier Wochen in Rom und wirken politisch bereits auf die nächste Papstwahl ein."

Er schaute Christina an, voll Bewunderung, auch voll Verunsicherung – was war mit ihr geschehen, in ihr schien ein Feuer zu lodern, ein Feuer, das nicht er angefacht hatte.

Als Decio Azzolino gegangen war, las Christina neuerlich den Brief von Monaldesco, „... es mir unmöglich ist, Ihren Kuss zu vergessen ..." Sie wanderte ruhelos die ganze Nacht durch die Zimmer, durch die Gänge, sie beachtete weder die Wächter noch die Kämmerer, die aus ihren Nischen und Schlafecken herausstoben. Die Gespräche, die Billets von Azzolino ließen sie jedes Mal leer zurück, es war nicht genug gesagt, es war nicht offen genug geredet worden; er hatte sie freundschaftlich umarmt, und sie spürte, Azzolino würde nie wie Monaldesco die Grenze überschreiten. Würde sie ihn zu sich ziehen, um endlich seinen Körper zu spüren, um ihn endlich ihren Körper fühlen zu lassen, er würde sich aus dieser Umarmung lächelnd herauswinden. „Ist Azzolino unter seiner Kardinalsrobe überhaupt ein Mann", schrieb sie in ihr Tagebuch.

Decio Azzolino verwendete sie, das ahnte sie, und sie ließ sich verwenden. Denn die Squadrone erhielt erst durch ihre Mitgliedschaft prominenten Stellenwert in der römischen Gesellschaft: Christina von Schweden ist die Padrona dieser progressiven Bruderschaft zur Neuorientierung bei der Papstwahl! Christina wusste auch, dass Azzolino die Eröffnungsfeier zur Gründung der Accademia Reale gut geplant in ihre ersten Wochen von Rom festgelegt hatte. Das galt einerseits als eine besondere Willkommensgeste für sie; man wusste in Rom, dass ihr in Stockholm die Gründung einer wissenschaftlichen Akademie wegen Descartes vereitelt worden war; man wusste auch, dass eine wissenschaftliche Akademie für Christina einen Tempel des adäquaten Gedankenaustausches darstellte. Joana Orsini hatte sich dem Ansinnen der Gründung einer wissenschaftlichen Akademie immer widersetzt, und mit der Papstmacherin wollte sich niemand überwerfen. „Gehorsame Gläubige der Heiligen Mutter Kirche brauchen keine wissenschaftliche Akademie", das war die Ansicht von Joana Orsini, und sogar der Papst hatte die Verwirklichung dieser Idee einige Jahre vor sich hergeschoben. Nun aber, da die

‚Minerva des Nordens' die Padrona der Accademia sein würde, Christina, die ein Königreich hingegeben hatte, um zum Katholizismus zu konvertieren, waren alle Zweifel beseitigt – Glaube, Gehorsam und Wissenschaften konnten sehr wohl unter einem Dach wohnen.

Und Decio Azzolino hatte sich die wissenschaftliche Leitung dieser Akademie ausbedungen, damit galt er als einer der fortschrittlichen Kardinäle; obwohl eigentlich jeder wusste, dass er ein Günstling von ·Joana Orsini war, dass er in ihrem Palazzo aus und ein ging. Welch gelungener Winkelzug von ihm; Azzolino wollte in seiner Karriere weiterkommen, die Kardinalsrobe reichte ihm nicht; und mit Joana Orsini, mit der Squadrone und der Accademia Reale hatte er sich Einfluss und Gönner in jeder Richtung gesichert.

Alles war so leicht zu durchschauen, Christina wurde verwendet, doch sie sah keinen anderen Weg; sie wollte in die gesellschaftlichen Verflechtungen von Rom eindringen, sie wollte allen ihre libertine Geisteshaltung beweisen.

Ende Januar 1656 wurde die Accademia Reale eröffnet. Der Papst hatte der Akademie einen Palazzo am Fuße des Gianicolo zur Verfügung gestellt. Er war persönlich anwesend, auch das gesamte Kardinalskollegium; Christina als einzige Frau thronte auf dem Stuhl des Vorsitzenden. Ein Mitglied nach dem anderen wurde von Christina aufgerufen. Nach und nach füllten sich die fünfundzwanzig Plätze am langen Tisch. „Zwei und fünf ergibt die göttliche Sieben", das war der Wunsch des Papstes gewesen. Jeder Platz, jeder Stuhl war nummeriert, und nur der Vorname stand auf dem Namensschild. Auf der Tribüne drängten sich die Gäste; Eltern, Söhne und Töchter der Mitglieder waren gekommen, um das Schauspiel zu verfolgen. Jede Familie hatte Wandteller aus Porzellan fertigen lassen, damit war die Holzvertäfelung des Saales geschmückt; auf diesen Wandtellern waren die Familienwappen und die Monogramme zu lesen. Einzig Lucas Holstenius hatte die Abschrift des Johannes-Evangeliums gebracht, und damit wurde im Auftrag des Papstes die Bibliothek der Akademie begründet.

Christina verlas die Zielsetzungen der Accademia, „welche sind, die Reinheit der italienischen Sprache zu erforschen und zu überwachen, die Studien der Astronomie und Astrologie wie der Philosophie durch regelmäßige Diskussionen und Vorträge zu fördern."

„Mit diesem Tag sind Sie, Christina, für Rom bereits unsterblich geworden", flüsterte Azzolino ihr zu.

Beim Umtrunk wurde Christina beinahe bedrängt von Komplimenten und Angeboten, die ihr die Bischöfe und die Kardinäle zuflüsterten: „Ich wäre an Schwedisch-Lektionen interessiert." „Könnten wir einen Nachtritt unternehmen, den Tiber entlang, es gibt idyllische Rastplätze." „Der Süden vollendet Ihre Schönheit, Ihr Dekolleté ist von Venus selbst geschaffen."

Die Geistlichen benahmen sich genau so, wie Holstenius es Christina auf der Fahrt nach Rom erklärt hatte: „Es gibt nirgends so viele Schürzenjäger wie im Vatikan."

Nur Decio Azzolino blieb während der Festlichkeiten in Abstand zu ihr; er lächelte freundlich, lobte ihre Eröffnungsrede.

Als er sich abwandte, schaute ihm Christina versonnen nach, und ein Kardinal raunte ihr ins Ohr: „Sie wissen, Joana Orsini hat ihre Spione überall. Sie führt Buch über jede Minute, die Azzolino in Ihrem Haus verbringt, Christina, ein Kopfnicken zu viel in Ihre Richtung, und Azzolino wird ausgesperrt aus dem Salon der strengen Joana." Zornesröte stieg Christina ins Gesicht. „Ach, Azzolino", hatte Bernini achselzuckend gesagt, „ein treuer Diener von Joana. Ohne diese Giftmischerin wäre er nie Kardinal geworden. Und wer weiß, vielleicht könnte Joana ihm sogar die Tiara verschaffen."

Vielleicht war Azzolino sogar von Joana ausgeschickt, die Absichten der „hergelaufenen Schwedin", wie Christina in den Salons genannt wurde, auszukundschaften. Über den Alltag im Palazzo Farnese wurde Joana ohnehin von Christinas Dienstboten informiert, waren doch ein halbes Dutzend Köche, Gärtner, Boten und Wasserträger aus dem Orsini-Haushalt zu Christina gewechselt. Auch das hatte Christina zu wenig beachtet; sie hatte sich nur gewundert, warum sogar ihre nächtlichen Spaziergänge bekannt waren.

Von der Eröffnungsfeier war sie sofort nach Hause geeilt und hatte Rita einen Brief diktiert: „Mein lieber Freund Decio, verehrter Kardinal Azzolino, bin ich Ihnen für Ihre anerkennenden Worte zu meinem Eröffnungsvortrag sehr dankbar und schlage gleichzeitig vor, dass wir unsere Konversation für einige Wochen unterbrechen. Es möge Ihnen alle Kraft Ihres Geistes wie Ihrer Seele für Ihre Aufgabe als Diener Gottes und der Kirche bleiben."

Und noch an diesem Abend ließ Christina sich in den Trubel von Rom fallen. Sie musste sich betäuben, ihre Unruhe niederhalten, denn über ihre Pläne für Neapel konnte sie erst nach dem Karneval mit dem Papst reden, und diese Wochen bis dahin mussten weggelebt werden.

Wochenlang besuchte sie mit Rita die Kirchen von Rom; Christina interessierten vor allem die Baustile, die Gemälde, die Ausstattung. „Meine liebe Freundin, es könnte missverstanden werden, wenn Sie durch die Kirchen wie durch Gemäldegalerien wandeln, als Katholikin sollten Sie nicht auf die Messfeier vergessen", versuchte Decio Azzolino sie zu warnen. Christina legte seine Briefe lachend weg, ließ sie unbeantwortet. Als der Karneval des Jahres 1656 seinem Höhepunkt zusteuerte, beteiligte sich Christina auch an Wettkämpfen. Sie ritt, verkleidet als Mann, rang mit Speer und Schwert junge Priester nieder. Sie schaute bei den Wettläufen zwischen Behinderten, Juden und Katholiken zu, wie in grauenhafter Inszenierung den Behinderten und Juden Steine und Holzscheiter zwischen die Füße geworfen wurden, dass immer die Katholiken als Erste am Ziel waren. Christina riss dem Trommler, der die Laufenden anfeuerte, das Instrument aus der Hand und schrie: „Aufhören, welche Niedertracht", und als sie das Gejohle des Anfeuerns nicht überschreien konnte, hechtete sie zu den Laufenden und brachte mit einer blitzschnellen Fußbewegung einen Katholiken zum Straucheln. „Welch jämmerliche Gestalt er jetzt abgibt, der Gesunde, wenn er im Rinnsal liegt", lachte sie.

Sie besuchte die Gefängnisse, unterhielt sich mit Ehebrecherinnen. „Er hat mich als Wäscherin von Haus zu Haus geschickt, ich musste mir mein Essen selbst verdienen, also habe ich mir auch die Männer selbst ausgesucht."

Christina redete mit Kindsmörderinnen, „es war das Kind von einem Kardinal; er hat mir eine Kammer in seinem Palazzo versprochen, wenn ich es erledige".

Als Christina sich am Gefängnistor von der Beschließerin verabschiedete, sah sie in diesem Nonnengesicht plötzlich Ebba; sie strich der jungen Frau über die Wangen.

Die Nonne wich nicht zurück, sondern umarmte Christina, nur für Momente zwar, doch Christina fühlte Innigkeit, zurückgehaltene Sehnsucht nach dem Geruch von Haut, nach einem Zweiten. Beinahe erschrocken darüber, dass sich der in Nonnentracht so gut verborgene Körper ihr voll Verlangen öffnen wollte, ritt Christina zurück nach Farnese.

„Spielt mir mein Alleinsein in dieser Nonne Bilder von Ebba zu. Sollte ich dies als Zeichen nehmen", fragte sie sich in ihrem

Tagebuch. Und schon am nächsten Morgen ritt Christina wieder zur Engelsburg und hielt am Eingang für „Mörderinnen, Ehebrecherinnen und gefallene Frauen und Mädchen".

Die Namenlose hatte sie schon erwartet; denn noch bevor Christina am Glockenstrang zog, öffnete sich das Tor, und ohne weitere Worte wurde Christina durch dunkle Gänge gezogen. Sie hastete durch Stille und Kälte hinter der Namenlosen her; die Namenlose öffnete ein nächstes Tor, und sie liefen an einem Geviert vorbei, in dem schreiende nackte Frauen durch riesige Wasserbottiche getrieben wurden; Christina sah Leiber mit aufgequollenen Bäuchen und hängenden Brüsten, dazwischen Kindfrauen, mager und mit noch unbehaarter Scham. Nächst diesem Geviert hatte die Namenlose ihre Zelle. Es gab keine Türe, nur einen Eingang in eine fast stockdunkle Nische, und ohne auf die vorbeischlurfenden Wärterinnen und Wächter zu achten, warf sich die Namenlose Christina entgegen und wandelte sich in Augenblicken zur Nehmenden, zur Befehlerin. Stück für Stück ließ sie sich von Christina aus ihrer Nonnentracht schälen, sie führte, lenkte Christinas Hände über ihre Körperlandschaft, sie verlangte nach Lust, nach mehr Lust. Die Namenlose befahl, und Christina wurde willige Erfüllerin der Befehle, doch sie steigerte Lust und Gier von Welle zu Welle hinauf bis zum Kamm, wo Wunsch und Verlangen sich überstürzten und schließlich Christina als Befehlerin über den vor Lust zuckenden Körper gebot, ihn in weitere, sanfte Wellen lockte und mit Liebkosungen zurück in die Zelle voll Muffigkeit und Dunkelheit führte.

Sie besuchte die Namenlose viele Male, folgte ihr in die Zelle, doch bei jedem Zurückreiten nach Farnese fühlte Christina ihr Alleinsein schmerzhafter, quälender – was tat sie alles, um die Zeit totzuschlagen.

Und schließlich schrieb sie: „Geliebte, verschließe deine Zelle. Wir haben einander genossen und wollen uns nun wieder in unseren Weg stellen. Jetzt weißt du, dass wir gleichermaßen Täter und Dulder sein können."

Als der Karneval beinahe zu Ende war, und Christina wieder mehr Zeit in ihrem Heim in Farnese verbrachte, bemerkte sie endlich, dass die Knechte und Mägde, die Wäscherinnen und Näherinnen, die Köche und Essensträger einen Großteil ihres Hausrates gestohlen hatten.

„Sie sollten mir die Vollmacht geben, Dienstboten zu entlassen", Rita kam sofort zur Sache; immerhin könnte es sein, dass

Christina in den nächsten Minuten wieder aufsprang und aus dem Haus hastete, zu einem Umzug oder ins Theater.

"Die Schatulle mit dem Geld für die Dienstboten ist leer, ich konnte den Lohn nicht auszahlen. Also haben sie genommen, was ihnen unter die Finger kam."

„Und wohin tragen sie die Silberaufsätze, die Pelzüberwürfe, die Bilderrahmen und Marmorskulpturen?", wollte Christina wissen.

„Die Frau des spanischen Gesandten, Pilar Cueva, ist die Vermittlerin zu den Wucherern", erklärte Rita und setzte noch nach, „vieles wird Pilar behalten, ein Stück aus dem Haushalt von Christina von Schweden hat besonderen Wert."

Christina geriet beinahe in Panik, in welch kurzer Zeit hatten sich ihre Kassetten geleert. Wie vernebelt hatte sie sich durch die Karnevalswochen treiben lassen; gierig trank sie mehrere Glas Wasser und sagte zu Rita, erleichtert, dass sie wenigstens diese Frau als ihre Vertraute hatte: „Nehmen Sie sich aus meiner Schmuckschatulle, was der Wert Ihres Lohnes ist. Sie wissen es ohnehin aus der Korrespondenz – ich habe kein Geld mehr! Aus Schweden kommt nicht eine Münze! Hier, meine letzten beiden Briefe wurden ungeöffnet zurückgeschickt. Karl Gustav braucht jeden Taler für den Krieg gegen Polen, und Minister Mazarin in Paris denkt nicht daran, die Kriegsschuld an Schweden, an mich zu bezahlen!"

Sie begann im Zimmer auf und ab zu laufen: „Vor zwei Tagen flüsterte mir ein Kardinal im Theater zu, ich solle mein freizügiges Dekolleté wenigstens mit Perlenketten bedecken! Sie haben alle keine Ahnung! Von überall wird mir das Geschwätz zugetragen, ich würde meine Juwelen auf dem Baldachin verstecken. Aber meine Perlen, Armreifen, Ringe, Kolliers, Diademe und Gürtel sind bis auf ein paar Stücke alle bei Onsenario, dem Pfandverleiher. Ja, dort sind wir beide Kundschaft, Joana Orsini und Christina von Wasa. Ich versetze und verkaufe, und Joana kauft. Nein", Christina lachte bitter, „Joana betritt doch nicht selbst das Kellerloch von Onsenario, sie lässt kaufen, und bald wird sie Azzolino mit meinem Schmuck empfangen. Ich hatte keine Vorstellung davon, wie kostspielig das Leben in Rom ist! Jeder Künstler hält die Hand auf; für Bernini einen Beutel mit Münzen, für Mazzavoli einen Bonusschein für eine neue Violine, für die Zwillingsbrüder Tirotto Kost und Logis für ein halbes Jahr, damit sie die Bilder zu ihren Marienstudien fertig malen können. Für die Gründung der Accademia Reale habe ich das

Jahressalär für Holstenius übernommen."

Christina redete sich in solche Erregung, dass sie beinahe überhörte, als Rita sagte: „Christina, Meister Lucas hat noch eine Nachricht aus Stockholm."

„Welche", fragte Christina scharf zurück.

„Gabriel de la Gardie ist der neue Kanzler, deshalb sind Ihre Briefe ungeöffnet zurückgekommen", Rita bemühte sich um einen besänftigenden Ton. „Christina, ich habe lange überlegt, doch Sie sollten das wissen, denn es ist aus Schweden in nächster Zeit kein Geld zu erwarten."

„Gabriel – Kanzler!" Das konnte nicht sein!

Wie sie jeder Nacht entgegengezittert hatte, Gabriel und seinen Schwüren: „Ich werde nie von dir lassen." Und dann seine Forderungen, seine Wortschläge: „Du willst mir die Kanzlerposition verweigern, ich kenne die Handgriffe, um in Christina von Schweden die Wollust zu löschen, also werde ich auch im Reichsrat die richtigen Worte finden. Überlege nicht zu lange, wen willst du mir jetzt vorspielen, den Mann, der um sich schlägt, oder die Frau, die winselt?"

Gabriel de la Gardie, der Franzose, war nach Schweden zurückgekehrt. Jetzt würde Frankreich überhaupt nicht mehr an die Begleichung der Kriegsschuld denken; jetzt war ein Franzose Erster Minister in Schweden, und damit konnte man in Paris die Schuldscheine weglegen, sie waren eine innere Angelegenheit geworden.

Rita mahnte vorsichtig: „Wollten Sie nicht zu Frau Pilar Cueva reiten, wegen des Hausrates? Vielleicht hat sie noch nicht alles an Onsenario weitergegeben."

„Ja", erinnerte sich Christina, „ich werde das Diebsgut zurückholen."

Sie ritt wie betäubt durch die Straßen, das Bild von Gabriel ließ sich nicht verdrängen – „Christina, es wird sich nach mir keiner finden, der die Frau in dir aufspürt, der Mann in dir ist zu stark, du solltest ihn aushungern."

Als Christina bei Pilar ankam, dem Majordomus durch die Empfangshalle in den Alkoven folgte, wurde sie dort von einer Parfumwolke empfangen. Pilar schwebte ihr in weißem Seidengewand entgegen: „Endlich." Und ohne weitere Konversation wurde Christina von der Spanierin umarmt und niedergezogen und Christina ließ alles mit sich geschehen. Sollte doch Pilar mit ihren fleischigen Händen in all ihren Körpernischen Gabriel suchen und ihn wegarbeiten. Pilar sollte Schmerz und Qual zufügen, es geschah nicht ihr, nicht Christina, Gabriel hatte es zu erleiden, und je weiter sich Christina in ihre Rachebilder verlor, umso weiter wurde sie von der alten, erfahrenen Pilar in Lusthöhen geworfen. Das schwarze Haar der Spanierin wandelte sich ins Haar von Monaldesco – sie lag nackt; hatte er ihr endlich die Kleider vom Leib gerissen, um näher, noch näher an die Frau in Christina zu kommen.

Weit nach Mitternacht wankte sie nach Hause, selbstverständlich ohne Hausrat. Rita schüttelte den Kopf – war Christina also nun ein weiterer Name auf der Liste der stadtbekannten Hure Pilar geworden?

Sie hatte einen Brief in der Hand: „Vom Papst, er will Sie morgen, nein, heute sprechen."

Christina nickte: „Aschermittwoch, ich weiß."

Fabio Chigi, Papst Alexander, empfing sie zum Frühstück.

Alles im Kontor des Papstes war schmucklos, kein Teppich verschluckte den Schritt, kein Zierrat befand sich an der Wand oder auf den Kommoden; welch krasser Gegensatz zu den anderen Räumlichkeiten des Palastes. Fabio Chigi lebte Strenge und Wahrheit; deshalb bewunderte Lucas Holstenius diesen Papst so: „Er fürchtet die Wahrheit nicht, er will sie wissen – wie viele Personen haben die Evangelien geschrieben, fünfzig, achtzig oder doch nur vier?"

Auf dem Schreibtisch des Papstes lag ein Totenschädel. „Der liegt in seinem Blickwinkel und soll ihn zur Wahrheit mahnen", hatte Azzolino erzählt.

Fabio Chigi tauchte mit der Hand Brot in Milch: „Während der Fastenzeit bleibt Besteck und Tafelgeschirr im Schrank", lächelte er und schob Christina seinen Holzteller zu, um sie einzuladen, mit ihm Brot und Milch zu essen.

Christina blieb stehen, sie sagte knapp: „Eure Heiligkeit, Fabio, Sie haben mich per Depesche zur Konversation gerufen, es ist also kein Freundschaftsbesuch."

Auf diesen Ton war Papst Alexander nicht gefasst; mit einer Handbewegung befahl er die Wächter hinaus und nahm den Totenschädel in die Hand.

Er ging zum Fenster, aus seinem Talar strömte der Duft von Zimt und Ingwer.

„Christina, Ihr Einzug in Rom, das war erst vor wenigen Monaten – war Ihr Einzug hier nicht ein Triumphzug! Christina von

Schweden wird von Rom, von den Römern begrüßt und willkommen geheißen!"

„Ja, man hat mir jede Art von Huldigungen erwiesen, schon in Pesaro und dann erst hier", Christina ließ die Bilder vorbeiziehen. „Es war eigentlich zu viel von allem, denn welcher Sieg wurde gefeiert – Christina von Schweden, Europas berühmteste Konvertierte! Ich bin aber nach Rom gekommen, um mit der Kunst, der Wissenschaft des südlichen Europas zu leben."

Fabio Chigi nickte zu allem und sagte dann: „Es wurde die Minerva des Nordens erwartet, und jetzt nennt man Sie die größte Hetäre von Rom." Er griff nach einem Bogen Papier: „An Maria von Savoyen! ‚Geliebte, sollten Sie noch nicht endgültig der Welt entsagen, Sie haben noch gar nicht erfahren, welche Zärtlichkeiten für Sie bereit sind, ich werde Sie gerne begleiten und Ihre Körperlandschaft erforschen'. Diesen Brief haben Sie ins Kloster geschickt, eine Novizin damit in tiefen Konflikt geworfen!"

„Ich habe Maria diesen Brief selbst gebracht", stellte Christina richtig, sie dachte nach: „Ich habe Maria längst vergessen."

Der Papst fuhr schneidend fort: „Christina, Sie leben hier als Libertin, das wird missverstanden! Sie halten sich nicht an die Regeln, mehr noch, Sie nennen diese Regeln hohle Äußerlichkeiten. Sie geben den Männern die Hand, anstatt einen Handkuss zu erwarten, mit ihrem Dekolleté erhitzen Sie die Gemüter der Kardinäle und Bischöfe, man redet von verschiedenen Liebesverhältnissen – zu Kardinal Azzolino, zu Kardinal Francesco Corsini, zu Maria von Savoyen, zu einer Gefängniswärterin, zu Pilar Cueva. Christina, Sie sind die berühmteste Tochter der heiligen Mutter Kirche, und Wir haben uns großzügig gezeigt."

„Ich bin Katholikin, aber keine Heuchlerin", unterbrach Christina ihn. „Es ist richtig, ich habe Rom falsch eingeschätzt – die Giftbrühen der Intrigen, die hier herrschen."

Fabio Chigi ging auf Ihre Antwort gar nicht ein. „Sie wissen, Ihr Palazzo Farnese ist eine gute, eine teure Adresse, und bis jetzt haben Wir Ihnen Quartiersfreiheit gegeben, denn aus Stockholm kam bis heute kein Geld."

Beklommenheit stieg in Christina hoch, sie war in peinlicher Geldnot, aber was sollte sie tun?

„Christina, Sie wurden zur Politikerin erzogen, und es ist Uns bekannt, Sie halten Korrespondenz mit Graf Monaldesco; er steht dem Vatikan und seinen Interessen sehr nahe."

„Er ist in Paris und will die Spanier in Neapel entmachten." Christina sagte das möglichst gleichgültig; konnte es sein, dass der Papst ihre Pläne ahnte, dass er spürte, was sie vorhatte, dass er fühlte, dass sie dieses Leben in Freiheit und Ausschweifung eigentlich unerträglich fand.

Papst Alexander redete unbeirrt weiter: „Wäre es für Sie nicht das Beste, nach Paris zu reisen, dort Ihre finanziellen Angelegenheiten zu klären und Ihr Wissen, Ihre staatsmännische Erfahrung zusammen mit Monaldesco im Sinne des Vatikans einzusetzen? Wäre Neapel von den Spaniern befreit, könnten Wir Ihnen im Gegenzug weiter ein Quartier in Rom finanzieren."

Christina brachte kein Wort heraus; sie nickte, sie küsste die Hand, diese knochige Hand des Papstes, sie wollte nur weg und floh beinahe aus den Räumen des Papstes.

Damit hatte sie nicht gerechnet, dass Fabio Chigi sie so rasch und direkt in seine politischen Absichten einbeziehen würde. Sie hatte auch nicht damit gerechnet, dass Fabio Chigi wie ein schwedischer Fellhändler die Münzen zählte und sie schon nach ein paar Monaten an die Begleichung ihrer Schulden mahnen würde.

Christina sprengte durch die Straßen Richtung Farnese. Rom hatte sich verändert, Aschermittwoch, Fastenzeit. Überall waren Menschen, die betend und mit gebeugtem Haupt der nächsten Kirche zuströmten, Kerzen und Blumengebinde in den Händen. In den Straßenzügen, wo noch vor Tagen Menschenmassen zu den Wettläufen, Maskeraden und Turnieren gejohlt hatten, bewegten sich nun Prozessionen, und aus den Weihrauchwolken war das Flehen und Singen von Fürbitten zu hören; Prasserei und Lästerung hatten in wenigen Stunden in Frömmelei umgeschlagen, und in langen Warteschlangen schoben sich die Römer den Beichtstühlen zu. Vor dem Eingang zu ihrem Haus riss Christina kurz entschlossen das Pferd herum. Sie wollte noch Lucas Holstenius aufsuchen.

Meister Lucas empfing sie gütig, er forschte in ihrem blassen Gesicht: „Rom kostet Sie viel Kraft, Christina", begann er, „kostet es Sie vielleicht mehr Kraft, als Sie haben?"

Sie erzählte ihm von ihrem Besuch beim Papst, von seiner Mahnung um Geld für ihr Quartier, von seinem Ansinnen, sie als Verbündete für seinen politischen Neapelschachzug zu verwenden. Holstenius nickte: „Und bestimmt hat er Ihnen Rügen erteilt. Rom ist ein Dorf, es wird Tag und Nacht getratscht und intrigiert."

„Niemals werde ich mich am Intrigenspinnen beteiligen und die Heuchler unterstützen", ereiferte sich Christina.

„Das weiß jeder hier", Holstenius redete beruhigend auf sie ein, „aber das macht sie für die Gesellschaft, für die Giftschlangen, Papstmacherinnen und politischen Drahtzieher nur noch gefährlicher. Man kann sie nicht zuordnen, halten Sie es mit dem Papst oder mit der Squadrone Volante."

Christina versuchte zu erklären: „Meister Lucas, Rom hat mich verändert; ich habe immer Entscheidungen getroffen, rasch und mit Kraft, und dann konnte niemand, nichts mich von meinem Weg abbringen, und hier", es widerstrebte ihr auszusprechen, worunter sie litt: „Meister Lucas, es ist eine solche Unordnung in mir, ich bin davon verwirrt, und müde, so müde wie ich es nie war."

„Weil Ihnen das Tätigsein fehlt, Christina, und das Ziel; in Ihnen brennt die Leidenschaft für das Tätigsein, und dieser Leidenschaft wollen sie durch Zerstreuungen den Atem nehmen. Warum folgen Sie nicht dem Wink; der Papst braucht Sie als Verbündete."

„Neapel", fiel ihm Christina ins Wort.

„Richtig, reisen Sie nach Paris, verhandeln Sie mit Mazarin, Frankreich hat Geld, hat Macht."

Holstenius blätterte in seiner Korrespondenzmappe: „Hier, Graf Monaldesco schreibt Ihnen", und er schob ihr einen Brief zu. Sie zog die mehrfach versiegelte Depesche zitternd an sich und verbarg sie in einer Tasche ihrer Jacke. Sie wollte ihre Finger nicht mehr vom Kuvert lösen – Monaldesco!

„Mazarin, Frankreich", fuhr sie rasch fort, um Meister Lucas ihre Erregung nicht merken zu lassen, „kann keinen französischen Statthalter in Neapel einsetzen, das würde Okkupation bedeuten, und damit einen neuen großen europäischen Krieg. Doch setzt man in Neapel eine Königin ein, die unverheiratet und kinderlos ist, bleibt die ganze Angelegenheit eine neapolitanische Sache, die kaum jemand beachten würde. Und in ein paar Jahrzehnten, nach meinem Tod, könnte Neapel an Frankreich gehen."

Holstenius staunte über ihre kühnen Pläne, und er gab ihr Recht: „Die Amtsgeschäfte könnten Sie leicht von hier aus führen. Neapel ist nicht weit entfernt, und bedenken Sie das Wesentliche – der Papst wäre Ihnen sehr verpflichtet! Er würde es Ihnen sein Leben lang danken, und das brächte nur Vorteile, zumindest freies Quartier."

„Und ein nächster Papst? Meister Lucas, glauben Sie, hat die Squadrone eine Chance? Die letzten drei Päpste hat Joana Orsini gemacht."

„Ja", bestätigte er, „sie ist sehr vermögend, sie hat fast alle Kardinäle auf ihrer Seite, denn sie bezahlt ihnen Reisen ins lateinische Amerika, sie lässt ihnen Roben aus Chinaseide nähen und Pavillons bauen; Joana Orsini übertrumpft jede Familie in Rom. Sie holt auch die besten Prediger aus Madrid in ihren Salon, und dort wird dann gegen die Jesuiten gewettert. Und – Joana Orsini will Neapel unbedingt unter spanischer Herrschaft wissen, denn der spanische Katholizismus soll möglichst nahe beim Vatikan sein!"

Dann stand der Papst mit seinen Neapelabsichten also im Widerstreit zu seiner Gönnerin; wie mutig von ihm; und Christina würde Joana Orsini mit ihrer Neapel-Mission endgültig zur Feindin haben.

Darüber wollte sie nicht weiter nachdenken; sie wollte von Meister Lucas mehr über Azzolino erfahren, und Meister Lucas erzählte bereitwillig: „Sie haben es schon erfahren: Durch Joana hat Azzolino den Kardinalshut erlangt. Doch Sie kennen ihn inzwischen, der Kardinalsrang reicht ihm nicht – er strebt die Tiara an, und diese Position kann ihm Joana Orsini nicht verschaffen. Eine gute Herkunft ist dafür Voraussetzung, und Azzolino kommt aus dem Norden, seine Eltern waren beinahe arm, er wurde einem Onkel zur Erziehung übergeben. Jedenfalls, Azzolino kann nur durch die Squadrone Papst werden, das wissen Sie ja inzwischen."

Aber wie stand es zwischen Joana Orsini und Azzolino. Holstenius sagte wegwerfend: „Sie hat ihn gesellschaftsfähig gemacht, sie braucht ihn für ihr Bett und wird ihn nie loslassen."

Das Thema Azzolino und Papstwahl war für Lucas Holstenius damit erledigt; er dachte an Neapel. Er empfand jede Depesche aus Neapel, in der vom Papst unverblümt Dogmen verlangt wurden, als persönliche Beleidigung. „Eure Heiligkeit sollte endlich dem Begehren der spanischen Katholiken entsprechen und den achten Dezember als strengen Gebetstag anordnen ..." Welche Anmaßung, den Heiligen Vater von Neapel aus, von Spanien aus, lenken zu wollen. Rom war der Sitz des Papstes, in Rom wurden die Anordnungen und Weisungen der Mutter Kirche erdacht und ausgearbeitet; in den Archiven des Vatikans, in seinen Händen, in den Händen von Holstenius, befanden sich die originalen Manuskripte der Jünger Jesu. Was immer in Spanien, in Portugal, in Frankreich diskutiert und spekuliert wurde – er, Lucas Holstenius, hatte die Wahrheit über die Evangelien in Händen, er würde alle Beweise erbringen: Es waren vier Schreiber und nicht ein ganzes Heer von Schreiberlingen.

Das Gespräch mit Christina hatte alle seine Muskeln gespannt, sein Blut pulsierte heftiger in den Adern; auch Lucas Holstenius spürte einen Schub in seinen Kräften, wenn er Einfluss nehmen konnte. Fast stürmisch umarmte er Christina.

Als Christina nach dem Gespräch mit Meister Lucas zurück nach Farnese kam, bemerkte sie zum ersten Mal, wie verwahrlost der Palazzo war; ausgeleuchtet von der Frühlingssonne, starrten Christina Schmutz und Vernachlässigung entgegen. Die Wände waren kahl, überall fiel ihr Blick auf zerbrochene Fenstergläser, herausgerissene Wandleuchten, eingetrocknete Abwasserpfützen; Holzskulpturen lehnten achtlos in Ecken; im Staub auf den Marmorsockeln schimmerten noch die Umrisse der gestohlenen Tafelaufsätze und Leuchter. Als Christina die Tür zu der Kammer öffnete, in der die Holztruhen der Essensträger standen, sprangen ihr Ratten entgegen. Aus dem Erdgeschoss hörte sie die scharfe Stimme von Rita, die einen Küchengehilfen schalt: „So hol er endlich einen Bottich frisches Wasser, und hier, dieses stinkende Fleisch muss verbrannt werden." Es fehlte an Öl für die Lampen, der Boden war nicht gekehrt, verschüttetes Abwasser nicht weggewischt; es fehlten Gläser, Tassen und Teller; das Besteck für Christina war geborgt und musste der Frau des französischen Botschafters zurückgebracht werden. Vielleicht würde der Küchenmeister des Papstes ein paar Garnituren leihen, heimlich, gegen eine Decke aus Rentierfellen, davon hatte Christina eine Truhe voll. Rita sorgte auch dafür, dass die beiden Zimmer, in denen Christina sich am meisten aufhielt, ihr Kontor und ihre Bibliothek, sauber und sorgfältig eingerichtet waren; die Kommoden und das Schreibpult glänzten von Rinderfett, auf Zinntellern lagen Zweige von Zypressen. In ihren Räumen nahm Christina kaum etwas vom Schmutz, von der Dürftigkeit der Einrichtung des Hauses wahr.

Sie ließ sich auf das Tagesbett in ihrer Bibliothek fallen. Endlich wollte sie den Brief von Monaldesco lesen; zitternd, fast ängstlich brach sie die Siegel. „... Erlösen Sie den Papst vom Einfluss der Spanier, kommen Sie nach Paris und nehmen Sie die Geschicke Neapels in Ihre Hände. Die Neapolitaner wollen Sie als Königin, Christina! Der Himmel hat Sie mit so vielen Gaben ausgestattet, mit Intelligenz, Wissen, Weitsicht und Schönheit. Sie sind es dem Himmel schuldig, Ihre Gaben einzusetzen, zum

Wohl der Kirche, zum Wohle des Papstes und des neapolitanischen Volkes! Auch verhehle ich nicht, Christina, dass mich die Sehnsucht nach Ihnen, nach Ihrem Körper schon mehrmals in Fieberträume geworfen hat."

Sie versuchte, sich an die Stimme von Monaldesco zu erinnern, tönte sie tief, war sie melodisch oder lag darin Härte? Christina konnte kaum stillhalten, die Worte des Briefes brachten sie zum Vibrieren. Mit Monaldesco könnte ihre Neapel-Mission gelingen, sie könnte sich wieder in eine Tat werfen, einem Ziel entgegenleben; Monaldesco würde sie in die richtige Richtung führen, wie damals in Pesaro, als er ihre Hand nicht mehr losließ.

Sie verharrte lange auf dem ungepolsterten Lager ihres Tagesbettes. Das Sonnenlicht zog sich zurück, und Dämmerung breitete sich aus; eine Magd fegte den Boden, goss Wasser in den Waschkrug; und während Christina dies alles wie durch einen Schleier wahrnahm, kroch der unbändige Drang zu gehen in jeden Winkel ihres Körpers, in jede Nische ihres Denkens.

Gehen, weggehen.

Noch in dieser Nacht schrieb sie an Monaldesco: „... Mein Entschluss steht nun fest, nach Paris zu reisen und mich vollkommen auf meine neue Aufgabe vorzubereiten." Sie überlegte, ob sie noch ein paar persönliche Worte hinzufügen sollte – sein schwarzes Haar fiel ihr ein, seine weichen, gepflegten Hände; doch sie ergänzte nichts.

Schon am nächsten Tag wies sie Rita an: „Packen, wir verreisen, nach Paris, und wir bleiben einige Monate, vielleicht ein Jahr oder länger."

Paris, dort war Rita aufgewachsen, würde sie vielleicht ihre Lieblingstante wieder sehen, wann würde es losgehen, wer würde als Reisemarschall dienen? Christina schaute auf. „Reisemarschall, den brauche ich nicht. Sie, Rita, haben die Verantwortung für alles."

Christina wollte keine Minute mit Reden und Äußerlichkeiten verlieren; sie musste den Papst von ihrem Entschluss unterrichten. Und ohne sich mit Brief oder Boten anzumelden, ritt sie ins Santa-Anna-Viertel und drängte an allen Wachen vorbei bis in die Gemächer des Papstes. Eine solche Entschlossenheit ging von ihr aus, dass sogar die Soldaten der Leibgarde vor ihr zurückwichen.

Auch der Papst war von ihrem Besuch überrumpelt. Er maß sie prüfend – welch gehetzten, fremden Ausdruck hatte Christina im Gesicht, wie nachlässig sie ihr Wams verschnürt hatte, und das Haar ohne Perücke, nur mit Band und Kämmen im Nacken verknotet. Vielleicht waren die Gerüchte wahr, die bis zu seinen Schreibern gedrungen waren: „Die Schwedin ist wahnsinnig geworden, denn sowohl der Mann als auch die Frau in ihr wurden zurückgewiesen; Pilar Cueva hat ihre Geschenke genommen und ihr dann die Tür versperrt, und Azzolino meidet seit Wochen ihren Salon. Jetzt reitet sie des Nachts ins Judenviertel, mit halb entblößter Brust, dort kauft sie sich junge Frauen und Männer."

Christina setzte sich nicht auf den angebotenen Stuhl; ohne Vorreden ratterte sie ihre Forderungen herunter. Sie sei entschlossen, sich für die Neapelabsichten zu verwenden, doch dazu brauche sie Reisegeld und Reisebegleiter, ferner ein Schiff, das sie bis Marseille bringe, und nach ihrer Rückkehr die Quartiersfreiheit in Rom.

Der Papst war mit allem einverstanden. Er war erleichtert; endlich würde Christina für einige Zeit aus Rom weggehen, das würde die Gemüter beruhigen, die Kardinäle wieder zu Predigt und Bibel führen, und auch die Vereinigung der Squadrone würde sich rasch auflösen, wenn nicht Christina allmonatlich auf Zusammenkünfte und Vorträge drängte.

Allerdings, die Quartiersfreiheit, dazu wollte Fabio Chigi seine Zustimmung nicht so ohne weiteres geben: „Christina, Sie werden doch in Paris auch die Erledigung Ihrer Forderungen an Schweden betreiben."

Sie biss sich auf ihre Lippen: „Aus Schweden bekomme ich kein Geld; Gabriel de la Gardie öffnet nicht einmal meine Briefe, und ob Frankreich mir die Kriegsschuld an Schweden ausbezahlt, das weiß ich nicht. Aber im Castel Nuevo von Neapel haben die Spanier viele Kunstschätze angesammelt, die werde ich Stück für Stück in den Vatikan bringen lassen. Damit könnte ich mein Quartier in Farnese bezahlen."

Fabio Chigi stockte, welche Kaltblütigkeit legte Christina an den Tag; auch verstand er die Eile nicht, die Vehemenz, mit der sie das Vorhaben plötzlich betrieb. Was war mit ihr los, sie redete wie im Fieber.

Ruhig versuchte er, ihr zu erklären – niemand wisse, ob ihr Vorhaben Erfolg habe, und niemals dürfe es Kämpfe geben. Die Neapolitaner sollten nur Unterstützung bekommen, sich von den Spaniern zu befreien.

Christina schnitt ihm ungeduldig das Wort ab: „Heiligkeit! Es ist alles von mir hundertmal gedacht und kalkuliert; Graf

Monaldesco wird mein Sekretär werden und wahrscheinlich den Oberbefehl über das Heer bekommen", und sie wiederholte: „Ich will dafür die Quartiersfreiheit in Rom erhalten! Ich werde in aller Zukunft in Rom leben, aber ich will unabhängig leben, nicht auf die Gunst einiger Salonschlangen und einer Papstmacherin angewiesen sein."

Wie eine Furie lief sie auf und ab. Fabio Chigi wich vor ihr zurück. Nur weg mit dieser Frau aus Rom. „Sie werden die Reisedokumente in den nächsten Tagen erhalten, Christina. Gott begleite Sie", und mit einem angedeuteten Segen schob er sie der Leibgarde zu.

Nun hieß es für Christina ein weiteres Mal warten. Geld, Bürgschaftsdokumente, Wagen, Köche, Wasserträger, Wächter – der Papst ließ sich Zeit, seine Zusagen zu erfüllen. Ruhelos wanderte sie in ihrem Kontor zwischen gepackten Truhen und Körben herum; sie betrat ihr Schlafzimmer nicht mehr, schlief nur mehr auf dem schmalen Tagesbett im Kontor. „Ich liebe den Sturm und fürchte die Stille", hatte sie schon als Vierzehnjährige in ihr Tagebuch geschrieben; in der Stille des Wartens verlor sie die Orientierung über Tages- und Nachtzeit, rief um Mitternacht nach Rita, die ihr ein schon eingepacktes Buch suchen musste. Sie ritt in der Junimittagshitze in dicker Felljacke auf den Gianicolo und schaute Richtung Meer. Sie nahm die Mahlzeiten nur mehr im Stehen oder im Gehen ein; manchmal schlang sie ein ganzes Huhn auf einmal hinunter, warf die Knochen auf den Boden – sie würde ohnehin bald abreisen. Dann wieder verweigerte sie zwei Tage lang jede Nahrung und schleuderte dem Essensträger die Schüsseln mit den Fischen und den Soßen nach, dass die Speisereste auf dem Boden und an der Wand zu faulen und zu stinken begannen. Christina nahm nichts davon wirklich wahr.

Sie studierte den Index des Heiligen Offiziums und las entsetzt, dass René Descartes auf dieser Liste stand. Hätte man ihn am Ende bei lebendigem Leib verbrannt, wenn er nicht rechtzeitig gestorben wäre? War das der freie Geist von Rom, Wissenschafter und Philosophen zu verbrennen? Schade, dass sie keine Gelegenheit mehr hatte, vor ihrer Abreise mit dem Papst darüber zu diskutieren.

Anfang Juli waren alle Reisevorbereitungen getroffen, und am Abreisetag stürmte Azzolino unangemeldet ins Haus.

„Christina", Azzolino war in Reitkleidung, sie erkannte ihn kaum; ohne Verbeugung und Handkuss rief er beinahe: „Reisen

Sie ab, verlassen Sie Rom, verlassen Sie Rom noch heute! Die Pest kommt auf Rom zu, sie ist bereits in Laziole, nur mehr ein paar Reitstunden entfernt."

Christina wich zurück: „Die Pest!"

„Ja! Es ist zu befürchten, dass in wenigen Tagen an die Türen schwarze Kreuze gemalt werden müssen. Seit zwei Tagen graben die Totengräber vor der Stadtmauer bereits Gruben aus. Verlassen Sie Rom."

Ohne auf eine Gegenrede zu warten, umarmte Azzolino sie, um sich zu verabschieden, und für Momente fühlte Christina Dankbarkeit, dafür, dass es Decio Azzolino gab. Sie murmelte: „Decio, ich werde nach Rom zurückkehren, doch ich bin nicht für das Nichtstun geschaffen."

Azzolino ging nicht auf ihre Worte ein, er beschwor sie nur: „Bringen Sie sich in Sicherheit, reisen Sie ab." Und steckte ihr, wie er es immer tat, noch einen Brief in den Ärmel. „Meine liebe Christina, meine Freundschaft bleibt unveränderlich ..."

In glühender Julihitze bewegte sich der Tross dahin, an der Spitze Christina, aus der Stadt, Richtung Westen, und schon am Abend wurden die Pferde, die Kisten und Truhen auf das päpstliche Schiff verladen, und sie segelten in weitem Bogen ins Mittelmeer.

Christina und Rita waren bald erschöpft und ausgelaugt; die bunt zusammengewürfelten Knechte und Diener fielen immer wieder in Raufereien und Streitereien übereinander her, einer verstand die Sprache des anderen nicht, sie kämpften untereinander um Positionen, machten einer dem anderen die Brot- und Käseration streitig. Nach neun Tagen kamen sie endlich in der Bucht von Marseille an. Als dem päpstlichen Schiff die Einreise in den Hafen verweigert wurde, „niemals, zuerst drei Wochen Quarantäne, vielleicht haben sie einen Pestkranken an Bord", kletterte Christina wütend über die Strickleiter ins Boot zu den französischen Polizisten und schrie in tadellosem Französisch auf die verdatterten Wachsoldaten ein: „Wir haben nicht die Pest an Bord! Geben Sie sofort den Weg in den Hafen frei, oder ich lasse das Feuer auf Ihre Wachschiffe eröffnen!"

Erschrocken gaben die Wächter Zeichen, dass das Schiff im Hafen einlaufen konnte. Christina ging als Erste an Land, wo sich ihr eine aufgebrachte Menschenmenge entgegenstellte.

„Was ist das für ein Weib, oder ist es ein Mann, der unseren Wachsoldaten befiehlt?"

„Das ist sie doch, die Vandalin aus dem Norden, so schreit und fuhrwerkt die Königin von Schweden", wurde gehöhnt und gespottet. Christina rief einen Wachsoldaten zu sich und ließ sich von ihm zum Bürgermeister bringen, von dem sie kurz entschlossen freies Geleit, einige Fässer frisches Trinkwasser und ein Lager für die Nacht forderte: „Es gibt keine Königin von Schweden mehr zu begrüßen, ich bin privatim unterwegs, und ich bin in Eile."

Dann zog sie die Kette mit den Wasa-Granaten aus ihrer Jacke und löste zwei goldgefasste Granaten mit dem Wasa-Wappen von der Kette: „Hier, zum Andenken an den heutigen Tag."

Am nächsten Morgen schon trieb sie die Reisekolonne in rasendem Tempo nordwärts. Zwölf Stunden Tagesritt, nur unterbrochen von kurzen Aufenthalten in den Poststationen, um Pferde auszutauschen und jene Diener und Knechte zur Erholung zurückzulassen, die von der stürmischen Seefahrt verletzt waren und im Reisetrupp nicht mehr mitkamen.

„Gib dem Wirt Geld für drei Tage Kost und Logis, dann sollen sie die Reise fortsetzen; ich erwarte, dass in Paris die achtzig Begleiter zu meinen Diensten stehen, die der Papst mir zur Verfügung gestellt hat", wies Christina Rita an.

Rita entpuppte sich als ausgezeichnete Reisemarschallin; einen Kopf kleiner als Christina und von zierlicher Gestalt, ritt sie zwar nie, doch sie saß in der ersten Kutsche, die hinter Christina herfegte. Und obwohl sie auf der Fahrt über ausgeschwemmte, schlechte Straßen hin und her geworfen wurde, las und rechnete sie unablässig, und formulierte Christinas Briefe: „Ist es für mich von äußerster Dringlichkeit, mit Ihnen, Kardinal Giulio Mazarin, in Konversation zu treten. War ich in Schweden Königin und wurde ich in Innsbruck Katholikin, so hoffe ich, in Paris Diplomatin zu werden. Noch bin ich bar der hohen französischen Schule der Diplomatie, weshalb Sie mir hoffentlich meine Direktheit verzeihen, wenn ich über Geld spreche. Der Verwalter meines Vermögens, Senhor Manoel Teixeira in Amsterdam, erwartet eine Erklärung von Ihrer Hand, die leidige Kriegsschuld von Frankreich an Schweden aus der Welt zu schaffen, und die vereinbarten Taler in meine Hände zu zahlen ..."

Als sie nach zwei Wochen nur mehr einen Tagesritt von Paris entfernt waren, legte Rita in ihrer Kutsche die Empfangskleidung für Christina zurecht. Rita hatte an alles gedacht; sie scheuchte in der nächsten Poststation die Mägde um Badewasser für Christina, und sie kramte aus den Reisetruhen den Blasebalg hervor, mit dem sie das rotbraune Haar von Christina so lange trocknete und bürstete, bis es beinahe Funken sprühte.

In Paris wurde Christina schon seit Tagen erwartet. Tausende Soldaten in bunten Uniformen säumten die Straßen, Seidenbänder in den schwedischen Farben wehten durch die Luft, Blumengirlanden wurden nach ihr geworfen. Immer wieder wurde Christina mit ihrem Reisezug angehalten, Willkommensgrüße und Chorgesänge wechselten einander ab, auf seidenen Pölstern wurden ihr Orden entgegengehalten und der Schlüssel zum Schloss Chantilly, wo sie Wohnung nehmen sollte. Drei Stunden dauerte der Ritt vom Stadttor bis zu Notre Dame. Die Begeisterung, die Christina bei den Menschen auslöste, schwoll von Straße zu Straße zu einer Brandung an, vor der Kathedrale entstand beinahe ein Tumult, so hingerissen waren die Pariser von dieser außergewöhnlichen Frau. Christina im Damensitz, ihr offenes Haar wehte in der Spätsommersonne des August, sie trug das Lederwams mit dem Wasawappen, und der einzige Schmuck war der Spitzenkragen. Vor allem ihr klar gesprochenes Französisch riss die Menschen zu Begeisterungsstürmen hin. Was für eine Frau, was für eine Königin, die sich mit jedermann unterhielt, und jeder, den sie anschaute, mit dem sie redete, dem sie die Hand drückte, fühlte sich wie geadelt – welche Kräfte wohnten in dieser Frau!

Christina ließ sich in diese Begeisterungswellen fallen, sie winkte, grüßte, glitt vom Pferd und unterhielt sich mit den Schauspielern, lobte die Gardesoldaten, ließ sich den Text des Willkommenliedes erklären; sie gab den Bischöfen ohne Kniefall die Hand und löste damit neuerlich stürmischen Beifall aus. Als sie vor dem Eingang der Kathedrale ihre Dankesworte sprach, hielt die Menschenmenge beinahe den Atem an; dieser dunklen Stimme, diesen Worten lauschten sie wie in Trance: „Ich bin gerührt von der Wertschätzung, die mir entgegengebracht wird. Mir, einer Tochter des Nordens, ist es vergönnt, das Zentrum Europas von Kunst und Wissenschaft zu erleben, und ich weiß schon jetzt, dass ich mich der Magie dieser Stadt nicht entziehen kann."

Stehend wohnte Christina der Messe bei, die zu ihren Ehren in Notre Dame gelesen wurde; laut und deutlich sprach sie das katholische Glaubensbekenntnis in Französisch, aber sofort nach der Messe schlüpfte sie in die Kutsche und fuhr nach Chantilly. „Wie rasch würde die Stimmung umschlagen und die Jubelnden würden meine Kreuzigung verlangen, und wüsste man meine

Mission – Neapel von spanischer Dominanz befreien und meine Geldforderungen eintreiben ...", schrieb sie in ihr Tagebuch.

Chantilly lag eine Reitstunde von Paris entfernt; mitten in Feldern, auf denen Raps und Sonnenblumen wucherten, stand das zweistöckige Schloss. Christina war überrascht von der Weite um Chantilly; am meisten liebte sie den Blick Richtung Paris. Tagsüber konnte sie in der Ferne das Gemäuer der Paläste und Kirchen sehen, und nachts leuchtete die Stadt wie eine Krone, denn in Paris wurde nicht gespart an Öl und Kerzen für die Nachtlaternen.

Kardinal Mazarin, Minister und Erster Kanzler, hatte alle Räume von Chantilly aufs Eleganteste und Behaglichste einrichten lassen; überall venezianische Spiegel, Golddekorationen, Edelsteinmosaike in den Tischen, Bordüren aus Velour an den Fenstern und silberdurchwirkte Bettvorhänge; sogar ihr Leibstuhl war unter einem schweren Überwurf versteckt.

Doch bei allem Glanz, der Christina umgab, ihre Unruhe drängte sie aus dem Schloss zu Mazarin. Sie musste mit ihm persönlich sprechen; sie schrieb ihm Briefe, sie schickte Boten, aber er vertröstete sie, zwei, drei Wochen lang.

In den ersten Tagen unternahm Christina Ausritte in die Wälder, sie verfasste den Reisebericht, diktierte Briefe an den Papst. Sie spielte mit Rita Violine und Schach; doch mehr und mehr fühlte sie sich abgeschoben, beinahe vergessen. Denn wer war Christina in Paris, eine Bittstellerin, eine Spekulantin, am Ende gar eine Konspirantin? Und voll Empörung befahl sie, es war die letzte Septemberwoche im Jahr 1656: „Rita, nimm die Korrespondenzmappen und die Dokumentenkassetten, wir fahren auf der Stelle nach Paris zu Kardinal Mazarin."

Die Hofmeisterin rief aufgeschreckt: „Jetzt?", denn es war drei Uhr früh. Doch Christina stand bereits in Reithosen und jagte die Stallknechte und den Kutscher mit der Reitgerte von ihrem Lager, und in hastiger Fahrt ging es in die Rue de Lavardim. Dort lief Christina über die Marmorstufen zum Eingang des Palais, und als der verschlafene Wächter sie mit dem Säbel wegschieben wollte, kam es beinahe zu einem Handgemenge; Christina drängte an allen Dienstboten vorbei, bis in die Schlafgemächer von Kardinal Mazarin.

Nackt, nur mit einem Wollschal seine Blößen bedeckend, wankte der Kardinal auf Christina zu. „Hinaus", schrie er, „was wollen Sie?"

Es dauerte einige Minuten, bis Mazarin die Situation erfasst hatte.

Christina schaute sich im Schlafraum um; sechs Mädchen, fast noch Kinder, lagen auf Teppichen oder auf Fellen auf dem Boden; zu zweit und zu dritt aneinander gekuschelt, waren sie durch den Lärm aufgewacht, und wie folgsame Tiere schlüpften sie jetzt eine nach der anderen aus dem Raum.

„Meine Nichten", erklärte Mazarin, und Christina wischte die Erklärung weg.

„Ihre Schlafzimmergewohnheiten interessieren mich nicht, Kardinal, ich will mit Ihnen reden."

„Wahnsinnige!", zischte Mazarin, „ein Frühstück für Ihre Hoheit", wies er seinen Kammerherren an, und Christina verließ das Zimmer seiner Lustbarkeiten.

Sie ging durch die Räume, auf dem Schreibpult sah sie das Bündel ihrer Briefe liegen, jeder einzelne ungeöffnet.

Giulio Mazarin war Italiener von Geburt, doch schon als Kleinkind mit seinem Vater, einem General, nach Paris gekommen. Von seiner Eleganz, seiner Vorliebe für Seidenhemden, seiner Schwäche für Juwelen und junge Mädchen war in Stockholm oft die Rede gewesen. Sein Einfluss war gefürchtet, immerhin bereitete er die Regentschaft des nächsten Königs von Frankreich vor, und Ludwig XIV. war schon achtzehn Jahre alt. Es blieben Mazarin nur noch ein Jahr, vielleicht ein paar Monate mehr, um politische Macht auszuüben und Neapel für Frankreich zu gewinnen, und das war seit Jahren sein Ziel. Denn Neapel war ein besonderer Ort, nahe beim Papst, und von Neapel aus könnte Frankreich entscheidenden Einfluss auf die katholische Kirche nehmen. Deshalb musste es gelingen, die Spanier aus Neapel zu vertreiben, die Spanier in Neapel zu entmachten. Doch schon mehrere Versuche waren fehlgeschlagen; jedes Mal wurden die französischen Truppen geschlagen. „Dieses Provinznest Neapel scheint uneinnehmbar zu sein", eiferte er sich oft.

Jetzt, mit Christina, sah er eine letzte Möglichkeit, Neapel den Spaniern zu entwinden, Neapel für Frankreich zu sichern.

Christina fühlte sich Frankreich geistig verwandt; sie war als Kronprinzessin vor sechs Jahren mutig genug gewesen, René Descartes nach Stockholm zu holen. Und wenn sie als Königin von Neapel in Rom residieren würde, könnte sie damit ihre libertine Geisteshaltung offen leben, und das wäre ein enormes Gegengewicht zur spanischen Papstmacherin Orsini und ihren Anhängern. Auch die Rolle von Graf Monaldesco in diesem politischen

Schachzug war für Mazarin klar: Monaldesco wollte Regent oder Statthalter von Neapel werden, und sobald Christina Königin von Neapel wäre, würde sich das ergeben. Denn jetzt, in der Zeit der Vorbereitung dieser Mission, war Monaldesco ihr als Berater zur Seite gestellt; diese Nähe würde Monaldesco zu nützen wissen. Er verstand es, eine Frau für seine Wünsche und Absichten gefügig zu machen, er hatte sogar die stolze Cosima Medici zur Heiratsvermittlung des Dauphin mit der spanischen Infantin bewegt.

Beim ersten gemeinsamen Frühstück erklärte Mazarin Christina seinen Plan: „Es werden von Frankreich viertausend Soldaten bereit stehen und die Neapolitaner gegen die Spanier unterstützen. Sie, Christina, werden die nächste Königin von Neapel sein. Man darf erwarten, dass Sie Ihr privates Leben nicht ändern."

Christina verstand: „Sie meinen eine Verheiratung. Nein. Ich lebe im Zölibat, und das werde ich bis an mein Lebensende tun."

„Nach Ihrem Tod, meine Hochverehrte, also wie wir alle hoffen, erst in vielen Jahrzehnten, wird Neapel als Provinz der Nation Frankreich einverleibt."

Die Verträge darüber hatte Mazarin bereits vorbereitet, und Christina unterschrieb sie schon beim ersten gemeinsamen Frühstück, ganz gegen ihre Prinzipien, nichts zu unterschreiben, „was ich nicht selbst diktiert habe".

Als sie die Rede auf ihre Geldtransaktion brachte, nickte Mazarin freundlich. „Selbstverständlich werde ich die Bürgschaftserklärungen signieren, damit Ihnen die Kriegsschuld Frankreichs ausbezahlt wird. Lassen Sie mir die Dokumente hier, ich werde Sie mit meinem Kurier nach Chantilly schicken lassen."

Und bei dieser Vertröstung blieb es, monatelang.

Als Christina nach Chantilly zurückkehrte, stand eine Kurierpostkutsche vor dem Tor. Giovanni Monaldesco wartete schon in ihrem Kontor auf sie.

Sie begann zu zittern, als sie ihn sah; war sie in Eis oder Feuer getreten, dieses Zittern war wie ein letztes Verharren, ein letztes Atemholen; mit jedem Schritt, den sie auf Monaldesco zuging, verlor sich mehr und mehr jene Christina, die Befehle gab, den anderen und sich selber.

Sie hatte ihn größer in Erinnerung, vor allem forscher, als einen, der zuzupacken wusste. Nun stand ihr ein zögernder Mann gegenüber, der fast geduckt auf ihre Anweisungen wartete und sie mit seinem stechenden Blick fixierte.

Monaldesco hatte nicht gerechnet, dass Christina seinem Vorschlag, Neapel aus spanischer Hand zu befreien, so rasch folgen würde; die Situation überforderte ihn sichtlich – diese Frau wollte Neapel tatsächlich regieren.

Trotz ihrer inneren Erregung ließ Christina Fragen auf Monaldesco niederprasseln: Wo würden die Soldaten stationiert werden, würden sie in Paris oder in Marseille auf den Marschbefehl warten, wer bekäme den Oberbefehl über die Soldaten, welche Unterhändler würden in Neapel die französischen Soldaten dem neapolitanischen Heer eingliedern, wann könnte Monaldesco ihr Pläne vom Castel Nuovo vorlegen, denn sie würde dort zumindest für ein paar Monate Wohnung nehmen.

Monaldesco war grau geworden im Gesicht. Wie behandelte ihn diese Schwedin. Er war Kurier, der zwischen Neapel, Rom und Paris die geheimsten Nachrichten beförderte; er stand im Dienst von Fürsten, von Kardinälen, des Papstes; er kannte die Winkelzüge der Mächtigen, kannte sie vor allem stets als einer der Ersten, kannte auch die Formulierungen, mit denen Niederlagen beschönigt und gemildert wurden. Die Grafen Monaldesco hatten als Staatssekretäre, Bischöfe, Erzieher und Hofmeister den Spaniern in Neapel, den Statthaltern Heinrichs IV., gedient, bis sie erbittert über Ausbeutung und die angemaßte Machtausübung der Spanier von Neapel nach Paris geflohen waren. Deshalb war Monaldesco besessen von der Idee, Neapel den Spaniern zu entreißen. Vor fünf Jahren hatte er einen Teil seines Vermögens in die Ausstattung eines Heeres gesteckt und Neapel gestürmt. Doch er war gescheitert; im letzten Moment konnte er noch den Befehl zum Rückzug geben; hätte es Tote und Verletzte gegeben, wäre ihm nur der Sprung in den Galgen geblieben. Er hatte sich als Statthalter Frankreichs in Neapel gesehen und musste froh sein, nicht in der Verbannung zu enden.

Monaldesco hielt mühsam seine Stimme in Zaum, als er Christinas Fragen beantwortete; mit welch glatter Selbstverständlichkeit sie auf ihn herabredete. Hatte diese Frau nicht alle Anzüglichkeiten, die er ihr geschrieben hatte, durch Nichtbeantwortung akzeptiert. Und nun verwendete sie ihn Zug um Zug für ihre Pläne. Er fühlte Wut in sich aufkeimen. Ihm hatte sich noch jede Frau gefügt, er hatte noch jede Frau in die Knie gezwungen, in ein wimmerndes Bündel verwandelt. Er dachte an die Qualen, die er als Zehnjähriger, als Elfjähriger gelitten hatte, als er zusehen musste, wie seine Mutter seinem Vater lachend entgegenschleuderte: „Nein, diese Tochter ist nicht von dir." Wie er nach der Hand seines Vaters gegriffen hatte, um dem gebrochenen Mann Mut zu geben – „Schicke sie endlich weg, jage sie aus dem Haus, diese Betrügerin, diese Hure!" Doch der Vater war zu schwach gewesen, hatte ihr immer vergeben, hatte sich wieder und wieder von ihr hinter den Bettvorhang ziehen lassen, jahrelang. Bis der Vater, der geliebte Vater, sich in einer einzigen Aufwallung von ohnmächtiger Verzweiflung vom Felsen gestürzt hatte.

Und nun stand diese Schwedin vor ihm. In ganz Europa wurde über dieses Weib, das sich über alle Regeln hinwegsetzte, geredet; war sie mehr Mann oder mehr Frau? Er würde es herausfinden. Giovanni Monaldesco straffte sich, versprach, in den nächsten Tagen die Pläne von Castel Nuovo zu bringen, und verabschiedete sich mit festem Händedruck.

Christina blieb verwirrt zurück, kein persönliches Wort war gefallen. Er hatte ihr nach Rom geschrieben: „... dass mich die Anziehungskraft Ihrer nordischen Schönheit in Ihren Bann zieht ... bin ich vollkommen in Ihrer Hand ...", wie anders hatte er in seinen Briefen geklungen. Aufgewühlt und enttäuscht stand sie am Fenster.

Sie suchte Ablenkung, Zerstreuung, unternahm Ausritte, stundenlange Spaziergänge. Mazarin besuchte sie regelmäßig, die Dienstboten flüsterten: „Er fürchtet, dass die Schwedin wieder um Mitternacht in seinem Schlafzimmer steht."

Mazarin deklamierte Petrarca und Dante für sie, er lobte ihr Wissen – die Bürgschaftserklärungen, das Neapelvorhaben erwähnte er nie; darüber korrespondierten und verhandelten seine Sekretäre, und die hielten Christina hin.

Sie wurde von Königin Anna nach Versailles eingeladen und tanzte im Salon mit dem achtzehnjährigen König Ludwig XIV. so stürmisch, dass der junge Mann ihr Windhunde und Pferde schenkte: „... auf ein ehebaldigstes Wiedersehen und Wiedertanzen ..."

Der blondgelockte Ludwig ließ ihr auch ellenbogenlange Handschuhe aus weichem Leder mit Perlenknöpfen nähen: „... damit die Haut Ihrer Hände unversehrt von Gewöhnlichem nur für mich bleibt", schmachtete er.

Königin Anna von Österreich, die Mutter von Ludwig, förderte die Freundschaft, die sich zwischen Christina und Ludwig entwickelte. Sollte doch die mannstolle Schwedin die Liebesmeisterin des künftigen Königs von Frankreich werden, es war hoch an der Zeit, dass Ludwig das Entfachen und Ausleben von erotischer Spannung lernte. Tatsächlich blühte der junge Mann auf, seine Schüchternheit wich schon nach wenigen Tanzabenden, und er griff freier und fester nach der Taille von Christina, schaute offen und neugierig in die Runde der Fürsten- und Grafentöchter.

Auch die Hofdamen mochten Christina, es bereitete ihnen Vergnügen, wenn „die Königin aus dem dunklen Norden" über die Perücken lachte: „Madame, Sie verwenden zu viel Perückenmehl, es staubt, wenn Sie sich bewegen." Sie warteten schon auf ihre Bemerkungen, wenn sie beim Tee den Hofschranzen auf der Tribüne zuwinkte: „Einen schönen Tag wünsche ich auch den Marionetten da oben."

Die meisten Gepflogenheiten am französischen Hof waren Christina nicht vertraut, und jede Facette dieses Hoflebens reizte sie zu Spott und Witz. „Madame Turenne, zittert Ihrem Schreiber nicht die Hand, wenn Sie ihm, im Bett liegend, diktieren."

Sie nahm an Jagden teil, besuchte Theateraufführungen, und sie lud Ninon de Lenclos, die berühmteste Kurtisane von Paris, nach Chantilly ein. Sofort wurde gemunkelt: „Sie lässt sich jetzt Griffe und Körperstellungen beibringen, die ihr noch mehr Genuss verschaffen."

Ein ganzes Jahr lang waren all diese Zerstreuungen und Ablenkungen für Christina die Atempausen während ihres Lebens mit Giovanni Monaldesco. „Er ist ein Tier", hatte sie schon eine Woche nach ihrer ersten Unterredung mit ihm in ihr Tagebuch geschrieben. Er zog sie mit Gewalt in den Zwinger seiner körperlichen Ausschweifungen, und er entließ sie nicht mehr aus dem Teufelskreis seiner Lust am Quälen. Einem Dämon gleich erschien er zu unpassendster Tag- oder Nachtstunde und warf Christina mit wilden Zärtlichkeiten in den Sog seiner Umarmungen. Aber kaum hatte er sich an ihrem Körper gesättigt, schlüpfte er auch schon aus ihrem Bett, stand gewaschen und duftend im Samtrock vor ihr.

„Christina, ich habe die Pläne von Castel Nuovo aufgebreitet, Sie werden sehen, Sie können Ihren Salon gleich neben der Bibliothek einrichten, Ihre Schlafzimmer sollten wir noch besprechen." So gurrte er, reichte ihr Likör und half ihr aus dem Bett, gab ihr noch Tücher, mit denen sie die Wunden der Bisse und Schläge vor der Zofe bedecken konnte.

Christina fühlte sich wehrlos wie in Pesaro; doch hatte ihr die Erinnerung in den vergangenen Monaten in Rom dieses Ereignis geschönt. Hatte sie sich nicht in manchen Nächten sogar nach Monaldesco, nach seinem festen, sicheren Zugriff gesehnt? Dieser feste Zugriff war Gewalt, das erlebte sie in Chantilly; mit Gewalt nahm Monaldesco sie, und wenn er wieder neben ihrem Bett stand, lag in seinem Blick: „Erledigt."

Wenn sie schrie: „Hinaus, verschwinden Sie!" und sogar nach der Reitgerte lief, befahl Monaldesco den herbeilaufenden Dienern: „Schnell, Lavendeltee, Rosmarindämpfe"; er sprach voll Sanftmut, er wich ihren Reitgertenhieben nicht aus: „Christina, Ihre Nerven sind überreizt vom Warten; Neapel und Ihre Geldsorgen. Aber es dauert sicher nur mehr einige Wochen, und alles wird sich zu Ihrem Besten regeln." So redete er auf sie ein.

Sie war hin und her geworfen zwischen den beiden Personen, die in Monaldesco lebten, und sie konnte der einen wie der anderen nicht entkommen. Sie ließ sich auf einen Kampf ein – das nächste Mal würde sie ihn mit ihrem Körper unter sich begraben, das nächste Mal würde sie ihm befehlen; doch er zwang sie jedes Mal in seine Richtung und schob sie jedes Mal beiseite.

Einmal rannte der Schreiber sogar um den Arzt: „Sie ist wahnsinnig geworden, sie schlägt auf Graf Monaldesco ein, der ihr alles zu Gefallen tut, mehr noch, der für sie alle geheimen Botschaften nach Paris bringt."

Der Arzt eilte herbei, aber Christina starrte ihn nur an, sie konnte sich ihm nicht anvertrauen, also schickte sie ihn weg: „Meister Pierre, ich bin nicht krank, den Kampf, den ich ausfechte, können Sie nicht mit Salben und Aderlass kurieren." Er legte einige Fläschchen mit Ölen und Tinkturen auf den Tisch. „Zur Beruhigung des Gemütes", flüsterte er Rita zu.

Auch Rita konnte sich die fürchterlichen Wutanfälle Christinas nicht erklären. Monaldesco, der Sanftmütige, wurde von Christina offensichtlich mit der Peitsche zur Kopulation gezwungen, und aus Angst, seine Position als Kurier zu verlieren, schleppte sich der Mann weiter nach Chantilly, um „diesem unersättlichen Mannweib Befriedigung zu verschaffen".

In den ersten Wochen schrieb Christina wieder und wieder in ihr Tagebuch: „... bis Neapel erledigt ist, dafür brauche ich ihn". Nach drei Monaten, im Februar 1657, versuchte sie, an Azzolino zu schreiben, sie fand keine Worte, so verworren war alles in ihr. Sie entwarf einen Brief an den Papst: „Heiligkeit, verehrter Freund Fabio Chigi, die Sache Neapel ist zu langwierig und ich

202

bin schon vollkommen ausgebeutet an Kräften. Minister Mazarin ist mit anderen Dingen beschäftigt, weshalb ich nach Rom zurückkehren muss, dringendst!"

Und im nächsten Augenblick lief sie durch die Räume, ordnete an: „Packen, packen!" Wenn sie schon warten musste, dann wollte sie es wenigstens umgeben von reisefertigen Kisten und Truhen tun. „Morgen reise ich ab, morgen verlasse ich diesen Ort", hämmerte es in ihrem Kopf.

Inzwischen überbrachte ihr Monaldesco weiterhin Nachrichten von Mazarin, in denen sie vertröstet wurde; Monaldesco spielte zärtlich mit ihren Händen, küsste ihr die Füße, vergrub sein Gesicht in ihrem Körper, er wiegte sie in solchen Wellen von Zärtlichkeit, dass Christina an sich, an ihrer Wahrnehmung zu zweifeln begann – hatte sie Schuld daran, dass sie in Abständen immer wieder Gewalt aus diesem kultivierten, sanften Mann herauslockte; war es ihr männlich dominierter Körper, der ihn zur Raserei, zum Quälen trieb.

Wäre es nicht ganz einfach, sich ihm zu verweigern; nein, das konnte Christina nicht, dann würde er ihr Depeschen und Nachrichten vorenthalten. Solange Christina an der Idee ‚Königin von Neapel' festhielt, solange hatte Monaldesco sie in der Hand. Und das wusste er.

Christina suchte in der Bibel eine Stelle, die ihr einen Weg zeigen würde, einen Weg aus ihrem Dilemma. Sie fand keinen Satz, der ihr half. Nur von den Predigten António Vieiras fühlte sie sich verstanden, darin fand sie Halt; mit seinen Worten versuchte sie zu leben, von seinen Worten zehrte sie wochen-, monatelang. „Der Kampf gegen die erotische Macht kann nicht gewonnen werden, weil wir darin gegen das Leben selbst kämpfen. Wenn wir uns einer solchen Macht ausliefern – und niemals geschieht dies ohne unseren Willen – ‚dann haben wir diese harte Lektion zu lernen. Wir haben hinabzusteigen in die Sünde, denn nur Sünde und Schmerz öffnen uns den Weg in die für uns vorgesehene Richtung. Wir müssen unseren Stolz bekämpfen, denn der Stolz verschließt uns alle Wege zu unserem wahren Selbst. Die erotische Macht kann nur vom Geist gezähmt werden; und daran haben wir zu arbeiten, darum haben wir zu beten und zu kämpfen, dass die erotische Macht sich in Kraft für unseren Geist verwandelt ..."

*

Im September 1657, nach zwölf langen Monaten, kam Kardinal Mazarin endlich nach Chantilly, um Christina mitzuteilen: „Es stehen viertausend Soldaten unter dem Befehl von Jacques Marquette zum Abmarsch bereit, sie stehen im Dienst von Ihnen, im Dienst der zukünftigen Königin von Neapel, Christina von Wasa! General Marquette wird mit diesem Heer in den nächsten Tagen nach Neapel aufbrechen. Und wenn sich die Dinge günstig entwickeln, wird bis zu Ihrem einunddreißigsten Geburtstag, am 8. Dezember 1657, die Neapel-Mission bereits abgeschlossen sein, und Sie, Cristina de Svezia, werden als Königin von Neapel dort einziehen."

Mazarins Blicke wanderten zu Monaldesco, der gerade dabei war, Schriftstücke zu ordnen, während er auf Christinas Reaktion wartete.

Aber sollten die Soldaten nicht im Dienste Frankreichs nach Neapel reisen? Niemals könnte Christina ein Heer von viertausend Soldaten ausstatten, die Aussichten, dass der schwedische Schatzkanzler ihre Apanage bezahlte, würden in einem solchen Fall vollkommen schwinden. Genau das hatte sie Mazarin in vielen Briefen auseinander gesetzt. Außerdem kannte sie General Marquette nicht, wusste nicht, welchen Befehl er hatte; nicht auszudenken, würde er es auf richtige Kampfhandlungen ankommen lassen.

Christina blickte nun ebenfalls zu Monaldesco, wie er mit seinen gepflegten, weißhäutigen, blau geäderten Händen die Briefbogen zurechtrückte; sie sah seine spitz gefeilten Fingernägel, die sich ihr so oft ins Fleisch drückten, sie sah sein Lächeln und sah seine Zähne, die ihr in Hals, Schulter und Vagina bissen.

„Ich reise ab", sagte sie plötzlich.

Mazarin starrte sie an; war es also richtig, was gemunkelt wurde, „die Schwedin ist verwirrt, sie ist in Gemüt und Geist gestört".

Von weit weg hörte sie Mazarins Stimme: „Christina, in den nächsten Wochen wird es das Beste sein, Sie nehmen in Fontainebleau Wohnung. Dort leben Sie zwar bescheidener, doch sind die Verführungen für Ihr Gesinde nicht so groß, und Sie können in aller Ruhe Ihre Reise nach Neapel vorbereiten."

Als Christina nicht reagierte, drängte auch Rita: „Christina, wir sind hier Gast und unser Trakt in Chantilly ist beinahe so leer wie Farnese in Rom. Schauen Sie, es fehlen Bilder, Teppiche, Silber."

„Was soll ich tun", Christina war verzweifelt, „das sind Köche, Schreiber, Übersetzer, Träger, Boten aus dem Hofstaat des Papstes. ‚Du sollt nicht stehlen', das hat er ihnen nicht beigebracht." Sie setzte noch nach, „Rita, Sie wissen, ich habe kein Geld, die Kämmerer und Mägde auszuwechseln, schauen Sie ihnen mehr auf die Finger."

Ende September 1657 übersiedelte sie nach Fontainebleau; ein früher, kühler Herbst begann. Das Schloss lag in einer wunderschönen Parkanlage, doch es war viele Stunden entfernt von Paris, und auch hier blieb ihr nichts zu tun als zu warten. Die Bücher und Schriften für ihr Astronomiestudium lagen in Rom; Christina sehnte sich dorthin zurück. Die Stimme von Decio Azzolino, seine Sprache, seine Briefe, alles voll Eleganz; natürlich war das eine künstliche Welt, auch eine verlogene, schöngefärbte, doch diese Bilder taten ihr wohl. Und oft flüchtete Christina für Minuten aus der dunklen dämonischen Welt, in der sie sich neben Monaldesco gefangen sah, zu Schrift und Wort von Decio Azzolino: „Meine geliebte Freundin Christina, nehmen Sie meine freundschaftliche Umarmung und das Versprechen meiner Zuneigung bis zum Tod."

Sie fühlte, dass die Freundschaft von Azzolino hauptsächlich zweckbezogen war; er hatte sie besucht, wenn er der Gespräche von Joana Orsini müde war, oder weil Joana Orsini ihn dazu angehalten hatte, damit er ihr hinterbrachte, was im Palazzo Farnese geredet wurde.

Sie unternahm wieder stundenlange Ausritte, sie empfing Monaldesco; er war nervös. „Es müsste längst eine Nachricht aus Neapel kommen", redete er oft vor sich hin. Monaldesco war auch verunsichert, denn er fühlte, Christina hatte eine Kraftquelle gefunden, gegen die er machtlos war. Er ahnte nicht, dass Christina jede Nacht mit dem Vieira-Satz einschlief: „... darum haben wir zu kämpfen, dass die erotische Macht sich in Kraft für unseren Geist verwandelt."

Am 5. November 1657 ritt schließlich ein Trupp Soldaten die Allee zum Eingang des Schlosses herauf, voran General Marquette. Christina, die eben von ihrem Morgenritt zurückgekommen war, erschrak, als sie den General erkannte. Marquette hatte sie zu einem so frühen Zeitpunkt am allerwenigsten erwartet.

Alles an seiner Erscheinung, die zerknitterte, staubige Uniform, die gebückte Haltung, verriet die Niederlage.

Christina stürmte in ihr Zimmer und schob den Riegel vor; wochenlang hatte sie darauf hingearbeitet, sich nach Neapel zu begeben, als Königin von Neapel. Nie hatte sie dabei mit einer Niederlage gerechnet; an eine Niederlage hatte sie gar nicht gedacht. Auf dem Tisch lag bereits das gedruckte Briefpapier, in blaugoldenen Farben stand: Christina Königin von Neapel. Am heutigen Nachmittag wollte der Meister der Porzellanmanufaktur kommen, um mit ihr das Monogramm für das königliche Geschirr zu besprechen. Christina riss die Fenster auf, Novembersonne schien durch die Morgennebel.

So war es nicht vereinbart gewesen; es sollte doch ein Kurier kommen und sie vom geglückten Ausgang der Entmachtung der Spanier in Neapel unterrichten. Warum waren die französischen Truppen gescheitert, wie konnte das passieren?

Sie hörte Marquettes Schritte näher kommen. Und Ritas Stimme, die rief: „General, warten Sie, bis Ihre Hoheit öffnet."

Ein Schüttelfrost brachte Christina beinahe zum Stolpern; wie lange hatte sie nicht mehr geweint, „Tränen reinigen die Seele". Und von einem Schub des Schluchzens zum nächsten öffneten sich die Schleier, die ihr so viele Monate lang den Blick auf die Wirklichkeit getrübt hatten. Sie hatte es seit Monaten gespürt, dass ihre Pläne beobachtet, ihre Korrespondenz überwacht wurden, doch sie hatte es nicht wahrhaben wollen. Sie hatte ihre innere Stimme mit Ausritten betäubt, mit Zerstreuungen; sie hatte sich in den Kampf mit Monaldesco gestürzt. Wie oft war er nach Paris gejagt, ohne wirklichen Grund. Es waren keine Berichte zu überbringen, und er kam auch nur mit läppischen Grußbotschaften von Königin Anna und Ninon zurück. Und er war nach jedem Gespräch, das sie mit Mazarin geführt hatte, zu seinem Schreibtisch gestürzt und hatte sofort niedergeschrieben, was er gehört hatte. Sie hatte dem zu wenig Beachtung geschenkt. Sie hatte auch nicht reagiert, als er im September wie selbstverständlich den Brief las, in dem Mazarin ihr mitteilte: „General Marquette wird mit seinen Soldaten die Marschrichtung Marseille nehmen und sich von dort mit den bereit stehenden Schiffen Neapel nähern ..."

Und jetzt die Niederlage. Jetzt hatte sie ihre Klarsichtigkeit wieder erlangt. Nun galt es mit Würde diese Nachricht entgegenzunehmen. Sie wischte ihre Tränen mit Lavendelwasser ab, und mit festen Schritten ging sie zur Türe, um zu öffnen.

General Marquette hatte seinen Bericht gut vorbereitet:

„Wir sahen uns einigen hundert Schiffen mit spanischen Soldaten gegenüber, alle bereit, einen offenen Kampf zu beginnen. Niemand weiß, woher die Spanier über unseren Einmarschplan unterrichtet waren. Es muss Verrat im Spiel gewesen sein. Nachdem meine Weisung jedoch ausdrücklich lautete, jede kriegerische Auseinandersetzung zu vermeiden, gab ich nach zwei Tagen den Befehl zum Rückzug."

Christina nickte: „General, ich danke Ihnen, Sie haben mich vor der größten Schmach meines Lebens bewahrt. Denn niemals hätte ich über Tote und Verletzte ins Castel Nuovo reiten wollen."

Marquette konnte ihrer Rede kaum folgen, er hatte mit Enttäuschung, mit Verbitterung gerechnet, er war auf Vorwürfe, auf seine Entlassung gefasst gewesen. Jetzt stand er fast hilflos vor Christina und trat zur Seite, als Monaldesco ins Zimmer schmierte.

Für Monaldesco war das eine ungewöhnlich frühe Stunde für Berichterstattung, er war zwar vollständig gekleidet, doch war sein Morgenmantel noch offen; außerdem hatte er zu viel vom Parfum erwischt. Er stürzte fast auf Christina zu, um ihr die Hand zu küssen.

Sie schaute ihn nicht an, sie wandte sich an Marquette: „General, was verdient jemand, der Verrat begeht, was verdient jemand, der mich hintergeht, mich monatelang zum Schein unterstützt; jemand, der Kardinal Mazarin, ja sogar den Papst im Vorhaben bestärkt, die Übermacht der Spanier zu beenden, und dessen wirklicher, teuflischer Plan es ist, mich, die Barbarin aus dem Norden, die hergelaufene Schwedin, vor aller Welt als Kriegslüsterne darzustellen. Als solche würde ich gelten, General, hätten Sie sich nicht an Ihren Befehl gehalten, nicht zur Waffe zu greifen." Sie unterbrach kurz und blickte in die Runde: „Warum tut der Verräter das? Weil er selbst niemals als Herrscher in Neapel walten könnte, und weil er seine Rache, seinen Hass nicht anders befriedigen kann, als zuzusehen, wie ich in meiner Gier nach Macht an Neapel scheitere und in den Abgrund stürze. Es war vom Verräter so gut ausgeklügelt – denn das ganze Vorhaben konnte nur in einer Niederlage enden: entweder ein Blutbad oder der Rückzug, jedes Ende hätte die Bloßstellung meiner Person bedeutet. Deshalb frage ich Sie noch einmal, General, was verdient jemand, der einen solchen Verrat begeht?"

Monaldesco drehte den Kopf von Christina zu Marquette; er hatte noch keinen Likör im Magen, noch kein warmes Bad genommen. Was redete Christina, warum beachtete sie ihn überhaupt nicht. Sie stand vollkommen verändert, hart und mit zurückgeworfenem Kopf vor ihm. Es war erst Stunden her, dass er den Menschen Christina, die Frau und den Mann, in seinen Händen gefühlt hatte, weich und seinem Griff nachgebend, bettelnd. Monaldesco presste die Lippen zusammen; wie war es möglich, dass Christina von seinen Verhandlungen und seiner Korrespondenz mit dem spanischen Statthalter wusste. Jede Zusammenkunft mit seinen Vertrauensleuten war als Diskussion der Jesuiten über die Vereinigung Europas getarnt gewesen, und jede kleinste Mitteilung war chiffriert und in der Bibel gut versteckt von Hand zu Hand gegangen.

Christina wartete auf die Antwort von Marquette; er überlegte, sagte dann, mit einem langen Blick auf Monaldesco: „Auf Hochverrat steht die Todesstrafe, man müsste sofort die Hinrichtung befehlen."

Über diese unmissverständliche Antwort erschrak Christina. Es war also, wie sie geahnt hatte, Monaldesco hatte überall nur Feinde, sogar Marquette war ihm feindlich gesinnt. Die Soldaten verachteten seinen Hochmut, die Diplomaten seine Geschwätzigkeit, die Bischöfe seine Doppelzüngigkeit; die Männer verachteten und hassten seine zur Schau gestellte Sanftmut, die Frauen verachteten, liebten und hassten seine gleißnerischen Komplimente. Sie verachteten und fürchteten ihn alle, und am meisten verachteten sie sich dabei selbst.

„Auf Hochverrat steht die Todesstrafe, man müsste die sofortige Hinrichtung befehlen", wiederholte Marquette.

„Das werde ich tun", antwortete Christina und holte Rita, damit sie sich zu einer Niederschrift bereit hielte. Dann rief sie noch ihrem Türwächter zu: „Ein Dutzend Soldaten sofort in mein Zimmer! Es ist ein Verräter gefangen zu nehmen!"

Giovanni Monaldesco wehrte sich nicht, was ging hier vor? Von Hochverrat und Todesstrafe war die Rede. Hatte er die Entschlossenheit von Christina unterschätzt, ihre Unbeirrbarkeit, einen Entschluss umzusetzen? Er war unfähig, ein Wort zu sagen. Erst als die Soldaten ihm umständlich die Arme auf den Rücken drehten, ihn festhielten und auf den Befehl von Marquette warteten, stammelte er: „Christina!"

„Lassen Sie ihn ins Verließ sperren und gut bewachen, General, das Urteil wird morgen vollstreckt", bestimmte sie und wartete ungeduldig, bis Marquette ihren Befehl weitergegeben hatte.

Nun erst begann Monaldesco sich zu wehren und zu schreien, als die Soldaten ihn aus dem Zimmer zerrten. Christina kümmerte sich nicht mehr darum. Ihr Kampf war ausgestanden. Ihre

Neapel-Mission war verloren, doch den Kampf gegen Monaldesco hatte sie gewonnen, und das wog für sie in diesen Minuten mehr. Sie hatte wieder den Überblick, sie konnte entscheiden, und sie würde entscheiden. Mit großer Ruhe diktierte sie Rita: „Gott ist mein Zeuge, dass ich überlegt und getreu den Gesetzen und meiner Verantwortung handle. Es ist ein Verräter zu verurteilen, der nicht nur mich hintergangen hat, sondern auch Kardinal Mazarin, und damit den König von Frankreich. Graf Giovanni Monaldesco täuschte Edelmut vor und unterstützte in Unterredungen und Korrespondenz alle Schritte der Befreiungsaktion. Seiner zwiespältigen Persönlichkeit entsprechend, beging er aus Rache Hochverrat, und zwar aus Rache gegen den Kardinal, Minister Mazarin, der ihn nicht zum Ersten Sekretär ernannte, aus Rache gegen den Papst, der nicht ihn, sondern mich mit der Neapel-Angelegenheit betraute, und vor allem aus Rache gegen mich. Ich übe mein Recht als Königin aus und ordne innerhalb von eineinhalb Tagen die Vollstreckung des Urteiles an, welches die Hinrichtung vorsieht."

Es musste zu einem Ende gebracht werden, alles; nie mehr wollte sie den Geruch dieses Mannes atmen, nie mehr seiner scheinbaren Sanftmut ausgeliefert sein, nie mehr einem Plan folgen, dem sie jetzt, mit ihrer neu gewonnenen Klarsichtigkeit niemals gefolgt wäre.

Sie verbrachte die Nacht schlaflos, las in den Schriften von António Vieira: „Wer wollten wir sein, wie weit hat uns die Eitelkeit getrieben? Haben wir vergessen, dass wir niemals ein anderer sein können als derjenige, als der wir gemeint sind."

Sie konnte kaum erwarten, dass die Zeiger der Uhr die Morgenstunde, fünf Uhr, ankündigten.

Marquette sollte das Werk endlich verrichten, ihren Befehl ausführen. „Es ist keine Zeit mehr für einen Priester, es wird nach seinem Tod für seine Seele gebetet werden. Bringen Sie ihn in die Hirschgalerie, dort sollen sie es zu Ende bringen, und suchen Sie gute Soldaten aus, die ihr Handwerk verstehen", befahl sie.

Der General bat um das Schriftstück, das Christina am Vorabend diktiert hatte; er las es, wendete das Blatt hin und her. Könnte er die Ausführung des Befehles noch irgendwie hinauszögern? Plötzlich fiel sein Blick auf das Nachthemd von Monaldesco, es lag nur halb verdeckt unter dem Fell des Tagesbettes; die Magd hatte vor Tagen vergessen, dieses Wäschestück zurück in Monaldescos Schlafzimmer zu bringen. Im selben Moment straffte sich Marquette und gab Befehl, den Verurteilten vorzuführen.

Christina stand bleich, welk im Gesicht. Auf dem Lederbett in der Hirschgalerie hatte sie Giovanni erst vor wenigen Tagen das letzte Mal auf ihrem Körper gespürt; sie hatte noch den Geruch seiner Säfte an ihrem Körper, als sie sich von der Hirschgalerie zu ihrem Schreibpult schleppte, draußen die Novembernebel. Sie hatte vor sich einen langen Winter gesehen, Lebensmonate ohne Ordnung – alles für die Neapel-Mission, es war eine Wahnidee geworden. Wie hatte sie gehadert und geflucht, wann würden sich die gewaltigen Kräfte des Königsfixsternes Regulus entladen und sie hinunterstoßen, tiefer und tiefer.

Am 6. November 1657 war es endlich geschehen. Marquette musste den fünf Soldaten mehrere Krüge Wein und Schnaps hinstellen, „sie weigern sich sonst zuzustechen".

„Geben Sie Ihren Leuten, was sie brauchen."

„Auf ein letztes Wort mit Ihnen, Christina", Monaldesco stand in Reitkleidung mit gefesselten Händen vor ihr.

„Nein, rechtfertigen Sie sich vor Gott oder vor dem Teufel. Sterben ist nicht leicht, doch es wird jedem zugemutet, und jeder schafft es, auch Sie."

Jetzt, angesichts des Todes, war der stechende Blick aus den Augen von Monaldesco gewichen. Nichts in seinem Gesicht, in seiner Haltung ließ auf den Dämon in ihm schließen. Er hatte Christina falsch eingeschätzt, er hatte nicht gewusst, wie konsequent, wie grauenhaft konsequent sie handeln konnte. Er trug sein Schicksal nun ohne Gegenwehr, mit so viel Würde, dass Christina ihn für Momente bewunderte; diese Furchtlosigkeit hatte sie nicht in ihm vermutet.

Als wäre er erleichtert, den Zweiten in ihm, den Dämon nun abgestreift zu haben, wandte er sich an sie: „Christina, wie werden Sie mit dieser Tat weiterleben; Sie haben mich wie den niedrigsten Boten behandelt, und Neapel kennen Sie gar nicht. Neapel wäre mir zugestanden! Doch meine Person haben Sie in Ihrer Strategie gar nicht einbezogen. Meine Familie musste vor den Spaniern aus Neapel fliehen, und seither sind wir Knechte, aber unseren neapolitanischen Stolz hat niemand gebrochen. Christina, werden Sie jetzt Bittstellerin beim Papst sein und bei Kardinal Decio Azzolino um ein paar süße Worte winseln?" Seine Stimme war ohne Zorn und ohne Hohn, Mitleid schwang in jedem Wort mit.

Und Christina fühlte noch einmal alle Demütigung, alle Scham; so hatte er sie immer weggeschoben, weggelegt, wenn er an ihrem Körper seinen Dämon ausgelebt hatte.

„Sie sollen es endlich tun!", rief Christina und schloss die Augen, als Monaldesco aus dem Zimmer geführt wurde.

Er schrie nur beim ersten Stich; doch das Zustechen dauerte viele lange Minuten; überall Blut, im Holz des Bodens versickert, in den Kalk der Wände gesogen. Sie schleiften den Leichnam vor die Türe, betteten ihn in eine Truhe, und schon Stunden später wurde er im Garten von Fontainebleau begraben. Die Diener hantierten still, fast geräuschlos, sie wuschen das Blut nur notdürftig weg, vermieden alles, was Lärm verursachte. Nur nicht Christina in ihrem Gehen, Stehen und Schauen aufschrecken, „wer weiß, was sie als Nächstes befiehlt".

Nach der Hinrichtung wankte Christina tagelang wie benommen durch die kalten, muffigen Räume des Schlosses. Rita lief ihr manchmal mit einem Teller Rübensuppe nach oder stellte ihr einen Krug Wasser hin, in dem Eiskristalle glitzerten.

Es hatte sich Christina und ihrem Auftrag nichts und niemand entgegengestellt, es hatte sich die Erde nicht aufgetan. „Wenn wir alles Fehlgeleitete in uns bis zur Neige ausgelotet haben, sehen wir uns nackt und unbedeckt, so müssen wir alle Blößen unserer Abartigkeit betrachten", wieder und wieder las sie die Sätze von Vieira; sie fand keinen anderen, dem sie sich anvertrauen konnte.

Sie wollte Reue empfinden, doch sie fühlte nichts, nur Wut auf das Schicksal, das sie nach unten geworfen hatte. „Unter das Beil legen", entfuhr es ihrem Mund manchmal. Doch nichts geschah, das Christinas Tat gerächt hätte.

Als die Hinrichtung von Monaldesco in Paris bekannt wurde, verharrten alle, die Christina kannten, tagelang wie gelähmt vor Entsetzen. Diese Tat war so ungeheuerlich, dass alle vor der Wahrheit zurückschreckten. Sie wollten nur einige Zeit nichts mit Christina zu tun haben, nicht mit ihr gesehen werden.

Sogar der Kutscher, der Mehl und Sirup für den Haushalt und Futter für die Pferde bringen sollte, blieb zwei Wochen aus.

„Dieses Weib ist ein Ungeheuer, sie lässt ihre Liebhaber erstechen, wenn sie ihrer überdrüssig geworden ist", so wurde geredet.

„Sie hat bei der Nobelkurtisane Ninon noch Rat und Lektion eingeholt, und Monaldesco konnte ihre Wünsche nicht erfüllen", so ging es in den Salons reihum. Rita erzählte ihr davon: „Christina, Sie sollen wissen, was geredet wird; denn es ist besser, wenn Sie in den nächsten Wochen Paris meiden."

Rita war die Einzige unter den Dienstboten, die ihr nicht auswich, die auch den Postdienst übernahm und für sie nach Paris fuhr. Die anderen, Sekretäre, Übersetzer, auch die Stallknechte und Wäscherinnen, gingen Christina aus dem Weg. Sie rechneten wochenlang damit, dass sie abgeholt würde. „Mörderin", flüsterten sie einander zu und bekreuzigten sich, wenn sie an ihnen vorbeiging.

Drei Wochen nach der Hinrichtung von Monaldesco schickte ihr Marzarin die Bürgschaftsdokumente über ein Fünftel ihrer Forderungen. Christina schüttelte darüber nur den Kopf. Mit diesem Fünftel der Kriegsschuld Frankreichs an Schweden würde sie in Rom kaum ein Jahr leben können. Dennoch, die Quartiersfreiheit in einem Palazzo war für sie nicht mehr wichtig; sie würde auch in einer Zelle in der Engelsburg überleben können, zumindest einige Jahre; das Schicksal würde ihr dann den weiteren Weg zeigen.

Offiziell redeten alle von einem Duell, in dessen Verlauf Monaldesco umgekommen wäre; als Folge eines Duells wurde sein Tod auch in die Diplomatenberichte aufgenommen. Wie sollte Minister Mazarin reagieren, wie der Papst? Christina war keine Königin mehr, sie hatte keine Untertanen mehr, sie konnte nicht mehr Gericht abhalten, sie konnte niemals mehr eine Hinrichtung befehlen.

Deshalb ließ der Papst Christina eiligst wissen: „Nach diesem fürchterlichen Unglück mit Graf Monaldesco ersuchen Wir Sie dringend, Ihre Rückkunft nach Rom in das Frühjahr zu verschieben. Die Gemüter hier sind zu erregt über den Vorfall, und jeder hofft, dass nicht Sie der Anlass für dieses Duell waren."

Also blieb Christina nichts anderes übrig, als in Fontainebleau auszuharren. Wie in Stockholm ritt und wanderte sie umher bis zur Erschöpfung, sie studierte Petrarca und Dante, übersetzte die Schriften von Descartes ins Italienische, sie ernährte sich fast nur von geschrotetem Getreide und Wasser, ab und zu nahm sie einen Löffel Sirup, aß sie einen gefrorenen Apfel. Sie ließ sich ein Bettgestell neben ihrem Schreibpult aufbauen, ganz wie sie es bei Vieira las: „So soll unser Schlaflager nie breiter sein als drei Spannen, dann müssen wir im Schlummer unseren Körper gerade halten und all unsere Kräfte laufen der Seele, dem Geist zu und entzünden ein Licht in uns, das uns den Weg weist."

Fragen hämmerten durch ihren Kopf; fehlte ihrer Seele wirklich eine wesentliche Fähigkeit, jene zu bereuen. Ihr Körper war entstellt von der schiefen Schulter, von der besonderen Ausformung ihrer Geschlechtsteile; war auch ihre Seele entstellt?

Manchmal schreckte Christina auch mitten in ihrem Wandern durch die Räume von Fontainebleau auf und lief zum Stall; sie warf sich auf das Pferd und ritt Richtung Paris, vorbei an Feldern voll Sonnenblumen, die von Raureif geknickt standen. Sie wollte beichten, sie wollte sich einem Beichtvater anvertrauen. Doch je näher sie Paris kam, sich bereits in die Kolonne der Kutschen und Wagen einordnen musste, die dem Stadttor zustrebten, umso langsamer ritt sie, bis sie schließlich umkehrte. Wen könnte sie denn in ihren Teufelskreis ziehen? Keinen.

Wieder zurück im Schloss, schleppte sie sich zu ihrem Schreibpult, aber es fiel ihr niemand ein, dem sie hätte schreiben können. In ihrem Kontor hockten in allen Ecken die Diener. Es war der einzige Raum, in dem in den Fenstern Gläser waren, es war auch der einzige Raum, der geheizt wurde. Das Brennholz war feucht und rauchte, und das Gesinde stritt und schlug sich um gewärmte Ziegel und trockene Felle. Christina war gewöhnt an Kälte, deshalb barg sie ihre Hände nicht in Filzmuffs und schüttelte jedes Mal die Decken und Teppiche ab, die Rita ihr auf die Schultern legte. Die Knechte und Mägde, der Schreiber, sogar Rita beobachteten sie voll Misstrauen – welche Kräfte wohnten in Christina, dass sie die Kälte gar nicht wahrnahm.

So taumelte sie weiter durch die Tage; einzig in den Schriften von Vieira fand sie zeitweise Beruhigung, in diesen Sätzen las sie, dass es einen Weg gab, auch für sie: „Wir können darauf vertrauen, dass hinter dem Dunkel das Licht und die Liebe wohnen. Doch muss zuerst durch die Hölle gegangen werden und diesen Weg können wir nicht abkürzen. Kammer um Kammer unserer Hölle haben wir zu durchschreiten, und wir sollen schweigen, bis wir das Dunkel überwunden haben."

Abgemagert und mit den ersten weißen Strähnen im Haar reiste sie Anfang April 1658 aus Fontainebleau ab, in ihrem Gefolge Rita und zwanzig jener Begleiter, die mit ihr vor vierundzwanzig Monaten von Rom nach Paris gereist waren.

Wie immer ritt sie voraus, wie immer schonte sie keinen der Mitreisenden; zwölf Stunden Ritt pro Tag, ein paar Stunden Schlaf in der Poststation, und im Morgengrauen wurde die Reise fortgesetzt.

Dann die Fahrt mit dem Schiff von Marseille nach Ostia, dem Hafen vor Rom.

Dort wurde sie von Lucas Holstenius erwartet. Er stand gebückt, stützte sich auf einen Stock; Meister Lucas war gebrechlich geworden, doch er fühlte sich noch immer für Christina verantwortlich. Wortlos umarmte er Christina und begleitete sie und ihr Gefolge in die Stadt.

Nun, als Christina das zweite Mal in Rom einzog, waren die Straßen leer. Aus den Häusern hingen schwarze Tücher als Hinweis für den Totengräber, einen Verstorbenen abzuholen; an den Türen sah man die Kreuze, die der Totengräber mit schwarzem Pech gemalt hatte; es gab kaum ein Haus ohne Pesttoten. Überall Bettler und Sieche, umgestoßene Kutschen, ohne Sitzbänke, ohne Pölster und Fensterscheiben, alles gestohlen. Dazwischen blühten Mimosenbäume und unter den Schirmpinien krochen lila Schmarotzerranken. „Die einflussreichen Familien, die Barberinis, Costagutis, Orsinis, sind alle aus der Stadt geflohen; jeder, der konnte, hat die Stadt verlassen und lebt jetzt im Norden, in Florenz, in Lucca", erklärte ihr Meister Lucas; mehr gab es nicht zu sagen.

Niemand nahm Notiz von diesem merkwürdigen Gefolge, das Christina anführte und Richtung Gianicolo zum Palazzo Farnese zog. Dort hatten sich Prostituierte und Spieler einquartiert. Die Räume waren geplündert; das Gesindel hatte jeden Stuhl, jedes Bett, jedes Bild, jedes Buch genommen, gestohlen.

Ihr blieben nur Rita und der Koch; die anderen Diener entfernten sich sofort, denn in diesem ausgeraubten Haus gab es keine Arbeit für sie; auch fürchteten sie, keinen Lohn zu erhalten, und außerdem, niemand konnte sagen, was mit ihrer Herrin jetzt geschehen würde. ine Launen, auch ihren Ekel vor meinem Körper in Zaum zu halten ..."

Decio Azzolino hatte von Meister Lucas erfahren, dass Christina wieder in Rom war. Er schickte Brot und Orangen, davon lebten Christina und Rita einige Tage. Christina baute sich aus dem Pferdesattel und den Pferdedecken ein Bett; sie richtete sich ein, wie sie es bei Vieira las: „Welcher Ort ist der beste, die Wahrheit zu finden – eine Zelle, abgeschieden von Lustbarkeiten. Wir sollten unser Wissen hinter Schweigen verbergen und werden so die vielen Wahrheiten erfahren, die in ein und derselben Tat leben." Ihr fehlte kein Glas, kein Bett, sie fühlte keinen Mangel, sie fühlte sich wohl in Farnese.

Ende Mai, beinahe Sommer, und die Geräusche aus dem Garten, die aus den Bäumen und Sträuchern drangen, verströmten Heiterkeit. Nichts in der Natur kümmerte sich um Pest und Tod. Christina schrieb in ihr Tagebuch: „So bin ich also zurückgekommen und voll Vertrauen, dass mich die Pest verschonen wird, habe ich doch noch viel abzuarbeiten, so viel zu durchwandern. Und nicht vorher will ich aufhören zu gehen, und das Dunkel zu durchschreiten, bis ich das Licht dahinter erreicht habe."

V. Kapitel

Sie werden den Boten um den Arzt schicken. „Ihre Hoheit, Christina, ist schon wieder hingefallen. Man muss sie zur Ader lassen, ihr vom Liegen gestautes Blut raubt ihr das Gleichgewicht." Untereinander werden sie flüstern: „Warum ist sie nicht im Bett liegen geblieben; mit verletzter Hüfte aufzustehen, und dann noch in diesem schweren Kleid, jetzt, in der Morgenstunde, Kardinal Azzolino besucht sie ohnehin erst am späten Nachmittag."

Sie ahnen nicht, dass die Erinnerung an die Blutflecken an der Wand von Fontainebleau sie zu Boden geworfen hat.

Zu dritt haben sie sich abgemüht, um Christina wieder auf die Beine zu stellen, und sie haben sich gewundert wie beim Ankleiden, dass Christina bei keinem Zugriff ausgewichen ist oder aufgeschrien hat. „Es ist nur das Fleisch, das zuckt." Diesen Satz kennen ihre Dienstboten, und sie schütteln dazu den Kopf: „Wahrscheinlich ist sie doch mehr ein Mann als eine Frau", flüstern sie, und „hätten wir sie liegen lassen, wären wir endlich erlöst."

Alle, die Kämmerer, Köche, Silberputzer, Gärtner, Wäscherinnen, haben genug vom Dienst im Haus von Christina, im Haus dieser alten Frau. Es ist ihnen alles verhasst und zuviel; ihre nächtlichen Rufe nach Papier und den Schreibern; ihre Anweisungen, sie zu den ungewöhnlichsten Tageszeiten in den dritten Stock in die Gemäldegalerie zu führen; dann noch ihr Misstrauen, ob das Wasser im Krug wohl frisch sein.

„Mein lieber Decio", hatte Christina vor einigen Wochen an Azzolino geschrieben, „es werden Ihnen Ihre genauen Listen über meine Kunstschätze nichts nützen, denn von meinen Dienstboten hat bestimmt jeder bereits ein Bild oder eine Skulptur gekennzeichnet, und damit werden sie schon Stunden nach meinem letzten Atemzug aus diesem Haus flüchten. Ich hoffe, dass Sie diese Leute nicht des Diebstahls bezichtigen. Sie haben mir treu gedient, und in den letzten Jahren haben sie sich bemüht, meistens, ihren Unmut über meine Launen, auch ihren Ekel vor meinem Körper in Zaum zu halten ..."

Dieses Jahr 1689, wie es sie immer wieder aufs Krankenlager wirft. Denn kaum hatte sich Christina vom Fieber erholt, schon vier Wochen später hatte sie sich die Hüfte verletzt. Und daran war die Seifensiederin Marisa schuld gewesen.

Christina hatte diese Kupplerin schon seit Monaten beobachtet; seit Marisa den Mädchen und Frauen im Waschhaus befahl, gab es ständig Streit und Gekeife. Marisa verstand sich zwar aufs Beste auf das Plätten und Bleichen der Wäsche, und seit sie die Wäsche versorgte, duftete es in Riario nach Orangenblütenöl und Rosenwasser, doch sie sah ihre Arbeit im Waschhaus von Christina nur als Beschäftigung für den Tag – bei Dunkelheit verschwand sie über die Dienstbotentreppe durch das „Christinenpförtchen", wie dieser Eingang genannt wurde.

„Die Schwedenkönigin hat jetzt in Riario einen ganzen Trakt zu einem Frauenhaus umbauen lassen. Dorthin können die Frauen von der Repettazeile flüchten, dann bekommen sie bei der Minerva aus dem Norden Arbeit und werden auch von ihr persönlich gepflegt. Wenn sie nicht schlafen kann und ihr Bett kalt und leer ist, schleicht sie im weißen Hemd durch das Christinenpförtchen ins Frauenhaus und holt sich eine, manchmal zwei in ihr Bett." Das wurde getuschelt.

Unsinn! Christina ließ die Türe einbauen, damit die Dienstboten einen kürzeren Weg zu ihren Zimmern hatten; und sie hielten sich alle an die Anweisung, ungerufen kam weder der Essensträger noch die Abwassermagd durch diese Tür.

Natürlich wusste Christina, dass Marisa beinahe jede Nacht aus dem Haus schlich. „In ein paar Jahren wird sich ihr heißes Blut beruhigen", schob sie das Gerede weg, als Teresa davon berichtete.

Doch Marisa wischte nicht aus dem Haus, um ihrem eigenen Körper ein paar Stunden Lust und Wärme zu besorgen, sie handelte Luststunden für die ihr anvertrauten Mägde aus. Tagsüber scheuchte sie die Fünfzehn- und Sechzehnjährigen um Holz, zur Feuerstelle, zum Kessel mit der dicken Lauge, und für die Nächte vermittelte sie diese jungen Frauen an die Söhne der mächtigen Familien Roms, an Sekretäre des Vatikans, an Priester und Bischöfe.

Auch ihre eigenen Töchter hat Marisa im Dienst des Waschhauses, eine vierzehnjährig, die andere fünfzehn; beide unterernährt, mit eingefallenen Wangen und Augen, doch mit langem Haar und weicher Haut. Ängstlich lauerten sie auf die Befehle ihrer Mutter; Marisa schrie mit den Töchtern, rannte mit dem meterlangen Laugenholz hinter ihnen her, wenn sie die Seife zu früh aus dem Bottich schnitten oder das Feuer unter dem Waschkessel zu wenig loderte.

Im Februar, vor zwei Monaten, wurde Christina in der Nacht von Geschrei aufgeweckt. Sie mühte sich aus dem Bett, und so schnell sie konnte, humpelte sie der Dienstbotentüre und dem Zimmer zu, aus dem das Geschrei kam.

„Komm her, du magere Katze, ich habe bereits bezahlt für dich!"

Ein Priester, die Soutane lag auf dem Boden, drängte sich an eine von Marisas Töchtern. Das Mädchen entschlüpfte ihm ein paar Mal, sie schlug um sich, wand sich.

„Aufhören, verschwinde", schrie Christina, sie hieb mit dem Stock auf den Geistlichen ein, doch der Mann in seiner Gier brauchte lange, bis er reagierte.

„Ich habe der alten Kupplerin ein Halbjahressalär bezahlt für eine Jungfrau", schrie er, und erst im Handgemenge erkannte der Geistliche, wer ihn des Hauses verwies. „Hoheit, der Handel wurde korrekt abgeschlossen", stotterte er, seine Kleider und Stiefel an sich gepresst, und hastete weg. Christina wankte hinter ihm her, schwang noch einmal ihren Stock nach dem nackten Männerkörper: „Verschwinde!" Und auf dem Stiegenabgang verlor sie das Gleichgewicht, stürzte ein paar Stufen hinunter und blieb mit gebrochener Hüfte liegen.

In den ersten Stunden nahm ihr der Schmerz beinahe den Atem, doch sie gewöhnte sich bald daran. Sie lag im Bett und ließ ihre Gedanken laufen; wie viele Hinweise brauchte sie noch – zuerst das Fieber, dann die verletzte Hüfte. Es war nicht die Zeit für Tätigkeiten, sie sollte stillhalten, sie sollte sich ihren Erinnerungsbildern anvertrauen, sie sollte ordnen.

Einige Tage blieb sie im Bett, ließ sich Tee und warmen Wein einflößen; sie schlürfte Hühnersuppe und bestand darauf, dass sie auf den Leibstuhl gehoben wurde. „Niemals verrichte ich meine Notdurft im Bett", rief sie und warf ihren Stock nach der Wärterin: „Komm her, hilf mir!"

Die Heilung der Hüfte dauerte lange; und Christina hielt es im Bett nicht aus; sie ließ sich um das Bett führen, bald plagte sie sich allein ein paar Schritte im Zimmer hin und her. Wochenlang schaffte sie es nicht, ihr Schlafzimmer in einem Mal auszuschreiten. Sie war zu erschöpft, setzte sich immer wieder auf die bereit gestellten Stühle. Durch das offene Fenster tönten schon Frühlingsgeräusche, Vogelstimmen, die Rufe von Menschen. In ihrem Zimmer lastete Nachlässigkeit, Vernachlässigung; Staub, verkohlte Holzstücke, Boden und Wand waren voll Russflecken, eine Kanne Wein war stehen geblieben, und säuerlicher Geruch mischte sich mit dem Geruch aus dem Abwasserschaff beinahe zu Gestank.

Sie schaute in den letzten Wochen immer wieder zu ihrem weißsilbernen Kleid. Es tat ihr Leid, dass sie die Gelegenheit verpasst hatte, dieses Kleid auszuführen. Sie hatte es genau nach den Vorschriften des Papstes nähen lassen; „Innozentia" nennen sie diese neue Tracht – Dekolleté bis zum Hals verschlossen und Arme bis zu den Fingern bedeckt. So gekleidet wollte sie dem Papst beim Dreikönigsempfang ihren Gehorsam beweisen. Nur die Farbe hatte sie eigenmächtig gewählt. „Schwarz? Nein, Schwarz mag ich nicht, Schwarz bedeutet Verzicht, ich will weißsilbernen Stoff", hatte sie den Schneider angewiesen.

Und heute ließ sie sich in dieses Kleid zwängen, die Schnüre am Rücken hängen lose; „sonst kann sie nicht atmen", zischten die Zofen einander zu. Es liegt schwer auf ihrem Körper, aber es ist das richtige Gewand für den heutigen Tag.

Der Beichtiger fragt sie: „Sie haben dem Himmel gezürnt?"

„Ja, warum hat sich mir keine göttliche Macht, keine irdische Macht entgegengestellt, warum musste ich mit dem Grauen meines Schattens, mit dem Grauen von Fontainebleau leben?"

„Christina, irdische Gerechtigkeit hätte zu leicht gewogen, Sie hätten die Schwächlinge, die Sie verurteilt hätten, verhöhnt, verlacht – damals."

„Das stimmt; denn in der Mitte meiner Zeit war ich noch davon überzeugt, irgendwie dem mir aufgetragenen Leben entkommen zu können."

„Christina, Sie erzählen so bereitwillig, Sie reden über jene Stationen, die Sie niedergeworfen haben. Hat der Himmel Ihnen Liebe vorenthalten, dieses eine Ereignis, jenen goldenen Faden, der für jeden vorgesehen ist. Sie streifen diese Phase mit keinem Wort. Hat Ihnen Ihre Leidenschaft für das Wissen, für die Wissenschaften, die Worte für Liebe geraubt? Fürchten Sie, diese Phase noch einmal durchleben zu müssen?"

„Diese Zeit war die wichtigste in meinem Leben, sie hat alle Ereignisse neu gereiht, hat sie in ein Davor und Danach geteilt. Doch kam diese Lebensphase für mich spät, sehr spät."

Nach ihrer zweiten Ankunft in Rom, im Mai 1658, hatte sich Christina einige Tage lang in ihrem Heim im Palazzo Farnese durch die Tages- und Nachtstunden treiben lassen; sie wanderte durch die geplünderten Räume, stieg über eingetrockneten Kot von Hunden, von Katzen, von Menschen. Christina lebte mit Rita, einem Koch, einer Magd und zwei Wasserträgern. Der Koch hatte kaum etwas zu tun, da Christina keine Gäste bewirtete und selbst nur eine Mahlzeit pro Tag einnahm, Fladen aus Maismehl, aus Gerstenmehl, gekochte Kräuter, die sie mit Rita im verwilderten Garten pflückte, Brennesseln, Huflattich, Schafgarbe, Sauerampfer.

Rita durchsuchte Christinas Reisegepäck nach einem Silberleuchter oder einer Brosche, vielleicht auch einem Gürtel, mit Bernstein besetzt, denn es war kein frisches Wasser mehr im Haus, und im Capeira-Viertel gab es frisches Wasser nur mehr gegen Schmuckstücke oder Goldtaler. Bald fand sich nichts Essbares mehr im Haus; von den Orangenbäumen im Garten von Farnese hatte Rita bereits alle Früchte, auch die halb reifen abgenommen; sie bekamen alle davon Schmerzen in den Eingeweiden. „Werden wir verhungern oder an der Pest krepieren?", seufze Rita oft.

Die Pest, ein Fluch, der sich unsichtbar durch die Stadt bewegte, ein Fluch, der weder durch Gebete noch durch Gelübde aufzuhalten war. Häuserzeile um Häuserzeile wurde davon erfasst; der Leichenwagen rumpelte den ganzen Tag durch die Straßen. Die Bewohner Roms gaben ihre letzten Zinnteller, ihre Heiligenbilder den Wunderheilern, die mit Pendeln und Kerzen, mit Rattenfett und Schlangenhaut Schutz versprachen. Manche erschlugen Katzen und hefteten die unausgeweideten, noch blutenden Tiere an die Eingangstüre: „Das schreckt die Pest ab." Andere legten ihre Angehörigen beim ersten Anzeichen von Schwäche vor die Türe: „Geben wir ihr freiwillig, was sie sich ohnehin holen würde." Zuerst war es nur ein leichtes Fieber, nach einem Tag verfärbte sich der Erkrankte ins Gelbliche, sein Körper glühte, wurde in Schüttelfröste geworfen, und aus der Haut wurden die blauschwarzen Geschwüre getrieben; am zweiten Tag schwanden ihm die Sinne, und er schrie vor Durst. Sie schickten dann eine Magd hinaus, die in weitem Bogen einen Bottich Wasser über den Todgeweihten schüttete; am dritten, spätestens am vierten Tag blieb der Leichenkarren vor dem Haus stehen, und die Totengräber warfen den Leblosen zu den anderen, die sie aufgelesen hatten, und führten ihn zur Kalkgrube vor der Stadtmauer.

Auf ihren ziellosen nächtlichen Wanderungen durch Farnese lauschte Christina nach den Geräuschen, die sonst von den Gassen in den Palazzo drangen, aber es herrschte beinahe Stille in Rom, nur unterbrochen vom Ächzen des Leichenwagens und jener wenigen Fuhrwerke, die sich mit Wasserfässern und Körben voll Rüben durch die Gassen bewegten.

Christina wollte nicht länger untätig bleiben, sie wollte wieder zupacken, die Stunden nützen; sie würde mit dem Papst sprechen; sie würde in der Accademia Reale zu einem Diskurs über den Einfluss der Spanier auf den Katholizismus einladen; sie würde vor allem auch über ihre Neapel-Mission berichten. Doch es gab keine Zusammenkünfte der Accademia, denn die Kardinäle hatten sich in ihre Gebetszellen zurückgezogen, und die Mitglieder aus den Familien Costaguti, Barberini und Raspiginiole und den anderen Sippschaften waren alle aus Rom geflohen.

Christinas Leben war in eine Windstille geraten, „dabei liebe ich den Sturm und fürchte die Stille", wiederholte sie in ihrem Tagebuch. In ihrer Erinnerung kamen die Bilder durcheinander, in die Gespräche mit Mazarin mischte sich die Stimme von Monaldesco, in die Umarmungen von Monaldesco drängten sich Bilder ihres Vaters, der Geruch des achtzehnjährigen Dauphin Ludwig. Manchmal stand sie minutenlang still, dann wieder hastete sie über die Stufen hinunter bis vor das Tor.

Als Christina an einem frühen Morgen von ihrem Schlaflager aufsprang und vor dem Stimmen- und Bildergewirr in ihrem Kopf auf den Gang die Treppen hinunter aus dem Haus flüchten wollte, stolperte sie beim Tor beinahe über zwei Körper. „Jetzt werden sie uns bald die Sterbenden vor die Türe legen", hatte der Koch Tage zuvor gesagt. „Die Leute sagen: Die Schwedin trägt einen Dämon in sich, sie fürchtet nicht einmal die Pest. Also sollen die Knechte die Toten und Halbtoten vor dem Palazzo Farnese abladen, dann sind sie die Kadaver los."

Die beiden Körper waren noch warm, schwarz verfärbt im Gesicht, und aus Mund und Augenhöhlen sickerten gelbliche Flüssigkeiten. Nur weg mit den beiden Menschenleibern; Christina schob mit ihren Stiefeln die Körper vom Eingang weg; sie wollte nach einer Kutsche rufen, doch die Gasse war menschenleer; wo blieb der Leichenwagen, um die beiden Körper abzutransportieren? Christina rannte in den Hof, band eines der beiden Pferde los, und ohne sich um die Rufe von Rita zu kümmern, ritt sie die Gasse hinauf Richtung Gianicolo. Nirgends ein Leichengefährt; sie wendete von einer Gasse in die nächste und wieder in die nächste, jede Gasse menschenleer; dem entkräfteten Gaul tropfte bald der Schaum vom Mund, Christina hieb auf das Tier ein, sie musste einen Leichenwagen finden! Beinahe an jedem Haus sah sie schwarze Kreuze aufgemalt. Vor manchen Toreingängen lagen tote Katzen auf Bretter genagelt. Endlich kam ein schwarz gestrichener Leiterwagen auf sie zu. Der Totengräber schrie auf, als er Christina sah, war sie wahnsinnig geworden, mit unverhülltem Gesicht durch die verpestete Luft zu rasen?

Sie bedeutete dem Totengräber, er solle ihr folgen, und als er vor Farnese hielt und die beiden Toten oder erst Halbtoten auf seinen Karren lud, drängte sie den Mann noch, auf dem Holztor zu ihrem Haus schwarze Kreuze zu malen. Damit würde sich ihr Haus nicht mehr von den anderen unterscheiden, vor allem würden ihr keine Kadaver mehr vor das Tor gelegt werden, und keine Betrunkenen würden sich mehr ins Haus schleichen.

Christina schaute auf die Kreuze, zäh rann das Pech über das Holz des Tores. Sie musste dem Papst Bericht erstatten; sie musste ihm das Scheitern der Neapel-Mission von Angesicht zu Angesicht erklären.

Doch bei der Wache am Santa-Anna-Tor, das zu den Gebäuden des Päpstlichen Palastes führte, hob sich für Christina nicht das rote Banner. „Das ist die Schwedin", nickten die Wachposten einander zu, und sie öffneten ihr nicht. Christina mochte noch so herrisch rufen: „Zu Kardinal Decio Azzolino, gebt sofort den Weg frei", sie schüttelten den Kopf, grinsten und verschwanden im Wächterhaus.

Dann würde sie eben Lucas Holstenius aufsuchen, ein Befehl von Meister Lucas würde ihr die Türen in den Vatikan öffnen. Meister Lucas würde ihr in ihre Wahrheit folgen, würde ihr eine Stelle im Evangelium zeigen, die jetzt die Richtschnur für ihr Leben sein konnte. Je näher Christina dem Haus von Lucas Holstenius kam, umso mehr geriet sie außer Atem, vor Freude, denn jetzt würde sie Antwort bekommen. Sie schwang sich vom Pferd und eilte auf das Tor zu – es war ohne schwarzes Kreuz. Sie rannte die Gänge entlang und riss die Tür zum Kontor auf. Ein Schreiber versuchte, sie hinauszuschieben, doch sie wehrte ihn ab.

Meister Lucas kauerte über einem Buch. Er machte keine Anstalten, Christina entgegenzugehen. Er ließ Christina gar nicht zu Wort kommen, seine Stimme krächzte, und es kostete ihn enorme Kraft, die Worte herauszustoßen: „Seine Heiligkeit hat mir alle Schriften, alle Dokumente weggenommen, und dabei hatte ich schon die Beweise zusammengetragen. Es waren nur vier, die Evangelisten hatten keine Helfer; auch Johannes nicht, er war schon über achtzig Jahre alt, als er den letzten Teil niedergeschrieben hat. Doch seine Heiligkeit wollte von all dem nichts mehr wissen, die geheimen Schriften mussten wieder in die Bleikassetten, und niemals sollen alle Geheimnisse an den Tag gebracht werden. Das alles wegen Ihrer gescheiterten Neapel-Mission; dem Papst wurde damit klar, dass er dem Würgegriff der Spanier nicht entkommt. Und die Spanier, allen voran Joana Orsini, haben kein Interesse, dass geheime Dokumente untersucht werden – Joana Orsini und ihre Anhänger stellen keinen Anspruch auf Wissen, auf Beweise des Glaubens! Die Orsinis nennen sich die Katholiken des reinen Glaubens! Legt also die heilige Mutter Kirche keinen Wert mehr auf absoluten Gehorsam im Glauben, sagen sie. Was ist dem Papst anderes übrig geblieben, als sich ihnen zu beugen, sich mit Joana zu versöhnen, noch bevor sie nach Lucca abreiste. Und Joana hat sich großzügig gezeigt, ihre Kuriere sind mit Bürgschaftsbriefen und vollen Geldbeuteln zum Papst geritten, jetzt kann er wieder Baumeister beschäftigen, Maler, Bildhauer!" Meister Lucas zuckte mit den Schultern. „Gehen Sie, Christina, ich konnte meine Aufgabe nicht zu Ende bringen", und er ließ seinen Kopf auf die verschränkten Arme sinken.

Stumm schleppte Christina sich zurück zum Pferd – Meister Lucas hatte sie weggeschickt, hatte die Türe hinter ihr versperren lassen.

Der Papst, Lucas Holstenius, sie waren voller Enttäuschung und Bitterkeit, dass sie in Neapel gescheitert war. Und während Christina vor den Blutflecken in Fontainebleau auf und ab gelaufen war, hatte der Papst in Rom Joana Orsini in seine Privatgemächer geladen und mit der tiefschwarz gekleideten Spanierin das Frühstück eingenommen, Brot und Milch. „Schließen Sie die Archive, Heiligkeit, wahrer Gehorsam braucht keine Bestätigung durch Beweise, durch Wissen", so mochte sie geredet haben. „Wir Orsinis sind seit Generationen gehorsame Diener der heiligen Mutter Kirche, und unser Gehorsam beruht auf unserem Glauben. Wollen wir alle die Neapelverirrung vergessen! Halten Sie ein Heer bereit, um die Mutter Kirche zu verteidigen, und beschäftigen Sie Baumeister; Heiligkeit, lassen Sie Treppen, Plätze und Brunnen in Rom errichten, seien Sie Verteidiger, Förderer und Beschützer unserer einzigen Mutter Kirche."

Christina hielt die Zügel ihres Pferdes fester; Joana Orsini mit der dunkel geschminkten Nase und der onyxbesetzten Silberrolle in der Hand, aus der sie die Bürgschaftsbriefe zog – Geld für den Papst. Geld, damit Papst Alexander in Rom seine Spur ziehen konnte und sein Pontifikat an den Kunstwerken, die er in Auftrag gegeben hatte, für alle Zeiten erkennbar bliebe.

Wie jämmerlich war dagegen Christinas Neapel-Mission. Plötzlich spürte sie, wie das Pferd zitterte, trotz Junisommersonne. Abgemagert bis auf die Knochen war der Gaul, und ihr fiel ein, dass sie kein Futter mehr für die beiden Pferde im Haus hatte, und die Pferde mussten ihr bleiben, wie sonst sollte sie sich in Rom bewegen, ohne Kutsche, ohne Wagen. Wieder fiel ihr die Orsini ein. Wie hatte sie gewettert, weil Christina nach ihrer ersten Ankunft in Rom beim Papst ohne protokollarische Umständlichkeiten aus- und eingegangen war. Und jetzt? Christina wendete in Richtung Markthalle, um wenigstens ein paar Säcke Gerste und Hafer und das Allernötigste für den Haushalt zu beschaffen. Joana würde in Lucca Dankgottesdienste feiern lassen: „Die Schwedin aus dem finsteren Norden ist gescheitert, der Dämon in ihr hat sie bis zum Mord an einem Edelmann getrieben!"

In der Markthalle stolperte sie über Körbe mit Kartoffeln und Rüben; Hühner, Enten und Gänse waren an Hölzer gebunden, und überall lagen Berge von Kerzen, solche mit eingelegten Monogrammen, andere mit Efeu umwunden, und zwischen den aufgetürmten Kerzen standen Priester und Novizen. Sie beteten, wölkten Weihrauch über die Kerzenberge und segneten die Verbeihastenden. Endlich fand Christina auch einen Burschen, der Ziegen und Schafe anbot; sie geriet mit dem Burschen in Streit, weil er ihr nichts verkaufen wollte: „Geh weg, verschwinde, eine Frau in der Markthalle, das bringt Unglück", dabei starrte er auf das Lederwams von Christina, auf dem die Ähren des Wasawappens aufgestickt waren. Sie musste noch zwei Schafe haben, mindestens zwei, „frisch gemolkene Schafmilch wehrt jede Krankheit ab", hatte Editha geraten, und Christina band ihr Wams auf. „Hier, nimm, gib mir dafür zwei Schafe!" Der Bursche war damit einverstanden.

Ein Priester, dem sie ein Dutzend Kerzen abkaufte, belud dann ein Maultier mit den Getreidesäcken, band noch die Schafe an den Sattel, und im langsamen Trab ging es durch Portuense zum Palazzo Farnese.

„Gerstensuppe und frische Schafmilch, und die Pferde ausreichend füttern", wies sie Rita an, als diese verwundert auf die Ankömmlinge starrte. Dann rannte Christina in ihre Schlafkammer, riss wie im Fieber Truhen auf, stieß Körbe um, warf Kassetten auf den Boden, dass sie aufsprangen und Papiere und Dokumente herausfielen. Man hatte ihr die Tür gewiesen, die Pest begrub das geistige Leben von Rom unter sich. Sie suchte die Bibel, blätterte darin, fand keine Textstelle, die ihr genügte, an der sie sich festhalten konnte; sie kramte weiter, die Briefe von Paulus musste sie finden. Plötzlich hielt sie zwei Bogen Papier in der Hand, sie überflog die Zeilen, Schriften von António Vieira. Sie hatte sie schon gelesen, oft gelesen, doch noch nicht oft genug. „Wie leicht sind wir zu blenden und folgen dann einem Irrlicht ..." António Vieira war nach seiner Liebesaffäre mit Königin Luisa aus Lissabon geflüchtet, und weit im Norden Portugals hatte er den Fischen gepredigt. Davon hatte Christina in Amsterdam gehört; er war auch in Paris – vielleicht genau zu der Zeit, als sie in Fontainebleau den Winter abwartete. Christina las, und je mehr sie in jedes Wort hörte, sie jedes Wort aufnahm, umso mehr wandelten sich die Buchstaben zu einer Handschrift, und Christina glaubte, die Handschrift von Vieira darin zu sehen: „... und folgen dann einem Irrlicht. Es sind die Auserwählten, die vom Irrlicht ins Dunkle geschleudert werden, damit sie von dort den Weg aus der Verblendung zum Licht gehen können. Nichts bleibt einem solchen Menschen während der Zeit der Läuterung als sein inneres Gespräch; Seele und Geist fordern Antworten, und der Geschundene muss die Worte finden, die Worte zu den vielen Wahrheiten, die in jeder Tat liegen. Wir wissen, mit Worten bewältigen wir alles, mit Worten überwinden wir jede Finsternis, denn nichts ist so stark und gewaltig wie das Wort ..."

Christina las den Predigttext wieder und wieder; sie suchte, lechzte nach einem Zweiten, nach einem, der ihre Wahrheit ertrug, der sie begleitete auf ihrem Weg. „Dass ich alle Leidenschaft in mir zügle und in die Leidenschaft des Geistes hebe." Sie ließ es aus sich reden, redete in das Gesicht, das sie sich aus den Worten formte. „Den Weg aus dem Dunkel der Verblendung nicht alleine gehen müssen", stammelte sie und las weiter im Predigttext: „... und wir können vertrauen, dass der Weg durch das Dunkel nicht ohne Ende ist. Wenn das Schweigen in uns zu tönen beginnt, und wir nur mehr wortlos in den Erinnerungen wühlen, wenn unsere Tage dürres Blattwerk werden, dann haben wir bald jenen Punkt am Fels erreicht, von dem wir in die Schlucht fallen, dem einen zu, der für uns gedacht ist, zu dessen Geist und Seele nur einer das Wegerecht hat; darauf können wir vertrauen." Christina war auf den Stuhl gesunken; die Augen halb geschlossen, schaute sie auf die Worte auf dem Papier. Las sie oder wurde ihr vorgelesen? War es ihre eigene Stimme, die durch den Raum tönte, oder hörte sie eine zweite dunkle Stimme, unbekannt zwar, doch vertraut. „Um zur Liebe zu gelangen, müssen wir durch die Hölle gehen. Wie viele Kammern für uns vorgesehen sind, danach haben wir nicht zu fragen." Christina verharrte beinahe unbeweglich auf ihrem Stuhl, sie reagierte nicht, als Rita sie ansprach.

Rita rannte um nasse Tücher; war das ein Anfall, oder war Christina nun wahnsinnig geworden; sie ließ sich den Bogen Papier nicht aus der Hand nehmen; würde sie als Nächstes schreien und Rita aus dem Raum jagen, wie sie es so oft in Fontainebleau getan hatte.

Doch Christina blieb ruhig; in diesen wenigen Minuten hatte sie einen Zweiten gesehen, vielleicht für sie vorbestimmt. Für Momente, nur für Momente war sie von einem Glücksgefühl erfüllt, das ihr unbekannt war; in ihrer Seele, in ihrem Geist hatte sich eine Kammer aufgetan, in der Licht lag, ein Licht, das nicht blendete, sondern leuchtete, ein Licht, das ihr Innerstes mit Ruhe und Frieden erfüllte. Sie sprach zu niemandem davon.

Rita wunderte sich über die Besonnenheit, die von einer Stunde zur anderen von Christina ausging. „Haben Sie eine Erscheinung gehabt, vielleicht einen Engel gesehen? Ich glaube, Sie ernähren sich zu einseitig, Christina, Getreide allein ist nicht gut, es verwirrt den Geist, das habe ich schon oft gehört." Rita fürchtete, dass die Ruhe in Schreianfälle, in Tobsucht kippen könnte; es wurde auch so viel davon geredet, die Luft von Rom sei voll Gift, und Christina ließ sich ja nicht abhalten, jeden Tag stundenlang durch die Stadt zu reiten.

Als wenige Monate später Gianlorenzo Bernini aus Paris nach Rom zurückkam, schickte ihm Christina sofort einen Boten; er solle kommen, sie habe einen Auftrag für ihn.

Doch Bernini kam nicht, er mied ihr Haus. „Er wohnt bei den Borgheses", erklärte Rita. Die Borgheses waren loyale Freunde von Joana Orsini, was bedeutete, Bernini wohnte bei einer Familie der Gegenpartei von Christina. Kurz entschlossen ritt sie zur Villa Borghese. Bernini hatte sich in zwei Gartenzimmern der Nebengebäude eingerichtet; die Holzwände waren klüftig, sie hielten weder Hitze noch Kälte fern, jeder Windhauch war zu spüren, die Papierrollen und Leinwände vibrierten in der Zugluft. Doch die Räume waren groß, und vor allem hatten sie viele Fenster. „Ich brauche Helligkeit", murmelte Bernini, als sie ihn begrüßte, „alles andere ist nicht wichtig."

Er war sehr gealtert, die Schultern eingezogen, das lange graue Haar zu einem Zopf gebunden; er öffnete sofort die Fenster, redete laut, damit jeder hören konnte, was er mit Christina besprach. Bernini fürchtete, dass die Borgheses ihm ihre Zuwendung entziehen könnten, wenn er sich zu vertraulich mit Christina unterhielt; wohin sollte er dann gehen, er hatte weder eine Unterkunft, noch hatte er Geld. Was wollte Christina mit ihm besprechen, wollte sie am Ende das Geld zurückhaben, das sie ihm für Paris gegeben hatte?

Christina kam sofort zur Sache: „Meister, zeichnen Sie ein Gesicht, das ich Ihnen beschreiben werde; bitte, nehmen Sie Papier und Kreide: die Augen tief liegend und in die Ferne blickend, ja, es ist ein Mann, dunkle Augen, die Farbe der Haut, die Formung des Gesichtes, alles hat etwas Südliches, vielleicht eine andere Kultur, die Falten auf der Stirne zeugen von Nach-innen-Blicken, im ganzen Gesicht ist Strenge, trotzdem liegt ein Lächeln auf dem Mund." So ungefähr hatte Samuel vor Jahren Vieira geschildert.

Bernini zeichnete ein paar Striche, und plötzlich legte er das Papier weg und begann, in einem Stoß von Zeichnungen zu blättern. „Meinen Sie ein solches Gesicht?", und er hielt ihr eine Zeichnung hin: „António Vieira!"

„Ja, so sehe ich ihn vor mir; allerdings, ich habe mir weniger Strenge in seinem Gesicht vorgestellt", meinte Christina. „Diese Augen, wie fest sie in die Ferne blicken. ... Wir können darauf vertrauen, dass der Weg zum Licht führt ..." Sie erinnerte sich noch: „Seine Schrift ist sehr gerade und schmal, er spart mit Buchstaben und Papier." Sie fragte: „Wo haben Sie António Vieira getroffen?"

„In Paris", Bernini verstand nicht, „woher kennen Sie diesen Pater, er ist Jesuit; ich habe ihn gezeichnet, als er Königin Anna besuchte und mit dem Dauphin über Maria Magdalena diskutierte: War sie eine Verworfene oder eine Heilige?"

Christina hörte kaum zu, sie wollte diese Zeichnung haben.

„Meister Bernini, was verlangen Sie dafür", und sie griff schon nach dem Blatt. Doch Bernini zog es ihr weg. „Nein, das ist zu gefährlich, wenn jemand in Ihrem Haus das Bild dieses Jesuiten sieht, Christina, dann ergeht es Ihnen schlecht in Rom, das wissen Sie! Und wenn jemand erfährt, dass ich das gezeichnet habe, bekomme ich überhaupt keinen Auftrag mehr."

Christina kümmerte sich nicht um Berninis Einwände, sie zog am Blatt, sie rauften beinahe um die Zeichnung, bis Bernini losließ. „Sie können doch nicht einfach", er war fassungslos. Doch sie rollte die Zeichnung bereits ein: „Haben Sie auch einen Text von ihm, von Vieira, die Abschrift einer Predigt, wissen Sie, wo in Europa er jetzt ist, man sagt, er sei wieder in Coimbra, stimmt das?"

„Nein, ich weiß es nicht; ich bin zurück nach Rom gekommen, damit ich in Ruhe sterben kann."

Christina steckte die Zeichnung in die Holzkassette; sie sah sich im Raum um, überall Sand, Marmorbrocken, auf einem Teller lagen Feigen, noch grün und unreif, und unter halb geöffneten Papierrollen sah sie eine Bettstatt, Bretter und ein Samtkissen. „Habe ich aus Paris mitgebracht, eine Erinnerung", sagte Bernini leise, als er ihrem Blick folgte.

„Warum arbeiten Sie nicht", fragte ihn Christina. Er zeigte ihr seine Hände, verschwollen und beinahe steif in den Gelenken, die Haut aufgerissen und in den Narben dunkle Ränder. Christina murmelte: „Es ist nur das Fleisch, das zuckt", und sie fuhr fort: „Meister Bernini, wer immer sie war, bringen Sie sie nicht um ihre Unsterblichkeit, und sie wird unsterblich werden durch Ihre Arbeit, wenn Sie den Schmerz, die Qualen in Ihrer Seele mit Ihrer Arbeit kurieren; meißeln Sie Ihre Liebe zu dieser Frau in Ihre Werke. Es fehlen in Rom noch so viele Plätze, die Hügel sollten mit mehr Treppen verbunden werden; gestalten Sie, Meister Bernini, was kümmern Sie die Feindschaften zwischen Familien. Die Orsini wird immer näher am Papst sein, weil ihr Geldbeutel besser gefüllt ist; da kann Paola Borghese seiner Heiligkeit die längsten Balladen dichten lassen, sie wird dem Papst niemals so viel Geld zuschieben können, dass Sie, Meister Bernini, vom Papst einen Auftrag erhalten. Aber was kümmert Sie das; zeichnen Sie, entwerfen Sie, dann werden Sie auch Aufträge bekommen. Denken Sie viel an sie – wie hieß sie?"

„Camille."

Bernini schaute Christina voll Verwunderung an, woher nahm sie die Sicherheit, mit der sie redete, woher bezog sie die Kraft, dass sie so unbeeindruckt und furchtlos über Intrigen redete. Als sie ihn umarmte, brauchte er einige Augenblicke, um die Umarmung zu erwidern. „Es ist nur – der Geruch von Haut fehlt mir manchmal", flüsterte sie. In dieser Umarmung war kein Fordern, kein Nehmenwollen, nur ein paar Atemzüge Nähe, ein paar

Atmzüge vom Geruch einer Frau, vom Geruch eines Mannes gaben sie einander, und damit besiegelten sie ihre Freundschaft.

Die Freundschaft zwischen Christina und Bernini währte über zwanzig Jahre, bis zu seinem Tod. Sie flüchteten zueinander, vor Freude, oder wenn die Hiebe sie beinahe zu Boden warfen. Christina ritt zu Bernini, als der Papst ihr den Palazzo Riario als Heimstatt zur Verfügung stellte. „Gianlorenzo, kommen Sie, schauen Sie, in der geraden Blickrichtung zum Petersdom habe ich jetzt meine Wohnung!" Und sie ritt zu Bernini, als Ehud nach Jerusalem abreiste, „sein Fehlen bereitet mir solchen Schmerz." Und Bernini kam in den Pavillon von Christina, ließ sich auf die Holzliege fallen: „Er hat mir den Auftrag gegeben! Der Papst hat mir tatsächlich den Auftrag gegeben! Ich werde den Platz vor dem Petersdom gestalten", und er stürzte den Krug voll Wasser hinunter und schlief sofort ein. Bernini wankte auch in das Haus von Christina, als eines Morgens seine Katze vergiftet zwischen den halb fertigen Skulpturen lag. „Das Gift hat mir gegolten; sie hat immer die Milch aus meinem Becher getrunken; gestern war ich zu müde, um nach Hause zu gehen, ich habe am Tiber übernachtet. Christina, ich habe zuerst den Platz vor dem Palazzo der Costagutis geplant und erst dann die beiden Brunnen vor dem Palazzo der Raspigniolis. Das hätte ich nicht tun dürfen. Die Raspigniolis fühlen sich schon seit Jahrzehnten zurückgesetzt, und mit meinen Brunnen wollten sie ihre Familie entsprechend darstellen – sie haben auch zwei Söhne, einen davon wollen sie zum Papst machen, ich habe mich um all das nicht gekümmert. Meine Katze wird mir fehlen, besorgen Sie mir eine Katze, Christina. Ich muss morgen in den Steinbruch, ich muss einen Marmor finden, in dem weniger Grau schimmert, ich brauche einen mit bläulichem Glanz."

Wie oft ritt Christina nach einer Teestunde mit Decio Azzolino zu Bernini, um mit ihm einen Teller Maisbrei zu essen, um ihm eine Zeit lang beim Zeichnen zuzuschauen. Alles wahr und ungeschönt. Wie künstlich war dagegen die Welt, die Azzolino in ihr Haus brachte. Decio legte ihr fast immer ein Billet auf das Posttablett. „Christina, Sie werden sicher verstehen, dass meine Besuche rar bleiben, da mich all meine Kräfte an die Mutter Kirche binden ..." Er sollte für Joana Orsini auskundschaften, wie sie lebte, das wusste Christina; und obwohl sie das wusste, schickte sie ihn nicht weg, so ausgehungert nach einem Gespräch, nach einem Gedankenaustausch war sie.

Einmal hatte Azzolino ihr einen Korb mit Feigen und Brot auf das Fensterbrett gestellt, und sein Adjutant hatte einen Lehnstuhl, ein Schreibpult, ein Bettgestell in das fast ausgeplünderte Zimmer von Christina geschleppt. Alles Annehmlichkeiten, doch sie hatte das Bild mit den Blutflecken von Fontainebleau vor sich, diese Tat war ein Teil von ihr, und Azzolino streifte diese Ereignisse mit keinem Wort. Im Gegenteil, er lief weg, wenn Christina unvermittelt sagte: „Wann beginnt unsere Mitschuld am Verrat? Wenn wir spüren, dass die Strömung gegen uns läuft, aber unser Hochmut uns einflüstert, wir seien stärker und wendiger als diese Gegenströmung – beginnt dort unsere Mitschuld am Verrat?"

Sofort ließ Azzolino den Becher mit dem Orangenblütentee stehen, küsste ihr die Hand und wischte aus dem Raum. Sie schaute ihm nach, wie er die Kardinalsrobe schürzte, durch Schlamm und Staub zur wartenden Kutsche lief und im Kutschenverdeck verschwand.

Nichts war für Christina geblieben von dem Bild voll Eleganz, das sie sich von Decio Azzolino in ihren ersten Romtagen selbst zurechtgelegt hatte. Es war herbeigewünscht gewesen, so hatte sie Azzolino sehen wollen, so hatte sie Rom sehen wollen, damals. Aber jetzt herrschte die Pest in Rom, und Christina musste mit dem Trinkwasser sparsam umgehen, weil der Preis für ein Fass verdoppelt worden war, und sie musste Salz beschaffen. „Die Muskeln werden kraftlos, und du kannst nicht reiten, wenn du kein Salz isst." Meister Sven hatte es ihr oft erklärt. Vielleicht würde man ihr auf der Ripetta für einen schwarzen Spitzenschleier einen Salzstumpen geben?

An manchen Tagen war sie nahe daran, an António Vieira zu schreiben; sie begann Briefe zu formulieren, ohne dass sie wusste, wo in Europa er sich gerade befand. In Gedanken daran ritt Christina immer wieder Richtung Borghese. Gianlorenzo Bernini sollte ihr erzählen, was er über Vieira wusste, immerhin hatte er ihn gezeichnet.

Meistens traf sie Bernini schon unterwegs, mit seiner umgebundenen Holztafel, die er als Unterlage zum Zeichnen und Notieren verwendete. Er schritt ein hügeliges Grundstück ab, oder er kauerte auf dem aufgeweichten Boden eines Hinterhofgeviertes. „Hier, nach Osten muss dieser Platz geöffnet werden, und dann, Christina, werde ich diese beiden Gevierte mit einer Treppe verbinden, die Straße führt geradewegs zum Petersdom." Seine Stiefel lehmverkrustet, Wams und Hose staubig, weiße Brusthaare quollen aus seinem offenen Hemd, seine Hände fast schwarz von der Zeichenkohle, so stand er dann vor ihr. Einmal traf sie ihn auch auf der Anhöhe von Muratte, vor einem zusammengebrochenen Pferdefuhrwerk auf und ab laufend. Die Marmorbrocken, die er ausgesucht hatte, waren zu schwer gewesen, bei der letzten Steigung waren die Räder gebrochen. Der Fuhrwerksmann war um Hilfe geeilt, von allen Seiten strömten Menschen herbei: „Wenn diese Felsbrocken auf eine Kutsche zukollern, gibt es Tote! Da drüben steht dieser Wahnsinnige, ein kleines Fuhrwerk so schwer zu beladen!"

Und als Bernini Christina sah, lief er auf sie zu: „Christina, ich muss ihm Geld geben, Sie sehen, der gebrochene Wagen, er ist der einzige Fuhrwerker, der mir diesen Marmor nach Borghese bringt, Christina, helfen Sie!"

Sie ritt auf der Stelle zurück, rannte in ihr Kontor, zog ein Blatt Papier aus einer Mappe, es war auf der einen Seite schon beschriftet: „Reisebericht des Aufenthaltes in Pesaro vom 12. Dezember 1655" – Pesaro, Monaldesco, schoss es ihr durch den Kopf; und sie zog mit dem Siegellack einen Strich darüber und schrieb auf der unbeschriebenen Seite: „Dass ich, Christina von Schweden-Wasa, für den ehrwürdigen, hochwohlgeborenen Meister Gianlorenzo Bernini alle Ausgaben für den geborstenen Wagen und die Hilfsdienste des Fuhrwerkers zu tragen bereit bin ..."

Bernini stolperte mit diesem Papier durch die Menschenmenge, „hier, es ist alles bezahlt", und er fuhr mit seinen Fingern über den Marmor, suchte bestimmte Äderungen und ließ sich widerwillig von Christina wegziehen: „Meister Bernini, ich möchte an António Vieira schreiben."

„Geben Sie mir die Zeichnung zurück", erinnerte er sie, „sie stimmt auch nicht mit der Wirklichkeit überein; ich habe alles übertrieben, was in diesem Gesicht zu sehen war – geben Sie mir die Zeichnung zurück."

Nur weg von diesem Platz, die Menschen drehten sich schon vom geborstenen Wagen zu Bernini und Christina – würden sie jetzt ein anderes, ein besseres Schauspiel zu sehen bekommen? „Das ist die Schwedin, so zieht sie sich die Männer in ihr Haus", wurde halblaut gelacht.

Bernini schaute noch einmal zu seinem Marmor, er sah, dass die Fuhrwerksleute begannen, am Wagen zu arbeiten, das beruhigte ihn. Also trottete er hinter Christina her, die kleine Anhöhe hinauf, dort zog Christina ihn unter einer Schirmpinie ins Gras. „Erzählen Sie, Gianlorenzo, sagen Sie mir, wohin könnte ich schreiben, dass er meinen Brief erhält."

Bernini schüttelte den Kopf: „In Paris wird er nicht mehr sein, oder doch? Christina, ich habe ihn nur zweimal gesehen. Sie kennen das Hofleben von Paris, ich saß oben auf der Tribüne, dort wo die Edelleute sitzen und die Mitglieder des niedrigen Adels, und alle schauen der Königin und dem Dauphin und den Prinzen und Prinzessinnen bei ihren alltäglichen Verrichtungen zu, auch wenn der Prediger kommt. Und da kam er, in schwarzer Kutte, um den Hals hatte er einen kleinen weißen Kragen."

„Und worüber hat er gepredigt?"

„Ich sagte es Ihnen schon – über Maria Magdalena, und warum Jesus sie bevorzugt hat – Weil sie, zumindest habe ich es so verstanden – , weil sie sowohl eine Wissende als auch eine Glaubende war. Er predigte über den Hochmut, darüber, welche Geschwüre wir in uns züchten, wenn wir die Achtung gegen uns selbst nicht im richtigen Maß pflegen." Bernini suchte nach Worten, und Christina redete in sein Nachdenken: „Denn der Hochmut ist ein gefinkelter Verführer, er lockt über unseren Wert hinaus, manchmal tut er dies mit purpurnen Roben, dann ist er leicht zu erkennen. Manchmal schmeichelt er uns die Lust an der Erniedrigung unseres Selbst in die Seele, das macht uns beliebt, wir blenden die anderen mit unserer Selbsterniedrigung, das macht uns in aller Heimlichkeit stark und mächtig – vor diesem Bild sollte uns das Grauen erfassen, denn bald sind wir zu allem fähig ..."

Bernini staunte, dass Christina den Text dieser Predigt so gut kannte; doch er forderte neuerlich: „Geben Sie mir die Zeichnung zurück", und Christina schüttelte den Kopf: „Nein."

Sie saßen noch eine ganze Weile auf dem sonnendurchwärmten Platz; auf der Straße unter ihnen zerstreuten sich die Menschen allmählich. Die Fuhrwerksleute mühten sich ab, am Wagen neue Räder anzubringen; einige zeigten geballte Fäuste zu Christina und Bernini. „Schamlos, jetzt hält sie ihn schon an der Hand, wird sie sich im nächsten Moment auf ihn stürzen?"

Christina fühlte, dass Bernini wieder weit von ihr abgerückt war, er dachte an Camille; als sie aufstand und gehen wollte, schaute er auf – mit wem und warum saß er hier?

Bernini hatte in seinem Bild mehrere Kulturen in das Gesicht von António Vieira gezeichnet – das lateinische Amerika mit dem Indianischen und Negroiden, und die Saudade, die Schwermut der Lusitanier. „Man sagt, er entstamme väterlicherseits der Verbindung eines Negersklaven mit einer Indianerin. Brasilien! Und in seiner mütterlichen Linie sei das weggelegte Kind eines

Juden dominant", hatte Samuel erwähnt, als er Christina Jahre zuvor in Amsterdam ein paar Seiten mit Vieiras Predigten gab.

Vieira war schon einige Male vor das Inquisitionstribunal zitiert worden, das wusste Christina vom Papst. „Er reißt den Schnabel zu weit auf, mit seinen Ideen vom vereinten Europa unter portugiesischer Führung, und dann seine Theorien, dass Wissen und Glauben einander nicht ausschließen!" Allerdings, vielleicht verfolgte die Inquisition von Coimbra Vieira deshalb, weil er halb jüdisch war, weil seine Eltern neue Katholiken, im Nachhinein Getaufte waren, oder weil Königin Luisa sich nach der Affaire mit ihm zwei Jahre lang ihrem Gemahl, Dom Pedro IV., verweigerte und ins Kloster ging.

Christina schrieb Briefe an Vieira, doch sie schickte keinen Kurier – wohin auch. Es reichte für sie, in das Gesicht, in das Bild von Vieira zu reden. Er lebte irgendwo in Europa, wie nah oder wie fern von Rom war für Christina nicht mehr wichtig; er kannte das Bodenlose der Seele, und sicher duldete er keine Verstellung, sein Blick forderte immer die Wahrheit.

Das Jahr 1658 verbrauchte sich weiter, ein milder Herbst legte sich über Rom. Christina ritt oft auf den Gianicolo, von diesem Hügel schaute sie gerne auf die Stadt. Wochen-, monatelang lag Rom schon in Agonie, alles Leben aus den Straßen und von den Plätzen war in die Häuser gescheucht, nur die Leichenwagen, die schwarz verhangenen Kutschen, mit denen jene Priester, die die Pest nicht fürchteten, zu den privaten Messen geführt wurden, und ein paar Gefährte mit Trinkwasser- und Abwasserfässern waren zu sehen.

Im November kam allmählich wieder Leben in die Stadt, der Fluch der Pest zog sich mehr und mehr zurück, und Christina konnte vom Gianicolo aus wieder Kutschen sehen, aus denen bunte Vorhänge wehten; Leiterwagen voll Orangen, Feigen und Kartoffeln wurden durch die Gassen gezogen, und Bauern aus Portuense trieben Kühe und Schafe durch die Stadtviertel, ein Viehhirte marschierte voraus und trommelte und rief: „Frisch gemolkene Milch!" Die Glocken von Rom kündeten nicht mehr Sterben und Tod an, sondern luden wieder zum Besuch der Messe ein, und mehr und mehr Gläubige huschten den Kirchen zu, dick vermummt noch, um sich vor der vergifteten Luft zu schützen, doch getrauten sie sich wieder auf die Straßen, und an manchen Ecken und Plätzen blieben sie sogar stehen, redeten miteinander, bekreuzigten sich:

„Ist der Fluch endlich überstanden?"

Die Altieris, Costagutis, Orsinis, und die anderen einflussreichen Familien waren zwar noch nicht nach Rom zurückgekehrt, doch ritten bereits ihre Kuriere durch die Stadt. Von den Kardinälen und Bischöfen, von den zu Hause gebliebenen Verwaltern wurden Berichte eingesammelt, und in Kolonnen bewegten sich die Kuriere und Postkutschen dem Stadttor zu Richtung Norden. Jeder Kurier, jeder Postbote in den Farben des Hauses gekleidet, und auf den Kutschen wehten die Fahnen mit den Hauswappen, weithin leuchteten der orange Falke der Orsinis und der goldene Wolf der Altieris.

Im Dezember kam ein junger Mann ins Haus von Christina.

„Ehud de Neto ist sein Name, ich kenne ihn nicht, soll ich ihn wegschicken?", fragte Rita.

„Nein", und Christina eilte dem Besucher entgegen. Sie hatte seit Wochen keinen Besuch empfangen, und wer immer es wäre, sie wollte sich wenigstens ein paar Sätze lang mit jemandem unterhalten, der außerhalb von Farnese lebte.

Der Bursche war etwa zwanzig Jahre alt, seine Gesichtszüge noch weich und ohne Linien, Schweiß stand ihm auf der Stirne; er bemühte sich, Christina die Hand zu küssen, verbeugte sich zu tief, kam beinahe ins Stolpern und stellte endlich die Kassette, die er unter seinen Arm geklemmt hatte, auf den Boden.

„Meine Familie, wir sind Sepharden aus Portugal", stotterte er, „und hier, das sind Juwelen von Ihnen. Mein Vater hat sie von Ihren Dienern gekauft. Und ich bringe sie jetzt zurück." Er überlegte, hatte er alles vorgebracht was er sich vorgenommen hatte, und er setzte noch nach: „Bitte!"

Christina versuchte zu folgen: „Juwelen, die bei mir gestohlen wurden, die meine Diener Ihrem Vater verkauft haben, bringen Sie zurück? Was wollen Sie, soll ich sie zurückkaufen?"

„Nein", Ehud wehrte ab, „Hoheit, ich habe keine Familie mehr, meine Eltern sind tot, und ich gehe weg aus Rom, aber vorher will ich die Sache mit den Juwelen in Ordnung bringen."

Er stand ratlos, was könnte er noch sagen, um Christina milder zu stimmen, dass die Härte aus ihrem Gesicht schwinden würde.

„Ihr Name ist Ehud?"

„Ja, Hoheit."

„Ehud", nun lächelte sie, „nennen Sie mich Christina, so hat mein Vater mich genannt, und dabei soll es bleiben." Sie hielt kurz inne, fuhr fort: „Warum sind Sie wirklich gekommen, Ehud?"

Sie wollte sich nicht länger stehend unterhalten, doch es war kein zweiter Stuhl im Raum; Ehud schaute sich um – das Schreibpult, der Stuhl, die Truhe, die auch als Tisch diente, denn es stand der Holzteller mit der Milchsuppe und dem Käse darauf, auf der Bettstatt waren Bücher ausgebreitet und ein paar Felle lagen auf den Brettern. „Wie bescheiden Sie leben, Christina", meinte er.

„Also", Christina begann auf und ab zu gehen, „warum sind Sie hier?"

Jetzt legte Ehud los: „Wissen Sie das nicht, Christina, Sie wollen uns weghaben, es ist eine Verordnung in Ausarbeitung, dass innerhalb der nächsten sechs Monate unser Stadtviertel von allen Juden gesäubert werden muss. Einige Dutzend Familien sind schon geflohen, nach Jerusalem. Es ist alles wegen der Pest! In unserem Viertel ist kein Mensch an der Pest gestorben, wir sind verschont geblieben, das hat die Römer gegen uns aufgebracht. Jetzt meinen sie, wir würden uns für das auserwählte Volk halten und bald nach kirchlichen Positionen greifen, uns am Ende in die Politik einmischen. Unser Rabbi hat uns erklärt, sie bedrängen den Papst, dass er diese Verordnung unterschreibt, damit er uns das Recht auf Quartier in Rom nimmt."

Natürlich hatte Christina schon vor drei Jahren erkannt, dass die mächtigen Familien Roms den Juden misstrauten. Sie lebten vollkommen abgeschlossen in ihrem Viertel, sie schwirrten zu ihren Kunden aus, sie handelten mit Holz, Marmor, Glas und Tuch, sie waren Geldverleiher; und sie erledigten alles vollkommen diskret und verschwiegen, und das reizte die Menschen Roms am meisten. Denn es war nichts herauszukriegen, sie bekamen keine Antworten auf ihre Fragen: „Was gibt der Papst dem Geldverleiher als Bürgschaft, damit er die Mittel für den Bibliothekszubau hat, am Ende Gemälde aus dem Apostolischen Palast?" „Lassen die Altieris jetzt die Kardinalsroben für ihre Neffen in Fratina nähen?" „Hat Joana Orsini die Rubine für das Kreuz von Decio Azzolino bei Orsenario in Fratina gekauft?" Und die einflussreichen Familien wollten auch nicht länger mit ihren geschäftlichen Angelegenheiten mit den Bewohnern des Fratinaviertels verbunden sein. Als sich die Fratinabewohner dann noch eine eigene Buchpresse konstruierten und Wochenblätter, Verordnungen für ihr Viertel, sogar Bücher druckten, schlug das Misstrauen der Römer in Hass um. Was ging im Judenviertel vor? Warum gab es dort so viele Ärzte, so viele Gelehrte? Warum lebten in Fratina so viele Menschen, die lesen und schreiben konnten. Was führten die Bewohner dieses Stadtviertels im Schilde, wollten sie die Macht über Rom erringen? Warum waren sie eigentlich so verschwiegen; am Sabbat hielten sie die Tore fest verschlossen, auch zu Rosch Hashana gewährten sie keinem Außenstehenden Zutritt zu ihren Festen.

Von all dem hatte Christina gehört, doch sie hatte es vergessen. In ihren Monaten in Paris und Fontainebleau hatte sie das alles verdrängt.

Ehud beobachtete Christina, folgte ihr während ihres Sinnierens durch das Zimmer; ihre grünen Augen gefielen ihm, und ein paar Mal zuckte seine Hand, es reizte ihn, in ihr dichtes rotbraunes Haar zu greifen. Er sah auch ihre schiefe Schulter. „Sind Sie vom Pferd gestürzt, haben Sie Schmerzen?", fragte er mitfühlend.

„Nein", lachte Christina seinen mitleidigen Blick weg, „damit bin ich schon zur Welt gekommen", und sie sagte noch: „Niemals wird der Papst eine Verordnung zur Vertreibung der Juden aus Rom unterschreiben."

„Er würde es sicher gegen seinen Willen tun", Ehud sagte es voll Stolz, „immerhin wurde er von meinem Großvater erzogen; drei Jahre lang lehrte ihn mein Großvater das Hebräische, das Französische und die Bücher Moses. Aber sie wollen uns weghaben, deshalb werde ich gehen, bevor ich vertrieben werde. Christina, nehmen Sie die Juwelen."

Ehud wischte sich neuerlich den Schweiß von der Stirne. „António Vieira sagt in seiner Predigt: Bekenne deinen Frevel, und du bist frei, und die Schlange der Schuld kriecht von dannen. Und es war ein Frevel, dass meine Familie Ihre Juwelen gekauft hat, Diebsgut! Nur damit wir voll Hochmut sagen konnten – unsere Familie besitzt die Juwelen der schwedischen Königin!"

„Bekenne deinen Frevel", wiederholte Christina, sie murmelte den Satz mehrmals. Ehud schaute sie an, was hatte er gesagt, warum war Christina auf einmal so verstört, warum reagierte sie überhaupt nicht auf die Juwelen.

„Lassen Sie diese Juwelen. Es sind Geschenke aus England, aus Frankreich, aus Russland, sie galten der Königin von Schweden. Ich habe sie vom Norden des Kontinents in den Süden geschleppt, sie sollten mich vor Armut schützen. Diese Juwelen haben nichts mehr mit mir zu tun." Sie wollte etwas anderes von ihm, Christina beschwor Ehud: „Haben Sie Schriften von Vieira zu Hause, bringen Sie sie mir, alles was in Ihrer Familie von ihm aufbewahrt wurde."

„Nein", stammelte Ehud, „vielleicht, ich glaube nicht." Er kannte sich nicht aus; stellte die Juwelenkassette auf den Boden und ließ sich aus dem Raum schieben.

Christina stürzte zum Schreibpult, „bekenne deinen Frevel", diesen Satz schrieb sie auf die nächste Seite ihres Tagebuches. Sie suchte in den Papierbögen von Vieiras Schriften, wühlte in Büchern, fand endlich das Blatt: „... der Himmel spricht zu uns im richtigen Moment, er lässt durch einen Mitmenschen zu uns sprechen, auch darauf können wir vertrauen ..."

Dezemberluft wehte vom offenen Fenster in das Zimmer.

„Seit Generationen war es im Dezember nicht so kalt, jetzt werden die Schwachen auch noch erfrieren", seufzte Rita und nahm die Kassette mit den Juwelen an sich. Sie würde die Schmuckstücke gut verwahren, und Stück um Stück Christina vorlegen, wenn sie Geschenke brauchte, oder Geld.

Rita versuchte auch, mit einer Magd im offenen Kamin ein Feuer anzufachen, doch das Holz war feucht, und sofort war das ganze Zimmer verraucht. „Den Blasebalg", befahl Rita und schaute währenddessen ständig zum Schreibpult. Was war vorgefallen, dass Christina wieder, wie in letzter Zeit so oft, minutenlang vor diesem Bild, vor der Zeichnung mit diesem Vieira stand und in sein Gesicht starrte. Wie vorsichtig Christina dieses Blatt immer in die Ledermappe legte und aufschrie, wenn Rita nur in die Nähe dieser Mappe kam: „Lass das, nicht angreifen."

Christina klappte ihr Tagebuch zu; sie brauchte Ablenkung, sie musste wenigstens für ein paar Stunden ihrer Gedankentretmühle entkommen, und sie ritt hinaus ins Fratinaviertel.

Fratina war ein ruhiger Bezirk. „Rom braucht die Menschen aus Fratina; sie sind die besten Lehrer, mein Onkel hat mir das oft gesagt – die Costagutis haben den Wert von fünf Pferden bezahlt, nur um den Namen eines Lehrers aus Fratina für ihre Söhne zu erfahren", hatte Rita erzählt.

Alles in Fratina schien reinlich zu sein; der Unterstand für die Pferde, die Straßen, sogar die Katzen und Hunde, alles wie frisch gewaschen. Durch die Straßen zogen nicht die Schwaden aus Abwasserfässern, der Gestank von Pferdemist, sondern der Geruch von schmauchenden, würzigen Kräutern; vor den Häusern standen Fässer, in denen Lauge gesammelt wurde.

Als Christina wieder in Farnese war und sich in ihrem Zimmer voll Dezemberkühle umsah, nahm sie die Spinnen wahr, die auf dem Holzboden krochen, ihr Leibstuhl und das Abwasserschaff starrten sie aus der Ecke an, übler Geruch und Gestank wehten durch den Raum. In ihrem Zimmer gab es auch nichts Schmückendes; doch es passte alles zueinander, ihr zerfahrenes Inneres und ihr Zuhause, der Raum, in dem sie lebte.

Sie wanderte in der Nacht wieder stundenlang durch das Zimmer; den Juden das Recht auf Quartier nehmen – der Papst würde sich einem solchen Winkelzug von Joana Orsini nicht beugen. Oder doch? Vor etwas mehr als einem Jahrzehnt waren die Juden aus Portugal vertrieben worden. Scharf hatte Vieira dagegen gewettert – in Amsterdam war oft davon erzählt worden; Christina hatte nur beiläufig zugehört, sie war damals zu beschäftigt gewesen mit ihren Vermögensverhandlungen.

„Brachte diese Entscheidung den größten Schaden für Portugal, deshalb fordere ich neuerlich die Rückholung der Juden", so habe er es von der Kanzel geschmettert. Und als er deshalb vor den Inquisitionsrichtern stand, habe er geschwiegen, und nur das Wort von Königin Luisa habe ihn vor dem Scheiterhaufen bewahrt. Der Vorsteher des Tribunals habe eine brennende Fackel nach Vieira geworfen, als dieser nach dem Freispruch sagte, deutlich und ungebeugt: „Es bleibt, was es ist – jetzt haben die Engländer beides, Reichtum und Intelligenz."

Vier Wochen nach ihrem Besuch in Fratina fand im Petersdom die Messe, der Empfang am Heiligendreikönigstag statt. Zwei Jahre waren im Petersdom wegen der Pest keine großen Messen zelebriert worden; nun, endlich, sollte wieder damit begonnen werden.

Es regnete in Strömen, und Christina lief in ein Fell gehüllt zur Kutsche; ihr schwarzes Kleid war von den wenigen Schritten Schlamm bespritzt; und als Rita sie in die Kutsche schob, fiel ihr auch noch das schwarze Tuch, mit dem sie ihre Hände umwickeln wollte, in das Rinnsal; Rita hatte in keiner der Truhen die schwarzen Handschuhe gefunden. Die Fahrt zum Petersdom war mühsam, manchmal rutschten die Räder auf den regenglatten Pflastersteinen, dann wieder versanken sie im Morast; in einer Gasse versperrte eine Kutsche den Weg, weil ein Rad gebrochen war, in einer nächsten Gasse standen zwei Kutschen ineinander verkeilt, wahrscheinlich hatten die Pferde gescheut und den Unfall ausgelöst. Der Kutscher fluchte, weil er immer wieder Umwege nehmen musste; Christina wurde hin und her geworfen, Wasser rann von überall ins Kutscheninnere, die beiden Knechte, die neben dem Kutscher saßen, waren betrunken und fuchtelten so ausgelassen mit den Fackeln in der Luft, dass die

Lichter erloschen und sich die Kutsche als dunkles, unbeleuchtetes Gefährt dem Petersdom zubewegte. Dort stand schon eine ganze Reihe von Wagen; der Platz vor der Kirche war voll von Menschen; alle wollten endlich wieder eine Messe im Petersdom erleben. Was kümmerte es sie, dass sie mit ihren Stiefeln bis zu den Knöcheln im Morast versanken, dass die Regengüsse ihre Uniformen und Roben zerstörten. Diese Messe bedeutete, dass eine neue Zeitrechnung begann – die Pest war überstanden! Sie beteten in Gruppen, fielen auf die Knie, wenn einer der Priester bei ihnen stehen blieb und die Wartenden mit Segen und Weihrauch auf die Messe einstimmte. Sie gaben auch den Weg für den Mundschenk frei, der mit zwei Gehilfen ein Fass mit Wein durch die Menschenmenge schob; aus einem Holzschöpflöffel bot er den Wartenden und Betenden Wein an, und zu zweit und zu dritt drängten sie sich mit ihren Mündern an das Getränk, um ein paar Schluck davon zu erhaschen; der Wein würde sie wärmen, er würde auch helfen, die Ereignisse der letzten beiden Jahre, der Pestjahre, leichter zu vergessen, wegzustellen in einen hintersten Winkel ihrer Erinnerung.

Der Kutscher pfiff nach einem Baldachin, unter dem Christina halbwegs trocken gehen sollte; doch mit dem Baldachin gab es kein Weiterkommen, da die Menschenmenge zu dicht war; auch waren die Soldaten der päpstlichen Leibgarde unwillig, sie waren durchnässt und froren, und sie schauten immer Richtung Gianicolo. Als Christina den Platz überquert hatte und von der Anhöhe des Doms zurückschaute, sah sie vom Hügel ein Lichterband auf den Petersdom zustreben; vielleicht eine Prozession, eine Danksagung für das Ende der Pest.

Im riesigen Kircheninneren eilten die Kardinäle und Bischöfe in ihren Purpurroben ihren Plätzen zu, die Ehrengäste gingen gemessenen Schrittes zu ihren Reihen; „Christina" stand auf dem Platz vor ihrem Namensschild – „Christina von Schweden, Wasa."

Ohne Ankündigung durch Zeremonienmeister oder Priester kam Papst Alexander und schritt zum Altar; er war in schlichtem, grünem Messgewand und wandte sich sofort den Gläubigen zu, hob die Hand zum Segen. In diesem Moment stürmte eine Menschenmenge in den Petersdom. Hunderte Römer mit Fackeln, alle grau gekleidet, mit vermummten Köpfen, rannten mit so viel Entschlossenheit auf den Altar, auf den Papst zu, dass die Leibgarde geschockt einige Momente lang nicht reagierte.

Einer der Grauvermummten trat vor und schmetterte in das Kircheninnere: „Wir bitten Eure Heiligkeit, uns den Beweis zu geben, welchen Wert unser Gehorsam für die Mutter Kirche hat: Wir wollen nicht länger zusammenleben mit jenen, die sich als Auserwählte fühlen, mit jenen, die über uns den Fluch gelegt haben! Heiligkeit, unterschreiben Sie das Manifest unserer Bürger, auf dass die Quartiersfreiheit für die Bewohner des Fratinaviertels in Rom beendet wird."

Ein Tumult entstand, die Soldaten der Leibgarde versuchten, die Grauvermummten aus dem Kirchenschiff zu drängen, Stöcke wurden geschwungen, Schreie gellten, immer wieder Rufe: „Fratina den Römern", und „Vivat unserer Beschützerin Joana Orsini, Vivat Joana!"

Christina stand, umwogt von diesen außer Rand und Band geratenen Menschen, sie sah, wie der Papst durch einen Seitenausgang verschwand, sie sah auch Decio Azzolino wegschlüpfen; manche der Kardinäle gingen mit erhobenen Händen auf die Aufgebrachten zu, versuchten zu segnen, zu beruhigen, doch die wütende Menschenmenge drängte weiter zum Altar. Christina fand sich einige Minuten lang nicht zurecht – was ging hier eigentlich vor? Joana Orsini wurde als Beschützerin dieser Aufgebrachten angerufen?

Sie wollte zum Papst. Die Römer stürmen den Petersdom, das hatte es noch nicht gegeben! Sie musste Papst Alexander sprechen, und sie mühte sich zum Seitenausgang, doch dieser war bereits verschlossen. Also musste sie sich durch das ganze Kirchenschiff schieben, dicht an dicht an den Grauvermummten vorbei. „Vivat Joana", schallte es aus der Menge. Plötzlich wurde eine Fackel Richtung Christina geworfen: „Sie hält es auch mit den Juden, sie macht Besuche im Fratinaviertel!" „Alles Böse kommt vom Norden!", so wurde durcheinander gerufen. Man zerrte an ihrem Kleid, eine Hand riss ihr den schwarzen Schleier vom Kopf, jemand trat gegen ihre Beine. Das konnte nicht sein, dass diese aufgehetzten Menschen sich ihr in den Weg stellten, und Christina schlug dem Nächsten ins vermummte Gesicht, rempelte einen anderen aus dem Weg, sie riss sich eine Gamasche von den Beinen und hieb damit wie mit der Reitgerte auf jeden ein, der sie am Weitergehen hindern wollte.

Wie gezogen fand sie den Weg zu einer Türe, ein paar Vermummte wichen sofort zur Seite, und sie lief mit hoch geschürzten Röcken über Stiegen und Gänge, lief weiter und weiter, der letzte Vermummte hatte die Verfolgung aufgegeben, sie rannte durch Innenhöfe, stieß immer wieder Soldaten der Leibgarde weg – sie musste zum Papst. Weiter ging es durch das Labyrinth der Säle und Atrien, schließlich stand sie vor Papst Alexander. Nichts mehr war an diesem hageren Mann in der weißen Soutane übrig geblieben vom Willen, von der Entschlossenheit, mit der er Christina drei Jahre zuvor in die Neapel-Mission geschickt hatte.

„Christina", nickte er und segnete sie. Auf seinem Schreibtisch lagen die voll beschriebenen Bögen Papier, das Manifest, und dort stand in klaren Buchstaben, „dass die Bewohner des Bezirkes Fratina innert sechs Monaten die Stadt Rom zu verlassen haben ..."

Christina starrte auf die Schrift, die Schrift von Decio Azzolino. Das konnte nicht sein! „Heiligkeit, tun Sie es nicht, unterschreiben Sie nicht. Sie wissen wie ich, dass die Bewohner des Fratinaviertels nicht Auserwählte sind, es ist ihre Lebensführung. Sie säubern die Rinnsale mit Lauge, sie kochen dicke, schäumige Seife, mit denen sie die Tröge säubern, bevor sie die geschlachteten Tiere hineinlegen, sie haben ihre eigenen Brunnen, aus denen sie ihr Trinkwasser schöpfen, und die Hebammen waschen sich die Hände, bevor sie einer Gebärenden in den Schoß greifen. Heiligkeit, geben Sie Befehle, diktieren Sie Anordnungen, damit Sauberkeit in Rom herrscht. Warum beugen Sie sich dem Willen einer Joana Orsini; für die ganze Sippschaft dieser Familie ist die Pest doch nur ein Vorwand, die Juden aus Rom wegschicken zu können. Wenn Sie diesen Schritt tun, gehen Sie, geht der Vatikan in eine Richtung, die sich für Jahrzehnte nicht mehr ändern lässt." Christina redete und redete und hörte erst auf, als sie die Hand des Papstes auf ihrer Schulter spürte.

„Christina, Wir danken Ihnen", und er straffte sich, nahm den Totenschädel in die Hand und betete. Dann sagte er, mit leiser Stimme, doch mit dem bekannten gläsernen Ton: „Sie wird dem Vatikan das Geld entziehen", und er setzte gemessen einen Schritt vor den anderen, und genauso gemessen erklärte er: „Ja, Joana Orsini wird dem Vatikan das Geld entziehen, das Wir für ein größeres Heer brauchen, ein Heer für Kreta, ein Heer gegen die Türken. Sie wird diese Niederlage von heute nicht verwinden können, sie wird ihre Handlanger auspeitschen lassen und in ihr privates Verließ sperren, denn sie wartet in Lucca auf die Meldung: Der Papst hat sich gebeugt, das Fratinaviertel ist gesäubert. Das brächte Uns volle Geldschatullen, dann könnten Wir Bernini beauftragen, endlich den Platz vor der Kirche zu gestalten. Nein! Wir werden Uns dem Willen von Joana Orsini nicht fügen; es wurde Uns der Weg gezeigt, der Allmächtige sprach durch Sie, Christina, zu Uns." Damit zeichnete er ihr ein Kreuz auf Stirn und Lippen und klingelte schon nach dem Schreiber.

Erschöpft wie von einem langen Ritt schleppte sich Christina von den Privatgemächern des Papstes durch die Hallen und Gänge einem Ausgang zu. Ihr regennasses Kleid lag schwer auf ihrem Körper, jetzt erst bemerkte sie, dass die Wütenden ihr den Spitzenkragen abgerissen hatten. Sie fröstelte, ging durch einen Innenhof, dort und da wischte ein Kardinalsrock vor ihr in einen Raum, und plötzlich sah sie Decio Azzolino. Er flanierte zwischen Limonenbäumen und Fächerpalmen und blieb unvermittelt vor Christina stehen. Seine Robe war unversehrt, nichts an ihm ließ auf einen Aufstand schließen, darauf, dass er erst vor einer halben Stunde vor einer aufgebrachten Menschenmenge geflüchtet war.

Er lächelte Christina entgegen, rückte ihr den verrutschten Umhang, das zerrissene Kleid zurecht, murmelte: „Die Pest hat die Menschen verwirrt, sie suchen Antwort in ihrer Verzweiflung. Die Garde des Papstes wird die Menschen zur Vernunft bringen, es wird bald wieder ruhig sein."

Wie glatt redete er; sie hatte seine Schrift vorhin auf dem Manifest gesehen. „Der Papst wird es nicht unterschreiben, niemals", schleuderte Christina ihm hin; er blieb unbeeindruckt. „Der Papst kann Joana Orsini nicht den Gehorsam verweigern", lächelte er und schob Christina vom Regen weg in eine Nische. „Ohne Orsini-Geld ist der Vatikan verloren, dann hat der Papst kein Geld für Soldaten und kein Geld für Baumeister."

Damit wollte Azzolino das Gespräch beenden, er bot Christina den Arm an, um mit ihr zum Ausgang zu spazieren.

Sie stand fassungslos; er war also tatsächlich der absolut gehorsame Diener dieser Frau; und warum tat er das, was erwartete er sich dafür?

Sie riss ihn zurück: „Decio, rundheraus, glauben Sie, dass Joana Sie zum nächsten Papst machen wird?"

Er überlegte genau, bevor er antwortete: „Für die Tiara bin ich jetzt noch zu jung, keine vierzig. Aber Nuntius, das könnte ich bei der nächsten Papstwahl schaffen", dann maß er Christina und legte los: „Haben Sie eine Ahnung, wie alles, jedes Ereignis, jeder Mensch verwendet werden muss, damit man endlich derjenige sein kann, der man in seinem Inneren längst ist. Haben Sie eine Vorstellung von den Demütigungen, die hinzunehmen sind, wenn man nicht auf adelige Herkunft verweisen kann. Sie wissen nichts von dem Ekel, den man vor sich selbst empfindet, weil man mit fremder Stimme säuselt, sich mit Bischöfen, Sekretären und Kardinälen verbrüdert, um sie günstig zu stimmen. Denn man kann sich alle Bücher der Archive in den Kopf stopfen, alle Sprachen Europas studieren, und trotzdem bleibt einem dieser Makel – er ist aus einfacher Familie, er stammt aus einem Dorf im Norden."

Wie schnell hatte er ihn abgestreift, jenen Decio, der ihr parfümierte Billets schickte; nun stand ein Bursche vor ihr, aufgedunsen und stiernackig, unter der Kardinalsrobe die Schenkel gespreizt. „Die Orsini ist die Liebesmeisterin für die jungen Priester, nur Decio braucht sie für ihr eigenes Bett", das hatte Rita erzählt.

Joana Orsini, die Spanierin mit dem dunklen Strich auf der Nase, dem schwarzen geölten Haar und dem fülligen Körper; in den Fleischnischen dieses Körpers wühlte Azzolino; wie sie sich wand und stöhnte vor Lust; Joana, wie sie forderte und befahl und sich jeden Winkel ihres Körpers von Azzolino zum Beben bringen ließ – und er leistete ihr Gehorsam.

Christina rang nach Luft, und in einer Aufwallung von Wut und auch Ekel warf sie sich Azzolino entgegen, und sie fielen übereinander her. Sie wollten einander Schmerzen zufügen; Christina kämpfte Joana nieder, als sie sich zwischen die Schenkel von Azzolino drängte, und Azzolino wollte endlich jenen Teil von Christina besitzen, an den er sich noch nicht herangewagt hatte. Sie rangen miteinander, doch es blieb beim gegenseitigen Schmerzzufügen; der Kitzel der Wollust ließ sich nicht entfachen; ihre beiden Körper verweigerten sich, ausgetrocknet und schlaff ließen sie voneinander ab und gingen erschöpft auseinander.

Christina kam verstört nach Farnese zurück; sie brauchte einige Tage, bis sie aus ihrer Aufwallung zurück zu ihrem alltäglichen Leben fand. Ihr Schlund hatte sie also wieder hinuntergerissen, und trotzdem hatte sich ihr Körper verweigert; auch war sie nicht imstande gewesen, im anderen, in Decio Azzolino das Feuer so zu entfachen, dass er sie mitgezogen hätte. Immer war sie für einen anderen Körper die Dienende oder die Befehlende gewesen, Ebba, Gabriel, Samuel, Monaldesco; noch nie war sie mit einem Zweiten im Gleichklang den Wellen der Nähe, der Wohligkeit, der Lust gefolgt. Würden diese Blätter in ihrem Lebensbuch also unbeschrieben bleiben.

Sie suchte, sie brauchte einen Gesprächspartner, einen Menschen, der sie begleitete, „... auch haben wir unseren Schatten in uns aufzuspüren, denn dahinter verbergen sich unser Sadismus, unsere Brutalität, und erst wenn wir angstlos anerkennen, wozu wir fähig sind, können wir unseren Weg durch das Dunkle fortführen ...", las sie bei Vieira.

Und mit den Wochen und Monaten richtete Christina sich mehr und mehr in ihren zwei Welten ein, in jener, in der sie mit Vieira lebte, und in der anderen, äußeren, die für alle sichtbar war.

Darin, zwei Welten in sich zu tragen und aus der einen die Kraft für die andere zu ziehen, war Christina eine Meisterin. Sie lachte und diskutierte in der Accademia Reale über die neue Talarmode der Kardinäle, ließ sich von den Eifersuchtsszenen von Bischof Rispoli und dem Seminaristen Francesco erzählen, und kaum betrat sie zu Hause ihr Zimmer, streifte sie jene äußere Christina ab und wanderte wieder mit den Schriften und Sätzen von Vieira in der Hand durch die Räume.

Nach dem Sturm in den Petersdom und den Anordnungen des Papstes, „für ein sauberes Rom", hatten sich die Römer bald beruhigt. Sie lebten wieder im Guten mit den Bürgern aus Fratina. Es wurde die Zahl der Müllkutscher vergrößert, Wachsoldaten sorgten dafür, dass niemand Abwasser in die Trinkwasserbrunnen schüttete, und mindestens einmal pro Woche wurden die Rinnsale mit Lauge gereinigt. Christina bekam vom Papst das lebenslange Wohnrecht im Palazzo Riario zugesichert. „Damit sei unserer Padrona Cristina di Svezia Dank und Anerkennung für ihr Mitwirken am friedlichen Ausgang der Debatten über die Quartiersfreiheit für die Juden ausgedrückt", so stand es im Kontrakt.

Mit Riario hatte sie endlich jene Heimstatt gefunden, in Blickrichtung zum Petersdom, wie sie es sich immer gewünscht hatte. Und mehr noch, Riario war nun eine ihrer Lebensgewissheiten; jetzt war sie in Rom sesshaft geworden, endgültig, und eine weitere Unruhesaite in Christina war zum richtigen Ton gestimmt.

Mit Riario legten sich auch die äußeren Stürme für sie, es kam Windstille in ihr Leben, und obwohl sie noch immer sagte, „ich liebe den Sturm und fürchte die Stille", richtete sie sich in diesem neuen Leben gut ein.

Sie betraute Bernini mit Umbauarbeiten in Riario; wie immer musste sie ihn erst suchen, fand ihn auf einer Baustelle mit Maurern fluchend, ein anderes Mal in der Werkstätte des Steinmetzes, wo er beim Schneiden eines Marmorstückes half; sie fand ihn in einer Spelunke auf der Ripetta, wo ihn eine Tänzerin oder ein Wirt auf einen Teller Maisbrei und einen Becher Wein eingeladen hatten. Er ging beinahe in Lumpen, wankte unterernährt und erschöpft durch die Straßen, er ging völlig unbekümmert an jenen Säulen, Skulpturen und Brunnen vorbei, die alle von seiner Hand waren und längst in Unsterblichkeit standen. Christina schaute er aus rot entzündeten Augen entgegen, er schoppte weiter den Maisbrei in sich hinein, fragte: „Riario?" Ja, er würde kommen und den Innenhof gestalten, auch den Pavillon. Er fragte nie nach Geld, doch er mahnte Christina alle Jahre bis zu seinem Tod: „Geben Sie mir die Zeichnung zurück!"

Sie lachte ihn immer aus und behielt das Bild von António Vieira.

Nachdem sie sich in Riario niedergelassen hatte, kamen die Jahre, in denen Christina neuerlich in Geldschwierigkeiten geriet; sie reiste nach Amsterdam, ordnete ein weiteres Mal bei Manoel Teixeira ihre Vermögenswerte. Sie besuchte Ebba, die sich vollkommen in ihre Erinnerungswelt zurückgezogen hatte und Christina nicht einmal mehr erkannte. Von Schweden wurde Christina die Herausgabe ihrer zurückgelassenen Kunstschätze verweigert, mehr noch, die neue Regierung ließ sie in Schweden nicht einreisen; Christina würde nur Unruhe ins Land bringen, am Ende Aufstände verursachen, denn sie war für die Schweden zum Symbol für eine goldene Zeit geworden: Zu Christinas Zeiten war Schweden eine Großmacht gewesen, und damals war es den Schweden gut gegangen.

Papst Alexander, Fabio Chigi, starb, und als nächster Papst wurde ein Mitglied der Squadrone Volante gewählt, Clemens IX. Damit hatte Joana Orsini nach ihrem gescheiterten Plan, die Bewohner aus Fratina aus Rom zu vertreiben, eine weitere Niederlage hinzunehmen. Auch ihr Günstling Decio Azzolino hatte sich aus Joanas Abhängigkeit beinahe freigespielt, denn er war Nuntius geworden, der Erste Mann an der Seite des Papstes, und er hatte diese Position nicht durch Joanas Hilfe erreicht, sondern durch Entscheidung der Squadrone Volante, deren Padrona Christina war.

Schließlich kam das Jahr 1669. Christina konnte es in den astronomischen Ephemeriden leicht nachvollziehen, dieses Jahr würde eine markante Linie in ihrem Leben ziehen. Sie war dreiundvierzig Jahre alt, und sie spürte, dass ihre Kräfte weniger wurden. Noch immer bändigte sie ihre innere Getriebenheit mit

Studien, mit der Übersetzung der Texte von Plato ins Florentinische, mit astronomischen Berechnungen und Beobachtungen. Sie bereitete Diskurse für die Accademia Reale vor, „die Seele hat kein Geschlecht, Sie missverstehen Meister Descartes, die Seele ist weder männlich noch weiblich". Doch ihr Enthusiasmus wurde kleiner; das Geschwätz der jungen Theologen ermüdete sie, und wenn sie einem jungen Priester mit ihrem Blick unter seine Kleidung fuhr, mit ihren Augen über seine glatten, angespannten Muskeln streifte, dann begann die Feuchtigkeit zwischen ihren Beinen nicht mehr zu fließen, vielmehr erschrak sie bei der Vorstellung, dass diese jungen, ungestümen Hände ihren Körper erforschen würden. Sie flüchtete in ihre zweite Welt, las zum hundertsten Mal die Worte, „die Menschen sind das Salz der Erde, und das Salz verhindert die Fäulnis. Wenn man sieht, wie die Welt heute verdorben ist, obwohl es auf ihr so viele Menschen gibt, worin liegt die Ursache für alles Übel – lässt sich die Erde nicht mehr salzen, ist sie der Menschen überdrüssig, ihrer Wehleidigkeiten, ihrer Eitelkeiten und Feigheiten. Wir müssen wieder lernen, Qual und Pein hinzunehmen, lernen zu schweigen, denn das Licht, die Liebe ist hinter dem Dunkel, zuerst muss durch die Hölle gegangen werden ..."

Im August, in den Tagen des Regulus, bat der Papst Christina in sein Kontor; ohne lange Vorreden vertraute er ihr an, dass António Vieira in den allernächsten Tagen nach Rom kommen würde. Vieira sei von der Inquisition von Coimbra für fünf Jahre in die Verbannung nach Rom geschickt worden; bei Rede- und Predigtverbot habe Vieira in Rom die Gelegenheit, seine Verteidigungsschrift abzufassen. Er sei angeklagt, die Katholiken, Protestanten, Lutheraner und Calvinisten, alle im Rang des gleichen Wertes und der gleichen Rechte unter dem Dach der Heiligen Mutter Kirche von Rom vereinigen zu wollen; auch habe er sich offen für die Rückholung der Juden nach Portugal eingesetzt.

Christina konnte kaum folgen – Vieira würde demnächst in Rom sein, warum sprach der Papst zu ihr davon?

„Wie halten Sie es mit den Jesuiten?", fragte der Heilige Vater sie rundheraus.

Es war bekannt, in diesem Punkt lebte der Papst im Zwiespalt, denn er lehnte die Jesuiten nicht ab; andererseits wusste er, dass Joana Orsini und ihre Getreuen und Anhänger nur Hass und Verachtung für die Jesuiten hatten; „in ihrer Hörigkeit zum Wissen mangelt es ihnen am Gehorsam im Glauben" – das wurde im Salon der Orsini geredet.

Christina erklärte dem Papst: „Ich lebe mit der Philosophie von Vieira, versuche seine Predigten zu begreifen und bemühe mich, alle Demutsstufen zu durchlaufen, mit meinem Schatten zu ringen und mich damit auszusöhnen und vielleicht, irgendwann, zum Licht zu kommen."

Der Papst war ziemlich verunsichert. Eine solche Rede kannte er nicht von Christina; und er war erleichtert, als Christina wieder, ganz ihrem gewohnten Naturell entsprechend, forderte: „Heiligkeit, ich bitte Sie um die Erlaubnis, dass António Vieira mein Prediger sein kann, nur für mich, in Riario, ganz privat."

„Unmöglich", Papst Clemens beschwor sie. „Wir haben sein Rede- und Predigtverbot zu überwachen, und die Richter des Offiziums werden ihn keine Stunde aus den Augen lassen, Sie wissen, Joana Orsini lässt alles auskundschaften."

Er dachte nach, lächelte schließlich, und meinte: „Aber Christina, wir beide wissen, Fata viam invenient, das Schicksal findet Mittel und Wege." Damit segnete er sie.

Sie ritt zurück nach Riario, in den Gassen lag Augusthitze; in den Hauseingängen dösten Wächter; ein Pfarrer eilte mit einem Kaplan in ein Gesindehaus, vielleicht war ein Kind zu taufen oder es wartete ein Knecht oder eine Magd auf die letzte Ölung. Zwei junge Frauen aus der Ripetta stoben zur Seite, sie winkten ihr. Christina galt auch als Padrona der Ripettazeile, so nannten sie die Künstler, Spieler, die Tänzerinnen und Prostituierten. Vielleicht würde Christina nun wieder den alten Baumeister Bernini besuchen, mit ihm am Tiber spazieren und anschließend bei der alten Donna Ella fette Maisfladen essen, und bevor sie wegging würde Christina einigen Frauen ein paar Münzen zustecken, und sie hätten sich den heutigen Gang Richtung Petersdom erspart. Jetzt mussten sie warten, bis ein Schreiber oder Kurier nach ihnen pfiff und ihnen für eine Stunde, in der sie zu zweit dem Männerkörper Lust verschafften, ein Essen im Ausspeisungshaus bezahlte, einen Holzteller voll Rüben und Mais, vielleicht noch eine Hühnerkeule.

Christina ritt langsam, bedächtig auf ihr Zuhause zu; sie maß die Entfernung zur Engelsburg, eine kurze Distanz; zu Fuß war die Gasse von der Engelsburg zu ihrem Palazzo in wenigen Minuten durchschritten; António Vieira würde in ihr Haus kommen, daran zweifelte Christina keinen Moment.

Als sie durch ihren Garten spazierte, tat sie das in einer Vorfreude, als würde sie einen lang abwesenden Gast, der ihr vertraut war, dessen Stimme und Bewegungen sie kannte, endlich wieder im Haus haben. Sie ging in die Küchenräume, wo die Köche und Gehilfen Fische und Geflügel ausweideten, Thymian- und Rosmarinzweige zu Kränzen wanden, Oliven entkernten und weißen Käse im Schaff rührten – alles für das wöchentliche Dinner, das sie mit einigen Mitgliedern der Accademia Reale in ihrem Salon einnahm. Sie durchwanderte das ganze Haus, die Bibliothek, die Galerie, den Saal mit dem langen Tisch, an dem diskutiert wurde, die kleinen Nebenzimmer, in denen überall Schreibpulte standen. Man wusste, im Salon von Christina von Schweden konnte jeder sofort Notizen niederschreiben, sich ein Buch aus der Bibliothek entnehmen. Der Salon der ‚Minerva des Nordens' war eine Bruderschaft von Richtern, Ärzten, Diplomaten, Bischöfen und Kardinälen, die sich den Wissenschaften widmeten, der Astronomie und Astrologie, der Erforschung des menschlichen Körpers und den Philosophien.

Christina konnte sich nicht mehr vorstellen, jemals woanders zu leben als in Riario; die weitläufigen Räume, das Atrium, das bis ins dritte Stockwerk reicht, ihr Arbeitszimmer, groß genug, dass sie darin weit ausschreiten konnte, und ihr Schlafzimmer mit den Möbeln aus Palisanderholz, und überall Tische, Kommoden und Truhen, auf denen Bücher lagen, Schriften von Dante, gebundene Partituren von Giacomo Carissimo, Bücher, nur um zu erfreuen, um wohl zu tun. „Ich will keine Pflanzen im Haus, sie gehören in den Garten", hatte sie bestimmt, „legen wir stattdessen Bücher auf."

In ihrem Kontor hing auch das Bild von Vieira, die Zeichnung von Bernini. Sie hatte die Zeichnung auf eine Staffelei montiert und manchmal für Stunden mit Leinentüchern bedeckt, damit Öllampen und Kerzenlicht das Papier nicht noch weiter verdunkelten oder es unter dem grellen Sonnenlicht verblasste.

An diesem Gesicht war kein Alter abzulesen, in diesem Gesicht lag die Besessenheit, in die Tiefe blicken zu wollen, in die Tiefe der Worte, der gesprochenen wie der geschriebenen, in die Tiefe der Seele.

Schon drei Wochen nach Christinas Gespräch beim Papst kam der persönliche Kurier von Clemens IX. nach Riario. Er habe strikten Auftrag, ein Schriftstück Christina persönlich zu übergeben, sagte er und wartete, bis Rita das Zimmer verlassen hatte. Erst als er allein mit Christina war, zog er einen doppelt versiegelten Umschlag aus der Postmappe. „Ich habe Ihnen noch etwas mitzuteilen, wenn Sie die Nachricht gelesen haben", erklärte er, und Christina las endlich: „Wir teilen Ihnen mit, dass Ankunft und Einquartierung vollzogen sind. Wir beten darum, dass Gott ihm die Stärke gibt, Worte voll Kraft zu seiner Verteidigung zu finden. Christina, seien Sie Unserer Wertschätzung versichert – Gott behüte Sie."

Vieira war also angekommen, war bereits in der Engelsburg untergebracht – ging es ihr durch den Kopf, und als sie aufschaute, sprach der Kurier den ihm aufgetragenen Satz: „Seine Heiligkeit teilt Ihnen außerdem mit, und dies kann nur mündlich geschehen, dass Ihrem Wunsch entsprochen wird!" Er wiederholte diesen Satz noch einmal, schaute zum Tintenfass – wollte Christina die Worte nicht mitschreiben, das war eine wichtige, eine sehr wichtige Mitteilung! Schließlich begriff sie und warf die Worte auf das Papier, „... Ihrem Wunsch entsprochen wird." Sofort verneigte sich der Kurier und verschwand mit raschen Schritten aus dem Zimmer.

Würde Vieira also doch ihr Prediger werden, wie hatte Papst Clemens das eingefädelt? Hatte Vieira nun die persönliche Erlaubnis des Papstes, seine Zelle zu verlassen und nach Riario zu kommen? Christina saß minutenlang mit dem Brief in der Hand am Tisch; so viel Mut hatte sie diesem Papst nicht zugetraut, welch große Geste der Dankbarkeit war das. Giulio Rospigliosi war nur durch die Squadrone Papst geworden. „Wir danken Unserer Padrona", hatte er zu Christina genickt, als sie beim Empfang nach seiner Weihe zum Papst seinen Segen empfing.

Wahrscheinlich war es auch richtig, was über den Gesundheitszustand dieses Papstes geredet wurde. „Sein Körper ist sehr müde und erschöpft, zwei Kardinäle müssen ihn stützen für die wenigen Schritte bis zum Altar", hatte Rita erzählt, „manche sagen, dass wir schon nächstes Jahr einen neuen Papst haben werden." Vielleicht fühlte er wirklich sein Ende nahen und versuchte deshalb, den Wunsch von Christina zu erfüllen.

Aus den Erzählungen von Rita hatte sich Christina auch die Ankunft von Vieira zusammengereimt. „Gestern ist ein geheimer Staatsgast in Ostia am Hafen angekommen. Unser Koch war mit seinen Gehilfen dort und wollte Fische und ein Kalb kaufen. Es war aber nicht möglich, weil das ganze Hafenviertel, auch die Markthallen gesperrt waren. Niemand wusste, warum. Aber Giorgio hat die Kutsche gesehen, alles in Schwarz, und am Verschlag rechts unten das kleine, purpurne Papstwappen."

„António Vieira", hatte Christina gelächelt.

Rita fragte sofort nach: „Wer? Vieira? Giorgio sagte, die Kutsche sei später bei der Engelsburg gestanden; merkwürdig, mit der Papstkutsche ins Gefängnis?" Rita kannte sich nicht aus, und als Christina nichts weiter erklärte, fragte sie noch: „Vieira, ist das nicht derjenige auf der Zeichnung? Dieser Mensch ist jetzt in Rom?"

Schon wenige Tage nachdem der Kurier des Papstes bei Christina gewesen war, kam er.

„Don António", Rita machte vor Ehrfurcht einen Knicks; sie kannte das Bild im Zimmer von Christina, und sie konnte nicht glauben, dass dieser Mensch leibhaftig auftauchen würde. „Ist er ein Heiliger oder ein Dämon, kommt er vielleicht aus dem Schattenreich?", hatte Rita oft gemurmelt, wenn sie vor dem Bild stand.

Christina starrte der Gestalt im schwarzen Mönchskleid entgegen; Vieira blieb in der Türe stehen, er maß jedes Möbelstück, schaute auf die Früchte, die im Korb lagen, ging zum Tisch, auf dem der aufgerollte Lederfleck mit der geographischen Darstellung des lateinischen Amerika lag, und er maß schließlich Christina. Ohne Hast tasteten seine Augen über ihr Gesicht, ihr Haar, über ihr in Falten gelegtes Kleid.

Er kam nicht näher, kam Christina nicht entgegen; die Spannung wurde für Christina fast unerträglich; sie rief nach der Magd, sie solle ein weiteres Öllicht bringen. Doch Vieira wehrte ab. „Es ist hell genug, dass wir einander zuhören können, Christina von Wasa", er machte eine Verbeugung und fuhr fort: „Der Papst hat mir die Erlaubnis erteilt, dass ich in den Dunkelstunden meine Zelle in der Engelsburg verlassen darf", erklärte er; er sprach französisch. „Ihr Prediger darf ich nicht sein, Sie wissen das, aber ich möchte die italienische Sprache erlernen, ich bin also hier, um Sie um Italienischlektionen zu bitten."

Christina nickte; sie hielt jedes Wort zurück, denn auf eine Floskel würde er sicher mit Bissigkeit reagieren, also schwieg sie und folgte ihm, als er von Fenster zu Fenster ging, in den Nachthimmel schaute und von Lissabon erzählte, wo er bis zu seinem achten Lebensjahr gelebt hatte. In Lissabon habe er lesen und schreiben gelernt; sein Vater habe ihn auch in Rhetorik unterwiesen und ihm beigebracht, die Worte genau und sorgsam zu wählen. Manchmal wurde in seinem Elternhaus einen ganzen Tag nichts geredet.

Er sei mit seinem Vater als Sechsjähriger nach Mafra geritten, und sie hätten nur den Geräuschen der Natur, dem Reden der Menschen gelauscht. Am Abend, wenn er vor seinem Teller mit der warmen Milch und dem Brot saß, durfte er drei Sätze sagen. Der erste Satz war für die Dankesworte vergeben, ein nächster war für die Bitte um einen weiteren Ausflug zu verwenden. Es blieben also nur wenige Worte, ein Satz, um eine Frage zu stellen, und im Nachdenken, im sparsamen Gebrauch der Worte war er, war das Kind António zu keiner Frage gekommen; es war nichts wichtig, nichts schwer wiegend genug gewesen.

Deshalb habe er oft den einen Satz für den nächsten Tag aufgehoben, und den vom nächsten Tag für den übernächsten, und nach mehreren Tagen war ein Bündel Sätze gesammelt: Warum hatte sein Vater das Pferd sofort gewendet, als sie die Prozession des Autodafé vor der Kirche von Mafra sahen; war nicht Vater jener weltliche Richter, der den von der Inquisition Verurteilten dem Feuer zuzuführen hatte?

Aber sein Vater hatte nicht ein einziges Mal ein Urteil der Inquisition bestätigt, unter keinem Todesurteil war das Siegel des Ravasco Vieira zu finden. Sein Vater hatte der Inquisition also seinen richterlichen Dienst versagt. Nach einigen Jahren wurde deshalb von Großinquisitor Alexander de Silva die Anklage gegen Vater vorbereitet, und die Familie Vieira war nach Brasilien geflüchtet, zu den Eingeborenen und Eingewanderten von Salvador.

Beim ersten Zusammentreffen berührten Christina und Vieira einander nicht einmal mit den Händen, nur mit einem Kopfnicken, einer Verneigung gingen sie auseinander. Christina stand noch lange im dunklen Raum; wie gekräftigt, wie gestärkt fühlte sie sich nach dem Besuch von Vieira.

Es war fast Mitternacht, trotzdem ließ sie sich sofort ein Bad vorbereiten; sie rief die Mägde um heißes Wasser und Lavendelöl. Nach dem Bad wühlte sie mit Rita in ihren Truhen, warf Kleider, Hosen, Jacken und Blusen auf den Boden, das musste alles gewaschen und geplättet werden. Auf der Ripetta wurde Rosenöl verkauft, das sollte eine der Wäscherinnen besorgen, und sie wollte auch neue Kämme haben, aus Perlmutt; und die parfümierte Salbe aus Schaffett, die eine Kräuterhexe in der Markthalle anbot, die würde sie selber besorgen. Und während Christina all diese Äußerlichkeiten überlegte, sich im Spiegel betrachtete, die Falten auf ihrer Stirne, den bitteren, fast verächtlichen Zug um ihre Mundwinkel anschaute, verlor sich mehr und mehr ihre Ängstlichkeit, ihre Erschöpfung – António Vieira war hier, er war endlich gekommen!

Schon zwei Tage später kam er wieder in ihr Haus, in der Dunkelheit; er kam immer bei Dunkelheit und zu Fuß, beinahe fünf Jahre lang; und vom zweiten Abend an war zwischen ihnen nur mehr Vertrautheit. Sie mussten einander nicht allmählich kennen lernen, sie fanden sich in den Worten des anderen zurecht, sie missverstanden einander nicht. Auch in ihren Umarmungen gab es kein Missverstehen, es gab keinen dienenden und keinen befehlenden Teil, es gab Einigkeit – in ihren Gesprächen, in ihren Berührungen und in ihrem Schweigen.

Wie oft hatte ihr Körper Christina getrieben, einem Mann entgegen, einer Frau entgegen, und wie intensiv, wie schmerzhaft, wie zärtlich ihr Körper auch genommen worden war, mit dem letzten Zustoßen, mit dem letzten Ausstoßen der Säfte war sie jedes Mal zurückgeschleudert worden in ihr Alleinsein. Dort kauerte, dort zitterte ihr Innerstes, ließ sich betäuben von Träumen, Ausritten und geistigen Exzessen, bis ihre Säfte neuerlich Entladung suchten und eine Berührung von Ehud gereicht hatte, sie in Erzittern, auch in Verzweiflung zu werfen.

Mit António Vieira ließ sich in ihrem dreiundvierzigsten Jahr Ruhe in ihr nieder, eine Ruhe, die durch nichts, durch keinen Menschen, durch kein Ereignis mehr wirklich zu erschüttern war.

„Christina, wir ringen alle um die Aussöhnung mit unserem Schatten – Sie haben die Hinrichtung von Monaldesco befohlen, und Sie taten dies nicht überstürzt. Es war Ihr Wille, ganz nach unten zu steigen. Erschrecken Sie nicht länger über Ihr Selbst, hadern Sie nicht, denn wir können Demut nur lernen, wenn wir die Sünde, wenn wir alle Sünden kennen; manche sollten wir gelebt haben, aber alle sollten wir zumindest in unseren Gedanken zugelassen haben. Der Stolz, nie gefallen zu sein, ist eine üble Ausformung der Eitelkeit, der Flucht vor unserem Inneren."

Diese Gedanken schrieb er ihr, las sie ihr vor, erzählte auch: „Meine Zelle ist kalt, sogar jetzt im September. Manchmal gehe ich die ganze Nacht, um mich zu erschöpfen und den Schlaf anzulocken."

Sie spazierten durch den Garten von Riario, aßen frisch geröstetes Brot, auf das sie Olivenöl träufelten; Christina ließ sich von Vieira auf der geographischen Karte die Stadt Salvador zeigen.

„Als ich dreizehn Jahre alt war, wurde die Stadt von den Holländern belagert. Mein Vater hat die Truppen im Kampf gegen die Holländer angeführt, und sie mussten sich aus Salvador wieder zurückziehen. Doch eigentlich hat es nichts genützt; denn ein paar holländische Geschäftsleute hatten sich längst mit den portugiesischen Kolonialbeamten geeinigt und ihnen Geld gegeben, und die Portugiesen konnten mit der Zuckerproduktion beginnen. Schon nach einem Jahr kamen die Schiffe aus Afrika mit den Männern, Frauen und Kindern – Sklavenhände für die weiße Hölle, so nennen sie die Zuckermühlen, denn die Zuckerhüte sind wolkenweiß."

Von all dem wusste Christina nichts, aber sie kannte einen Predigttext von Vieira, und nun wusste sie, wo diese Gedanken ihren Ursprung hatten – „… eines der großen Ereignisse, denen wir in der heutigen Welt beiwohnen und worüber wir uns aus lauter Alltagsgewohnheit nicht verwundern, ist die ungeheure Umsiedlung der Völker und Stämme, die unaufhörlich von Afrika nach beiden Amerika durchgeführt wird. Welch unmenschlicher Handel, bei dem die Waren Menschen sind …"

Wenige Wochen nach der Ankunft von Vieira kam Ehud nach Riario. Er war jahrelang als Kurier zwischen Rom, Amsterdam, Paris und Wien hin und her gereist, und nach dem Tod seiner großen Liebe Françoise meldete er sich freiwillig als Soldat, um auf Kreta gegen die Türken zu kämpfen.

Christina hatte die Erinnerung an diesen Jungen, der sie auch als Reisemarschall nach Amsterdam begleitet hatte, wie ein Kleinod gepflegt. In ihren Jahren vor Vieira war sie mit ihren Gedanken oft zu Ehud geflüchtet, sie hatte ihn um seine Leidenschaft für Françoise beneidet. Diese Leidenschaft hatte dem jungen Mann so viel Sicherheit gegeben, dass es ihr manchmal schien, als wäre der Zwanzigjährige ihr um Dekaden voraus. Und es hatte die Nächte gegeben, in denen sie sich Ehud entgegenwarf, dann, wenn es für sie fast unerträglich war, die Hand auszustrecken und ins Leere zu greifen. Dann waren wieder jene Monate, wo sie voll Sorge an Ehud gedacht hatte, wo sich in ihre Gedanken an Ehud nichts Körperliches verlor, sondern nur die Zärtlichkeit und das Wohlwollen, das sie einem Menschen, dem Jungen nachschicken wollte, der ihr in den Weg geflochten war.

Als er diesmal ihr Zimmer betrat, griff sie unwillkürlich nach der Glocke, um die Wächter zu rufen. Was wollte dieser Bettler, dieser Verstümmelte von ihr, warum war dieser Vagabund nicht am Eingangstor abgewiesen worden?

Erst an der Stimme erkannte sie Ehud wieder.

Ehud war in Eile, auf der Durchreise, er blieb nur einige Tage in Rom, dann wollte er weiter nach Wien, vielleicht nach Jerusalem. Er berichtete aus Kreta, dort hatte die Wassernot, hatte eine Krankheit sein Äußeres, seine Haut so verstümmelt; seine wohltönende Stimme hatte eine dunkle Färbung bekommen: „Christina, Kreta, Candia ist ein Totenhaus. Die Soldaten von Sultan Kara Mustafa schonen keine Hütte. Die Offiziere, die Majore, alle Anführer, die im Auftrag des Sultans kämpfen, bangen stündlich selber um ihr Leben, denn es zählt nicht das erkämpfte Territorium, die Flagge mit dem Halbmond auf einer niedergebrannten christlichen Kirche, sondern es zählen einzig und allein die Köpfe der zum Islam verpflichteten Gefangenen, der zum Islam Bekehrten."

Christina erinnerte sich – es war in Rom davon geredet worden, dass Kämpfe gegen die Türken stattfanden, doch niemand glaubte im Ernst daran, dass Kreta den Türken in die Hände fallen könnte; Kreta war eine Insel der Christen. Was also konnte sie, was sollte sie tun?

„Der Papst muss die Türken am Weiterziehen in Richtung Wien hindern, denn nach Kreta wollen die Türken den europäischen Kontinent erobern, und ich glaube, darüber ist der Papst zu wenig unterrichtet."

Ehud überschätzte ihren Einfluss auf den Papst. Clemens IX. war umgeben von Kardinälen, Sekretären und Beratern der traditionellen Geistesrichtung; Joana Orsini und ihre weit verzweigte Familie zogen längst wieder die politischen Fäden, und die Orsini würde kein Geld für ein größeres Heer gegen die Türken geben; für sie war Kreta unendlich weit entfernt und an einen Sieg der Türken glaubte sie nicht. Niemals könnte der Papst mit Joana Orsini über die Türkengefahr reden. Es war schon mutig genug, beinahe tollkühn vom Papst, dass er den Jesuitenpater Vieira unter seinen Schutz gestellt hatte, dass er erlaubte, dass Vieira seine Zelle in der Engelsburg verließ, um in das Haus der Minerva des Nordens zu gehen – obwohl Joana Orsini das sicher nicht guthieß.

All diese Gedanken interessierten Ehud eigentlich nicht. „Ich bin zu Ihnen gekommen, Christina, weil ich hier in Rom aufgewachsen bin und weil ich außer Ihnen in Rom niemanden mehr kenne, und weil ich nicht will, dass irgendwann Rom nicht mehr der Sitz des Papstes ist – ich kann mir Rom nicht anders denken als mit vielen Geistlichen und dem Papst in seiner weißen Soutane", und er setzte noch nach, „aber wenn die Türken in Wien siegen."

Christina kannte den Satz, „wenn die Türken in Wien siegen, ist der Vatikan für Rom verloren". Dieser Satz wurde wieder und wieder in den Diskussionen der Accademia Reale gesagt; es klang für sie schon wie eine Redewendung. Vielleicht würde sie mit Vieira darüber diskutieren, wie dachte er darüber.

Ehud war nach wenigen Tagen der Erholung wieder verschwunden, weggetaucht in sein rastloses Reisen. Im Zimmer, in dem er geschlafen, gegessen, gelesen und geschrieben hatte, lagen Olivenkerne, ein Lederumhang, durchlöchert und zerschlissen, einige Bogen Papier und eine Schreibfeder, noch deutlich war die Tinte erkennbar.

Es schmerzte Christina, dass Ehud so bald wieder abgereist war; sie dachte voll Sorge an ihn, er fehlte ihr, er fehlte im Haus, sein schneller Schritt, sein Laufen über die Stufen, sein Lachen, wenn er Rita neckte: „Rita, verstecken Sie nicht Ihren Schwanenhals unter dem hohen Kragen, mich hat erst gestern ein eleganter Kavalier nach dem Namen der Oberhofmeisterin in Riario gefragt; wer weiß, vielleicht kommt er schon morgen."

Bald nach Ehuds Abreise begann Christina mit den Italienischlektionen mit Vieira, und sie schrieb ihm auf, welche Familien in Rom wichtig waren; dass die Biancheris hofften, einen Neffen als nächsten Papst durchzusetzen, dass die Corsinis einen eigenen Trakt bauen ließen, um den Liebespaaren unter den Kardinälen und Priestern Zuflucht zu gewähren, dass auch in den Familien Altieri und Anesi astrologische Studien betrieben wurden, und dass Joana Orsini das Gold und die Edelsteine, die ihr aus dem lateinischen Amerika geschickt wurden, höchstpersönlich am Hafen abholte.

Christina ritt mit diesen Schriften in die Engelsburg und zeigte den Wachsoldaten die Einladung zu einem Dreikönigsempfang mit dem päpstlichen Wappen, um eintreten zu dürfen. Die Wächter konnten nicht lesen, aber sie kannten Christina, sie erkannten das päpstliche Wappen am Schriftstück, und sie ließen sie ein.

In ein Geviert, das nur von zwei Öllichtern beleuchtet war, mündeten mehrere Türen; hinter einer lag die Zelle von Vieira. Alle anderen Zellen waren unbelegt. „Damit ich keine Gelegenheit zu einem Gespräch habe", erklärte er ihr, „denn auch beim Rundgang bin ich allein."

In der Zelle standen Wasserpfützen auf dem Ziegelboden, ein Abwasserschaff diente auch als Leibstuhl, ein Tisch, ein Stuhl und ein Bettgestell, auf dem Pferdedecken lagen. Weit oben, beinahe an der Decke, war eine Fensteröffnung, vergittert, und auf dem Tisch stand eine Kerze. In der Zelle war Vieira in der grauen Kleidung der Verbannten, und in eine Ecke hatte er auf dem Boden seine schwarze Kutte, den Gürtel und den weißen Kragen gelegt, die Kleidung, die er trug, wenn er in der Accademia Reale eine seiner Reden lesen ließ, wenn er Christina besuchte.

„Er hieß Luigi", zeigte Vieira ihr den eingeritzten Namen des Verurteilten, der vor ihm in seiner Zelle lebte. „Hier, er hat den Lauf der Venus berechnet, und er hat sich nicht geirrt – sie schreitet pro Tag mehr als ein Grad und korrigiert ihren Lauf alle zwei Jahre. Er hat davon nicht abgelassen, das zu behaupten, vor allem zu behaupten, dass er das weiß, dass er dieses Gestirn berechnen kann; nach drei Jahren in der Zelle ist er in die Schnur gesprungen."

Vieira las die Berichte von Christina sehr sorgfältig, und er nahm in seinen Reden, die in der Accademia Reale gelesen wurden, Bezug auf die Alltäglichkeiten von Rom; er ließ in seinen Texten aussprechen, was zwar fast jeder wusste, worüber aber geschwiegen wurde, denn niemand wollte als Erster den Finger in eine Wunde legen.

Doch Christina und Vieira kümmerten sich nicht darum, sie hatten eine gemeinsame Aufgabe gefunden, sie wetteiferten im Formulieren, sie suchten Bibelstellen, sie übersetzten aus dem Hebräischen, aus dem Griechischen. Für Christina begann damit, nach beinahe einer ganzen Dekade der manchmal seichten Diskussionen in der Accademia eine Zeit der geistigen Auffrischung; nicht nur ihr Körper blühte auf, auch geistig fühlte sie sich wieder wie in ihren Jahren vor Innsbruck, voll Spannkraft und Entschlossenheit.

Schon fünf Wochen nach seiner Ankunft in Rom ließ António Vieira einen ersten Diskurs lesen. Er saß in der Reihe der Kardinäle, Bischöfe, der Richter, Mediziner und Mathematiker; in seinem Mönchskleid unterschied er sich schon äußerlich krass von den anderen Mitgliedern, deren Roben in allen Grün- und Purpurfarben glänzten. Er trug ein schwarzes Käppchen, unter dem sein weißes Haar hervorquoll, und er nickte Christina zu, als Kardinal Altieri ihn willkommen hieß.

Alle waren gespannt, wie würde Altieri das Redeverbot von

Vieira umgehen, wie würde er sich dazu äußern?

Altieri sagte: „Wir begrüßen unseren Bruder António Vieira in unserer Mitte. Wir wissen, dass die Inquisition von Coimbra ihm die öffentliche Rede verboten hat. Es ist ihm aber nicht verboten, seine Gedanken niederzuschreiben, deshalb werde ich nun an seiner Stelle seinen Text lesen. Unsere Padrona Christina hat den Diskurs vom Portugiesischen ins Italienische übersetzt, wir wollen ihr dafür danken, denn sie ermöglicht uns damit, in die Gedankenwelt unseres Bruders António einzutreten."

Vieira saß unbeweglich, wie eine Saite bis zum Äußersten angespannt wartete er darauf, seine Worte von Kardinal Altieri gelesen zu hören.

„Fata viam invenient", begann Altieri und jeder wusste, dass diese Worte der Leitspruch von Christina waren. Dann las er den Text: „Wie oft wollen wir uns durch besondere Gewohnheiten interessant machen, wie oft übertreten wir Regeln, nur um im Mittelpunkt zu stehen, meistens tun wir dies durch Reden. Wir wissen, es ist wichtig, dass wir in Rhetorik unterwiesen werden, doch es ist noch wichtiger, dass wir uns selbst zum Schweigen erziehen. Nur im Schweigen werden wir unseren Weg finden, und unser Weg soll uns zum Charisma führen. Wenn wir aber das Charisma erlangen wollen, müssen wir uns verwunden lassen, so weit, bis unser Innerstes blutet, und mit dem Schmerz haben wir zu leben, uns darin einzurichten, bis in der Heilung dieser Wunde jenes Leuchten wächst, mit dem wir die anderen, die Unverwundeten in unseren Kreis ziehen können. Doch will ich mit meinem Diskurs gegen die Wehleidigkeit nicht vom Grund meiner Verurteilung ablenken: neben allem anderen habe ich eine europäische Allianz gegen die Türken gefordert. Europa ist der Kontinent der Christen, und nur wenn sich Katholiken und Protestanten, die Lutheraner und die Calvinisten unter einem Dach vereinen, können die Türken aus Europa ferngehalten werden. Aber Kreta wird fallen, wir ahnen es ..."

Zwei Tage nach diesem Diskurs von Vieira traf im Vatikan die Nachricht ein, dass „die katholische Festung Candia im Ägäischen Meer für das Christentum verloren ging".

Das Zusammentreffen der warnenden Worte von Vieira und der tatsächlichen Niederlage des päpstlichen Heeres in Kreta rückte Vieira und Christina mit einem Schlag nicht nur im wissenschaftlichen Zirkel der Accademia, sondern auch in den Salons von Rom in den Mittelpunkt der Diskussionen und Spekulationen.

Vieira war also nicht nur ein wissenschaftsbesessener Jesuitenpater, sondern ein politisch weitblickender Theologe, und Christina war es gelungen, die Gedanken dieses strengen, spröden Menschen im schwarzen Mönchskleid zu übersetzen, übertragen zu dürfen. Es war also wichtig zu wissen, was António Vieira in seinen Diskursen mitteilte. Der Saal, in dem die Diskussionen stattfanden, wurde deshalb eiligst umgestaltet, denn es mussten Schreiber Platz haben, die an der Wand hinter den Mitgliedern, hinter den Diskutierenden saßen und jedes Wort mitzuschreiben hatten; es sollte kein Gedanke von Vieira verloren gehen, und bei jenen Zusammenkünften, bei denen Vieira nicht anwesend war, sollte Christina von ihm sprechen, über ihn berichten.

Die Römer erfuhren erst einige Tage später von der Niederlage in Kreta. Der Papst, die Kardinäle, die Sekretäre berieten – wie sollte es den Menschen beigebracht werden: „Kreta, Candia ist in türkischer Hand." Vor allem, wie sollte es den Menschen verdeutlicht werden, dass nun der Vatikan in Rom als Sitz der Mutter Kirche ernsthaft bedroht war. „Wenn Kreta fällt, ziehen die Türken weiter über den Balkan Richtung Wien." Zu oft war dieser Satz in den Jahren zuvor gefallen, als Drohung, als Begründung für höhere Zölle und Steuern. Die Menschen wollten davon eigentlich nichts mehr hören, sie würden auch keine Steuererhöhung mehr für die Ausstattung eines größeren Heeres gegen die Türken akzeptieren. Von heimkehrenden Soldaten war bekannt geworden, dass manche Offiziere des päpstlichen Heeres sich in Kreta sehr wohl fühlten; sie hatten sich ein gutes Leben auf Kreta eingerichtet, hatten Frauen, gründeten neue Familien; manche ließen sich den Koran erklären und wandten sich sogar vom katholischen Glauben ab.

Um die Menschen trotzdem auf die ganze Tragweite dieser Nachricht hinzuweisen, verordnete der Papst, dass die Glocken aller Kirchen von Rom zwei Tage zu schweigen hatten.

Einen halben Tag lang reagierten die Menschen nicht auf das Fehlen des Glockengeläutes; sie eilten weiter ihren geschäftigen alltäglichen Wegen nach. Vielleicht hatten sie das Geläute überhört; vielleicht hatten die Kutscher zu laut geflucht, oder es war beim Zusammenstoß von einem Pferdewagen und einem Reiter zu heftig gestritten und geschrieen worden; vielleicht rächten sich auch die Knechte aus dem Glockenturm des Petersdomes und vergaßen ihre Pflicht – es wurde gemunkelt, der Papst wäre ihnen schon einen Jahreslohn schuldig. Als auch am Samstag das

Geläute zur Frühmesse ausblieb, hielten die Römer auf der Straße inne: „Warum sind die Glocken nicht zu hören?"

Niemand wusste Genaues, manche bekreuzigten sich: „Ist am Ende die Pest wieder ausgebrochen?" Und ein paar flüsterten: „Vielleicht hat das Offizium einen aus der Engelsburg zum Tode verurteilt."

Schließlich verließen sie ihre Kontore, sie ließen ihre Stände in der Markthalle unverschlossen und strebten dem Petersdom zu, dort verdichtete sich die Menschenmenge, sie starrten alle zum Balkon hinauf. Es wurde geredet und gebetet, und als nach Stunden endlich Papst Clemens auf dem Balkon erschien, war es augenblicklich still. „Haben Wir mitzuteilen, dass alle Heere, welche Kreta, welche die katholische Festung Candia im Ägäischen Meer gegen die Türken verteidigten, geschlagen wurden. Damit ging Kreta für das Christentum verloren."

Ein Aufschrei flutete aus der Menschenmenge; sie folgten nur noch widerwillig dem Segen des Papstes, einer wandte sich dem Nächststehenden zu – so weit musste es kommen. Dieser Papst war von allen Anfang an zu schwach gewesen; ein guter Seelsorger vielleicht, doch ein Papst muss auch ein guter Politiker sein. Und war es nicht überhaupt diese neumodische Squadrone Volante, die für diese Katastrophe verantwortlich war? Wäre nach alter Tradition ein Papst aus dem Hause Orsini oder Costaguti oder Biancherie im Pontifikat, dann hätte der Vatikan niemals diese Niederlage hinnehmen müssen, und, wie würde es nun weitergehen, würden die Türken tatsächlich den Kontinent Europa unterjochen. Die Menschen redeten sich in einen Taumel von Wut und Enttäuschung, einer beschuldigte den anderen, auch ein Anhänger der Squadrone zu sein, Fäuste wurden geschwungen, Steine geworfen, Rempeleien wurden zu Schlägereien, Schüsse waren zu hören.

Aller Hass auf die Vatikanregierung entlud sich in diesem Augenblick, die viel zu hohen Steuern, die Ungerechtigkeiten bei der Postenbesetzung in den vatikanischen Kontoren, die Anmaßung der Wachtposten vor dem Santa-Anna-Tor, die den Normalsterblichen nur gegen klingende Münze Zutritt zu den Gebäuden des Vatikans gewährten, die Haufen von Pferdemist und der Gestank in den Straßen, die golddurchwirkten Roben der Kardinäle – alles Ungerechtigkeiten und Provokationen, die sich in wenigen Minuten entluden und beinahe zu einem Aufstand der Römer gegen den Papst führte.

Die berittenen Wachsoldaten der Familie Orsini waren auf

diese Situation gut vorbereitet, sie trieben die aufgebrachte Menge vom Petersplatz Richtung Tiber, und von dort befahlen die Soldaten die Menschen wieder zurück zu ihren Heimstätten.

Mit dieser Aktion hatten die Traditionalisten den Papst beschützt, damit war in Rom die alte Ordnung wieder hergestellt, und die Macht der alteingesessenen Familien wieder bestätigt.

Christina war von Riario zum Petersplatz geritten, und im Männersitz hoch zu Ross beobachtete sie die Menschenmenge, wie sie übereinander herfielen und wie sie sich dann fast folgsam von den Stockhieben der Wachsoldaten vom Platz wegbefehlen ließen. Sie sah auch, wie sich die Kardinäle auf ein Podest zubewegten. Dort saß Joana Orsini unter einem Baldachin, Azzolino an ihrer Seite; in grüngoldener Robe nahm sie die Handküsse der Kardinäle entgegen. Auch António Vieira ging zu Joana Orsini; er stand einige Momente vor ihr, verneigte sich, er redete kein Wort; er ließ sich von Joana Orsini betrachten. Sie hatte ihn schon ein paar Tage nach seiner Ankunft in ihren Palazzo gebeten; „... wäre es mir ein großes Anliegen mit Ihnen über den Gehorsam zu diskutieren ...", hatte sie geschrieben. Und Vieira antwortete: „Verehrte, Sie sollten mein Redeverbot berücksichtigen. In den nächsten Wochen werde ich in der Accademia Reale meine Gedanken zum Gehorsam lesen lassen, der einzige Ort, der mir vom Papst zur Äußerung meiner Gedanken erlaubt wurde."

In die Accademia kam Joana Orsini niemals; sie verabscheute „diesen libertinen Tempel der teuflischen Wissenschaften", auch deshalb, weil Christina dort die Vorsitzende, die Padrona war. Aber selbstverständlich war Joana über alles, was in der Accademia geredet und diskutiert wurde, unterrichtet, allerdings war sie auf ihre Spitzelberichte angewiesen.

Doch Joana Orsini blieb beharrlich, sie hatte es sich in den Kopf gesetzt, dass Vieira sie besuchen sollte, und sie bot ihre ganze Verwandtschaft auf, die Neffen und Vettern, die Onkeln und Cousins, die alle als Priester, Übersetzer, Archivare und Bischöfe im Vatikan tätig waren, um dem Papst ihren Wunsch mitzuteilen. Frauen durften dem Papst nicht schreiben, mit dieser Manier hatte Joana selbst vor Jahrzehnten begonnen; es war ein ungeschriebenes Gesetz geworden, dass Frauen sich nur über die Korrespondenz eines Kardinals an den Papst wandten. „Einzig diese Männin aus dem finsteren Norden hält sich nicht an unsere Usancen", wurde in den Salons geredet.

Also schickte die Orsini täglich ihre Boten in den Vatikan, jedes Mal mit einem Geschenk in der Kassette, Briefpapier mit goldenem Wappen, Kerzen mit eingelegtem Monogramm, bestickte Borten für ein Messkleid, auch Badeöle mit Jasminessenzen und Seifen, die nach Rosen dufteten.

Es musste ein Weg gefunden werden, Vieira offiziell in ihren Salon zu bekommen, denn mit einem heimlichen Besuch hätte sie bei ihren Konkurrentinnen, bei Katharina Biancheri, bei Juliana Altieri und den anderen nicht auftrumpfen können. Und vor allem musste diese Erlaubnis vom Papst auf schnellstem Wege erreicht werden, denn jeder in Rom wusste, der Sieg der Türken in Kreta hat Papst Clemens gebrochen, er wird täglich schwächer.

Und in der Tat, Papst Clemens war müde, vor allem war er es müde, sich mit Joana Orsini zu zanken und über Vettern und Neffen langwierige Korrespondenz zu führen. Er entschied kurz entschlossen: António Vieira könne für eine Stunde einen Besuch im Salon von Joana Orsini machen, allerdings nur in Begleitung von Christina von Schweden-Wasa, „denn die ehrwürdige Padrona der Accademia Reale wird dafür sorgen, dass das Gespräch, die Rede von Vieira im Salon von Donna Joana in die Archive der wissenschaftlichen Akademie aufgenommen wird."

Ein Affront für Joana Orsini!

Aber sie hatte sofort einen Gegenzug parat. Sie empfing Vieira und Christina zur Vesperstunde, zu Brot, Wein, Wasser und Salz, und an ihrer Seite im mit Seide ausstaffierten Salon stand Decio Azzolino. Christina hatte ihn jahrelang nicht aus nächster Nähe gesehen. Sein Haar war schütter geworden, sein Gesicht von vielen Linien durchzogen; es war ihm anzusehen, dass er wusste, dass seine Tage als Nuntius des Papstes gezählt waren. Nach der nächsten Papstwahl würde er diesen Posten verlieren, und ob er dann als Kardinal in das Kontor der Kopierer und Übersetzer kam oder doch einen Posten als Sekretär des Papstes erhielt, das hing von Joana Orsini ab. Deshalb blieb er an ihrer Seite, rückte den Stuhl zurecht, reichte ihr die Mappe mit der vorbereiteten Begrüßungsrede, er schenkte ihr Wein ein, und als er Christinas Blick spürte, füllten sich seine Augen mit Tränen, mit Tränen der Scham, auch mit Tränen der Wut. Welch freie Welt brachte Christina mit Vieira in den Salon; Christina in ihrer schmucklosen blaugelben Robe, lächelnd, in ihren grünen Augen blitzten Freude und Sicherheit, ihr Händedruck war kräftig und angstlos, und an ihrer Seite António Vieira, in schwarzer Kutte mit schwarzem Käppchen. Zwischen beiden war eine Einigkeit zu spüren, die nicht nur von gleicher geistiger Ausrichtung herrührte, sondern jene Einigkeit, von der zwei einander vertraute Körper eingehüllt waren. Als wären die beiden unverwundbar, so bewegten sich Christina und Vieira im Salon der Orsini.

Einige Essensträger kamen und stellten Platten voll Süßigkeiten, honigtriefende Leckereien zu Brot und Salz auf den Tisch, sie schoben auch noch Teller mit Käse und Orangen dazu.

Vieira blieb stehen; er fixierte Joana, wie sie in ihrer Mappe suchte, nach Decio Azzolinos Hand griff und mit ihren fleischigen Fingern seine Arme streichelte. Sie schwiegen alle; der Schreiber, der hinter Joana Orsini saß, versuchte ein paar Buchstaben zu schreiben, die Tinte war eingetrocknet. Dann begann Joana mit ihrer Begrüßungsrede: „... möchte ich zum Ausdruck bringen, dass es für mein bescheidenes Heim die allergrößte Ehre bedeutet, einen so universellen Geist wie den ehrwürdigen Pater António Vieira ..." – Vieira senkte den Kopf, ging in die Mitte des Raumes, er nahm einen Becher Wasser und ohne auf die Rede von Joana zu achten, begann er zu sprechen, beinahe leise, aber seine tiefe Stimme füllte den letzten Winkel des Raumes: „Die Fische haben zwei Tugenden, sie hören zu und reden nicht! Zwei Begriffe drängen danach, näher erklärt zu werden: der Gehorsam und das Wissen. Das Wissen hat seinen Ursprung im Denken, und Denken ist unser unvermeidliches Schicksal. Wir denken. Wir können gar nicht anders, und weil wir denken, wollen wir wissen und das Denken, das Wissenwollen steht nicht im Widerspruch zum Glauben, im Gegenteil. In keiner Heiligen Schrift heißt es, dass der Glaube vom Wissen, vom Denken zu trennen ist. Vielmehr lehrt uns Jesus die Kunst des Denkens; er lehrt uns, dass wir unsere Gedanken leiten müssen, führen; wir haben all unsere Kraft in die Kunst des Denkens zu legen, und damit zur Erkenntnis zu gelangen, dass wir wissen müssen, damit wir glauben können. Und im gleichen Maße wie das Denken, der Drang nach Wissen nicht mit Peitsche und Drohung zu verdrängen ist, ist der Gehorsam nicht mit Peitsche und Drohung zu verordnen. Gehorsam ist eine besondere Tugend der Demut, wir haben uns darin zu üben, jeden Tag und bei all unseren Tätigkeiten. Doch hat alles in jener heiligen Freiheit zu geschehen, die Gott jedem Menschen mit der Geburt gibt. Denn, es gibt keine Katholiken des reinen Blutes, des reinen, absoluten Gehorsams. Es gibt nur freie Menschen, die mit Gott und der Heiligen Schrift im Einklang leben. Ein freier Mensch rettet sich vor jedem Angriff selbst; mag sein, es dauert über seinen Tod hinaus, bis er gerettet ist, doch ein freier Geist wird gerettet. Er übersteht die Sintflut wie die Fische – von allen Tieren nahm Noah zwei, um sie zu retten, wir wissen es, nur die Fische retteten sich selbst."

Vieira blieb noch einige Momente stehen, dann ging er zu Joana Orsini, verneigte sich und bedeutete Christina, dass es Zeit sei zu gehen.

Bis auf das Kratzen des Schreibers war es still im Zimmer, doch es lag eine Spannung in der Luft, dass Joana nach Atem rang – was sie soeben gehört hatte, war ungeheuerlich: das Streben nach Wissen steht nicht im Widerspruch zum Glauben, zum Gehorsam, und es gibt keine Katholiken des reinen Blutes, weil Freiheit mehr wiegt als absoluter Gehorsam? Welch ein Angriff gegen die Glaubensphilosophie ihres Hauses. Sie war unfähig aufzustehen, hielt sich am Arm von Azzolino fest. „Hat er alles mitgeschrieben", hauchte sie zum Schreiber. Sie starrte Christina an, die sich wortlos erhob und mit Vieira den Raum verließ. Wohl vorbereitet und mit einem Lächeln zu Azzolino legte Christina noch ein Billet auf den Tisch: „Wir, António Vieira und Christina von Schweden-Wasa, danken für den Empfang."

Einige Monate später starb Papst Clemens IX., und ein monatelanges Konklave begann. Christina gab in der Accademia die Berichte weiter, die ihr von Boten und Kurieren zugetragen wurden. „Nachdem nun die mächtigen Familien wieder einen der Ihren als Papst durchsetzen wollen, ist das Nachfolgespiel völlig außer Kontrolle geraten. Die Berninis haben Astrologen aus England bestellt und Rhetoriker aus Athen, sie haben Schauspieler in die Konklavezellen eingeschleust, damit die Kardinäle in Mimik und Körperhaltung perfektioniert werden. Die Altieris ließen einen Tuchhändler aus Böhmen kommen, sie wollen alle Kardinäle mit neuen Roben ausstatten, und bei den Biancheris hat sich ein Edelsteinhändler aus Portugal einquartiert, er hat Amethyste aus Brasilien gebracht, die Biancheris lassen bereits den Ring für den nächsten Papst schleifen. Außerdem, wie leben die Kardinäle, die in Gebet und Konzentration einen der Ihren zum nächsten Papst wählen sollten – sie tragen einander Gedichte vor, junge Priester spielen für sie Theater, körbeweise werden Frauenkleider ins Konklaveverlies gebracht, sie feiern Joana Orsini als ihre Gönnerin, lesen Messen für sie, sie lassen Wein aus Perugia kommen und feiern den Liebesschwur von zwei Kardinälen."

Die einzelnen Mitglieder der Accademia sprangen bei diesen

Berichten von ihren Sitzen auf, redeten durcheinander. Die meisten wussten Ähnliches zu erzählen; es war also bereits nach einem Pontifikat nichts mehr geblieben vom Gedanken der Squadrone Volante – der Tüchtigste sollte Papst werden, nicht Herkunft, nicht Vermögen, und nicht gesellschaftliche Verbindungen sollten von Wichtigkeit sein. Würde es also nie zu Ende sein damit, dass ein Mitglied dieser oder jener Familie zum Papst gewählt wurde, und dass dafür der anderen Familie drei Kardinalsposten zugesichert wurden und wieder einer anderen Familie die Tiara für das nächste Mal versprochen wurde.

„Die Squadrone hat keinen Einfluss mehr", Paolo der Richter ereiferte sich besonders. „Die Menschen Roms sind enttäuscht, was für ein schwacher Papst ist aus der letzten Wahl hervorgegangen, einer, der nicht einmal die Türken von Kreta fernhalten konnte."

Und Roberto, der Mediziner, warf seinen gläsernen Briefbeschwerer gegen die Wand mit den Wappentellern der mächtigen Familien. „Meine beiden Söhne hat sich die Papstmacherin in ihren Salon geholt. Als Liebesmeisterin lebt sie ihre Wollust aus, sie bringt ihnen persönlich die Handgriffe zur eigenen Erleichterung bei, und von der Ripetta lässt sie die teuersten Kurtisanen kommen."

Vieira saß bei diesen Zusammenkünften auf seinem Platz am Ende des Tisches, er schaute, er hörte zu, er redete kein Wort; er würde alles in seine Verteidigungsschrift aufnehmen, das war ihm anzusehen. Auch als Marcelo der Astronom, berichtete: „Es ist jetzt die neueste Mode, dass sich eine gute Familie in ihrem Gartenpavillon ein Inquisitionstribunal einrichtet, Tisch, Kruzifix, Kerzen, graue Kutten für die Richter und die gelben Bußgewänder für den Angeklagten. Ein Neffe von mir hat bei so einem Ritual der Todsünde Hochmut abgeschworen, und zwar jenes Hochmutes, der das Wissen über den Glauben stellt!"

Die Zusammenkünfte in der Accademia, das Studium der italienischen Sprache, die Übersetzung seiner Rede ins Italienische für die Accademia – Christina und Vieira widmeten sich all diesen Tätigkeiten mit ihrer ganzen Leidenschaft. Monate, Jahreszeiten, Jahreszahlen waren unwichtig geworden, es zählte nur mehr das Gemeinsame, ihre Einigkeit.

Was beide nie vorher vermochten, lebten sie nun, einer für den anderen – ohne Überstürzung näherten sie sich einander. Die Gewissheit, im anderen den Einen, Einzigen gefunden zu haben, hatte ihnen Ruhe und die Fähigkeit zu warten übergestreift. Sie vertrauten einander ihre Körper an, wenn sie vor Freude oder Enttäuschung eines Zweiten bedurften, wenn sie das wohlige Zittern brauchten, wenn sie zu sehr unter dem Joch des Alleinseins litten. Sie maßen nicht Tages- und nicht Nachtzeit, und es gab für sie kein erstes und kein letztes Mal. Diese Verschmelzung löste sich nicht mehr, nicht in den fünf Jahren, die sie gemeinsam in Rom verlebten, und nicht in den Jahren danach, wo wieder jeder den eigenen Weg ging, allein, doch gut geborgen in der Erinnerung, im Wissen um den Zweiten. Die Suche hatte sie beide jahrzehntelang in Ausschweifung und Exaltiertheit geworfen; sie hatten sich beide jahrzehntelang über alle Regeln hinweggesetzt, waren Diener und Befehler geworden, Schmerzzufüger und Schmerzerleider, bis diese beiden Pole endlich aufeinander stießen und sich für sie alles kleinlich Messbare aufgehoben hatte.

Fast bedächtig half António ihr aus den Kleidern, ließ er sich von ihr seine Mönchskutte vom Körper ziehen; er riss nicht voll Hast ihren Körper an sich, sie rang António nicht voll Gier nieder. Mit keinem Tasten, mit keinem Atemzug rührte er je am Geheimnis ihres Körpers; alles war ein Teil von ihr, von der Frau, vom Mann, und gehörte zu ihren beiden Körpern wie ihre Schatten, der Schatten von Christina und der Schatten von António.

Christina, die immer einen Beichtiger abgelehnt hatte, fand in António jenen Menschen, der ihr in die Worte half – bis zu den Blutflecken an der Wand. António hörte zu, und er erklärte ihr oft: „Die tief verletzte Eitelkeit formt uns rasch zu Mördern. Es ist das Richtige für Sie, dass Ihnen kein weltliches Gericht die Bürde abgenommen hat, dass Sie unter den Ungeschorenen, den Freien und Nichtverurteilten weiterzuleben haben."

„Manchmal frage ich mich, wie lange ich diese Wahrheit, dieses Ereignis betrachten muss, ob jemals mein Entsetzen darüber weniger wird."

António schüttelte den Kopf. „Ihr Entsetzen wird größer werden mit den Jahren, brennender, doch Sie werden im Betrachten und Wenden Ihres Schattens die Angst vor diesem Bild verlieren, das ein Teil von Ihnen ist, und es wird Sie vor hochmütigem, leichtfertigem Urteil über andere bewahren. Christina, es ist unser Schatten, der uns Mut zu unserer Wahrheit gibt, zu einer Wahrheit, mit der wir die anderen in Schock und Entsetzen jagen."

Er wusste vom Leben mit dem Schatten, denn auch er hatte diese Bürde zu tragen.

Als er fünfzehn Jahre alt gewesen war, hatte seine Mutter gefleht: „António, geh nicht ins Kloster, noch nicht." Sie hatte geschluchzt, war niedergekniet vor ihm, dem halbwüchsigen Sohn.

„Mamae, ich will gehen, ich will keinen Tag länger mit Ihnen unter einem Dach leben."

„Der Himmel hat uns verziehen, António, ich fühle es."

„Mamae, Sie haben meinen Körper in einen Aufruhr gebracht, den ich nur aus den Träumen kannte, und ich habe Ihre Hände nicht abgewehrt; ich habe Ihre Berührung genossen. Welche Kräfte, welche Stürme haben Sie in mir wachgerufen mit Ihrem Körper, und welche Kraftlosigkeit hat mich niedergeworfen, nachdem ich mich in Ihnen verloren hatte. Nein, Mamae, das will ich nicht, ich will mit all meinen Kräften meinen Verstand beflügeln. Wie viel werde ich mir an Wissen aneignen können, wenn der Himmel mir die Kräfte der Sinnlichkeit als Erleuchtung gibt, und um diese Gnade habe ich zur himmlischen Mutter gebetet, deshalb war ich drei Tage und zwei Nächte lang in der Kapelle. Und sie hat mich erhört, ich kenne jetzt meinen Weg."

„António, wenn du gehst, bin ich mit meiner Schuld allein, und sie wird mich niederwerfen. António, bleibe noch einige Wochen, damit ich dem Himmel beweisen kann, dass ich mit meinem Sohn ohne Sünde unter einem Dach lebe, dass ich dich unberührt lasse – bleibe noch einige Tage."

„Nein."

Er war ohne Umarmung, ohne Abschied von seiner Mutter ins Kloster gegangen. Seine Mutter war ihm nachgelaufen, sie hatte an der Klostertüre gerüttelt und nach ihm gerufen, und als ihr alles verschlossen blieb, hatte sie sich von der Klippe gestürzt; sie fanden Maria Azevedo Vieira tot in der Bucht unterhalb der Felsvorsprünge von Salvador.

Auch António Vieira hatte mit seinem Schatten zu ringen, „bekenne deinen Frevel".

Nach den ersten Monaten kamen auch Ordnung und Rhythmus in ihr gemeinsames Leben. Vieira marschierte bei Dunkelheit die Lungara-Gasse hinunter zu Christina nach Riario; ein Nachtmahl war vorbereitet, Fladen aus Mais oder Gerste, dazu Honig oder Käse, Wasser, manchmal Wein. Sie spielten Schach, Violine; sie unternahmen Nachtspaziergänge am Tiber, bei Eisregen, in Herbststürmen, in Sommernächten voll Lärm und Hitze, und in den Monaten, in denen die Mimosenbäume blühten.

Sie schlenderten bis zum Tor der Engelsburg, schauten der Morgensonne entgegen, und wenn die Eisentore des Gefängnisses im Morgenlicht rot aufleuchteten, ging Vieira an den Wachsoldaten vorbei in seine Zelle.

Sie hatten sich alle an Christina und Vieira gewöhnt, die Wachposten bei der Engelsburg, die Dienstboten in Riario, die Kutscher, die Mitglieder der Accademia. Jeder kannte die beiden Gestalten, Christina in Hosen und braunem Lederwams, den Hut über ihr offenes Haar gestülpt, und Vieira im schwarzen Mönchskleid mit dem Käppchen, das seine weißen Haare etwas bändigte.

Das gesellschaftliche Leben von Rom flutete weiter; die mächtigen Familien wetteiferten wie immer um Ansehen und Einfluss auf den Papst. Wie oft besuchte der Heilige Vater diesen oder jenen Salon, nahm er von dieser oder jener Familie ein größeres Geschenk an, wer gab ihm mehr Geld, damit er einen weiteren Bildhauer beschäftigen konnte.

Christina und Vieira kümmerten sich nicht darum, sie kümmerten sich um kein Ereignis, das sich außerhalb ihrer Welt zutrug; ihre Welt war Riario und die Zelle in der Engelsburg, und in diesen Welten lagen überall die vielen beschriebenen Papierbogen, auf denen Vieira seine Verteidigungsschrift schrieb, die Worte, die Sätze wieder und wieder korrigierte, in seinen Gedanken weit ausholte, dann wieder Absätze und Seiten verwarf.

Der Papst gewährte Vieira fast jede Strafverleichterung, denn er wusste – zwei Parteien wollten den zu Rede- und Predigtverbot verurteilten Vieira für ihre Ziele, für ihre Interessen verwenden: Das Offizium von Rom fühlte sich der Inquisition von Coimbra geistig verwandt, also wollten die Richter des Offiziums die Verurteilung von Vieira vom Papst bestätigt erhalten. Und wenn ihm schon das Feuer erspart bliebe, so sollte wenigstens lebenslängliches Gefängnis auf Vieira warten. Dieser Partei des Offiziums fühlten sich auch Joana Orsini und ihre Freunde zugehörig. Die Gegenpartei war der Papst persönlich. Clemens X. wollte Vieira mit einem Freispruch zurück nach Portugal schicken; ein Freispruch für Vieira sollte der christlichen Welt die Fortschrittlichkeit der neuen Papst-Ära beweisen. Sollte also Vieira nur forschen und formulieren, dabei auch von der libertinen Christina unterstützt werden – der Papst gewährte ihm jede Straferleichterung.

In Joana Orsini gärte es; die Selbstverständlichkeit, mit der sich Christina und Vieira gemeinsam in Rom bewegten, zog immer weitere Kreise. Die Mitglieder der Accademia Reale tolerierten die beiden Libertins, der Papst reagierte auf keinen Bericht, den Joana Orsini ihm zukommen ließ. Noch bevor die fünfjährige Verbannung von Vieira zu Ende ging, musste sie endlich aktiv werden.

Im April 1675, zwei Sonntage nach dem Osterfest, ließ Joana Orsini in ihrer Lieblingskirche Santa Maria Maggiore eine Messe lesen. Einer der jungen Priester, der in ihrem weitläufigen Palazzo wohnte und ihr deshalb sehr verpflichtet war, stieg auf die Kanzel und predigte über die Tugenden der Maria, und schon nach wenigen Sätzen kam er zum Kern: „Welche Zustände herrschen in Rom, schrankenlos wird alle Unmoral ausgelebt und zur Schau gestellt. Alle Welt kann sie beobachten, den Jesuitenpater und die libertine Schwedenkönigin. Es ist bekannt, sie hält es mit Männern und mit Frauen; und nun hat sie einen zum Schweigen verurteilten Mönch in ihren Bann gezogen. Die ehrbaren Bürger von Rom fragen sich, wie lange wird das Heilige Offizium zu diesem Treiben noch schweigen ..."

Darauf musste der Papst reagieren; denn offensichtlich wollte Joana Orsini Vieira vor das Offizium zerren. Die Richter des Offiziums waren schon darauf vorbereitet, Vieira mit einer Anklage vor das Kruzifix zu stellen; das wäre ein adäquater Auftrag für die Beamten des Heiligen Offiziums. Das wäre mehr als dieser Handlangerdienst, den sie für die Inquisition von Coimbra verrichten sollten, sein Predigtverbot zu überwachen und am Ende seiner Verbannungszeit seine Verteidigungsschrift zu lesen und zu beurteilen.

Sofort ließ sich der Papst in dicht verhängter Kutsche in die Engelsburg bringen, und mit großen Schritten eilte der hagere Mann ohne persönlichen Begleiter, nur von den Wachsoldaten beschützt, in die Zelle von António Vieira.

Die Zellentüre fiel ins Schloss, die beiden Männer redeten allein miteinander. Wie hatte Vieira auf die Vorwürfe reagiert, wie hatte er sich verteidigt, hatte er dem Papst einen Ausweg aus dieser Situation gezeigt, oder war Vieira mit geschliffener Rede ausgewichen?

Nach über einer Stunde verließ der Papst die Zelle des Jesuitenpaters wieder, und er eilte seiner Kutsche zu; es war ihm nicht abzulesen, was geredet worden war. Der Heilige Vater zog sich sofort in seine Gemächer zum Gebet zurück, dann rief er seine Sekretäre zusammen, sie hatten Einladungen zu schreiben, und schon Stunden später ritten die päpstlichen Kuriere zu den Mitgliedern der Accademia, um sie zu einem Diskurs einzuladen.

Die Aula in der Accademia war dicht gedrängt von Menschen; es waren alle Mitglieder gekommen, die Richter, Ärzte, Kardinäle, Geologen, Astronomen, die Professoren der Rhetorik und Theologie, die Philosophen und Generäle, sie alle hatten ihre Schreiber an ihrer Seite. Denn damit hatte keiner von ihnen gerechnet, dass der zum Schweigen verurteilte Vieira vom Papst persönlich für eine ganze Rede von seiner Schweigepflicht entbunden wurde. Sie würden die Stimme zu jenen Worten hören, die sie in den vergangenen Jahren so oft vernommen hatten, doch meist von einem ihrer Mitbrüder, manchmal von Christina selbst gelesen und vorgetragen.

Wasser wurde herumgereicht; die Fenster waren weit geöffnet, Geräusche des Frühlings strömten in den Saal; schließlich nahmen die Mitglieder am langen Tisch ihre Plätze ein, die Sekretäre drückten sich an die Wand, die Tintenfläschchen baumelten an ihren Hälsen, die Holzgestelle hatten sie umgebunden, damit sie auf fester Schreibunterlage jedes Wort, das sie nun hören würden, festhalten konnten.

Als Letzte betraten Christina und der Papst den Raum; Christina in offizieller schwarzer Robe; sie nahm ihren Platz am Kopf des Tisches ein, Papst Clemens saß zu ihrer Rechten. Dann kam António Vieira, wie immer im Mönchskleid mit weißem Kragen. Er ging zuerst zum Papst und überreichte ihm eine Mappe mit einer Abschrift seiner Rede, dann schritt er zum Rednerpult und schaute in die Runde, blieb mit seinem Blick beim Papst und begann: „Zuallererst will ich mich bei Eurer Heiligkeit bedanken, dass ich diese Gelegenheit bekomme, hier und jetzt meine Gedanken mit meiner eigenen Stimme vorzutragen. Seine Heiligkeit gab mir auch alle Freiheit mich zu äußern, ein Akt von Mut und Großzügigkeit, vor allem von Furchtlosigkeit, denn Seine Heiligkeit ist nicht unterrichtet über den Inhalt meines Diskurses." Vieira unterbrach kurz, fuhr fort: „Wir wissen, dass in jeder Tat viele Wahrheiten wohnen, und es möge niemand von mir Gedanken erwarten, die in Himmel und Hölle einzuteilen sind, so einfach liegt keine Begebenheit vor uns. Ich werde hier meine Wahrheit preisgeben, zum Allgemeinen, und zu meiner persönlichen Situation. Beginnen will ich meinen Diskurs über das exzentrische Verhalten, das mir hier in Rom überall, aus den Häusern, aus den Salons, sogar aus dem päpstlichen Palast berichtet wird. Die Attribute ‚Pflicht' und ‚Verpflichtung' vermisse ich, wenn ich den Lebenswandel der Einflussreichen hier beobachte. Das meiste hier geschieht aus Eitelkeit, und die Eitelkeit ist unter den Lastern der schlaueste Fischer, sie trügt den Menschen am leichtesten. Sie hat als Köder die Schmeichelei, und sie verspricht Besonderheit, und damit hängen wir schon am Haken und werden gelenkt von der Eitelkeit, meist in trübe Gewässer. Sie flüstert uns auch ein, dass nur im exzentrischen Verhalten das Besondere liege, und wir, in unserer Engstirnigkeit, in unserer Nachlässigkeit mit Worten umzugehen, verwechseln die Begriffe Einmaligkeit mit Besonderheit. Das Streben nach Besonderheit ist das Geschwür der Eitelkeit. Wir haben aber den Verzicht zu lernen und das Hinnehmen, und indem wir uns darin üben, alle Jahre unseres Lebens darin exerzieren, werden wir Einmaligkeit erreichen. Denn der Verzicht auf exzentrisches Verhalten führt nicht zum Einheitsmenschen, sondern, indem die eigene Wirklichkeit gelebt wird, zur Einmaligkeit. Wer sich immer wieder interessant machen will, verliert sein Selbst, er erkennt sich bald selbst nicht mehr, und auch die anderen schauen durch ihn hindurch.

Nun aber genug des Tadels, weg vom Allgemeinen, ich komme zu meiner persönlichen Wahrheit. Viel wird hier in Rom über Gehorsam und Wissen diskutiert, die einen wollen dem Glauben mehr Gehorsam einblasen, die anderen mehr Wissen einbläuen. Die Diskurse darüber werden in den kommenden Dekaden und Jahrhunderten Bibliotheken füllen und zu keinem Ende kommen. Ich möchte hier die einfache Frage stellen: Wie oft wird in der Heiligen Schrift gelesen, wie intensiv wird Zeile für Zeile verarbeitet. Ist es bekannt, dass Paulus sagt, sinngemäß, dass die Apostel sich mit Frauen umgeben sollen, dass die Apostel im Einverständnis mit den Frauen diese erkennen sollen; dass Paulus damit ganz im Sinne Jesu spricht, der Frauen geachtet hat. Er hat sie nicht gefürchtet, er hat sie nicht ausgeschlossen, er hat sie zu seinen Predigten eingeladen, und wir können es nachlesen, er hat die drei Frauen, die ihn begleiteten, Susana, Johanna und Maria von Magdala höher geschätzt als seine Jünger, es gab deshalb Neid und Eifersucht. Wir können also darauf vertrauen, dass es dem Willen Gottes entspricht, wenn dem Zusammenführen mit einem Zweiten entsprochen wird, wenn zwei Menschen in diesem Miteinander jene Göttlichkeit erleben, die sie für ihr Wirken brauchen, die sie ein für allemal aus jener Quelle trinken lässt, dass sie für den Rest ihres Lebens und Arbeitens davon zehren." Vieira unterbrach neuerlich, fixierte den Papst: „Heiligkeit, ich bekenne mich zu Christina von Schweden-Wasa, ich bekenne, dass meine Hinwendung zu dieser Frau meine Hinwendung zu Gott nicht geschmälert sondern vertieft hat, und ich erkläre auch, dass ich ohne die Zuwendung von Christina die vergangenen Jahre nicht ohne Schaden an Seele und Geist überstanden hätte."

Es war vollkommen still im Saal; alle hielten die Köpfe gesenkt – sie konnten nicht glauben, sie konnten nicht fassen, was sie soeben gehört hatten; die meisten schlossen die Augen, als Vieira das Wort neuerlich aufnahm – was würde jetzt noch kommen.

Er wandte sich an Christina: „Christina, wir wissen, die Welt der Leidenschaften ist die Welt des Ungleichgewichtes, doch sollen wir diesen Stürmen nicht ausweichen, wenn sie für uns vorgesehen sind. Um aber wieder zur Ruhe, zum Gleichgewicht zu gelangen, brauchen wir Geduld, sie ist die wichtigste Tugend. Und während wir uns darin üben, werden wir nicht mit verschränkten Armen stehen, wir werden tätig sein, uns der Zeit anvertrauen – sie lindert nicht, doch sie klärt und schärft den Blick, dass wir mehr und mehr begreifen welche Gnade uns zuteil wurde mit dieser Zeitspanne von fünf Jahren. Zuerst muss durch das Dunkel gegangen werden, und wir sind den ganzen Weg gegangen und haben das Licht erlebt. Christina, vertrauen wir darauf, dass wir unseren Weg nicht eher verlassen werden, bis der Himmel in uns vollendet hat, was in uns zu vollenden war."

Damit verneigte sich António Vieira Richtung Papst und zu Christina, und ohne Eile verließ er den Raum.

Ein paar Sekretäre und Schreiber sprangen auf, bereit, Vieira zu folgen; sollten sie ihn festhalten, würde er nicht sofort vor das Offizium gestellt werden; nach dem Beschließer, den Wachen wurde gerufen – man könne doch diesen Pater nicht einfach weggehen, ruhigen Fußes seinen Weg in die Engelsburg nehmen lassen.

Doch der Papst winkte ab. Er hatte für keinen der Anwesenden mehr einen Blick, er wollte nur zurück in seine Kammer; er musste sich besprechen, es war eine Entscheidung zu treffen. Und beinahe laufend verließ er die Accademia, die beiden Sekretäre mit der Mappe hinter sich herziehend.

Die meisten Menschen des Auditoriums verließen wie der Papst hastig und ohne aufzublicken das Gebäude, Stühle wurden umgestoßen, Wassergläser fielen zu Boden, manche zischten,

„Wahnsinniger", andere flüsterten: „Diesen Jesuiten ist wirklich alles zuzutrauen." Einige schauten im Weglaufen zu Christina, beinahe bewundernd; sie selbst blieb noch lange im Sitzungssaal, in dem die Stimme von Vieira nachhallte. Hatte die Anerkennung ihres Selbst durch einen bestimmten Menschen, durch António Vieira, noch gefehlt? Sie fühlte sich wie aufgewertet; sie war die Vertraute von António Vieira, sie war es fünf Jahre lang gewesen.

Es dauerte nur drei Tage, dann hatte der Papst seine Entscheidung getroffen. Während dieser Tage verließ Christina Riario nicht; sie wusste, dass der Papst sie benachrichtigen würde. Sie ordnete die Bücher, die vielen voll geschriebenen Papierbogen, die geographischen Rollen, alles was in Riario fünf Jahre lang für António Vieira bereit gelegen war, und verstaute es in einer Kassette.

Am frühen Morgen des dritten Tages kam der päpstliche Kurier; Rita eilte ihm ins Schlafzimmer von Christina voraus, stolperte beinahe über die Decke, in die sie sich gewickelt hatte.

„Eine Depesche vom Papst", rief sie und wartete ungeduldig, bis der schwarzrot Uniformierte endlich das Schriftstück aus der Postrolle gezogen hatte und mit Verbeugungen und Gegenzeichnung wieder verschwand.

Christina war angezogen auf dem Tagesbett gelegen; sie hatte nicht geschlafen. Sie las, zusammen mit Rita, die ihr mit der Öllampe leuchtete: „Teilen Wir Ihnen, Christina von Schweden-Wasa, mit, dass Wir die Entscheidung getroffen haben, den Jesuitenpater António Vieira von allen Anklagepunkten, welche von der Inquisition von Coimbra gegen ihn vorgebracht wurden, freizusprechen und er noch am heutigen Tage zur Mittagsstunde Rom verlassen wird ..."

Rita bekreuzigte sich und lief um Hut und Umhang für Christina. „Gehen Sie, laufen Sie", mahnte sie, „ich rufe den Kutscher."

„Nein, sie schlafen ja noch alle, ich reite", und Christina lief zu den Stallungen; Rita huschte hinter ihr her, sie pfiff dem Stallknecht: „Schnell, das Pferd satteln und Ihre Hoheit begleiten."

Christina ritt durch das Morgendunkel zur Engelsburg – diese Entscheidung des Papstes hatte sie erwartet. Es konnte dem Heiligen Vater nicht schnell genug gehen, Vieira wegzuschicken; nur weg mit ihm. Am Ende würde er seine Rede, sein Bekenntnis zu Christina noch wiederholen. Sicher würden auch die Schreiber, Sekretäre, Kopierer und Übersetzer bereits jeden Brief, jeden Text, jedes Blatt Papier, das von der Hand des António Vieira stammte, in die Geheimen Archive des Vatikan tragen und die Kassetten gut versiegeln. Und im Index des Heiligen Offiziums wird eine einzige Zeile vermerkt sein: Papst Clemens X. hat den Jesuitenpater António Vieira als Ersten und bisher Einzigen von aller Schuld freigesprochen.

Verschweigen und auslöschen.

Sie werden alles versuchen, und sie werden beharrlich daran arbeiten, und es wird ihnen trotzdem nicht gelingen.

António erwartete Christina bereits. Seine Zelle war aufgeräumt, die vielen Blätter, die in den vergangenen Jahren auf der Bettstatt, auf dem Boden verstreut waren, lagen jetzt in einer Truhe. Es gab nichts mehr zu besprechen. Im dämmernden Morgen vertrauten sie ein letztes Mal einander alle Schichten ihrer Seele, ihrer Körper an; sie flogen durch die Nächte Schwedens voll Eiswind und der Mitternachtssonne, sie warfen sich in die Tropensonne und in das weiße Licht von Lissabon, sie zogen mit den Taubenschwärmen durch die Gevierte der Burg von Coimbra, sie ließen sich im Tropenhimmel nieder und stürzten von den Felsen über Salvador ins Meer.

Sie waren ausgesöhnt, mit allen; António mit Mutter und Vater, mit all seinen Befehlern und Verurteilern; Christina mit ihrer Mutter, mit Vater, mit Oxenstierna, mit Gabriel und Monaldesco – gestehe deinen Frevel ein, er ist ein Teil von dir.

Als die Gefängniswärter an der Türe klopften, stand António Vieira reisefertig da. Den Freibrief des Papstes hatte er umgebunden, er lächelte.

Verschweigen und auslöschen, es wird ihnen nicht gelingen.

„Die Saudade, die Sehnsucht wird uns peinigen. Doch wir haben uns eine ganze Zeitspanne der Einsamkeit entrissen, wohl wissend, dass es unsere Bestimmung ist allein zu wandern." Auch darin waren sie sich einig, und damit gingen sie auseinander.

Eine päpstliche Kutsche stand für António Vieira bereit, die ihn zum Hafen brachte. Christina folgte dem Wagen. Sie schaute zu, wie Vieira das Aufladen seiner Truhe überwachte und wie er, der Siebenundsechzigjährige, behände in das Boot sprang und stehend, den Blick auf das offene Meer gerichtet, dem Schiff entgegenfuhr.

*

Mittagssonne, und Christina ritt zurück nach Riario; ein Maitag, Sommer; sie spazierte durch den Garten, hörte in das Rasseln der Fächerpalmen; sie saß im Pavillon und hörte Vieira reden: „Wie eine Flamme krümmt sich manchmal für Augenblicke auch unsere Seele." Sie schlenderte durch die Galerie und stand schließlich am Fenster in ihrem Schlafzimmer und schaute Richtung Petersdom – wie jetzt, nach vierzehn Jahren.

Sie waren beinahe ruhig geflossen, diese Jahre.

Ein Jahr nach Vieiras Abreise starb Papst Clemens X. und Papst Innozenz XI. wurde gewählt; ein Kirchenmann voll Strenge, der nicht nur hochgeschlossene Kleidung verlangte, sondern auch den Einfluss der Papstmacherin Joana Orsini zurückdrängte. Er ließ Geldkassetten, sogar edelsteinbesetzte Messgewänder zurückschicken und teilte ihr mit: „In Unterscheidung zu Unseren Vorgängern wollen Wir Uns beschränken und als Hirte den Uns befohlenen Weg gehen."

Decio Azzolino hatte nach dieser Papstwahl seine ehrgeizigen Pläne aufgegeben, es drängte ihn nicht mehr nach der Tiara. Er war Sekretär und Präfekt des Geheimen Archivs des Vatikans geworden, eine Position, die er beibehalten konnte für den Rest seines Lebens. Das beruhigte ihn, denn er musste nicht mehr fürchten, von einem nächsten Papst das Demissionsdekret zu erhalten; er würde alle Jahre bis zu seinem Tod den Weg durch das Santa-Anna-Tor zum Turm der Bibliothek gehen und dort in den Kellergewölben bei Fackel- und Öllicht die Ordnung und Archivierung der Dokumente überwachen, die Originalschriften der Evangelien, an denen wahrscheinlich noch der Geruch der Hände von Lucas Holstenius haftete, und auch die Handschriften von António Vieira.

Decio war mit den Jahren ein Freund von Christina geworden; sie ritten miteinander aus, sie diskutierten über die Lehre Ficinos von der Bewegung in allen Dingen. Decio besuchte sie beinahe jeden Tag, er behielt auch seine Gewohnheit bei, ihr parfümierte Billets auf den Tisch zu legen: „Meine liebe Christina, bei allen Veränderungen, in die wir manchmal geworfen werden, will ich Ihnen bestätigen, dass ich meine freundschaftliche Treue für Sie bewahre ..."

Er erzählte ihr auch Tratsch: „Paola Borghese hat sich mit Joana Orsini wegen eines Erziehers für ihren Sohn überworfen; die Borghese bestand auf einen Professor aus Salerno, und Joana wollte einen Freund ihrer Familie aus Toledo bei den Borgheses unterbringen."

Über ihre persönlichen Befindlichkeiten redeten sie selten. Azzolino nahm wahr, dass Christina mit den Jahren korpulent wurde; der Stallknecht musste ihr auf das Pferd helfen, und an Regentagen fühlte sie Schmerzen in allen Gliedern, dann murmelte sie: „Welche Abneigung habe ich gegen das Altwerden", und Decio lächelte dazu. Sie hatte António Vieira von ihrem Schwächerwerden geschrieben, und er hatte geantwortet: „Geliebte Christina, Sie sollten nicht von Ihrer verblühenden Schönheit reden. Ich habe ihre wohlgewachsene Gestalt, Ihren Körperbau gut in Erinnerung, habe nichts vergessen, doch ist mir Ihr klarer Verstand das Allerliebste."

Christina bemerkte das Zittern in den Händen von Decio, wenn er schrieb. Sie wusste, dass er mehr Wein trank als früher; sie wusste auch, dass er ständig mit sich rang und manchmal einige Wochen lang das Haus von Joana Orsini mied, und dann trotzdem nicht den Mut hatte, sich von dieser Frau vollkommen abzuwenden. Sie redeten nicht darüber.

Im November 1680 starb Gianlorenzo Bernini. Für immer eingeschlafen – so fanden sie ihn zwischen seinen halb fertigen Skulpturen und den Rollen und Stapeln von Entwürfen.

Christina konnte sich keinen Spaziergang am Tiber vorstellen, ohne die gebückte Gestalt von Bernini zu sehen. Entweder lief er einem Kutscher nach, der ihn zu einem Steinbruch bringen sollte, oder er humpelte einer Taverne zu, um ein paar Becher Wein und einen Teller Rüben und gekochtes Fleisch zu sich zu nehmen. Sie hatte Gianlorenzo Bernini viele Jahre, fast zwei Jahrzehnte aus der Distanz zugeschaut, sie hatte dabei erlebt, wie die Plätze und Straßen von Rom durch die Hand von Bernini auflebten, wie aus einem Palazzo durch eine Skulptur, durch einen Brunnen, eine Stiege, durch einen Säulenvorplatz die makellose Ästhetik des Gebäudes hervorgeholt wurde, und dafür war sie dankbar, und das milderte ihre Trauer.

Gianlorenzo Bernini war auch, niemand hatte es vermutet, ein akribischer Buchhalter gewesen. In Listen und auf Rückseiten von Briefen hatte er jede Skulptur, jede Zeichnung, jeden Entwurf festgehalten, dazu die Namen der Auftraggeber geschrieben und seine Forderungen kalkuliert. In einer dieser Listen stand: „Zeichnung, Kreide, António Vieira, Dezember 1656, Paris, befindet sich bei Christina von Schweden-Wasa; nach meinem Tod gilt diese Zeichnung als ein Geschenk von mir an die Minerva des Nordens."

Im Jahr 1681 kam Geld aus Schweden, Geld, mit dem Christina nicht mehr gerechnet hatte. Der Sohn ihres Cousins Karl Gustav, der junge König Karl XI. von Schweden, schickte ihr, seiner Tante, auf schnellstem Wege per Kurier jene Apanage, welche die schwedische Regierung ihr jahrzehntelang verweigert hatte. Dieses Geld kam genau im richtigen Moment, denn im Sommer 1681 war Ehud wieder für einige Wochen in Rom und lebte in Riario. Er erzählte von Jerusalem, von Liebschaften, und Christina hörte ihm gerne zu – wie einem Sohn, der in der Welt reiste.

Als er berichtete, dass die Türkengefahr für Wien immer bedrohlicher wurde, gab sie ihm einen Kreditbrief mit hoher Summe. „Bringe dieses Geld nach Krakau, du hast von General Johann Sobieski erzählt, er ist bestimmt der richtige Mann, ein Heer gegen die Türken aufzustellen, doch er braucht Geld – hier, ein Teil soll von mir sein." Und sie organisierte mit Decio Azzolino Umzüge und Prozessionen, „die Menschen von Rom müssen wissen, was diese Gefährdung von Wien für Rom bedeutet, für den Sitz der Mutter Kirche!" Denn in der Accademia war schon geredet worden: „Die Orsini und ihre Anhänger lassen bereits auskundschaften, welche Stadt in Spanien sich besser als Sitz des Papstes, als Sitz der Prophezeiung, eignen würde – Madrid oder Toledo."

Als Ende Oktober 1683 die Kuriere aus Wien mit der Nachricht kamen: „Am 13. September 1683 siegte Johann Sobieski in Wien über die Türken! Die Türkengefahr für Europa ist gebannt!", fielen die Römer in einen tagelangen Freudentaumel. Wien war gerettet, und damit der Sitz des Vatikans in Rom! Christina wurde als Padrona von Rom gefeiert, „Vivat Cristina di Svezia!"

Bald darauf hatte Joana Orsini sich zurückgemeldet. Die Freundschaft zwischen Christina und Azzolino war ihr ein Dorn im Auge; dass der Salon der Minverva des Nordens außerdem von allen wichtigen und einflussreichen Menschen Roms besucht wurde, konnte sie kaum verwinden; dass die Römer Christina wegen ihrer Großzügigkeit, wegen ihrer Prozessionen gegen die Türkengefahr als Padrona verehrten, hatte Hass und Wut in Joana Orsini zur Explosion gebracht. „Diese Männin, dieses Mannweib muss zum Schweigen gebracht werden". Und Christina wurde vom Heiligen Offizium angeklagt, der katholischen Mutter Kirche den Gehorsam zu verweigern, weil sie mit dem Juden Ehud de Neto ein nahes persönliches Verhältnis unterhielt, weil sie mit einem von der portugiesischen Inquisition verfolgten Jesuitenpater in leidenschaftlicher Korrespondenz stand.

Im gelben Büßerkleid hob sie die Hand zum Schwur, sprach sie das katholische Glaubensbekenntnis und sagte die immer gleichen Sätze: nein, sie sei Ehud weder Geliebte noch Liebhaberin gewesen, sondern er sei ihr Kurier; und sie stehe mit António Vieira – an dieser Stelle wurde sie jedes Mal unterbrochen: „Sein Name ist nicht wichtig, es ist ein Jesuitenpater", der Richter schrie beinahe.

Wochenlang wiederholten sich die Verhöre, nie kamen die Richter zu einem Urteil; sie diskutierten: Sollte Christina nicht auf den Index gesetzt werden, galt sie nicht mit all ihren Taten, mit ihrem ganzen Leben als eine ungehorsame Tochter der Heiligen Mutter Kirche?

Ungeduldig wandte sich Christina an den Papst: „Heiligkeit! Wie soll ich mich dem Offizium gegenüber verhalten? Schon António Vieira hat gesagt: Wenn ich spreche, komme ich in die Zelle; wenn ich schreibe, komme ich ins Feuer; wenn ich schweige, komme ich in die Verbannung." Schließlich nahm Papst Innozenz persönlich die Angelegenheit von Christina in die Hand, und sie wurde freigesprochen. „Mit diesem Freibrief ist für Christina von Schweden-Wasa jener Zustand wieder hergestellt, den sie vor der Anklage durch das Heilige Offizium innehatte – als freie Bürgerin in Rom zu leben, unangefochten und uneingeschränkt in ihren Äußerungen wie in ihrem Umgang mit den Nächsten ...."
Der Name António Vieira war nicht genannt worden.

Verschwiegen und ausgelöscht.

„Christina, haben Sie jetzt alle Stücke, alle Steine zusammengetragen?" Der Beichtiger mahnt vorsichtig, denn in ihrem Lebensstundenglas rinnen die letzten Sandkörner.

Sie war alle Stufen hinuntergestiegen und hatte alle Landschaften, die für ihr Leben vorgesehen waren, ausgeschritten. Weit hatte sie ausgeholt, Hindernisse schienen für sie nicht zu gelten, sie waren so leicht beiseite zu schieben, beiseite zu lügen, sie waren sogar für ihr Weiterkommen zu verwenden. Sie war hinuntergestiegen, weit und weiter, bis sie das Feld erreicht hatte, voll Stein und Wüste, aus dem es kein Flüchten gab; vorbei am Dornengebüsch, an dem sie sich verwunden und verletzen ließ, bis ihr endlich kein Schmerz mehr unbekannt war. Sie war mit ihrem Schatten durch ihre Wüste geeilt, einem Licht zu, von dem sie lange nicht glaubte, dass dieses Licht auch für sie vorgesehen war. Und später, im Wandern mit dem einen Zweiten war es milde geworden in ihrer Landschaft. Das Grelle, Spitze hatte sich verloren, und als sie, nach weiteren Jahren, wieder allein in ihrer Landschaft wanderte, waren Stein und Fels und Wüstensand von Leuchten und Schimmern überzogen. Auch das Dornengebüsch, ausgesandt zu ihrer Begleitung, fügte keinen Schmerz mehr zu, sondern stand voll weicher, grüner Triebe.

„Und er ruhte am siebenten Tag."

Heute ist ihr siebenter Tag; Zeit, die Fäden aus der Hand zu geben; Zeit, die letzten Schritte aus der Landschaft durch das Tor zu tun.

Christina spannt alle Muskeln, rafft ihre Kräfte zusammen und geht und wankt zum Bett. Ihr Beichtiger ist beiseite getreten, er hat aufgehört zu mahnen; er hat den Platz freigegeben für den Einen, der auf Christina wartet.

Im Niedersinken auf ihr Lager fühlt sie sich gehalten und geführt, vorsichtig und liebevoll bettet António sie auf das Laken. Und für diese Momente, sich im letzten hellen Lichtschein dem einzigen Zweiten anvertrauen zu können, von diesem Zweiten gehalten zu werden, dafür hat es sich gelohnt, alle Landschaften, alle Schmerzen, alle Pein, alle Ekstasen eines Lebens, zu durchwandern.

Christina von Wasa, Schweden, starb am 19. 4. 1689 in Rom.
Decio Azzolino, der Kardinal, starb sechs Wochen später, am 8. Juni 1689.
António Vieira starb am 16. Juli 1697 neunzigjährig in Salvador, Brasilien.

*

Papst Innozenz XI. bestimmte, dass Christina im Petersdom bestattet wurde. „Wir erfüllen damit den ausdrücklichen Wunsch ihres Predigers António Vieira, der diese außergewöhnliche Frau, die ihm mehr bedeutete, als die irdische Gerechtigkeit ihm zugestanden hätte, in die Nähe von Unsterblichkeit rücken wollte ..."

Nachwort

Jedes Leben besteht aus Fragmenten, deren Zusammenfügen erst den inneren Rhythmus, die Dramaturgie dieses Lebens ergeben. Bei einem übervollen Leben würde der Versuch, alle Ereignisse mitzuteilen, jeden Buchrahmen sprengen. So bei Christina von Schweden, denn dieses Leben ist übervoll an Ereignissen.

Als Nachvollzieherin habe ich deshalb jene Lebensphasen herausgelöst, welche die Entwicklung der Frau, des Frauenmenschen, darstellen.

Ein Weiteres kann nachvollzogen werden, nämlich wie Erziehung, wenn sie ohne Augenmaß ist, durch ein Zuviel in allem das exakte Gegenteil des Erziehungszieles erreicht.

Christina war genial und wurde männlich dominant auf ihre Aufgabe als Königin von Schweden hin erzogen und geformt.

Ein klarer Erziehungsauftrag; und jedes andere Kind wäre, innerlich gebrochen von den rigiden Erziehungsmaßnahmen, dem Wasa-Hausgesetz, und damit der allgemeinen Erwartung gefolgt.

Doch bei Christina hatten sich alle verrechnet.

Sie widersetzte sich ihren Befehlern nicht, sondern zog sich vollkommen in ihre eigene Geisteswelt zurück. Sie lernte damit, zwei Leben zu leben, und mit den Jahren wurde sie darin eine wahre Meisterin. Sie lebte das äußere Leben, das ihre Erzieher ihr abverlangten und in dem sie funktionierte, und ihre zweite Welt, ihre geistige Fluchtwelt. Mit unbeugsamem Willen hielt Christina zwischen ihren beiden Leben die Balance. Die maßlosen Einschränkungen und Dressurakte, die an ihr vollzogen wurden, die ihr abverlangt wurden, kontrapunktierte sie ins maßlose Gegenteil – Befreiung, Freiheit, Libertin, waren die Begriffe, die sich ihr in Seele und Geist senkten und ihre lebensbestimmenden Richtungen wurden.

Ihr Drang nach Freiheit und die aufgezwungene Erziehungsdressur verschmolzen in Christina zu einer Legierung, die ihr beinahe titanische Kräfte verliehen. Durchhaltevermögen, konsequentes Handeln, Verachtung für Heuchelei, fanatische Wahrheitsliebe und Wahrheitssuche sind die Wesenszüge, von denen Christina geprägt war, von denen ihr Leben Zeugnis gibt – „ich will zu den Gelehrten und niemals zu den Heuchlern gezählt werden."

Die Auseinandersetzung mit zwei Welten zieht sich bei Christina durch ihr Leben. Sie trägt den Norden und den Süden Europas in sich, den Protestantismus und den Katholizismus.
Auch ihre Geisteswelt ist vom Dualismus geprägt. Im 17. Jahrhundert beginnen die Wissenschaften, alle Bereiche zu durchdringen. Wo Jahrhunderte vorher kaum jemand wagte, die Geheimnisse der Natur zu lüften, um sich nicht an Glaubensgesetzen zu versündigen, wurde nun beharrlich mit Messen und Beobachten das rationale Weltbild der Wissenschaften geformt. In der Geisteswelt Europas schwang das Pendel unbeirrbar von „gehorsam glauben" zu „wissen wollen".

*

Als Christina im April 1689 im Alter von dreiundsechzig Jahren starb, hatte sie in ihrem Testament alles wohl geordnet. Universalerbe war Kardinal Decio Azzolino, er sollte das beachtliche Vermögen von Christina hüten und bewahren. Denn, obwohl sie zeitlebens in Geldnot war, hatte Christina enorme Schätze angesammelt: eine Bibliothek von etwa 7000 Büchern, etwa 2000 Originalmanuskripte über Astronomie, Alchimie, ferner Libretti, Theaterstücke, Opernpartituren; dann noch einige hundert Gemälde und Skulpturen sowie Münzsammlungen. Nach dem Willen von Christina sollten diese Sammlungen im Palazzo Riario geschlossen erhalten bleiben.

Dass ein starker Mensch im Sog des Weggehens von dieser Welt einen Schwächeren mit sich zieht, wiederholt sich oft. So auch bei Christina. Denn Decio Azzolino folgte ihr bereits nach sechs Wochen ins Totenreich.
Bald nach dem Tod von Azzolino entbrannte über das Erbe von Christina von Wasa ein Erbschaftsstreit. Die Sammlungen wurden aufgelöst, und die Kunstschätze und originalen Dokumente versickerten stückweise in ganz Europa. Erst nach Jahrzehnten und Jahrhunderten gelang es der schwedischen Regierung, die Schätze aufzuspüren, zurückzukaufen und der schwedischen Nationalgalerie und der königlichen Nationalbibliothek einzuverleiben.

Einige wenige Gemälde und Skulpturen befinden sich noch heute im Palazzo Riario in Rom. Die Galerie Corsini, die nun im Palazzo Riario etabliert ist, hat einen Bereich als „La residenza della regina Cristina di Svezia" gestaltet – in Erinnerung an die „Minerva des Nordens", an Europas libertine Barockmonarchin und ihre dreiunddreißig Jahre in Rom.

Geschichts- und Lebensdaten

8.12.1626	Geburt von Christina von Schweden, Tochter von Maria Eleonora von Brandenburg und König Gustav II. Adolf von Wasa
16.11.1632	Gustav II. Adolf fällt bei der Schlacht von Lützen (Dreißigjähriger Krieg), Kanzler Graf Axel Oxenstierna wird Vormund von Christina
Juni 1634	König Gustav II. Adolf wird nach einem Jahr Aufbahrung in Stockholm in der Riddarholmkirche beigesetzt
November 1634	Eleonora von Brandenburg wird die Erziehung von Christina entzogen, Katharina von der Pfalz-Zweibrücken (Tante) übernimmt die Erziehung von Christina
Dezember 1638	Katharina von der Pfalz-Zweibrücken stirbt
Dezember 1640	Liebesbeziehung von Christina zu Ebba Sparre
Januar 1641	Christina lernt den Sepharden Samuel de Souza aus Coimbra kennen
	Entschluss Christinas, unverheiratet zu bleiben
	Erster Kontakt mit Predigten von António Vieira
Oktober 1642	Reise nach Brandenburg und Osnabrück, Samuel de Souza wird von Christina mit geheimen Friedensverhandlungen beauftragt
September 1644	Reise nach Uppsala, begleitet von René Descartes
Dezember 1644	Christina stellt dem Reichsrat die Bedingung, sich erst nach Beendigung des Krieges zur Königin von Schweden krönen zu lassen
	Liebesaffäre mit Gabriel de la Gardie
27.10.1648	Friede von Osnabrück, Friede von Münster, Westfälischer Friede – Ende des Dreißigjährigen Krieges
August 1649	Reise nach Amsterdam und Hamburg, Verhandlungen mit Manoel Teixeira, ihrem Vermögensverwalter
	Geheime Vorbereitung von Christinas Abdankung
Januar 1650	Eröffnung der königlichen schwedischen Akademie der Wissenschaften
Februar 1650	Tod von René Descartes in Stockholm
Juli 1650	Gesetz zum Verbot von Hexenverbrennungen
30.10.1650	Krönung von Christina zur Königin von Schweden

6. Juni 1654	Abdankung Christinas in Uppsala, Cousin Karl Gustav v. d. Pfalz-Zweibrücken ist König von Schweden
	Christina verlässt Schweden, lebt in Hamburg bei Familie Teixeira
September 1654	Tod von Graf Axel Oxenstierna
März 1655	Fabio Chigi, Papst Alexander VII. akzeptiert Christinas Konvertierungsabsicht
April 1655	Tod von Königinmutter Eleonora
3.11.1655	Christina konvertiert in der Hofkirche zu Innsbruck zum katholischen Glauben
8.11.1655	Abreise aus Innsbruck nach Rom, in Pesaro erstes Zusammentreffen mit Graf Rinaldo Giovanni Monaldesco
23.12.1655	Ankunft in Rom, Wohnung im Palazzo Farnese
	Beginn der Freundschaft mit Kardinal Decio Azzolino
Januar 1656	Eröffnung Accademia Reale, Christina wird Mitglied der Squadrone Volante
Mai 1656	Reise nach Paris, Christina will mit Hilfe Frankreichs Königin von Neapel werden
Juli 1656	Ausbruch der Pest in Rom
September 1656	Ankunft in Paris, Liebesaffäre mit Graf Monaldesco
5. November 1657	Neapel-Aktion scheitert als Niederlage für Christina
	Sie lässt in Fontainebleau Monaldesco hinrichten
April 1658	Abreise aus Fontainebleau
Mai 1658	Rückkehr nach Rom
Dezember 1658	Beginn der Freundschaft mit Jüngling Ehud de Neto
Januar 1659	Christina setzt sich für die Quartiersfreiheit der Juden in Rom ein
April 1659	Übersiedlung in den Palazzo Riario
November 1660	Beginn des Konfliktes mit der Papstmacherin Joana Orsini
Februar 1667	Reise nach Amsterdam, nach Hamburg
September 1667	Decio Azzolino wird durch Christinas Einfluss päpstlicher Nuntius
März 1668	Neuerliche Rückkehr nach Rom
August 1669	Ankunft des Jesuitenpaters António Vieira in Rom, der von der Inquisition Coimbra zu Rede- und Predigtverbot verurteilt und in die Engelsburg verbannt wird Freundschaft und Liebesbeziehung zwischen Christina und António Vieira
August 1669	Ehud de Neto kehrt aus Kreta zurück

September 1669	Türkische Truppen erobern Kreta, Sultan Kara Mustafa übernimmt die Macht in Kreta
Mai 1675	António Vieira wird vom Papst freigesprochen und reist nach Salvador, Brasilien
Juli 1682	Christina schickt Geld an Johann Sobieski zur Unterstützung des Kampfes gegen die Türken
13. 9. 1683	Türken werden in Wien geschlagen, damit ist Rom als Sitz des Papstes gerettet
September 1683	Christina wird wegen ihrer Beziehungen zu António Vieira und Ehud de Neto vom Heiligen Offizium angeklagt
April 1684	Christina wird von Papst Innozenz XI. freigesprochen
Februar 1689	Christina stürzt in ihrem Haus Riario über die Marmorstiege
19. April 1689	Christina von Wasa stirbt. Sie wird im Petersdom, in den Grotte vecchie bestattet.

Historische Themen im Seifert Verlag

Gloria Kaiser
Saudade

Die Geschichte der Kindkönigin Maria-Glória von Lusitanien, die als halbwüchsiges Mädchen ihre Heimat Brasilien verlassen muss, um den Thron Portugals zu besteigen.

ISBN: 3 902406-04-6

Miro Gavran
Judit

Die Israelitin Judit soll den feindlichen Feldherrn Holofernes töten und so ihr Land retten. Aber statt des Barbaren, den sie erwartet hat, tritt ihr eine charismatische Führerpersönlichkeit entgegen: der erste Mann in ihrem Leben, der ihr ebenbürtig ist.

ISBN: 3 902406-13-5

Fritz Lehner
Я

Der Roman schildert das Schicksal des jungen Matrosen Antonio Lazaro, der sich aus enttäuschter Liebe der Nordpol-Expedition von Julius Payer und Carl Weyprecht anschließt. Nach nur 40 Tagen Fahrt friert das Schiff im Packeis fest, und ein verzweifelter Kampf ums Überleben beginnt.

ISBN: 3 902406-03-8